Ullstein Werkausgaben

Friedrich Sieburg

Zur Literatur 1924 – 1956

Herausgegeben von
Fritz J. Raddatz

Ullstein Werkausgaben

Ullstein Werkausgaben
Lektorat: Hanna Siehr

Vom selben Autor
als Ullstein Werkausgabe
erschienen:
Abmarsch in die Barbarei (37048)
Napoleon (37054)
Zur Literatur 1957–1963 (37062)

Ullstein Buch Nr. 37061
im Verlag Ullstein GmbH,
Frankfurt/M – Berlin

Ungekürzte Ausgabe

Umschlagentwurf
Theodor Bayer-Eynck
unter Verwendung
dreier Autorenporträts
(Quellenangabe am Schluß des Bandes)

Taschenbuchausgabe mit
freundlicher Genehmigung der
Deutschen Verlags-Anstalt,
Stuttgart

Printed in Germany 1987
Druck und Verarbeitung:
Clausen & Bosse, Leck
ISBN 3 548 37061 6

Mai 1987

CIP-Kurztitelaufnahme
der Deutschen Bibliothek

Sieburg, Friedrich:
Zur Literatur / Friedrich Sieburg.
Hrsg. von Fritz J. Raddatz.
– Ungekürzte Ausg. –
Frankfurt/M; Berlin: Ullstein

NE: Raddatz, Fritz J. [Hrsg.]

1924 – 1956. – 1987.
(Ullstein-Buch; Nr. 37061:
Ullstein-Werkausgaben)
ISBN 3-548-37061-6

NE: GT

Inhaltsverzeichnis

1930 – 1933

1935 – 1938

1948 – 1949

1950

1951

1952

1953

1954

1955 – 1956

Editorische Notiz

Diese zweibändige Auswahl* von Friedrich Sieburgs Schriften »zur Literatur« umfaßt ausschließlich literaturkritische Arbeiten; in der Hauptsache Rezensionen. Einige wenige Texte sind porträtähnliche Essays (wie die zu Heine, Rilke, Karl Kraus), die aber oft aus kritischen Vorarbeiten entstanden. Der große Rilke-Aufsatz beispielsweise ist von Friedrich Sieburg zusammengefügt worden aus früheren Kritiken; statt sie im einzelnen und unzusammenhängend aufzunehmen, hat sich der Herausgeber für die von Sieburg für sein Buch *Die Lust am Untergang* gewählte Fassung entschieden. Feuilletons allgemein-literarischen Charakters, Glossen oder literarische Streiflichter sind in diese beiden Bände nicht aufgenommen worden; sie werden in einem späteren Band der Werkausgabe zusammengefaßt.

Unserer Auswahl liegen zugrunde die von Friedrich Sieburg zu Lebzeiten herausgegebenen Bände *Nur für Leser* und *Die Lust am Untergang* (dem die Aufsätze zu Malaparte und zu Rilke entnommen wurden); außerdem die nach Sieburgs Tod erschienenen Bände *Verloren ist kein Wort* und *Nicht ohne Liebe*. Es handelt sich nicht um einen zusammengefaßten Neudruck dieser Bücher – vielmehr um eine Auswahl, die um zahlreiche, bisher in Buchform nicht erschienene Beiträge ergänzt wurde. Im Interesse einer noch zu verantwortenden Proportion einerseits und andererseits der Chance, nur noch in Zeitungsarchiven zugängliches Material einem neuen Leserkreis zu erschließen, wurden verschiedene Beiträge aus den frühen Sammelbänden nicht auf-

* [Band II: ›Zur Literatur 1957–1963‹ (UB 37062)]

genommen, zugunsten wichtiger Kritiken aus der *Weltbühne*, der *Frankfurter Zeitung*, der *Gegenwart* und der *Frankfurter Allgemeinen Zeitung*.

Alle Beiträge wurden strikt chronologisch eingeordnet – um die Entwicklung des Kritikers Friedrich Sieburg vorzuführen und, im Spiegel seiner Kritiken, die Entwicklung der Literatur seiner Zeit. Bei einigen neu aufgefundenen Texten (zum Beispiel bei Radio-Ansprachen ohne exaktes Datum, wie der Rezension von Ernst von Salomons »Der Fragebogen«) konnte nur das Jahr, kein genaueres Datum eruiert und dementsprechend geordnet werden; auch der George-Essay war als Beitrag zu einem Sammelband entstanden, also an kein Monatsdatum gebunden. Wenn Sieburg selber den Titel einer Arbeit bei der Aufnahme in ein Buch verändert hat, wurde der für das Buch gewählte Titel übernommen – die Hemingway-Kritik etwa, die unter dem Titel »Wie ein richtiger Mann heute leben soll . . .« im Jahre 1954 in der *Zeit* erschien, hat in *Nur für Leser* den Titel »Mann ist Mann« und taucht auch unter diesem Titel in unserer Ausgabe auf.

Die Chronologie und das Prinzip, nur Kritiken aufzunehmen, wurden gleich zu Beginn unserer Ausgabe durchbrochen: Als eine Art Gruß an seine Leser wurden der gesamten Ausgabe zwei feuilletonistische Texte Friedrich Sieburgs vorangestellt. Die Bibliographie, die unsere Ausgabe beschließt, gibt im übrigen exakt sämtliche Daten an und führt darüber hinaus auch sämtliche Kritiken Sieburgs auf – also auch die, die hier keine Aufnahme fanden.

Fritz J. Raddatz
Schreiben ist Leben

Snob, Connaisseur – oder Wortabschmecker? Ästhet, homme-de-lettres – oder Literaturnarr? Was von all dem war Friedrich Sieburg, dem so erbärmliche Miß-Titel wie »Großkritiker« oder »Literaturpapst« erspart blieben, der gleichwohl der einflußreichste Literaturkritiker der Nachkriegszeit war, und der voller plauderndem Behagen Anekdoten erzählte wie die von dem Pariser Antiquar, der sich so ungern zwischen seinen Buchschätzen stören ließ; »ein wunderbares Leben, wenn bloß die Kunden nicht wären!« – »Das wäre ein herrliches Schreiben, wenn bloß das Publikum nicht so unangenehm untrennbar dazugehörte«,[1] fügte der Journalist Sieburg hinzu, der zeitlebens für auflagenstarke Zeitungen schrieb und dessen Bücher Publikumserfolge waren. War er etwas von all dem – oder war er ein bißchen von allem? Er sprach von der »Heiligkeit des Schreibens«,[2] schrieb zehn Jahre – von 1939 bis 1948 – nichts, war seit 1948 einer der meistbeachteten Kritiker, der sich selber dekretierte »Die Kritik ist die höchste Form des Schreibens« und bekannte im selben (unveröffentlichten) tabellarischen Lebenslauf »ich hasse die moderne Literatur seit Rilke«. Er liebte Frankreich und französische clarté und teilte wohl Clemenceaus Skepsis: »Es gibt in der deutschen Seele, in der deutschen Kunst, im Denken und in der Literatur dieser Leute eine Art von Verständnislosigkeit, was wirklich das Leben ist . . . und eine Art von Anziehungskraft zum Tode hin. Die Menschen dort lieben den Tod«; aber Friedrich Sieburg verehrte zeitlebens den Artisten Thomas Mann, dessen Werk von dem Gedanken eines Lebens zum Tode hin geradezu getragen war, und eines seiner drei Lieblingsgedichte war Georg Heyms »Mit den fahrenden Schiffen«, dessen Mittelzeilen »weit ging die Flut uns vorbei / und Himmel war schallend und leer« ihm nicht nur unvergeßlich waren, sondern ihm die Unmöglichkeit der Erfüllung und die Vergänglichkeit für immer einbrannten.[3] Er hat anderthalb Jahrzehnte in Frankreich gelebt, aber keines seiner Bücher in Frankreich geschrieben. Er wollte Historiker und Philosoph werden, und er hat sich nicht an einer einzigen historischen oder philosophischen Debatte seiner Zeit beteiligt; in seine Zeit hingegen, die er schmähte, peitschte und höhnte, wollte er hineinwirken, ihre Literatur den Menschen nahebringen, doch noch im Jahre 1964 nennt er die deutschen Gegenwartsschriftsteller ausnahmslos »aalglatte Schwätzer«; »›Namen nennen‹, hört man hier deutlich rufen, worauf man nur sagen kann: ›Alle‹.«[4] Er hätte gerne zwischen 1770 und 1840 gelebt – »Ich glaube, dabeigewesen zu sein« –, die Zeit seines Lebens weist aber ein großes Loch auf: 1939 bis 1945. Er predigte Kultur, Stil, Form, er rühmte sich »ich habe versucht, den Leuten von heute ihre Filmstars und Mittelstürmer zu vergällen«[5] – und er schrieb zugleich, »ich halte es für Heuchelei, so tun zu wollen, als ob es eine Aufgabe wäre, die Leute vom Fußballplatz weg an das Buch heranzubringen«.[6] Er nannte den »Ausdruck . . . die höchste Form des menschlichen Daseins . . . Schreiben ist Leben«, Wolf Jobst Siedler feierte ihn als den glanzvollsten deutschen Stilisten, »einen linksschreibenden Rechten« – und dieselbe Zeitung, die diese Hommage zum 70. Geburtstag Friedrich Sieburgs druckte, veröffentlichte genau eine Woche später einen knallenden Verriß von Sieburgs Buch »Christian Dietrich Grabbe, Napoleon oder die hundert Tage«, in dem ihm sachliche Fehler nachgewiesen, die Beschäftigung eines »ghostwriters« unwidersprochen unterstellt wurde;[7] ein anderer Kollege von ihm gratulierte im selben Jahr ziemlich zwiespältig: »Immerhin, man schalt ihn einen Epikureer, der seinen Anspruch, ›nur menschlich zu leben‹, auf eine selbstsüchtiggenießerische Weise geltend mache; man mißtraute seiner Sehnsucht nach Zeiten, ›als noch der Anstand regierte‹, und hielt ihn für einen Verführer, der sich zum eigenen Vergnügen kokett seiner eminenten Sprachkunst bediente.«[8] Er säte Haß, zitierte genüßlich Zolas Wort »Nur wer als Schriftsteller unter Schriftstellern gelebt hat, weiß, was Haß ist«[9] – jedoch am Ende seines Lebens schien ihm Wohlwollen die höchste Tugend und die Schatten des Abschieds dämpften Attacke und Schneid: »Ich muß sagen, . . . daß ich keinen Tag ohne das Gefühl des Endes genossen habe . . . auf jeder Stunde lag der Schatten, in jedem Trunk schwamm – wie soll ich sagen – schwamm der Geschmack des ›Vorbei‹. In jedem Augenpaar spiegelte sich . . . die Dunkelheit, die allem Leben folgt.«[10] Spieler und Gaukler, Deuter und Mißkenner, Spötter und Melancholiker: Der Kritiker Friedrich Sieburg war alles in einem, beides zugleich – federnde Damaszenerklinge und zögernd Liebender.

Sieburgs literaturkritische Arbeiten heute im Kontinuum – gar in chronologischer Abfolge – zu lesen, ist schon ein merkwürdiges Erlebnis. Was sich aufdrängt, ist eine befremdliche Zufälligkeit des Urteils, die ihm erlaubt, Alexander Kluge zu entdecken – und Celan nicht zu sehen; eine geradezu quengelnde Rückgewandtheit, die ihm aufzwingt, das Gewesene als einzigunerreichbaren Maßstab zu errichten – und das Gegenwärtige zu verdammen: »Wäre die deutsche Literatur der Gegenwart«, schreibt er 1953, »eine Person, so könnte sie nur von einer ausgiebigen psychoanalytischen Behandlung einige Besserung ihres Zustandes erhoffen«;[11] eine frappante Unkenntnis jeglicher Literaturtheorie – damit das wohl singuläre Nichtteilnehmen an den großen geistesgeschichtlichen Debatten der Zeit, Adorno, Lukács oder Horkheimer existieren nicht, Walter Muschg kommt nicht vor, der epochemachende Streit zwischen Sartre und Merleau-Ponty findet nicht statt. Dafür Maupassant – Sieburgs erste größere Arbeit nach dem Krieg (siehe Seite 185 ff.). Es ist die Studie eines Solitärs, und Geschmack ist das einzige Kriterium. Doch Geschmack ist ein unsicher Ding.

Als schon 1951 Ernst Robert Curtius der deutschen Literaturkritik bescheinigt, sie sähe düster aus, sie gar Nietzsche paraphrasierend dem «Quaken der in ihrem Sumpf kaltgestellten Frösche« verglich, reagierte Sieburg ziemlich fassungslos;[12] denn so hatte *er* bisher geurteilt: »Das geistige Selbstgefühl in unserem Lande läßt zu wünschen übrig. Wir ahnen, daß unser Beitrag zum europäischen Gesamtbild mindestens auf literarischem Gebiet sehr gering ist.«[13] War er nun mitgemeint?

Die Zufälligkeit, die Rückgewandtheit, das theoretische Defizit – sie hängen vielleicht miteinander zusammen. Das Urteil des Literaturkritikers Friedrich Sieburg ist weltarm und geschmackssicher.

Einige Beispiele mögen verdeutlichen, was gemeint ist. »Frieden mit Thomas Mann« ist ein Aufsatz des ersten Nachkriegsabschnitts überschrieben, und jeder Leser erwartet, daß Grundsätzliches zu der großen Debatte zu finden ist, die das damalige geistige Deutschland bewegte, die Debatte zwischen Daheimgebliebenen und Emigranten, mitausgelöst durch einen Brief Walter von Molos, auf den Thomas Mann im September 1945 u. a. antwortete: »Es mag Aberglaube sein, aber in meinen Augen sind Bücher, die von 1933 bis 1945 in Deutschland überhaupt gedruckt werden konnten, weniger als wertlos und nicht gut in die Hand zu nehmen. Ein Geruch von Blut und Schande haftet ihnen an; sie sollten alle eingestampft werden.«[14] Es ist nicht wahr, daß dieses Thema die Menschen nicht erregt hätte, und ein Wort dazu, von einem Schriftsteller, der als Angehöriger der deutschen Okkupationsmacht im besetzten Paris gelebt hatte, wäre wichtig und aufregend gewesen. Sieburg schwieg beredt. Der Aufsatz, eine großartige Würdigung der Literatur Thomas Manns – »sein Werk ist die größte kulturkritische Leistung, die der deutsche Geist hervorgebracht hat«[15] – ist Stück seiner lebenslangen Bewunderung dieses letzten Ausläufers des 19. Jahrhunderts; das 20. kommt nicht vor – bis auf eine Eingangsfloskel ohne eigenes Valeur: »Die Auseinandersetzung zwischen Deutschland und Thomas Mann – hier stock' ich schon – denn es ist höchst fraglich, ob es wirklich eine Auseinandersetzung ist.«[16] Doch doch, es war schon eine Auseinandersetzung – und in einer Zeitung, die sechs Jahre später Sieburgs Bühne werden sollte, begreift man das auch. Im Juni 1950, zu Thomas Manns 75. Geburtstag, durfte dort ein Namenloser namens Gerhard Nebel diese Laudatio publizieren: »Es geht nicht an, in Geburtstags-Sentimentalität zu vergessen, was uns von Thomas Mann scheidet. Er tritt uns als Exponent einer bis zur Dummheit gehenden Abneigung gegen Deutschland entgegen und diesem Affekt, der ihn zu verzehren scheint, antworten aus dem Volk, dem er einmal angehörte und von dessen Schicksal er sich nicht 1933, sondern 1945 trennte, Verachtung und Wut. Dieser Schriftsteller ist eine Linse, die die Strahlen der Partisanen-Bosheit sammelt – aber freilich einer besonders gearteten . . . er rührt im Blutbrei der tuberkulösen Lunge mit demselben Eifer wie im gelben Matsch des syphilitischen Gehirns, und ganz besonders haben es ihm die Inzeste angetan – sie verbürgen ihm, so scheint es, daß er auf der erwünschten Spitze der Aktualität balanciert. Sein Teufel ist eine ungeglaubte Salon-Attrappe, die mit dem Satan von Bernanos nur den Namen gemeinsam hat. In einem freilich, im Haß, ist er echt – der Giftlack, den er über seine Figuren spritzt, ist ihre eigentliche Wirklichkeit. Darum wundert es auch nicht, daß er, wenn er sich einmal der Liebe zuwendet, nur bis zur Sentimentalität kommt.«[17]

Liest man heute derlei Unrat, so kann man den Applaus verstehen, den der grandiose Solist Sieburg erhielt. Oft waren seine Kritiken ein Paukenschlag – aber auf einer Privattrommel. Seine offenbar tiefempfundene Rezension von Gottfried Benns »Statischen Gedichten« – das Mittelwort »Sangbarkeit« taucht auch in jener Georg Heym-Interpretation auf – löste bei dem mürrischen Dr. med. helles Entzücken aus; »Dies ist die erhabenste Kritik, die je über mich erschienen ist –, eigentlich müßte man umfallen und sterben«, schreibt er an Freund Oelze.[18] Sieburgs Kritik trägt den bezeichnenden Titel »Wer allein ist –« und endet mit dem Satz «Denn von einsamen Menschen heißt es in diesem

Buch gleichsam als Summe seiner fünfzig Gedichte: Formstill sieht ihn die Vollendung an.«[19] Das ist in nuce Sieburgs Ästhetik-Konzept; folgerichtig geht er mit keiner Silbe darauf ein, von wem hier die Rede ist, welche Strecke Weges der Autor dieser Lyrik gegangen ist. In Sieburgs Vorstellung ist es wie eine creatio ex nihilo – seine Analyse ist die Perfektion der werkimmanenten Interpretation. »Herr Sieburg erhielt einen wunderbaren Brief«, erwähnt Benn mit hochmütiger Kälte eine Woche später und zitiert genüßlich dazu den »geliebten abgefeimten olympischen Urgroßvater aus seinen ›Wahlverwandtschaften‹: ›es ist besser, nichts zu schreiben, als nicht zu schreiben‹, – glänzend, dieser Höfling, der so gern gut aß und trank!«[20] Das ist köstlicher Hoch-Benn – und es klingt wie eine vorweggenommene Zustimmung zu Enzensbergers späterem Spruch: »Er war kein Opportunist. Er war der letzte Dichter der deutschen Rechten. Er war seiner Lebtage ein Feind der Demokratie. Ein Feind wie Benn, der nicht nur Widerspruch, sondern auch Achtung verdiente, er wäre unserer Literatur aufs innigste zu wünschen.«[21]

Sieburgs Beschäftigung mit Benn offenbart aber – pars pro toto – einen Bruch, eine Inkonsequenz im Umgang mit der Welt und mit der Literatur; ihr verdanken sich seine großartigsten Interpretationen wie seine grotesken Irrtümer: Friedrich Sieburg wünschte sich aus der Welt heraus in ein Monasterium von Form, Gesittung und Noblesse – und wußte zugleich, daß Literatur, zieht sie sich von der Welt zurück, die Gefahr läuft, keine zu sein. Kurz nach der Benn-Rezension schreibt er: »Mich geht das alles nichts mehr an; für dies Europa, in dessen Namen der eine den anderen betrügt, bin ich verloren. Ich sitze an einem Fenster, vor dem der Sommerregen rauscht, und schreibe. Nachts sehe ich Paris, die Straßen, die ich gegangen bin, das Haus, in dem ich gewohnt, ich sehe das alles auf dem Grund eines Meeres, über dessen tote Fläche ich im Kahn dahintreibe. Bin ich ein Narr, daß ich die Stunden damit verbringe, über die Bücher anderer Leute zu schreiben? Ich klebe die Scherben einer Welt zusammen, die sich selbst in tausend Stücke zerschlagen hat. Das ist eine beruhigende Beschäftigung. Niemand lebt ewig.«[22] Doch diese Haltung der schönen Solitüde produziert nichts; Sieburg weiß das. Unzählige Male hat er das »Gesellschaftswidrige« – also doch auf Gesellschaft Antwortende? – der Kunst hervorgehoben, Thomas Manns Mut begrüßt, dieses Element zu betonen,[23] innerhalb der Isoliertheit, die dem Künstler geboten ist. Sieburg kannte diese dialektische Beziehung genau: »Der Kunst wird immer ein parasitenhafter Zug innewohnen, denn in ihren produktivsten Regungen ist sie der Gesellschaft feindlich und will gleichzeitig doch auch von ihr leben, materiell wie geistig.«[24]

Aber er mochte diese Anbindung nicht. Der Historiker sah Geschichte als Fluchtort, wenn sie Historie war, und als störendes Zeiterlebnis, wenn sie Gegenwart war; deshalb wurde die eine geschmückt und die andere fortgewiesen. Deswegen neigte er zu Gesten des verächtlichen Unverständnisses gegenüber der jüngsten Geschichte, die lästig war wie Regen zur Unzeit – »als in Deutschland die Unruhen wuchsen, aus einer unheimlichen Dünung der kommende Sturm die ersten Schaumspritzer jagte . . .«,[25] so umschrieb Michael Freund einmal eine Sieburg-Laudatio, ein Naturkatastrophenvokabular zur Umschreibung menschengemachter Verbrechen, das dem Gefeierten nicht ungemäß war; denn auch Sieburg brachte es fertig, im Abstand weniger Wochen von Erich Mühsam, der »später so tapfer von Mörderhand zu sterben verstand« zu plaudern und vom Liftboy im Ritz unter der deutschen Besatzung in Paris – zu der er bekanntlich gehörte. Als habe das eine mit dem anderen nichts zu tun.[26]

Hier muß nun doch einen Moment innegehalten werden. Sieburgs wirkliche Tätigkeit als Untergebener des berüchtigten Nazi-Botschafters Abetz liegt im dunkeln, präzise Auskunft zu erhalten über Sinn und Unsinn seiner »Flucht in den diplomatischen Dienst« ist unmöglich. Auch das ist »Geschichte«. Aber es wäre Unrecht, trotz und wegen der Erbitterung, mit der Sieburg nach dem Kriege auf Angriffe gegen den »Nazi Sieburg« reagierte, einen Mantel des Schweigens über seine gar nicht sonderbaren, eher auch für sein Ideologie- und Kunstverständnis typischen Umwege zu decken. Die Wurzeln seines dann peinlich und schrill gewordenen Bekenntnisses zum Nationalismus liegen weit zurück, sind zu entdecken schon im 1920 erschienenen Gedichtband »Die Erlösung der Straße«:

»Sieh, ich bin rasend vor Kameradschaft zu dir.
Ich bin der Freund, der vorangeht und folgt und beisteht.
Abschwörend der Melodie singe ich unermeßlich.
Abschwörend der Insel Gottes bete ich drohend und steil.
Abschwörend der Liebe bin ich voll Inbrunst.
Rufend ›Nieder der Dichter‹ proklamiere ich uns.
Hinwerfe ich dich, o Bruder, ins fabelhafte
Jahrhundert.«[27]

Das ist, hier irrt zum Beispiel Joachim Fest im Feststellen literarischer Bezüge,[28] keineswegs der Expressionismus eines Benn, sondern die Sprache des jungen Becher. Es ist, wie ein anderes Gedicht heißt, »Die Verfluchung des Kurfürstendamms«, nicht Benns kühler Rückzug auf die Monade, sondern Bechers Ekstase, Ruf nach Bindung und – »Nieder der Dichter!« – nach Aktion statt Reflektion:

»Das Wort, das Wort, geraunt in Moabit,
Geraunt zu Spandau, steigerts zur Fanfare.
Entfaltet es zur Fahne, fliegendes Lied,
Im Prall der Arme hoch, im Sturm der Haare!

Das Wort heißt Aufruhr, Rebellion, Protest,
Lospolternd aus den rauchzerfressenen Hälsen.
Platzt Adern! Blutige Augen rollt! Beißt fest!
Knautscht Häuser zusammen! Brüllt auf!
Schmeißt Felsen!«[29]

Der Ton der Gedichte ist epigonal und outriert, aber ihre Gedanken sind, wie verbraucht immer, »revolutionär«; aus zweiter Hand.

Es ist diese Pseudorevolution, die Sieburg ganz offensichtlich eineinhalb Jahrzehnte später verführte. In der Erinnerung an seine Heidelberger Zeit klingt das an:

»Zu Heidelberg wäre noch viel zu sagen. Es war ein klassischer Augenblick, den ich dort erlebte. Max Weber las nicht mehr, empfing uns aber bisweilen in seinem Garten am Samstagnachmittag. George tauchte manchmal in einem schwarzlakkierten Strohhut, priesterlich verkleidet, an einer Straßenecke auf und jagte uns, die wir dort studentisch durcheinanderschrieen, in die Flucht. Gundolf war der Stern. Er hatte zwar keine pädagogische Begabung, aber er hatte seine pädagogische Leidenschaft. Ich habe eines der wenigen Seminare mitgemacht, das er abgehalten hat, nämlich über Klopstocks ›Oden‹. Diese Übungen waren von beispielloser Intensität; ich habe sie nie mehr aus meinem Geist entfernen können und bin ihnen bei jeder lyrischen Interpretation, die ich versuche, verpflichtet. Seine Vorlesungen waren faszinierend, obwohl er nicht gut sprach. Aber dieses sommertägliche Zusammenströmen in seinem Hörsaal mit dieser wunderbaren Atmosphäre von geistiger Neugier und Ehrfurcht ist mir unvergeßlich. Ich denke heute manchmal fast mit Tränen an diese Situationen, die unreproduzierbar sind und die kein Deutscher je wieder erleben wird, zumal auch keiner es wollte. In meiner Zeit entstanden dann auch die soziologischen Diskussionsabende, bei denen die Studenten referierten und die späte Blüte des 19. Jahrhunderts, nämlich Weber, Troeltsch, Friedrich Gundolf und wen ich sonst noch aus dieser Zeit nennen will, auf unsere altklugen und naseweisen Referate ernsthaft eingingen. Ich versichere Ihnen: es war ein Paradies, und wer in ihm verweilt hat, dem kommt die Welt seitdem oft farblos und trocken vor, als sei sie aus Asche gemacht.«[30]

Ganz zu Recht weist Franz Schonauer in seinem Sieburg-Aufsatz[31] darauf hin, daß im selben Seminar des Juden Gundolf ein späterer Judenvernichter saß; sein Name war Joseph Goebbels. Fahrlässig wäre es, daraus einen Vorwurf zu konstruieren, wer kann schon für seinen Kommilitonen und dessen weiteren

Lebensweg. Aber die Erinnerung, wer alles in Sieburgs »Paradies« Platz hatte, muß erlaubt sein.

Ekstase – Revolte – Nationalismus: daß diese drei einander steigernden Elemente eines historischen Irrationalismus *auch* Bestandteile des Faschismus waren, ist zweifelsfrei; und: daß sie sich im Denken von Friedrich Sieburg finden. Dabei mag man es als lediglich äußersten Exzeß, als Verstiegenheit abtun, daß er sich – 1941! – selber einen Nazi nannte in der vielzitierten Rede vor der »Groupe Collaboration« in Paris:

»Hier, in Ihrer Douce France, ist mein Charakter hart geworden. Frankreich hat mich zum Kämpfer und zum Nationalsozialisten erzogen. Wieviele Nächte habe ich nicht mit französischen Freunden diskutierend verbracht, unentwegt das Tuch der Penelope webend, um es am anderen Morgen wieder aufgetrennt zu finden. Eines Tages sah ich ein, daß es notwendig war, diesen sterilen Dialog zu unterbrechen ... Mehr und mehr habe ich mich von Frankreich entfernt, bin auf Reisen gegangen, habe Afrika besucht, wo ich ein jüngeres, realistischeres Frankreich gefunden habe als in Frankreich selbst ... (Erst) einige Tage vor Kriegsausbruch habe ich das Land dann wiedergesehen. Ohne Hoffnung bin ich durch die Straßen von Paris gelaufen, habe noch einmal einen Blick auf all die Herrlichkeiten dieser Stadt geworfen und ihren ganzen Zauber empfunden. Ich war wie Mazarin, der, im Vorgefühl des nahen Todes, durch die schönen Säle seiner Residenz irrte, mit ungläubigem Finger die Schätze berührte, seine schönen Teppiche, seine Bilder, und sagte: ›Muß ich das alles wirklich zurücklassen?‹«[32]

Viel genauer, expliziter formuliert Sieburg dieses Bekenntnis kurz nach Hitlers Machtantritt, im Vorwort der englischen Ausgabe seines Buches »Es werde Deutschland«, dem im Juni 1933 auch ein Peter Suhrkamp eine unappetitlich weihevolle Kritik in der »Neuen Rundschau« widmete, besingend mehr noch die nationale Erhebung als Sieburgs Buch, dem er eine »Theologisierung des Nationalismus« attestiert; Suhrkamps Aufsatz ist eingebettet in die Feier eines Naziaufmarschs, der ihm

Metapher für das neue Deutschland wie für Sieburgs Geschichtsbegriff ist:

»Bis in den späten Nachmittag dieses Tages marschierten in der Stadt die Kolonnen der Arbeiter und Angestellten. Von allen Seiten schoben sie sich am Tempelhofer Feld zusammen. Von dort her, vom Zentrum der Ereignisse, kamen Flugzeuggeschwader, ihr Summen schien die Erregung eines Menschenmeeres über die ganze Stadt auszutragen. Man konnte, weitab, noch das Gefühl haben, daß sich etwas erfülle. Als wäre die ›aus lauter Augenblicken zusammengesetzte Geschichte‹ endlich zu Ende. ›Deutschland‹ erschien dem pathetischen Gefühl als der Anbruch des ewigen Reiches am Ende eines langen dunklen Weges.«[33]

In einer Art trotzigem Mut nach vorn stellt Sieburg nun der noch 1933 erscheinenden englischen Ausgabe ein Vorwort in Form eines Briefes an seinen Londoner Verleger Jonathan Cape voran, in dem er begründet, warum das *vor* Hitler geschriebene Buch dennoch auch jetzt sein Credo »Germany: my country« rechtfertigte.[34] Er akzeptiert expressis verbis darin die – anfangs ungewollte – Rolle eines »Evangelisten des Dritten Reiches«, bejubelt den »messianischen Glauben« der marschierenden Nazi-Jugend und erklärt, warum die Deutschen »den Nationalsozialismus als Ausdruck Deutschlands anerkannt haben: Warum? Weil diese Bewegung eine innere Wahrheit enthält, die unserem Charakter entspricht. Deutschland lebte in einer Art babylonischer Gefangenschaft, in geistigem Elend und moralischer Verzweiflung, es schmachtete unter einem teuflischen Zauber, aber keiner seiner Führer fand die magische Formel, diesen Zauber zu bannen. Adolf Hitler fand sie, und, wie immer die Welt seine Qualitäten als Staatsmann einschätzen mag, sie kann ihm den Respekt vor seiner prophetischen Eigenschaft nicht versagen. Oder, wie Hermann Göring es einmal ausdrückte: die rettende Idee hing wie ein Stern am Firmament; jedermann konnte ihn herunterholen auf die deutsche Erde; aber nur *ein* Mann sah ihn – der unbedeutende Soldat aus Braunau, der gerade der Hölle des Weltkrieges entronnen war.«[35]

Das Vokabular von Himmel und Hölle, Stern und Firmament, Prophetie und deutscher Erde ist fast aufschlußreicher als der daraus sich zusammensetzende Text. Ein Zufall, ein Unfall ist das nicht, nicht die Verteidigung des deutschen Militarismus und das Rekurrieren auf George und dessen Ruf nach dem »Führer« (der das Mißverständnis testamentarisch abwehrte, indem er verfügte, er wolle nicht »in deutscher Erde« begraben sein.)

Ein Satz in diesem dann doch unerhörten Text ist am aufschlußreichsten; Sieburg referiert da, daß ihn ein befreundeter Franzose, der das Buch mochte, gefragt habe, ob es ein Bild von Deutschland gäbe oder eher das Bildnis einer tragischen Seele.[36] *Das* ist es: Friedrich Sieburg fühlt sich zutiefst appelliert von den Geschehnissen in Deutschland – selbst von den inszenatorischen Allüren. Der *ästhetische* Faschismus, wie ihn Walter Benjamin und später Susan Sontag analysiert haben, ist Sieburgs Problem. Und von daher resultiert das Unbehagen der jungen deutschen Nachkriegsgeneration gegenüber Sieburgs überdekorierten Lebensumständen. Es waren ja nicht die bloß befremdlichen goldenen Teller, von denen man in seinem Hause speiste[37] oder die witzig-hochmütige Abfuhr gegenüber einem SPIEGEL-Fotografen, über die man sich erregte im allerdings undekorativen Nachkriegsdeutschland:

»Ich bin sehr gerne bereit, in einer sorgfältig gestellten asketischen Kulisse mit Feldbett und Müllcimer für Sie aufzutreten. Aber meine Utrillos und Louis-XVI-Sessel dem öffentlichen Anblick auszusetzen, habe ich keinen Mut mehr. . . . Besuchen Sie mich einmal und Sie werden sehen, wie sehr meine bescheidenen aber nur mir gehörenden Lebensumstände die Mißgunst der ›brave new world‹ herausfordern müssen.«[38]

Niemand hätte oder hat sich ja zur selben Zeit über den luxuriösen Salon aufgeregt, in dem Joseph Breitbach, Träger der Legion d'Honneur, junge deutsche Schriftsteller zu Champagnerdejeuners empfing und niemand verwunderte sich über des Widerstandskämpfers Malraux großbürgerlichen Lebensstil. Die attackierenden Autoren, auch wenn sie sich zu der anekdotischen Banalität zusammentaten, Friedrich Sieburg Gartenzwerge per Post zuzusenden, ahnten zumindest hinter dieser trotzigen Zieratbarriere eine Anfälligkeit: *der* galt ihre Abwehr. Auch hier irrt Joachim Fest mit seinem auf Franz Schonauer geprägten Wort vom »indignierten Modeplebejer, der aller Welt das Glück der Einheitswohnküche zumessen möchte«. Er selber nämlich analysiert hervorragend das Politisch-Gefährliche, das sich hinter dieser Pompsucht verbirgt:

»Von weit größerem Gewicht und stark genug, Sieburgs Ängstlichkeit vor politischer Verstrickung auszuschalten, war sein Bedürfnis nach einem großen Lebensrahmen, nach Auftritten, Kulissen und schönen Umständen. Seine Freunde berichten dann auch, mit welchem Glück, welcher geradezu strahlenden Kinderlaune er von der brokatbestickten Uniform des Diplomaten schwärmte, dem grandiosen, die bürgerlich-bescheidenen Verhältnisse der ›Frankfurter Zeitung‹ unwiderstehlich übertrumpfenden Glanz und Gloria des Auswärtigen Dienstes. ... Als er in Gesellschaft, beim Rotwein, von einem näheren Bekannten nicht ohne einen Unterton maliziöser Arglosigkeit gefragt wurde, wie er es denn bewerkstellige, immer und unter allen Umständen die geheimen Erwartungen des Publikums zu treffen, starrte er den Fragenden kurz und entgeistert an, und schüttete ihm dann wortlos den Inhalt seines Glases ins Gesicht. Die Vermutung ist nicht abwegig, daß hinter seinem zeremoniellen Gebaren, dem unnachsichtigen Beharren auf Konvention und hoher Etikette, nicht zuletzt der Disziplinierungswille eines labilen, seiner schwer zu zügelnden und eruptiven Gefühle nie ganz sicheren Menschen stand.«[39]

Diese gelebte historische Akausalität schafft auch ein eigenes ästhetisches Wertsystem beziehungsweise dessen Verkrümmungen. So rückt Sieburg beispielsweise unentwegt das Werk Ernst Jüngers dem des Gottfried Benn an die Seite – der Geschmack verzieratet sich zum Geschmäcklerischen. Nicht lange nach seiner ersten Benn-Rezension und kurz nach jener Deklaration »Mich geht das alles nichts mehr an« veröffentlicht Sieburg seinen Artikel »Ein Abendländer ohne Angst«, in dem die beiden so konträren Schriftsteller einander ähnlich gemacht werden, zumindest als »Fall«.[4] Das ist aus zweierlei Grund bemerkenswert. Einmal ist es gerade Benn, der sich mit eisiger Charakterisierung von Jünger abgrenzt, und zwar zur selben Zeit: »Ernst *Jünger!* Da ich immer wieder mit dem zusammen genannt werde, interessierte er mich allmählich und ich las die mir von Herrn Hürsch übergebene Einleitung zu seinen neuen Büchern, eine lange Einleitung, das ganze Oeuvre heißt: ›Strahlungen‹. Ich las Satz für Satz, fing mit kameradschaftlichen Gefühlen an, las die ganze Sylvesternacht, während meine Frau mit Hürsch in die Nähe tanzen gegangen war, und ich muß sagen: *katastrophal!* Weichlich, eingebildet, wichtigtuerisch und stillos. Sprachlich unsicher, charakterlich unbedeutend. Manchmal nahe an Erkenntnissen, manchmal vor gewissen Tiefen stehend, aber nirgends Durchbruch, Haltung, Flammen. Er hat ja offenbar viel Zulauf und viele Bewunderer, gilt als unterdrücktes und verkanntes Genie, aber das ist hierzulande, wo immer auf das falsche Pferd gesetzt wird, nichts Besonderes. Er hat in genügender Menge das Mulmige, ohne das die Deutschen den Geist nicht ertragen, das Gedrückte, leicht religiös Gefärbte, das den Autor so angenehm harmlos und achtenswert macht, die Klarheit und Schärfe des durchbrechenden Genies mangelt ihm völlig, jede Latinität: – kurz: Timmendorfer Strand contra Portofino.«[41]

Das zweite Element, weit über die differierende Einschätzung eines Dritten hinaus, ist entscheidender. Sieburg beklagt, da er Benns »Politischen Irrtum« als Wesensbestandteil seines Oeuvre begreift, daß »das Feld, auf dem die Argumente für eine wirklich geistige Austragung dieser und ähnlicher Konflikte geholt werden könnten, noch schwer vermint« ist. Aber er, Friedrich Sieburg, hat diesen Konflikt auszutragen nie, nie mit einem einzigen Wort auch nur versucht. Er hat betörend schöne Porträtessays über Maupassant und Rilke, Rousseau und George geschrieben, und er hat in unzähligen Rezensionen den Niedergang der althergebrachten Kultur beklagt – damit auch Standards für eine neue setzend –, aber er hat eine Debatte weder aufgegriffen noch gar ausgelöst. Er hat Antworten gegeben, aber keine Fragen gestellt. Friedrich Sieburg war wohl *deswegen* der authentische Kritiker der fünfziger Jahre. Auf fast absurde Weise hat er das Ahistorische dieser Epoche charakterisiert – in einem anderen: »Will man eine plastische Vorstellung davon gewinnen, was sich in bezug auf ›Nutzen und Nachteil der Historie für das Leben‹ seit dreißig Jahren geändert hat, so braucht man nur zwischen dem deutschen Staatsmann von damals und dem von heute einen Vergleich zu ziehen. Stresemann war von der Geschichte förmlich geplagt, ja besessen; er konnte gar nicht handeln, ohne die Geschichte um Rat zu fragen oder sie mindestens zu ständigen, ruhelosen Vergleichen heranzuziehen. Da hat es Bundeskanzler Adenauer leichter; im Repertoire seiner Staatsführung, die den Deutschen von heute auf den Leib geschrieben ist, kommt die Historie überhaupt nicht vor. Er wird weder von ihren Dämonen heimgesucht noch von ihrem Schatten in Rührung versetzt. Zu seiner Taktik mögen geschichtliche Rudimente bisweilen eine nützliche Rolle spielen, aber ihn beschäftigt nicht der Drang, dem von ihm mehr verwalteten als regierten Gebilde eine ›Tradition‹ zu retten oder eine neue, revidierte Vergangenheit zu verschaffen. Wer dies wünscht, muß erst einmal an den Geist der Geschichte glauben oder gar der Überzeugung sein, daß man ohne diesen Geist keinen Staat schaffen kann. Mancher mag denken, daß die Bindung an die Geschichte einen reaktionären Zug im Wesen Stresemanns darstellte. Wohl möglich. Aber ist Adenauer, weil er diese Bindung nicht kennt, darum ein politischer Avantgardist? Das werden auch seine stürmischen Verehrer nicht behaupten wollen. Dieser erfolgreiche Staatsmann setzt genau die Bewußtseinsinhalte ein, die der Mehrheit des deutschen Volkes eigen sind; er lebt mit ihr in tieferer Übereinstimmung, als sie durch materielle Interessen gegeben ist. Man muß sich ernstlich fragen, ob ein politischer Charakter vom Schlage Stresemanns der bundesdeutschen Lage überhaupt gewachsen gewesen wäre.«[42]

Als Ernst Robert Curtius' Philippika über die quakenden Frösche erschien, hielt Sieburg ihm seine Trauer über eine Welt entgegen, in der eine falsche Wirklichkeit Platz gegriffen hatte, die ohne geistige Ordnung bestehen zu können glaube. Aber die beiden Kategorien »falsche Wirklichkeit« und »geistige Ordnung« definiert er nicht. Und die Zeitschrift, auf die Curtius als möglichen Neubeginn hinwies, Rainer Gerhardts *Fragmente*, kannte er nicht; doch gerade diese Zeitschrift, die Pound und Benn druckte, und die – fast möchte man sagen: daraufhin – Arno Schmidt und Hans Magnus Enzensberger entdeckte, versuchte ja einzulösen, was Sieburg zum Ende seiner Curtius-Replik forderte: »Das schlichteste deutsche Bildungsgut ist in Frage gestellt ... an dieses Gut von Zeit zu Zeit zu erinnern, ist freilich eine glanzlose Aufgabe.« Friedrich Sieburg hat sie glanzvoll gelöst – indem er übersah, wer noch sich ihr unterzog. Er hat auf noble Weise Hans-Werner Richters ersten Roman »Sie fielen aus Gottes Hand« gelobt[43], und wollte partout nicht sehen, daß sich um Richter keineswegs nur eine mediengeile Clique jugendlicher Nichtskönner scharte, sondern eine Gruppe junger Schriftsteller, die nach genau dem hungerten, was literarische Väter wie Sieburg nicht boten: Geschichte nicht als Retrospektive einer heilen Welt, sondern als Orientierungshilfe für den aktuellen Tag; Literatur nicht als schönes Spiel einsamer Menschen, sondern als Kommunikationsmittel Versprengter. Für Sieburg war das »literarischer Unfug«, wie er eine seiner Attacken überschrieb – und damit, war der Wert der Silben und Sätze gemeint, hatte er ebenso gewiß recht, wie er unrecht hatte, Hohn statt Hilfe zu spenden. Die Abfuhr, ein Nachruf auf die fünf Monate lang erschienene Zeitschrift *Die Literatur* liest sich gewiß amüsant: »Zu diesen kämpferischen Leistungen gesellten sich einige lahme Versuche, gegen Gottfried Benn und Ernst Jünger das Stimmchen zu erheben, was aber wegen geistiger Unzulänglichkeit keine Folgen hatte. Die ›unmißverständliche Diskussion‹, die, wie wir gerne zugeben, die Würze des literarischen Lebens ist, wollte und wollte nun einmal nicht in Gang kommen. Es wurde behauptet, daß nun ›auch hierzulande der längst fällige Streit um den Elfenbeinturm der Dichtung‹ begänne. Aber vergebens lauschte man auf den Kampflärm, der sich um keinen Preis erheben wollte, weil es eben einen solchen Turm nicht gibt und, wenn es ihn gäbe, niemand darin säße. Jeder Versuch, sich echte geistige Gegner zu schaffen, schlug fehl, denn man kann ja schließlich die Leute, die die Zeitschrift und die Bücher ihrer Herausgeber und Genossen nicht gerne lesen, keine ideologischen Gegner nennen. Das Recht, sich bei überflüssigen Geräuschen die Ohren zuzuhalten, bedarf keiner grundsätzlichen Erklärung, und das Gähnen eines gelangweilten Publikums ist kein Schlachtruf, der ein aufregendes Kreuzen der Klingen verspräche. Da blieb denn nicht viel anderes übrig, als sich gegenseitig zu loben, wogegen nicht viel einzuwenden ist, denn wozu schlösse man sich zusammen, wenn der eine nicht vom anderen überzeugt wäre! Als dann der Herausgeber Richter, dessen erstes Buch übrigens durchaus nicht gleichgültig war, für seinen zweiten Roman einen Preis bekam, ohne daß Erd' und Himmel darüber jubilierten, griff sein Redaktionskollege Walter Jens zur gesträubten Feder und schrieb, der Augenblick sei ›unwiederbringlich‹, um dann fortzufahren: ›Folglich vergeht sich der Kritiker, der heute, von einem vorgefaßten Standpunkt aus, die junge Literatur totschweigt, zugleich an Zeit und Ewigkeit.‹

Es scheint überhaupt die fixe Idee der ›neuen Literatur‹ zu sein, sie werde totgeschwiegen, und so versucht sie denn aus der Tatsache, daß man sie nicht lesen will, wenigstens ein Tröpfchen Martyrium zu pressen.«[44]

Aber es war nicht die Zeit für Amüsement. Es war das Jahr 1952, in der dreijährigen DDR brodelte es bereits, ein dreiviertel Jahr nach diesem Aufsatz sollte der 17. Juni beginnen, es war das Jahr, in dem der soeben wiedergewählte CDU-Vorsitzende Adenauer DDR-Volkskammervorschläge zur Wiedervereinigung (offiziell dem Bundestagspräsidenten Ehlers unterbreitet) als ungeeignet ablehnt,[45] in dem Kurt Schumacher stirbt, das Stück »Warten auf Godot« des Iren Samuel Beckett erscheint (den Sieburg ein kraftvolles Talent nennt);[46] war Wolfgang Weyrauchs »Atom und Aloe«-Gedicht nur Zeilenplunder eines, der den Mund auftat, weil er nichts zu sagen hatte? Zwei Jahre später urteilte Sieburg über die »schönen Hefte« von Höllerers und Benders Zeitschrift *Akzente*, der er eine echte Bemühung um Dichtung unterstellt – um sich aber gleichsam selber bei einem Lob zu ertappen, dem er zugleich mißtraut: »Hier wird eine tatsächliche Bemühung um Dichtung angestellt, und in den Heften steht kaum je ein Wort, das nicht einen ernsthaften Glauben an die Gestalt als letzte Bewährung jeder Kunst verriete. Die Schwierigkeit besteht indessen darin, daß hier eine Autonomie der Dichtung vorausgesetzt wird, die nicht mehr besteht. Die Selbstzerstörung, die die deutsche Literatur in den letzten Jahren unter der Fuchtel der öffentlichen Schlagworte getrieben hat, beginnt ihre Wirkung zu tun.«[47]

Sieburg urteilte und verurteilte mit insulärer Gnadenlosigkeit, als wüchsen Bücher im Garten des Paradieses; aber dann weiß er so leise wie schneidend-genau doch die Grenze zwischen sich und der jungen Generation zu ziehen, weiß *seine* Geschichtserfahrung einzubringen, die am Detail gerinnt. Sieburg war ein ins Fechten des ritterlichen Duells verliebter Mann, aber brutale »Kopf-ab-Kritiken« hat er nicht geschrieben. Er begnügte sich, Enzensberger einen »scharfen Jungen«[48] zu nennen, was gewiß keine Einschätzung von Gedichten ist oder Rühmkorf einen »lustigen Bruder vom Feuilleton . . . für unseren Autor sind die Aussichten hell, wir werden ihn bald beim Rundfunk, als Redakteur oder Lektor sehen, und überall wird er seinen Hauptberuf als Revolutionär ohne ernste Störungen weiter ausüben können«;[49] aber diese traurige Warnung vor einer Gefährdung schreibe ihm erst einmal einer nach – seine berühmte Walser-Kritik »Toter Elefant auf einem Handkarren« endet: »Gleichwohl: Was mich von ihm und seinesgleichen unheilbar trennt, wird an folgendem Beispiel klar. Ein kleiner Junge (Seite 593) stürzt schutzsuchend zu seiner Mutter und preßt seinen ›Kopf in die Gegend, aus der Ärzte ihn herausgelockt hatten‹. Nicht sehr schlimm, eine Kleinigkeit, gewiß! Aber hier offenbart sich eine so ungeheuerliche Taktlosigkeit, daß man die Sprache verliert. Takt, was ist das schon? Völker werden geschlachtet, Städte verglühen, und da wollen wir von Takt reden? Das ist die Frage, über deren Abgrund hinweg wir nicht zusammenkommen können. Mit Sitte und Anstand, so niedrig sie auch im Kurse stehen mögen, können Welten im Sturz aufgehalten werden. O rühre, rühre nicht daran. Laßt doch einige winzige Bereiche bestehen, vor denen ihr mit eurer hochbegabten Schnoddrigkeit zögert! Dies sanfte Zögern wird der Menschheit mehr helfen als alle eure literarischen Anstrengungen. Dieser Walser ist ein Genie, wenn auch einstweilen nichts dabei herauskommt, aber ihn kümmern die haarfeinen Rücksichten nicht, jenseits derer zunächst nur die Taktlosigkeit und, wenn man nicht scharf aufpaßt, die Unmenschlichkeit beginnt.«[50]

So kann nur einer mit einem jungen Autor umgehen, der Literatur liebt; hier raschelt kein Papierverschlinger, sondern spricht ein wirklicher Kenner. Das Lesevergnügen, das nun heute eine Auswahl von Sieburgs Kritiken wie die hier vorliegenden zwei Bände bereitet – chronologisch geordnet und auf diese Weise ein Stück Geistesgeschichte der Jahrhundertmitte bietend – hängt mit dieser Literaturbesessenheit zusammen. Die muß sich ja keineswegs im Lob äußern; auch Sieburgs »Verrisse« sind amüsant – und mehr: zeigen einen Letterngefräßigen, Formsüchtigen, Fabelverliebten. Daß es gerade – und fast einzig – Arno Schmidt war, den er von den Nachkriegsautoren für sich entdeckte und favorisierte, ist kennzeichnend; ist es doch der Autor, der am perfektesten sich in einen Kunstbau einspann im feinsten, artistischen Gewebe, hauchzart und doch unzerstörbar. Arno Schmidts Festung aus Bildung und Hintersinn, seine zu immer neuem Jonglieren fähige Sprachkunst entsprach durch und durch dem ästhetischen Entwurf Sieburgs, wie eben auch der spielende Bürger Nabokov oder der Kafka-Adept und Walser-Schüler Walser. Es spricht der Kenner – doch eben einer, dessen Rückgewandtheit ihn das einzelne Kunstwerk erkennen ließ mit meist untrüglichem Instinkt, der aber – weil es eben Instinkt war – eine Literaturperiode mißkennen mußte. Friedrich Sieburg war vielleicht zu sehr Schriftsteller, um ganz Kritiker sein zu können. Er wußte zu viel von der notwendigen Einsamkeit des Produzierenden – und entzog sich in falscher Konsequenz dem Dialog, den der Kritiker braucht; ein monologischer Kritiker ist das, was Sieburg haßte: ein Oberlehrer. In seiner schönen Studie zum Begriff »Allein Sein« schrieb er: »Die Massen sind eine Fiktion, mit der sich Macht und Geld gewinnen läßt. Sie besteht nicht nur aus einer Summe von Personen, und so kann man denn auch nicht mit ihr in Fühlung kommen, wie groß der Sportpalast auch sein möge, der den Masseseligen in ihren Träumen erscheint. Diese Unmöglichkeit verleiht unserer Zeit die nagende Regung schlechten Gewissens. Das gilt besonders für die Literatur, denn sie ahnt wohl, daß eine gewisse Isoliertheit zu ihrem Wesen gehört, aber sie hat nicht den Mut, diesen Teil ihres Schicksals hinzunehmen, obwohl er die eigentliche Quelle ihrer Produktivität ist. Der gestaltende Mensch ist allein, solange er gestaltet, sein Verhältnis zur Gegenwart als Stoff ist stets mittelbar. Erst das fertige Werk geht seinen Weg, über den der Künstler keine Macht mehr hat. Oft führt dieser Weg ins Volk hinein, wenn auch nicht von heute auf morgen, oft geht er in eine Tiefe, aus der erst nach langer Zeit die Wirkung aufsteigt. Die Persönlichkeit entscheidet, aber wer bringt die Entschlossenheit auf, sich zu ihr zu bekennen!«[51]

Doch was er hier beschreibt, ist die Zelle des Schriftstellers, den der Lyriker Benn nicht zufällig als »erlebnislos, seelisch unergiebig, als Mensch ganz stumpfsinnig« charakterisiert, weil er ja seine Erlebnisse nicht an sein Leben anbindet, sondern an sein Oeuvre, sich vom Leben fernhält.[52] Diese notwendige Verschlossenheit, das hermetisch Welt-Abweisende gehört zum qualvolleinsamen Vorgang des Schreibens, zu seiner Hybris und zu seiner Not. Doch ist nun einmal das Schreiben des Kritikers vielleicht kein minderes – aber ein anderes. Ein sich vor der Welt verschließender Kritiker stilisiert eine Allüre, kultiviert eine Voreingenommenheit und kann Zusammenhänge weder sehen noch aufdecken. Er schwärmt von einem fernen Elysium und tadelt die Gegenwart; oft nur dafür, daß sie eben Gegenwart ist. Sieburg machte sich darüber lustig, wie probat es sei, möglichst jede kulturkritische Betrachtung mit einem »Die Zeiten sind vorbei, in denen . . .« zu beginnen – und möglichst offen zu lassen, was nun vorbei ist. Aber er machte sich damit auch über sich selber lustig. Es ließe sich eine witzige Anthologie zusammenstellen aus seinen Sehnsuchtsrufen nach einer verlorenen Zeit; wie alt war Sieburg etwa, als er dieses schrieb: »Wenn die Zeitgenossen des vierzehnten Ludwig den Schwung ihrer Möbel oder die Bedeutung ihrer Bewegungen nach dem Takt gliederten, in dem sie die Frau umkreisten, so liegt der eigne Reiz unsrer Epoche darin, daß keine Zigarette mehr öffentlich angepriesen werden kann, ohne daß weibliches Fleisch in massenhafter Deutlichkeit heranbemüht wird. Ganz zu schweigen von jenen öffentlichen Äußerungen, die in engem Zusammenhang mit der Frau stehen, als da sind: Tanz, Film, Theater, Bilderpresse und – Liebe. . . . Der Verfall der Liebe ist nicht mehr aufzuhalten. In den Tanzsälen der Vorstädte, wo einst die Lebensfreude des kaufmännischen Halbproletariats sich schwang und sogar noch etwas für die Lyrik hergab, wimmelt heute ein gieriges, freudloses Weibervolk, das in Haltung und Verhalten seinem in Premieren und Hotelhallen aufstrahlenden Wunschbild sich angleichen möchte. . . . Die heutige Liberalität der sogenannten bessern Kreise undurchsichtigen oder unregelmäßigen Erscheinungen gegenüber ist weit alberner als der Standeshochmut und der Bravheitsdünkel unserer Großväter, weil dieser auf – wenn auch falschen oder toten Grundsätzen beruhte, jene aber im Mangel an Wertgefühl und Unterscheidungsvermögen ihre Wurzel hat. . . . Auch der Tanz bringt dich dem Ausgestellten nur wenig näher. Was wurde aus ihm? Schwitzende Vorbereitung für einen Beischlaf – der niemals zustande kommt. Etwa nach der Melodie des schönen Volksliedes: ›Du kannst Alles von mir haben – nur das Eine nicht‹, das so recht in des heutigen Lustknaben Wunderhorn gehört. . . . Was heute im Lichte steht, bedeutet den Verfall der Liebe, der Gesellschaft, ihrer Form, der Familie, der Unterhaltung, des Theaters, kurz: aller öffentlichen und privaten Äußerungen des Zusammenlebens.«[53]

Er war genau 30 Jahre alt, ein Debütant bei der *Weltbühne*, drei Jahre vor Siegfried Jacobsohns Tod und man schrieb das Jahr 1923, Rathenau war vor wenigen Monaten ermordet, Maximilian Harden soeben überfallen worden, die Fememorde der illegalen »Schwarzen Reichswehr« waren auf dem Höhepunkt wie die Inflation, 1 Dollar kostete 4,2 Billionen Mark. Friedrich Sieburg hat sich auf derlei nicht eingelassen – nicht, wenn es ihm um Literatur ging. Dieses Prinzip der Literatur jenseits von Zeit und Raum befähigt ihn, etwa drei Jahrzehnte später, im Jahre 1954, fast haargenau denselben Text, diesmal über Soraya zu schreiben – »Wir geraten doch allmählich in den Zustand kollektiven Schwachsinns, wenn wir uns tagaus, tagein mit Dingen und Figuren beschäftigen, mit denen wir uns nicht beschäftigen *wollen*, weil sie uns nichts angehen und weil sie für uns total wesenlos sind«[54] – aber es entfähigt ihn, Literatur als Produkt auch eines historisch-politischen Koordinatensystems zu sehen. Sieburg wird gleichsam seiner eigenen Forderung untreu. Mit Claudel hatte er einmal ausgerufen, »ich möchte die Verteidigung der Intellektuellen übernehmen. Sie stellen innerhalb des Staates etwas Notwendiges dar, etwas Gefährliches und Wohltuendes, den geistigen Zustand der Kritik und des ewigen Gelüstens, die Garantie gegen das Einschlummern, die tiefe Unzufriedenheit, sozusagen den Vorrat an Elektrizität.«[55] Aber für eben diese Elektrizität hat er sich nicht eingesetzt, hat sich ihr nicht ausgesetzt. Das Ahistorische seines Literaturbegriffs hat Sieburg zwar jene Zeitschrift von Jens und Richter verreißen, aber den Vorgänger *Der Ruf* unbeachtet sein lassen. Daß die Position dieser Nachkriegszeitschrift – nämlich die bis zum alliierten Verbot führende Abwehr des Gedankens der Kollektivschuld – im Grund der seinen sehr nahe war, daß sie sich auf spiegelverkehrte Weise dann in Ernst von Salomons Bestseller »Der

Fragebogen« wiederfand: Das griff Sieburg als Thema nicht auf; seine vernichtende Kritik des Salomon-Buches nimmt es nur als Einzelphänomen, gleichsam als bloße Hervorbringung eines Autors und nicht auch der Zeit. Sieburgs untrüglicher Sinn für Takt spürte das Verschmockte, Unaufrichtige dieses Buches,[56] das Wahrheit schonungslos verhüllte – aber die Ursachen dieser zeitgeschichtlichen Camouflage erörterte Sieburg nicht. Es mag damit zusammenhängen, wenn er zwar als Kritiker eine Instanz war, aber gleichzeitig wenig Einfluß hatte. Er selber hat das in einem nicht nur witzigen Radio-Essay am Fall Malaparte vorgeführt, der – ähnlich dem »Fragebogen« – trotz (oder wegen?) Sieburgs heftiger Intervention zum großen Büchererfolg wurde: »Ich könnte mir gut vorstellen, daß einige von Ihnen den Mann, der in der Öffentlichkeit über literarische Neuerscheinungen urteilt, für einen sehr mächtigen Mann halten. Tatsächlich erhalte ich dann auch nicht selten aus dem Publikum Ermahnungen, mit der fürchterlich gefährlichen Waffe der literarischen Kritik um Gottes Willen nur ja sehr behutsam umzugehen. Jemand schrieb mir, daß ich mit einem unüberlegten Wort ein ganzes Buch vernichten und dadurch dem Autor nicht nur geistigen, sondern auch materiellen Schaden zufügen könne. Die Waffe der literarischen Kritik war da offenbar als eine Art von literarischer Atombombe aufgefaßt, deren verheerende Zerstörungskraft dem armen Buchautor den Lebensfaden für immer zerreißen kann . . . Nun erschien vor einigen Monaten ein Buch von Malaparte. Es hieß ›Die Haut‹ und schilderte die Haut Europas, wie sie sich den einmarschierenden Amerikanern bot . . . Kurz und gut, ich war der Überzeugung, dem neuen Buch des Italieners in Deutschland den Garaus gemacht und damit ein gutes Werk getan zu haben. Vielleicht fühlte ich mich in meinem Innern sogar ein wenig von der Macht des Kritikers durchdrungen und dachte am Ende gar: ›Nein, nein, mit uns Kritikern ist nicht zu spaßen, wenn es mal wirklich hart auf hart geht!‹ Aber *was* glauben Sie, meine verehrten Zuhörer, was in *Wirklichkeit* geschah: Meine scheinbar vernichtende Ablehnung des Buches brachte ihm einen *glänzenden Erfolg* ein. Viele Buchhändler berichteten, daß die Käufer mit meiner Kritik in der Hand zu ihnen gekommen seien und das Buch verlangt hätten. Die Leute sprachen sich untereinander an und sagten zwinkernd, ›das scheint ja ein tolles Buch zu sein‹ und gingen hin und kauften es. Niemals ist ein Literaturkritiker bitterer und nachdrücklicher über seine totale Ohnmacht belehrt worden wie *ich* in diesem Fall. Meine Ablehnung wurde überhaupt nicht realisiert. Dagegen wirkte die Stimmenstärke, mit der ich das Buch ablehnte, als seine Werbung.«[57]

Auch hier wieder dieser merkwürdige Bruch; denn Friedrich Sieburg schrieb ja expressis verbis »nicht für die Autoren, sondern für das Publikum«.[58] Er wollte kein Autorenvater, gar -erzieher sein; vielleicht auch das ein Grund, warum er lieber Gedanken und Sprache der großen Toten nachspürte als sich auf die Debatte mit den Lebenden einzulassen. Was er wollte, war »Gesittung durch Literatur«[59] zu erreichen. Der Vorspruch zu dem Gespräch, in dem er dies äußerte, schildert die Interieurs seiner Lebensumwelt als von »französischem Geist«, ob in Mobiliar, Tapeten oder Bildern.[60] Davon weiß jeder zu berichten, der Sieburg kannte, mit ihm verkehrte. Doch dem Getümmel, dem in den ersten Nachkriegsjahren die Dispute in Paris glichen, blieb er fern; weder zu Paul Nizan noch zu Camus ein Wort, und Sartre war ihm nicht mehr als eine Modefigur. Den erbitterten Streit mit Merleau-Ponty hat er nicht zur Kenntnis genommen – obwohl es doch eine fundamentale Auseinandersetzung über die Rolle des Intellektuellen vis-à-vis der Macht war. Raymond Aron sagte noch Jahrzehnte später, bei Entgegennahme des Goethepreises der Stadt Frankfurt: »Meiner Generation, das heißt einem Jean-Paul Sartre, einem Maurice Merleau-Ponty, einem André Malraux, einem Arthur Koestler, einem Manès Sperber – um nur die zu nennen, mit denen ich befreundet war –, wäre es wohl schwerlich möglich gewesen, sich in einen elfenbeinernen Turm zurückzuziehen, unbekümmert um die Unwetter, die über die Alte Welt, dann über die ganze Erde brausten.«[61]

War Friedrich Sieburg unbekümmert? Das Wort birgt den Begriff Kummer – und Sieburgs Kummer war anderer Natur. Er lag in gewisser Weise tiefer. Seine damals sensationelle – weil lobende – Kritik über Nabokovs »Lolita« gibt davon einige Andeutungen frei. Nicht Kongresse oder Streitereien der Schriftsteller interessierten Sieburg, sondern ihre Nöte, soweit sie Literatur wurden – Finsternisse, Abgründe: »Der stilistische Zauber dieses Buches, den das Team der Übersetzer musterhaft für uns gerettet hat, ist das wichtigste Überzeugungsmittel, das diesem selig-elenden Humbert vom Autor geliefert wird. Es ist kein neuer Stil, der irgendeiner Theorie entspräche, aber er ist von enormer Verführungskraft und wickelt uns gleichsam um den Finger. Plötzlich gewahren wir, daß wir an Humberts Schändlichkeiten sein Leid ablesen, daß wir an seiner vernichtenden Selbstironie die Glut seiner Liebe ermessen. Lolita wird aus einer kleinen Schülerin, die unseres Schutzes bedarf, zu einer Nymphe, die den Weg in das langsam mythologisch werdende Reich der Liebe freigibt.«[62]

Daß Sieburg anläßlich dieses Buches, das gemeinhin als neckische Nymphenobszönität abgetan wurde, Töne der Ergriffenheit zur Verfügung stehen, ist wohl typisch für ihn, für sein so anderes, ganz dem Tage entrücktes Verständnis von Kunst. Tatsächlich ist der muntere Polemiker, der wortgewandte Spötter und unduldsame Phrasenverächter zutiefst – Melancholiker. Sieburgs Kunstbedürfnis ist auch Schutzbedürfnis; Form ist Wall. Das ist sein Gleichklang mit Thomas Mann, in dessen Werk er immer wieder das Zivilisierte, die »Lebensform« hervorhebt und dessen Briefen er sogar die Kraft der Prosa zugesteht, die über den Lebensabgrund reicht;[63] und den er daher »ein Herr und Meister« nennt, wohl die positivsten Epitheta, die Sieburg zur Verfügung stehen. Kunst ist Brücke über den Abgrund, Stil ist gebanntes Chaos, Form ist gebändigtes Leben – dieser existentielle, nicht historische Begriff von Literatur als Balance-Akt am Nichts entlang machte Friedrich Sieburg zum Solitär. Wenn es dafür eines Beweises bedarf, dann liefert er ihn mit den wunderbaren Worten, mit denen er sein Lieblingsgedicht – Platens »Ghasel« – zu erfassen sucht: »Immerhin fühle ich, daß Platens ›Ghasel‹ ›Es liegt an eines Menschens Schmerz, an eines Menschen Wunde nichts‹ mein Lieblingsgedicht bleiben wird bis zur Stunde meiner Tage. Warum? Wie kann man ein Gedicht zum täglichen Lebensbegleiter erheben, das die Verneinung des Lebens selbst zu sein scheint? O, gewiß, diese Verneinung ist da, sie ist bis zur Hoffnungslosigkeit gesteigert. Es scheint keinen Ausweg zu geben, ja man glaubt sogar einen gewissen Hohn des Dichters darüber zu spüren, daß alle Wege versperrt sind. Trotzdem ist es möglich, mit diesem Gedicht zu leben. Ja, mir scheint, daß es eines der leuchtendsten Beispiele für die Verwandlungskraft der Kunst ist. Schmerz und Dunkelheit sind so vollendet gestaltet, daß dieser Vollkommenheit schon das Element der Erlösung innewohnt. Die Perfektion der Gestaltung, die Seligkeit des künstlerischen Gelingens ist Sieger über die menschliche Unzulänglichkeit. Daß dem Elend des Daseins ein solcher Glanz entrissen werden kann, ist eine Offenbarung, die den Lesenden mit Licht und Trost überflutet. Von dieser lyrischen Gestaltung des Unglücks geht ein Strom von Glück aus, weil die Gestaltung vollkommen ist.«[64]

Es ist schade, daß die deutsche Sprache das Wort »Tiefmut« nicht hergibt; es wäre eine schöne Kennzeichnung für Friedrich Sieburg, für die Gegenbalance seines Hochmuts, den er selber gerne, eitel, als Eitelkeit bezeichnete; auch in ihr ungerne einen über sich duldend: »Ich bin ja für meine Eitelkeit berühmt . . . die Leute sagen, Chateaubriand sei der eitelste Schriftsteller aller Zeiten gewesen, und ich sei der zweiteitelste.«[65] Doch Eitelkeit ist ja nur eine sehr dünne Haut – über Verletzungen gewachsen. Blickt man genau hin, dann sieht man unter ihr noch pulsen die Schläge der Angst. Die törichte Frage »Angst wovor?« verwechselt Angst mit Furcht; die kann man haben vor Einbrechern oder Syphilis. Angst hat man. Sie schlägt unter der Eitelkeit – und sie ist deshalb Produktivkraft. Einer, der es wissen mußte, und der sein Lebtag unter Literaten und Büchern verbrachte, sie begreifend auf heikelste Weise, Walter Mehring, hat das grandios formuliert: »Aber was wir alle, groß und klein, genial oder ein wenig talentiert, noch ›auf dem Herzen haben‹, ist die Eitelkeit – denn wie wäre ohne sie ein Kunstwerk je vollendet, in Töne gesetzt, aus dem Stein gemeißelt, auf Holz und Leinwand gemalt oder zu Papier gebracht worden . . .? Wäre die Vanitas nicht stärker als der Thanatos, nie wäre Orpheus aus dem Hades, nie Dante aus dem ›Inferno‹ zurückgekehrt, nie Dostojewskij aus dem ›Totenhaus‹ entronnen, um es zu schildern; nie wäre Marcel Proust hinsiechend im Krankenzimmer zu einem Schriftsteller geworden – nur dadurch, daß er sich täglich eine Dosis Ehrgeiz sozusagen mit der Nadel eines Grammophons einimpfte, das unablässig wiederholte: ›Du wirst den Prix Goncourt bekommen! Du wirst den Prix Goncourt bekommen!‹ (Und die Verleihung des ›Prix Goncourt‹ wurde in der Tat dann auch seine letzte Ölung.)

Und wäre die Eitelkeit eines Autors nicht eine gewaltigere Triebfeder als selbst der Eros, nie hätte Shakespeare seine ›Dark Lady‹, nie hätte François Villon seine ›Dicke Margot‹, nicht Alexander Blok seine ›Wunderschöne Dame‹ für uns verewigt und veröffentlicht – und wir hätten uns nie zu einer heimlichen Liebe dichterisch bekannt.

Selbst ein so asketischer Denker wie Pascal konnte nicht ohne den Beifall von ›mindestens drei oder vier Personen‹ auskommen. Es ist auch gar nichts dagegen zu sagen, daß ein Schriftsteller sich der Eitelkeit verschreibt, solange er im Bannkreis seines Metiers bleibt und seinen künstlerischen Hochmut wahrt, solange er sie nicht an Machtwüstlinge, an Militärkasinos oder politische Bordells verkuppelt.«[66]

Daß Friedrich Sieburg für eine Zeit seines Lebens so bedrohlich nahe den Machtwüstlingen, Militärkasinos und Polit-Bordellen hauste, das haben ihm viele Zeitgenossen nie verziehen. Benno Reifenbergs »ich halte Sieburg für sehr labil, geschickt aus Unsicherheit. Ich traue ihm auch nicht recht in seiner menschlichen Oberfläche . . .« liest sich noch eher wie eine vorausschauende Warnung; zumal er dem Briefadressaten, Joseph

Roth, beteuert, ». . . daß unter den wenigen echten Empfindungen, deren er fähig ist, das Verlangen gehört, mit Menschen Ihres Schlages sich zu verstehen«.[67] Joseph Roth allerdings mochte sich mit Sieburg nie verstehen und hat dem Autor des Stefan-George-Essays 1934 in einem Brief an Klaus Mann ein finsteres Zeugnis ausgestellt: »Es ist sachlich ferner nicht richtig, daß George ferne von Deutschland hat sterben wollen. Er wollte überhaupt gerne leben und gerne sterben. Nicht ferne dem ›Getriebe‹ – was ich ja begreife. Aber im Getriebe der Wolken, weil Wolken ihm angenehmer waren als Menschen. Göbbels und Sieburg sind seine Schüler. Schüler sind Zeugnisse.«[68]

Und Tucholsky, der in Paris quasi als »Korrespondenten-Kollege« Jahre mit Sieburg verkehrte und über den Sieburg auch verschiedene respektvolle Kritiken schrieb,[69] hat sich nicht nur lustig gemacht über den eingebildeten Stilisten (»Wie aus Sieburgs Küche: Wo andere Öl nehmen, gibt es gleich Mayonnaise«), sondern hat Sieburgs Arrangement mit den Nazis mit so scharfen Worten verachtet, daß Sieburg die Publikation dieser Passagen in den Briefsammlungen Tucholskys untersagte.

Sieburg hat sich ungerne und selten zu Kommentaren, gar Rechtfertigungen verstehen mögen. Aber er hat sich, als er seit 1948 wieder publizierte, auf Politik kaum mehr eingelassen. Mag sein, daß es dieser Abstinenz zuzuschreiben ist – jedenfalls gibt es keine ernst zu nehmende Wahrnehmung beispielsweise der Literatur im zweiten Deutschland. Wenn er – in seiner Rühmkorf-Rezension[70] – Brecht nebensätzlich einen »düsteren Pathetiker« nennt, »der einem Leben voller Kämpfe entgegengeht«, dann ist das schon viel – und gilt im übrigen dem jungen armen BB und seiner Ballade. Zum Kampf um (und gegen) Brecht in diesen Nachkriegsjahren schweigt er – wie er auch dessen (und anderer DDR-Autoren) Bemühungen, miteinander ins Gespräch zu kommen, verwundert-verächtlich zurückweist.[71] Es tauchen zwar gelegentlich Parenthesen auf, Namen wie Huchel oder Hermlin, Bloch oder Anna Seghers werden erwähnt; aber sie bleiben Namen – weder hat Sieburg je ihre Werke zur Kenntnis genommen, noch gar – horribile dictu – gefordert, sie mögen auch im Westen erscheinen. Das mag heute obsolet klingen, da die DDR-Literatur als wichtiger Bestandteil der deutschen Gegenwartsliteratur begriffen ist und rezipiert wird, da sogar zahlreiche Autoren in die Bundesrepublik übersiedelt sind – in den Jahren zwischen 1950 und 1960 wäre es ein Gebot gewesen (dem sich übrigens nicht nur Sieburg, sondern ausnahmslos alle Literaturkritiker des Westens wie auch die Gruppe 47 weitgehend entzogen). Die Bücher dieser Autoren existierten nicht, die DDR-Literatur, von Becher bis Kunert, existierte nicht im Bewußtsein der literarischen Öffentlichkeit. Den erbitterten Kampf etwa um Peter Huchels Zeitschrift *Sinn und Form* gänzlich zu ignorieren – und zur selben Zeit Mörike zu rezensieren, »es ist eine Dichtung der knieenden Seele«[72] – muß schon sonderbar genannt werden. Doch es muß für Sieburg den Geschmack des Unreinen gehabt, nach jener »Wahrnehmung von Gelegenheiten« geklungen haben, die er für nicht »aufhebenswert« im Doppelsinne des Wortes befand: »Was zu ihrer Wahrnehmung geschrieben wird, sollte im Zuge der Tage kommen und gehen und nicht zur liebevollen Aufbewahrung anregen«, schrieb er tadelnd zur siebenbändigen Erich-Kästner-Ausgabe.[73] Sein Begriff des vollendeten, perfekten Kunstwerks, darin auf makabre Weise des ihm offenbar fremden Lukács' Kategorien vom harmonischen, versöhnenden Charakter der Kunst benutzend, läßt Sieburg die Selbstgerechtigkeit zur Ungerechtigkeit treiben: »Der Neigung des Poeten, ›eine Welt anzufangen‹, stelle ich die Pflicht der Literatur entgegen, ihre Sache ›ganz fertig‹ zu machen. Dies ist mein Vorurteil: dem vollkommen Fertigen, und sei es auch beschränkt, den Vorzug vor einer nur ›angefangenen Welt‹ zu geben.«[74]

Das ist Credo und Dekret; Sieburg spricht, als gäbe es das große Fragment nicht, als sei ihm fremd das unfertige Werk von Kafka und Proust, Musil und Sartre; als habe er nie den Krull gelobt. Hier liegt die Wurzel für Sieburgs generellen Irrtum, die neueste deutsche Literatur betreffend. Ihre enge Verstrickung mit akutester Wirklichkeit schien ihm aussätzig – fremd, formlos und fern. Seine Kritikerhoffnung, die Lesequal in der meist aberwitzigen Hoffnung, immer aufs neue zu beginnen, »eine freudige Überraschung zu erleben, und ein Meisterwerk zu entdecken«,[75] wurde natürlich fast stets enttäuscht; wieviel Meisterwerke produziert ein Jahrhundert schon. Auch hier bietet sich ein Beispiel an für Sieburgs Nicht-Bemerken einer neuen Literatur: Liest man heute die als Reprint erschienenen drei Jahrgänge von Alfred Andersch's Zeitschrift *Texte und Zeichen*, dann wird evident, wie viele Begabungen sich zu Worte meldeten, ob Enzensberger und Walser, die vor ihren Büchern hier gedruckt, ob Frisch und Grass, Heißenbüttel und Arno Schmidt, die vorgestellt wurden. In ihrer strikten Orientierung auf Formales – Protestresolutionen wird man vergebens suchen – hätte diese Talent-Wünschelrute Sieburg eigentlich liegen müssen. Allein, es waren Begabungen, die sich unverhältnismäßig intensiv auf Gesellschaft, auf Politik, auf Staat einließen. Andersch charakterisierte das rückblickend in einem Gespräch mit Enzensberger: »Gegen diese bürgerliche Restaurations-Epoche, die außenpolitisch gekoppelt war mit der Entwicklung des kalten Krieges zwischen den USA und der Sowjetunion, haben damals die Schriftsteller – ich sage es einmal sehr explizit: die Schriftsteller – Stellung genommen. Es gab einen konsequenten Kampf der damals in Deutschland neuen Literatur, der Schriftsteller, die damals begannen zu schreiben, gegen die restaurativen Tendenzen der Politik.«[76]

Von einem Programm im engeren literarischen Sinne konnte nicht die Rede sein, Eich und Heißenbüttel, Celan und Grass hatten wenig gemeinsam; eines allenfalls: sie schrieben bewußt *in* Zeit und Raum.

Friedrich Sieburg mochte damit nicht umgehen. Die Gruppe 47 war ihm Anlaß zu belustigtem Achselzucken, und eine Betrachtung der literarischen Szene des Jahres 1959 beschloß er dünnlippig: »Wir halten uns bis dahin an ihre Bücher, die zu schreiben sie keine Zeit haben und die trotzdem erscheinen.«[77]

1959. Das nun war aber ausgerechnet ein Jahr, das man geradezu als Wendepunkt der deutschen Nachkriegsliteratur bezeichnen muß: Es erschien Günter Grass' »Die Blechtrommel«, Heinrich Bölls »Billard um halb zehn« und Uwe Johnsons »Mutmaßungen über Jacob« – ein Jahr vor Peter Weiß' »Der Schatten des Körpers des Kutschers«. Es war, was Sieburg Jahre hindurch gefordert hatte: das gloriose Einbeziehen, Einschmelzen kultureller Tradition – ob Döblins bei Grass, Brechts bei Johnson, Falladas bei Böll; es war das Neue, aus dem Alten entstanden. Diese Bücher hat Friedrich Sieburg nie rezensiert. »Das Wunder des richtigen Lesens beruht in der Selbstbegegnung, die man vollzieht«,[78] hatte er einmal gesagt. Es scheint, als sei er dieser Selbstbegegnung ausgewichen am Ende eines Lebens, das Schreiben war; als Summe einer Kultur, die ihre Geschichte in der Historie fand; als Konsequenz eines Raffinements, dessen Formsucht auch blind machte: Der grand old man der deutschen Literaturkritik ein rocher-de-bronze in den Gezeiten, wähnend, die Flut verebbe im Brack – während doch die Strömung gewechselt hatte.

Quellennachweise zum Vorwort

1 Radiosendung, III. Programm, Studio Tübingen, 21. 9. 1950
2 Manuskript »Lust und Last der Vergangenheit«
3 Manuskript
4 Friedrich Sieburg, »Et alors? So what? Na, und?«, *Frankfurter Allgemeine Zeitung*, Nr. 9 vom 17. 1. 1964
5 Manuskript »Lust und Last der Vergangenheit«
6 Radiosendung, Studio Tübingen, 21. 9. 1950
7 Wolf Jobst Siedler, »Plädoyer für einen linksschreibenden Rechten – Friedrich Sieburg zum siebzigsten Geburtstag«, *Die Zeit* vom 17. 5. 1963; Walter Widmer, »Dichtung und Geschichte. Die beiden ersten Bände einer neuen Taschenbuchreihe – wie Tag und Nacht«, *Die Zeit* vom 24. 5. 1963
8 Hermann Pröbst, »Friedrich Sieburg zum 70. Geburtstag«, *Süddeutsche Zeitung* vom 18./19. 5. 1963

9 Radiosendung, Studio Baden-Baden, 4. 11. 1950
10 Manuskript »Lust und Last der Vergangenheit«
11 Friedrich Sieburg, »Heimatlos«, *Die Gegenwart* vom 9. 5. 1953
12 Friedrich Sieburg, »Quakende Frösche«, *Die Gegenwart* vom 15. 8. 1951
13 Friedrich Sieburg, »Walzwerke für Literatur«, *Die Gegenwart* vom 15. 10. 1950
14 Thomas Mann, »Briefe 1937–1947«, hg. von Erika Mann, Frankfurt/Main 1963, S. 443
15 Siehe Seite 216 ff., Band I, der vorliegenden Ausgabe.
16 Ebda.
17 Gerhard Nebel, »Thomas Mann zu seinem 75. Geburtstag«, *Frankfurter Allgemeine Zeitung* vom 6. 6. 1950
18 Gottfried Benn an F. W. Oelze, Brief Nr. 399 vom 28. 2. 1949, in Gottfried Benn, »Briefe an F. W. Oelze 1945–1949«, Wiesbaden und München 1979, S. 184
19 Vergleiche Seite 210 ff., Band I, der vorliegenden Ausgabe.
20 Gottfried Benn an F. W. Oelze, Brief Nr. 400 vom 2. 3. 1949, in a.a.O., S. 184
21 *Der Spiegel*, Nr. 23/1962
22 Friedrich Sieburg, »Nur für Leser«, Stuttgart 1955, S. 98
23 Friedrich Sieburg, »Allein Sein«, *Die Gegenwart* vom 15. 12. 1951
24 Friedrich Sieburg, »Heimatlos«, *Die Gegenwart* vom 9. 5. 1953
25 Michael Freund, »Friedrich Sieburg«, *Frankfurter Allgemeine Zeitung* vom 18. 5. 1963
26 Friedrich Sieburg, »Mit ausgefransten Hosen«, *Die Gegenwart* vom 1. 4. 1950; Friedrich Sieburg, »Auf der sicheren Seite«, *Die Gegenwart* vom 15. 1. 1950
27 »Die Anrufung des Dichters« in »Die Erlösung der Straße«, Potsdam 1920, S. 11
28 Joachim Fest in »Journalisten über Journalisten«, hg. von Hans Jürgen Schultz, München 1980, S. 259 ff.
29 »Aufruf an Berlin«, in »Die Erlösung der Straße«, a.a.O., S. 24 f.
30 Karl August Horst, »Innerer Dialog. Friedrich Sieburg wäre achtzig geworden«, *Frankfurter Allgemeine Zeitung* vom 19. 5. 1973
31 Franz Schonauer, »Der Schöngeist als Kollaborateur oder Wer war Friedrich Sieburg?« in »Intellektuelle im Banne des Nationalsozialismus«. Hamburg 1980. S. 111 ff.

32 Bibliothèque Nationale, Paris, Signatur $8^{0}L^{58}b$ 349
33 Die neue Rundschau, Sechstes Heft, Juni 1933, S. 855
34 »Germany: my country« by Friedrich Sieburg, London 1933
35 Aus dem Englischen vom Autor rückübersetzt. Der Originaltext lautet: »Why? Because this movement incorporates an inner truth which consorts with our character. Germany was living in a sort of Babylonian captivity, in spiritual distress and moral despair: she was languishing beneath a sort of evil spell, but none of her leaders could find the magic formula with which to unbind the spell. Adolf Hitler found it, and, however the world may judge his qualities as a statesman, it cannot refuse him credit for this prophetic quality. Or, as Göring once said, the saving idea hung like a star in the firmament; anyone could pluck it and bring it down on to the German earth; but only *one* man saw it, namely, the insignificant soldier from Braunau, who had just emerged from the hell of the World War.« A.a.O., S. 14
36 Ebda., S. 11
37 Karl August Horst, »Innerer Dialog. Friedrich Sieburg wäre achtzig geworden«, a.a.O.
38 Der Brief ist abgedruckt in *Süddeutsche Zeitung* vom 12./13. 5. 1973; er war adressiert an den Fotografen Wachsmuth
39 Joachim Fest in a.a.O.
40 Vergleiche Seite 231 ff., Band I, der vorliegenden Ausgabe.
41 Gottfried Benn an F. W. Oelze, Brief Nr. 353 vom 7. 1. 1948, in a.a.O., S. 107/108
42 Friedrich Sieburg, »Verloren ist kein Wort. Disputationen mit fortgeschrittenen Lesern«, Stuttgart 1966, S. 106/107
43 Vergleiche Seite 225 ff., Band I, der vorliegenden Ausgabe.
44 Friedrich Sieburg, »Literarischer Unfug«, *Die Gegenwart* vom 13. 9. 1952
45 Die hier erwähnten Zusammenhänge sind komplizierter und die Genesis dieser letzten, schließlich gescheiterten Bemühungen um die deutsche Einheit langfristiger, als das in dieser knappen Erwähnung zu charakterisieren wäre. Der damalige DDR-Ministerpräsident Otto Grotewohl hatte schon am 30. 1. 1951 in einer Sondersitzung der Volkskammer die Abgeordneten aufgefordert, dem Bundestag nochmals die Bildung eines gesamtdeutschen »Konstituierenden Rates« vorzuschlagen. Vgl. dazu Jens

Daniel – alias Rudolf Augstein in *Der Spiegel* v. 7. 2. 1951 »Gebt Grotewohl eine Antwort«. In der 165. Sitzung des Deutschen Bundestages am 27. 9. 1951 werden 14 Punkte als Vorschläge einer gesamtdeutschen Wahlordnung aufgestellt, auf die am 10. 10. Grotewohl auf einer außerordentlichen Sitzung der Volkskammer eingeht. Dem Angebot freier, geheimer und direkter Wahlen in ganz Deutschland setzt die westliche Seite die Forderung nach einer internationalen, von der UNO organisierten Kontrolle der Möglichkeit solcher Wahlen entgegen. An dieser Forderung scheiterte die Initiative. Unter der Überschrift »Ein Lebewohl den Brüdern im Osten« schrieb Rudolf Augstein am 2. 1. 1952 im *Spiegel*: »Der Bundestag hätte sich etwas besseres einfallen lassen können, als den Antrag, die UNO solle untersuchen, ob in Ost- und Westdeutschland die Voraussetzungen für freie Wahlen gegeben seien . . . Es kam also darauf an, den Sowjets die Zurückweisung der UNO zu erschweren. Statt dessen hat man sie ihnen in den Mund gelegt.«
Alle Zusammenhänge dieser politischen Phase sind ausführlich dokumentiert in:
Berlin-Chronik der Jahre 1951–1954, Berlin (West), 1968

46 Friedrich Sieburg, »Verloren ist kein Wort«, a.a.O., S. 14

47 Friedrich Sieburg, »Akzente und Maßstäbe«, *Die Gegenwart* vom 31. 7. 1954

48 Friedrich Sieburg, »Verloren ist kein Wort«, a.a.O., S. 14

49 Vergleiche Seite 170 ff., Band II, der vorliegenden Ausgabe.

50 Friedrich Sieburg, »Verloren ist kein Wort«, a.a.O., S. 199; vergleiche Seite 200, Band II, der vorliegenden Ausgabe.

51 Friedrich Sieburg, »Allein Sein«, *Die Gegenwart* vom 15. 12. 1951

52 Gottfried Benn an F. W. Oelze, Brief Nr. 360 vom 27. 2. 1948, in a.a.O., S. 120

53 Friedrich Sieburg, »Die Trilogie der fehlenden Leidenschaft. Zur Naturgeschichte der Nutte«, *Die Weltbühne* vom 15. 3. 1923 (Nr. 11)

54 Friedrich Sieburg, »Deutschland zwischen Soraya und Narriman«, *Die Gegenwart* vom 18. 12. 1954

55 Friedrich Sieburg, »Verloren ist kein Wort«, a.a.O., S. 32

56 Vergleiche Seite 255 ff., Band I, der vorliegenden Ausgabe.

57 Radiosendung, Studio Tübingen, 13. 11. 1950
58 Interview mit Horst Bienek, in Horst Bienek, »Werkstattgespräche mit Schriftstellern«, München 1962, S. 187
59 Ebda.
60 Ebda., S. 180
61 Zitiert nach *Frankfurter Allgemeine Zeitung* vom 29. 8. 1979
62 Friedrich Sieburg, »Verloren ist kein Wort«, a.a.O., S. 185; vergleiche Seite 150 ff., Band II, der vorliegenden Ausgabe.
63 Friedrich Sieburg, »Ein Herr und Meister«; vergleiche Seite 253 ff., Band II, der vorliegenden Ausgabe.
64 Manuskript
65 Interview mit Horst Bienek, in a.a.O., S. 182 und S. 185
66 Walter Mehring, »Die verlorene Bibliothek. Autobiographie einer Kultur«, Düsseldorf 1978, S. 224/225
67 Benno Reifenberg an Joseph Roth, 7. 4. 1926, in Joseph Roth, »Briefe 1911–1939«, hg. und eingel. von Hermann Kesten, Amsterdam, Köln und Berlin 1970, S. 84
68 Joseph Roth an Klaus Mann, 12. 1.1934, in a.a.O., S. 303/304
69 Vergleiche Seite 85 ff., Band I, der vorliegenden Ausgabe.
70 Vergleiche Seite 172, Band II, der vorliegenden Ausgabe.
71 Friedrich Sieburg, »Nicht jeder Tor ist rein«, *Die Gegenwart* vom 28. 8. 1954
72 Friedrich Sieburg, »Nur für Leser«, a.a.O., S. 359
73 Vergleiche Seite 129 f., Band II, der vorliegenden Ausgabe.
74 Friedrich Sieburg, »Verloren ist kein Wort«, a.a.O., S. 19
75 Friedrich Sieburg, »Nöte des Kritikers«, *Die Gegenwart* vom 1. 2. 1950
76 Zitiert nach Lothar Baier, »Revolte gegen die Kultur. Zum Reprint der Zeitschrift *Texte und Zeichen*«, *Süddeutsche Zeitung* vom 18./19.8. 1979
77 Friedrich Sieburg, »Verloren ist kein Wort«, a.a.O., S. 163
78 Friedrich Sieburg, »Lesen lernen«, *Die Gegenwart* vom 28. 2. 1953

Dann redet der Autor

Ist es ein Nachklang, ist es eine Erinnerung? Oft noch höre ich die Nachtigallenstimme, die aus dem Käfig singt, wenn ich lese oder vor Büchern stehe, um eines von ihnen auszuwählen. Das Gefühl der Geborgenheit, in der das Denken gedeiht, kommt immer wieder und teilt sich dem Urteil mit, das die Bücher in mir hervorrufen. Es ist nicht so sehr ein Urteil wie ein Verhalten. Wohl weiß ich, daß es Bücher geben muß, die den Frieden stören. Oft sind es sogar gute Bücher, aber es ist eine Qual, sie anerkennen zu müssen. Trotzdem bin ich als Kritiker nicht das, was man heute eine »aufbauende Natur« nennen würde. Im Gegenteil, ich besitze sogar Zeugnisse aus höchsten Kreisen, in denen mir bescheinigt wird, daß ich »zersetzend« bin. Es muß zutreffen, denn es wird mir seit Jahrzehnten nachgesagt. Ich kenne meinen Ruf nicht anders, und aus bloßem Selbsterhaltungstrieb beginne ich zu glauben, daß die Leute recht haben. Aber werde ich nicht überschätzt, da es mir bisher doch nicht gelungen ist, die zähe Kruste von Selbstzufriedenheit und Vorurteilen zu durchdringen, die sich schneller als tropische Vegetation über unsere beschädigte Welt gelegt hat? Wenn ich die dicke Schicht aus Schlagworten und Parolen zersetzen könnte, unter der unsere lebendige Sprache langsam verröchelt, wenn ich die Berge aus zusammengebackenem Schutt zersetzen könnte, deren Gewicht die menschliche Persönlichkeit in die vorbereiteten Formen preßt, wenn ich all die tote und doch so feste Materie zersetzen könnte, die alle menschliche Liebesfähigkeit und Intimität in die unaufhaltsame Versteinerung zwingt – ja, wer möchte da nicht ein Zersetzer sein!

Am schwersten ist Wohlwollen

Als Motto zu diesem Buche hätte ich gern zwei Zeilen von Goethe gewählt, in denen er das Wohlwollen über Liebe und Leidenschaft stellt. Aber ich habe auf diesen Spruch schon so oft hingewiesen, daß ich meine Leser zu ermüden fürchte. Man soll mit dergleichen Wahrheiten nicht eigensinnig sein. Auch gibt es immer noch viele Leute, die in meiner Abneigung, alles kurz und klein zu schlagen und das Menschengeschlecht in Bausch und Bogen zu verwerfen, ein onkelhaftes Streben nach allgemeiner Gemütlichkeit erblicken. Ich begnüge mich daher mit der Versicherung, daß ich das Wohlwollen für ein äußerst schwieriges Ideal halte, das mit Hindernissen geradezu gespickt und vor allem auf dem Gebiet der literarischen Kritik von geringer Anwendbarkeit ist. Trotzdem habe ich es selten aus dem Auge verloren und kaum je den Menschen in seinem Kern zu treffen versucht, wenn ich schon sein Buch nicht gelten lassen konnte. Ich habe mich sogar zu dem Ausspruch verstiegen, die ganze Literatur der Gegenwart sei nicht wert, daß man um ihretwillen eine Unhöflichkeit begehe. Aber was hilft es! Mein Bemühen, es der Natur gleichzutun, die sich durch Zersetzung am Leben erhält und die sich vom Menschen nur durch Zersetzung beherrschen läßt, hat weder auf dem Felde der sozialen noch dem der literarischen Kritik Zustimmung gefunden. Gebraucht werden Leute, die zu allem ja sagen und dieser überwältigenden Zustimmung durch einige einschränkende, aber winzige Scherze Glaubwürdigkeit verleihen. Meine Instanzen haben sich nicht geändert, für sie ist jede Kritik zersetzend.

Damit der geneigte Leser weiß, mit wem er es zu tun hat, gestehe ich ihm lieber gleich, daß an mir mehr als ein Haken ist. So bin ich neuerdings zum Kulturpessimisten ernannt worden.

Das ist beileibe keine Beförderung, sondern ein aufbauender Versuch, jemandem, der das Kopfschütteln nicht lassen kann, mit der Schlinge eines Schlagwortes die Luftzufuhr abzuschneiden. Wie kam es dazu, daß jemandem, der dauernd zersetzend tätig und damit noch nicht zu Ende ist, die Behauptung in den Mund gelegt wurde, alles sei schon längst zersetzt? Ich glaube, daß der geheimnisvolle Vorgang nur durch die Vieldeutigkeit des Wortes Kultur zu erklären ist. Wenn ein Zeitgenosse für die Tätigkeit der Kulturdezernenten nicht genügend Interesse aufbringt, wenn er in der Verleihung eincs Kulturpreises kein Ereignis zu erblicken vermag, wenn er die Verwendung des Geistes zu Schmuckzwecken nicht unterstützt, wenn er den Einsatz der Kultur zur Förderung öffentlicher Belange zwar zur Not gelten läßt, aber nicht bejubelt, wenn er gar bekennt, daß die Hebung der Stimmung, des Umsatzes und der Repräsentation durch »Herausstellung« der Wissenschaften und Künste dem Geiste nichts hinzufügt und die Schäden, die selbst von vorsichtigen Beamten und Tagungsprofessionellen zugegeben werden, nicht beheben kann, wenn er weiß, daß man ein glänzender Organisator und Festredner sein und doch mit der Kultur Schindluder treiben kann – ja, dann ist er eben ein Kulturpessimist, der den anderen Leuten die Festesfreude verdirbt und den Aufbauwillen zu zersetzen versucht.

Ich hoffe indessen, daß der Leser sich dieser Auffassung nicht blindlings anschließen wird, wenn er die nachfolgenden Betrachtungen über Literatur im allgemeinen und bestimmte Bücher im besonderen gelesen hat. Er wird vielleicht sogar einen Akt der Zuversicht darin erblicken, daß jemand, der nicht mehr jung ist und ernsthafte Beschäftigung liebt, so gründlich auf die Bücher anderer Leute eingeht und ihnen grundsätzliche Seiten abzugewinnen sucht. In der Tat habe ich das literaturkritische Amt aus eitel Menschenfreundlichkeit auf mich genommen, denn je schlechter die Bücher wurden, denen ich begegnete, um so stärker wurde mein Drang, durch Anwendung kritischer Maßstäbe an der Schaffung eines literarischen Raumes mitzuwirken, in dem die schlechten Bücher zwar nicht besser, aber die guten sinnvoller werden. Sollte ich am Ende doch aufbauend sein? Ich kann die Hoffnung nicht preisgeben, daß die Literatur uns helfen werde, anständig und gesittet zusammenzuleben, und an dem Zustandekommen einer Gemeinschaft mitwirken werde, die der Politik nicht gelingen will.

Georg Brandes, der große dänische Kritiker der Jahrhundertwende, hat gesagt: »Gut ist das Buch, das mich entwickelt.« Einverstanden, aber noch besser ist das Buch, das uns als Ganzes entwickelt, das dem Leser das Gefühl der Zugehörigkeit zu einer gemeinsamen Lebensform verleiht, ihn gleichsam bei der Hand nimmt und ihn behutsam, unter Zureden und Ermunterungen, aus der Enge des genormten Daseins, in der es immer finsterer geworden ist, hinausführt auf einen Plan voll Licht. Man wird mir das Bekenntnis Goethes entgegenhalten, daß er sich als Schriftsteller nie gefragt habe, ob er dem Ganzen nütze, sondern daß er immer nur darauf aus gewesen sei, den Gehalt seiner eigenen Persönlichkeit zu steigern. Ja, wenn man ein Goethe ist, dann tut man der Welt durch Gestaltung des eigenen Ich wahrlich genug zuliebe; denn er ist eine Welt für sich. Aber wir, die wir im Zuge der Menschheit mitmarschieren, können es nicht lassen, gegen die Einsamkeit und Kälte anzugehen, in der heute der Mensch lebt und die durch keine »Betreuung« und Massenveranstaltung zu vertreiben ist. Was mir vorschwebt, mag nutzlos sein, aber sinnlos ist es nicht. Der edelste Dienst ist der »service inutile«, der jeden Tag von neuem geleistet wird und stets bei Null beginnt.

Die Lust, ein Moralist zu sein, schließt freilich die Treue zum Handwerk nicht aus. Mir scheint sogar, daß die Frage nach dem Handwerk, durch das ein Stück Prosa zustande kommt, sehr tief führt und moralische Konsequenzen nach sich zieht. Eine begrenzte literarische Betrachtung erfolgt nach bestimmten Regeln, die zu achten keine Schande ist. Es ist notwendig, daß der Gegenstand der Betrachtung klar beschrieben werde, und es ist nicht minder wichtig, daß der Platz, den er im Ganzen einnimmt, deutlich gemacht werde. Die Beschreibung eines Buches ist oft schon gleichbedeutend mit der Beurteilung, darum ist es unter allen Umständen wichtiger, mitzuteilen, was in dem kritisierten Buch steht, als was über das Buch zu denken ist. Die sogenannte Inhaltsangabe kann niederschmetternd sein, sie kann aber auch vom Reichtum der Welt zeugen, den das Buch widerspiegelt.

Der Kritiker ist bei seinem Bemühen, dem Leser zu raten, alleingelassen. Selten widerfährt ihm das Glück, von einem Buch so überwältigt zu werden, daß es für ihn kein Zögern gibt, obwohl es auch mit dem bloßen Jubelschrei nicht getan wäre. Meist lenkt ihn das Bestreben, eine Sache, die keine Hervorhebung verdient, wenigstens einzuordnen. Der Leser soll erfahren, was im Bereich des Essays, der Lyrik oder der erzählenden Literatur vor sich geht, und wird darum, wenn auch nicht mit den Höhepunkten (die oft gar nicht da sind), so doch mit dem Typischen bekannt gemacht. Dies oder jenes Buch ist keineswegs vollkommen, es ist nicht einmal erfreulich, aber es bezeichnet den Stand der Dinge. Oft ist es wichtiger, auf Strömungen als auf Leistungen hinzuweisen. Aber wie gründlich der Kritiker auch Ordnung zu schaffen sucht, er ist immer bereit, den ganzen Bau, an dem er wirkt, über den Haufen zu werfen und sich von einem Meisterwerk, das jede Ordnung sprengt, überwältigen zu lassen.

Vom Sprechen zum Schreiben

Wachheit des Urteils, Helligkeit der Anschauung und immer wieder das, was die Engländer »craftsmanship« nennen, also die Kenntnis des Metiers, das Arbeiten »nach den Regeln der Kunst«, das ist es, was der Kritiker sich abverlangt. Aber es ist undenkbar, daß in die Beurteilung eines Buches oder einer literarischen Figur nicht immer auch die Atmosphäre der Zeit einfließt und das Urteil mitbestimmt. Die Gestalt der letzten zehn Jahre hebt sich nur zögernd aus dem abziehenden Rauch der Vernichtung und Schuld. In dem Maße, wie die Luft sich klärt, wird auch die Möglichkeit sichtbar, aufs neue Literatur zu treiben, das längst Erworbene aus den Schlupfwinkeln der Verleugnung heraufzuholen und das neu Entstehende mit Hoffnung zu betrachten. Die mildernden oder verschärfenden Umstände, unter denen alles Gedachte und Geschriebene gewogen wurde, verlieren ihre Vordringlichkeit. Nicht, daß es dem Geist gelänge, seine Unschuld wiederzufinden – dazu wird es, wenn es überhaupt gelingt, noch langer Jahre bedürfen. Aber eine gewisse Unbefangenheit vor dem Kunstwerk erscheint wieder möglich.

Ich habe meine literarischen Lesestücke daher nach Jahren geordnet und mir dabei aufs neue klargemacht, daß die geistigen Ereignisse weit hinter den politischen und wirtschaftlichen zurückbleiben. Einer rasch zunehmenden Ordnung des äußeren Lebens steht eine innere Ratlosigkeit gegenüber, die es dem Nachdenklichen verbietet, sich allzu zwanglos in Sicherheit zu fühlen. Mit ein bißchen Zynismus wäre diesem Unbehagen schon beizukommen gewesen, aber der Zynismus, wie bequem er auf den ersten Blick auch sein mag, ist nicht jedermanns Sache, und so habe ich denn auf manche literarischen Erscheinungen einen Ernst verwandt, den sie gewiß nicht verdienen. Und selbst da, wo es nötig war, zum Spott zu greifen, hätte man dem kritischen Amt ebensogut durch Nichtbeachtung des Geringfügigen genügen können. Daß meine literarischen Betrachtungen nach Vollständigkeit strebten, wird niemand vermuten wollen. Ich beanspruche nicht einmal, daß meiner Auswahl ein System zugrunde liege. Zwischen flüchtigen Tageserscheinungen tauchen große Figuren auf, denen Gedenksteine, wenn nicht gar Statuen errichtet werden. Dabei sprach der reine Durst, zu verehren, ebenso mit wie die Aktualität, die diese oder jene Figur der Vergangenheit unversehens im Gang der Zeit erlangte.

Dem Großen zu huldigen, ist, zum mindesten im Bereich der Kunst, eine der reinsten Wonnen, die uns freilich, dank dem hartnäckigen Ausbleiben von Höhepunkten, selten zuteil wird. Gleichwohl wird der Leser, wenn er dies Buch beendet hat, behaglich erstaunt darüber sein, wieviel gute, wenn auch nicht große Bücher in den letzten Jahren erschienen sind. Sollte er diesen Eindruck aber nicht gewinnen, so würde wenigstens ein ehrenvoller Lichtstreif auf mein Streben fallen, Frieden zu halten, Verträglichkeit zu üben und die arme deutsche Literatur nicht durch Anwendung allzu strenger Maßstäbe zu Tode zu quälen.

Was nun den Stil angeht, in dem all diese Dinge geschrieben sind, in dem ich überhaupt – nun schon seit Jahrzehnten – mein Weltbild zu befestigen suche, so schrieb jüngst ein Kenner, meine Schreibweise sei »einem sauberen Sprechdeutsch angenähert«. Bei dem großen Abstand, der in der deutschen Sprache zwischen Sprechen und Schreiben waltet, hat mich dieses Urteil etwas unruhig gemacht. Kann man zwischen zwei Sphären, die durch ganze Philosophien und durch wahre Gebirge von Bildungshochmut auseinandergehalten werden, überhaupt eine Annäherung vollziehen? Wollte der besagte Kenner mir eine solche titanische Leistung ernstlich zuschreiben? Als Schriftsteller wird man in bezug auf das, was man dem Publikum sprachlich zumuten kann, täglich ängstlicher. Ein Nebensatz oder ein Konjunktiv sind schon ein Wagnis; das »Sprechdeutsch«, das man wohl am besten im Bundestag studieren kann, gefällt mir ganz und gar nicht, weil es, um ein Ideal zu sein, jene schonende Geselligkeit aufweisen müßte, die schon lange dem Bestreben, es dem Nachbarn einmal »gut zu geben«, gewichen ist.

Auf der anderen Seite frage ich mich, was eigentlich Schriftdeutsch sei. Im Rundfunk hörte ich eine Suchmeldung der Polizei, die den Mann, nach dem sie fahndete, dadurch charakterisierte, daß sie ihm nachsagte: »Spricht Schriftdeutsch.« Ob man ihn gefangen hat, weiß ich nicht. Es ist aber zu vermuten, denn wenn man sich dadurch auffällig macht, daß man Schriftdeutsch spricht, kann man auf ein wirksames Untertauchen nicht rechnen. Hätte er sich wenigstens in seiner Ausdrucksweise einem sauberen Sprechdeutsch angenähert, wie ich dies offenbar tue, obwohl ich nichts zu verbergen habe und auf spurloses Verschwinden in der Masse mit ihrem – allerdings nicht sauberen – Sprechdeutsch durchaus nicht erpicht bin!

Wird es den Leser abschrecken, wenn ich bekenne, daß der Stil, also auch meine eigene Schreibweise, seit je für mich wichtiger gewesen ist als alle Programme, ja, daß ich den Stil an sich schon für ein Programm, wenn nicht gar für eine Idee halte. Ich bin zu alt, um verbergen zu wollen, daß der Ausdruck für mich die höchste Form des menschlichen Daseins ist, die einzige, in der ich noch meine Identität mit mir selbst positiv empfinde, in der ich mich so wiedererkenne, wie der Schöpfer mich gewollt hat. Der klare Schriftzug, das eindeutige Wort, der vollkommene Satz, sie bannen alle Schatten und vertreiben die Dunkelheiten, in die der übermäßige Genuß der Geschichte und das hoffnungslose Denken an den Mitmenschen das Ich einhüllen. Des Treibens müde? Nein, dem Treiben entrückt, findet sich der Mensch rein in seinem Streben nach Stil wieder. Schreiben ist leben.

1955

Dann schreibt die Feder

Dichtung und Kritik, – soll damit eine Antithese ausgesprochen oder gar die Frage aufgeworfen werden, ob das eine mehr sei als das andere? Man darf nicht glauben, daß die Kritik nur einen Gegenstand kenne, nämlich die Dichtung. Oft ist diese nur ein Vorwand, um die Gesellschaft zu studieren und zu beurteilen. Noch ehe man über diese Zusammenhänge nach Herzenslust grübeln kann, zeigt sich schon, daß ein Versuch, sich über die Kategorien zu verständigen, sehr schwierig ist, ja das eigentliche Problem bildet. Wenn ich nun behaupten würde, daß Dichtung und Kritik oft – außer von einem ganz stofflichen Gesichtspunkt aus – gar nicht voneinander zu unterscheiden sind und daß, wenn man um jeden Preis unterscheiden will, die Dichtung dabei schlecht abschneidet? Will jemand, der sich zur Dichtung bekennt, damit sein Feld begrenzen oder es im Gegenteil so ausdehnen, daß schließlich die ganze Welt poetisiert ist? Bestrebungen dieser Art haben ihren Sinn, der Begriff der Dichtung braucht keine Einschränkung zu bilden, sobald er als das eigentliche durchdringende Element definiert wird, das eine Existenz an sich darstellt. In diesem Falle würde sie freilich die Kritik einschließen.

Lob der Clique

Kritik ist nicht nur Prüfung und Urteil, sondern auch ein Akt der Autorität, der sich am Kunstwerk bewährt. Der Leser sucht eine

Orientierung in Richtung auf das Lesenswerte: sie wird ihm häufig durch die bloße Angabe des Stoffs zuteil, noch häufiger durch die nur kurz begründete Bürgschaft, die der Kritiker übernimmt. Eine Zeitschrift ist in diesem Punkte besser dran als eine Tageszeitung oder gar der Rundfunk, denn aus ihrem Urteil spricht die Geschlossenheit eines Freundeskreises, der sich aufgrund seiner geistigen Affinitäten zur Herausgeberschaft zusammenfindet. Ein gesellschaftlicher Kern steckt also in jedem Unternehmen dieser Art und darum auch in jeder Kritik, die in ihrem Rahmen geübt wird. Die Zusammengehörigkeit, die niemals massenhaft sein oder den Ehrgeiz haben kann, »breite Schichten« zu berühren, ist für die Kritik bestimmend. Gekränkte Leute nennen das eine »Clique« und wollen damit zu verstehen geben, daß die Mitglieder sich gegenseitig hochloben. Nun, ich habe gegen den Begriff der Clique wenig einzuwenden, vorausgesetzt, daß sie durch ein geistiges Band zusammengehalten wird. Die »Blätter für die Kunst«, die Stefan George herausgab, stellten auf diesem Gebiet wohl den äußersten Fall dar, weil als Dichtung nur das gültig sein sollte, was in diesen Blättern stand. Wie aufrichtig bedauerte George die Abwendung des jungen Hofmannsthal, weil sie beide »durch Jahre in unserem Schrifttum eine sehr heilsame Diktatur hätten üben können«. Damit war der Gedanke der literarischen Kritik, die ihren Maßstab aus der Zugehörigkeit bezieht, auf die Spitze getrieben. Kein Wunder, daß der bis in die letzten Tiefen seines Geistes gesittete Hofmannsthal nun die Berechtigung seiner Ablehnung doppelt empfand. Aber ebensowenig erstaunlich war es, daß derselbe Hofmannsthal mit seiner Zeitschrift »Neue deutsche Beiträge« scheiterte. Legte er doch eine Bildungsvorstellung zugrunde, die anzuzweifeln gerade Mode geworden war. Was er für ein Ganzes hielt oder halten wollte, wurde der »modernen Bewußtseinslage« angepaßt, also aufgelöst und verstreut. Hofmannsthals völlige Unfähigkeit zum Fanatismus, ohne den es in Deutschland nun einmal nicht geht, besorgte den Rest.

Wie eine Zeitschrift in ihren kritischen Bemühungen sich

auch zur Dichtung verhalten mag, sie wird immer von dem ausgehen, was sie auch sonst zusammenhält. Die »Gegenwart«, der die meisten Stücke dieses Bandes entstammen, hat, als sie mit literarischer Kritik systematisch begann, nichts weiter getan, als ihre Anschauung vom Zusammenleben der Menschen, die sie in politischen und sozialen Fragen praktizierte, auf die Literatur auszudehnen. Das kritische Verhalten einer Gruppe gegenüber der Gesetzgebung, der Wirtschaft, dem Parlamentarismus und der »Kultur«, die heute ja ein Anhängsel der Mächtegruppen ist, wandte sich auch der Literatur zu, deren soziologische Tragweite sie auszusprechen nicht verschmähte. Nicht etwa, daß die Literatur als eine von vielen Abteilungen betrachtet worden wäre! Es wurde im Gegenteil gewagt, bestimmte Sprachkunstwerke als beziehungslos, als »rein phänomenal« gelten zu lassen und die nur stoffliche Herbeiführung von Aktualität abzulehnen. Aber der Glaube an die »Gesellschaft«, also an das durch Konventionen ermöglichte Zusammenleben der Menschen, an die Echtheit ihrer Einrichtungen und die freiwillig zugestandene Heiligkeit der Gesetze, also eine Art von politischem Idealismus, auf den zu verzichten bitterer als der Tod wäre, hat uns gelehrt, daß die Literatur, wenn sie kritisch betrachtet und somit anwendbar, verbindlich gemacht werden soll, nicht aus dem Gesamtbereich des öffentlichen Lebens herausgelöst und gesondert behandelt werden darf, – es sei denn, man wolle sie einer falschen Theologie in die Hände fallen lassen. Aus solchen weitgespannten Bemühungen ergibt sich die Autorität, mit der ein Buch beurteilt wird. Der Leser, der einen Rat erwartet, ist für diese Autorität empfänglich. Aber es kommt auf dem kritischen Felde nicht so sehr darauf an, den einzelnen Leser zu beraten, als eine Haltung zu vertreten, die als Schonung des Lebendigen und als Ermutigung des Lebensgefühls empfunden wird.

Der nachgerade skandalöse Provinzialismus der deutschen Literatur mit ihrem spärlichen Getröpfel und ihrer altmodischen Gewohnheit, alles Gewachsene in Gattungen zu ordnen, macht es verständlich, daß Leute, die dieser begrifflichen und sozialen

Liebedienerei müde sind, den vageren Begriff der Dichtung bevorzugen. In ihm weht die Vorstellung einer größeren menschlichen Freiheit und einer geringeren Verstrickung in die Unordnung, die wir in den letzten Jahrzehnten angerichtet haben. Ich fürchte indessen, daß hier eine Selbsttäuschung – wenn auch eine von nobler Art – am Werke ist. Die Macht der alten Kategorien (wie Lyrik, Epik, Drama) ist in unserem Lande noch wenig erschüttert. Nicht nur Preisrichter, Kulturreferenten und Redakteure denken noch in diesen Begriffen, nein, die gesamte Welt der ästhetischen Assoziationen ist nach wie vor von ihnen beeinflußt. So geschieht es denn, daß sich in die Vorstellung von Dichtung ein Wertakzent einschleicht, der weder gewollt noch am Platze ist. Das Gefühl besserer Qualität, sorgfältigerer Kunstanwendung und größerer Schuldlosigkeit verbindet sich mit einem intensiveren Anspruch an die Gesellschaft, die ausdrücklich anerkennen soll, daß sie auch bei bestem Verhalten aus dem Bereich der Dichtung ausgeschlossen ist. Wie soll da noch Kritik möglich sein? Ist der Kritiker, der ja ein Ordner ist, überhaupt noch zuständig?

Gewiß, es bleibt noch das schmale Feld dessen, was Holthusen so bezaubernd als eine »Art von hartnäckiger und liebevoll entbrannter Silbenstecherei« angesprochen hat, nämlich die sprachlich-stilistische Interpretation dichterischer Texte. Aber wir wissen ja alle, wie hoffnungslos schwer es ist, auf diesem schmalen Felde zu bleiben und nicht in die konturenlose Weite eines theologisch bestimmten Spiels mit Symbolen zu geraten. Novalis hat in seiner berühmten Kritik am »Wilhelm Meister« einige haarsträubende Ketzereien geschrieben und an Goethe eine Neigung festgestellt, »eher etwas Unbedeutendes ganz fertig zu machen, ihm die höchste Politur und Bequemlichkeit zu geben, als eine Welt anzufangen und etwas zu tun, wovon man im voraus wissen kann, daß man es nicht vollkommen ausführen wird«. Nun, dies Entweder-Oder ist der reine Übermut, aber er enthält ein Körnchen Wahrheit von höchster Anwendbarkeit. Der Neigung der Dichtung, »eine Welt anzufangen«, stelle ich die

Pflicht der Literatur entgegen, ihre Sache »ganz fertig« zu machen. Mir scheint, daß ein im wörtlichen Sinne menschenfreundlicher Kritiker dem vollkommen Fertigen, und sei es auch beschränkt, immer den Vorzug vor einer nur »angefangenen Welt« geben wird.

Die Poesie als Ausrede

Über die Antithese »Dichtung und Kritik« hinauszugelangen, kommt mir schon deshalb so schwer vor, weil das Prinzip nicht sichtbar wird, nach dem sich das eine von dem anderen unterscheiden sollte. Wer begriffe nicht den Wunsch des echten Schriftstellers, sich von schreibenden Existenzen zu unterscheiden, die »reihenweise und gleichgeschaltet« (laut Max Rychner) ihre Unterlegenheitsgefühle, Übelnehmereien und zu Tatsachen erniedrigten Erfahrungen in der bekannten Art vortragen und die Literatur als etwas Unsoziales oder Abseitiges verleugnen? Aber gerade diese Erscheinungen bestreiten die ordnende Kraft, die in der Literatur liegt, soweit sie sich nicht auf Poesie hinausredet. Fast jeder Kritiker, der einigen Rang hat und sich um ein Gesamtbild bemüht, übt sein Amt nicht aus, um zu kritisieren, sondern um Dichtung (oder sagen wir ein für alle Male Literatur) zu ermöglichen. Daß es sich dabei oft auch um seine eigene Literatur handelt, ist eine Sache für sich.

Zu schreiben, als ob unser Planet unbewohnt wäre, ist nicht jedermanns Sache. Sollte es sich am Ende gar herausstellen, daß die Kunst des Schreibens nicht ohne Liebe geübt werden kann? Die kritische Bestätigung ist von einer so hohen Möglichkeit nicht ausgeschlossen. Dabei kann ich freilich keinen Unterschied zwischen einem Stück kritischer Prosa und einem Stück Erzählung erblicken. Selbst der Lyrik ist es kaum erlaubt, eine Ausnahmestellung für sich zu beanspruchen, – höchstens in dem Sinne, daß sie durch ihre Form zu einer höheren Realität gezwungen ist als jede andere Gattung. Im Gedicht entlarvt sich die Mittelmäßigkeit so schnell, daß das soziale Alibi, mit dem sich unsere Literatur heute über Wasser hält, gar nicht zur Wirkung kommen kann. Aber es ist auch unmöglich, zu erzählen, ohne damit schon Kritik zu treiben. Der epischen Kunstform, die vor einer gewissen Langatmigkeit nicht zurückschrecken darf, wenn sie sich voll entfalten will, wird in Deutschland stets Fremdartigkeit anhaften, eben weil sie ihrem Wesen nach Kritik ist.

Was aber wäre Kritik anderes als eine literarisch geübte Form des Moralismus, eine Haltung also, die uns Deutschen ungemäß ist und in unserem Bewußtsein sogar einen gewissen Gegensatz zum »Denken« bildet. Der moralistische Schriftsteller, der immer auch ein Kritiker ist, erregt in unserer Literatur Unbehagen, wenn nicht gar Feindschaft, während ihm selbst fast alles, was heute geschrieben wird, höchst unbehaglich vorkommt. Vergeblich sucht er darin nach Ansätzen einer moralischen Natürlichkeit; er entdeckt nur Mühsal und Anstrengung gegenüber den Vorstellungen des Passenden und Heilsamen. Der Geist schuldbefleckter Arbeit, Selbstmitleid und ein fataler Genuß der eigenen seelischen Unfreiheit machen sich im Streben derer bemerkbar, die »lieber eine Welt anfangen«, als die schon vorhandene bewohnbar machen.

Der Geist wahrer Kritik nimmt also in dem Maße zu, wie die Gesellschaft sich veredelt. Wir haben heute schon wieder einige Kritiker, deren Prosa gleichberechtigt neben den Gegenständen ihrer Untersuchungen und manchmal sogar über ihnen steht. Man könnte die Entstehung ihrer Autorität beinahe auf den Tag genau festlegen, sie beginnt mit dem Augenblick, da eine Harmonie des Gemeinwesens wenn auch nicht eintrat, so doch wünschenswert wurde. Die meisten deutschen Schriftsteller haben diesen Einschnitt nicht bemerkt oder seine entlarvende Bedeutung ignoriert. Sie versuchen nach wie vor, für ihre Literatur eine Ausnahmesituation herauszuschlagen, ihre Unfähigkeit durch epochales Überbewußtsein zu ersetzen und ihrer längst fälligen Verwerfung durch den Refrain zu entgehen: »Gerade in unserer Zeit . . .«

Es erscheint mir unmöglich, eine Spannung zwischen Kritik und Dichtung zu behaupten oder gar glauben zu machen, daß zwischen ihnen ein Wesensunterschied bestehe, in dem Sinne etwa, daß die Kritik die Pflicht habe, der Dichtung zu dienen und sie zu fördern. Ist es wirklich noch nötig, eine Hierarchie der Gattungen abzulehnen? Man sollte denken, daß Nietzsches schlüssiger Angriff auf die sogenannte Inspiration als Quelle der Dichtung seine endgültige Wirkung getan habe. Zur Not könnte man noch die »Philosophy of Composition« von Edgar Allan Poe heranziehen, wahrlich eincs aus den dunkelsten Tiefen der Sangbarkeit schöpfenden Dichters, der den »schönen Wahnsinn« der Inspiration mit einer Art von Wut als Unredlichkeit verworfen hat. Es mag einige nicht minder eindrucksvolle Gegenbeispiele geben, so die Art, in der Rilke die Vollendung seiner »Duineser Elegien« beschreibt, aber ich möchte wetten, daß jedes Plädoyer für die Entrückung schnell auf die schiefe Ebene des Theologischen führt, das ein so erleuchteter Kritiker wie E. R. Curtius stets als die Gefahr für die deutschen Deutungen des Dichterischen bezeichnet hat.

Sehr oft macht der Kritiker, den man so gerne zum Bessermachen auffordert, es besser, aber nicht etwa dadurch, daß er die unvollkommenen Realisationen des Autors, mit dem er sich gerade beschäftigt, zu einem vollkommenen Ende bringt, sondern weil seine Kritik besser geschrieben ist und eine stärkere Persönlichkeit verrät als das Buch, auf das sie sich bezieht. Das ist freilich angesichts des notorischen Mangels an Meisterwerken, der heute herrscht, eine sehr bescheidene Genugtuung. Der große Theaterkritiker Alfred Kerr hat sie in vollen Zügen genossen und daraus einen Gegensatz von »Leben« und »Kunst« konstruiert. Denn auf den Gipfeln seines Selbstgefühls erschien ihm die Steigerung der Lebensstimmung, die er aus seinem Schreiben schöpfte, unendlich wichtiger als die ganze Dramenwelt, der sein Amt galt.

Dies Aufbegehren mag in Kerrs Epoche noch lohnend gewesen sein. Heute würde es nur noch selten ein Objekt finden. Das

Lebensgefühl ist ebenso abgesunken wie die Qualität des Geschriebenen. Die berühmte und in der Welt als unbequem empfundene Vitalität des Deutschen ist in der gegenwärtigen Literatur kaum zu finden. Es ist, als ob der Vorgang der Gestaltung das Bewußtsein vom eigenen, unersetzlichen Dasein verringere, anstatt es zu kräftigen. Aber Schreiben ist nicht Preisgabe des Menschen, sondern seine ständige Errettung. Dies zu bedenken und zu wollen ist die Aufgabe der Kritik. Darin wird sie zur Dichtung.

Nichts scheint, wenigstens auf den ersten Blick, von der Kritik entfernter zu sein als die Natur. Denn der Urteilende hält seinen Blick auf das menschliche Treiben gerichtet, also auf das, was wir aus der Natur gemacht haben. Vieles erweist sich als dienende Kraft, aber es gibt noch mehr Trümmer und Zeugnisse durchdachter Zerstörungskunst. Die gebrochenen Säulen sind von Disteln überwuchert, doch die Wissenschaft wird uns eines Tages zum Schöpfer zurückführen und ihn unwiderruflich sichtbar machen. Bis dahin ist viel Raum für Leid und Irrtümer, aber auch für entzückte Anschauung, die sich der Oberfläche der Erde, ihren Wäldern und Flüssen mit der gleichen Lust hingibt wie den Blütenformen oder Kristallen, die auf einer Handfläche Platz haben.

1955

1924–1926

Der entgötterte Beischlaf

Niemals kann einem richtigen Menschen in Kopf, Herz und Magen so schlecht werden, wie es die Urteile preußischer Richter sind. Diese durchbohren mit dem Gefühl ihres Nichts den Angeklagten, um sich dadurch am Außergewöhnlichen für die Mittelmäßigkeit des eignen Lebens zu rächen. Denn schon der Verdacht, eine strafbare Handlung begangen zu haben, mutet ja wie ein Versuch an, aus dem Leben ein Kunstwerk zu machen, im Vergleich zur aalglatten und Gott in keiner Weise auffälligen Existenz eines Normaluntertans, wie er dem richterlichen Rechtsbegriff zu Grunde liegt. Das Verhältnis des Rechts zur Person ist ja schon lange nicht mehr das des Schutzes, sondern der Rache. In einer Welt, wo jeder Bankdieb gradezu napoleonische Dimensionen annimmt, wenn man sein Tun vergleichend gegen die staatliche Ordnung hält, ist auch selbstverständlich, daß jedes Verfahren wie ein Versuch der Privatvergeltung wirkt. Die Anmaßung, daß der Staat im Besitz der rechtlichen Norm sei, ist dem weitaus schlimmern Grundsatz gewichen, daß jede Persönlichkeit als ein Feind der Ordnung zu betrachten sei, der Ordnung also, wo die Diebe nur in handelsrechtlich zugelassenen Formen und die Pornographen nur bei gelöschten Lichtern geduldet werden dürfen.

Auf diese Weise ist es so weit gekommen, daß ein Verbrecherschädel mit seinen ausschweifenden Buckeln und kühnen Auswüchsen schon als ein heroisches Ereignis angesehen werden kann, wenn man gleichzeitig an die regierenden und regierten Plattköpfe denkt. Der Dreck, den einst beim Weltgericht die irdischen Urteilssprüche Gott angehen werden, stinkt heute schon zum ewig verriegelten Himmel. So ein Staatsanwalt macht sich keinen Begriff davon, was er anrichtet, wenn er nur den Mund öffnet. Und man könnte direkt fromm werden beim Anblick der irdischen Gerechtigkeit, in der Hoffnung, den Jüngsten Tag noch mitmachen zu können.

Diese hier mit Schmerzen festgehaltene Gebärde der herrschenden Welt gegen jene, die durchaus nicht beherrscht werden wollen, und sei es auch nur von Dummköpfen und andern Autoritäten, bricht wiederum erschreckend in der Verurteilung von *George Grosz* hervor. Dieser Künstler hat das Verdienst, den bürgerlichen Beischlaf entgöttert zu haben, er hat den tiefsten Zustand, den wir heute erreicht haben, die Liebe nämlich, enthüllt, wenn auch nur für die Blitzesdauer von Sekunden, da der furchtbare Gestank dieser Niederung eine längere Beschäftigung mit ihr selbst einem so abgehärteten Taucher wie Grosz nicht gestattete. Ich denke mir, daß in Grosz, ehe er zur Abfassung der nunmehr verdammten *Ecce homo*-Blätter schritt, eine leise, heimwehe Melodie erklungen haben mag, welche voll war vom reinen Inselglück nackter Menschen, von den Nachtküssen, seliger als Lächeln, von dem Lächeln, seliger als Tränen, von den tiefen Augen, die sich nach schönen Nächten anblicken, vom Hand-in-Hand-träumen an Abenden, von den festen Händedrücken der Trennung, von den stummen Lauten des Wiedersehens, von den reinen Wonnen, welche die Schlafzimmer noch nicht in pornographische Lachkabinette verwandelten, von den Hoffnungen, die uns erlauben, an die zierlichen Schwangerschaften unsrer Ahnen noch ohne Brechreiz zu denken.

Aber wie solche Moralisten nun schon einmal sind: sie lassen die einsame Träne, die ihnen ja nur den Blick trüben dürfte, erst gar nicht aufkommen, sondern führen rüstig, wenn auch mit von Ekel gekrauster Nase, ihre Pinzetten und Messer in die opalisierende Wunde. Dieser Grosz – das Ergebnis seiner Operation war geradezu entsetzlich. Die bürgerliche, vor allem die eheliche Liebe präsentiert sich nun mehr als ein Gemisch von Amüsement, das nichts kostet, und von Zeugungspathos, das sich der Verantwortung »voll und ganz« bewußt ist. Wir blicken in eine Welt, wo der Beischlaf meist unter dem Einfluß der Wärme und des Alkohols ausgeführt wird, wo nachher sie aufdringlich und er müde ist, wo es oft mit einem neckischen »Kiecks!« in die Seite anfängt, sich zu einem jovialen Klaps aufs Gesäß steigert und mit einer Drchung zuı Wand und dem Streit um die Bettdecke endet. Der Ausdruck »tierisch« wäre hier wohl noch mehr als in den übrigen Fällen seiner Anwendung eine Beleidigung der wehrlosen Kreatur, denn das Tier grinst weder, noch hat es ethische Absichten; und die Erotik des Affen ist ja nur deswegen so widerlich, weil sie der des Menschen so ähnlich sieht. Erst der Begriff »Pappi und Mammi« unterscheidet den Menschen vom Tier, sowie die Tatsache, daß man Unterhose und Socken mit einem Griff und wie ein Stück ausziehen kann, wenn es eilig ist. Die Zwangsvorstellung von Bruchbändern, Bauchbinden, Hosenträgern in diesem Zusammenhange, die Grosz hervorruft, könnte den Beschauer zur Tat des heiligen Origines treiben, der sich selbst entmannte. Weiß Gott: in dem Verkehr, den die Prostituierte geschlossenen Auges und weggewandter Seele mit ihrem Kunden unterhält, steckt mehr von der reinen Gewalt des vertriebenen Eros als in dem, was im gemütlichen Heim als Liebe exekutiert wird.

Damit aber brauchen sich die Inhaber sturmfreier Buden als Anhänger forschern Betriebes und die Eheleute jüngerer Generation als Anwender neuerer Methoden nicht für freigesprochen zu halten. George Grosz, der nach Totalität seines Weltbildes strebt, hat diese nicht vergessen. Auch auf dem Gebiet des Geschlechtsverkehrs gibt es einen Fortschritt, vor allem in der Tatsache, daß ethisches Pathos und Zweckmäßigkeitsideen mehr und mehr ausgeschaltet werden. Man wird in dreißig Jahren den Charakter der Menschheit nur dadurch erklären, wenn auch nicht entschuldigen können, daß die Eltern damals »unvorsichtig« waren und sich nachher damit abfanden, weil es zu spät war, oder weil es der Arzt nicht machen wollte. Es liegt eine Entwicklung darin, daß nunmehr Bidet, Irrigator und antikonzeptionelle Mittel den Raum beherrschen, der zwar ein Stall ist, in dem aber Gottes Sohn wohl nie geboren wird.

Wie es möglich ist, daß dieses sexuelle Weltgericht von George Grosz als unsittlich bezeichnet werden kann, wird man nie begreifen können, außer wenn man annimmt, daß preußische Richter als einzige Wesen auf der Welt imstande sind, Brechreiz und Sinnenreiz zu kombinieren. Die übrige Menschheit wird finden, daß von diesen Zeichnungen eine Art erotische Anaesthesierung wie von einem eiskalten Aetherstrom ausgeht, sie wird finden, daß diese Liebe, die von der sie ausübenden Gesellschaft weit unter den Skat – was sage ich: unter das Sechsundsechzig erniedrigt worden ist, uns vorher mehr Ekel erzeugt als ihren Anhängern nachher. Gut die Hälfte der Qual menschlichen Zusammenlebens kommt von der kurzweg schweinischen Entartung der bürgerlichen Erotik. Daß ein Künstler als fast der einzige neben Wedekind diese Tatsache mit dem reinsten Ernst zum Ausdruck bringt, das schafft ihm in Deutschland die richterliche Verurteilung. Wer vor dieser Welt der Verwesung sinnliche Regungen aufbringt oder für möglich hält, der muß ein Leichenschänder sein oder ein Richter.

Denn was weiß diese Welt von dem Gott, für den Grosz kämpft, indem er dessen Verzerrungen und Schändungen zu Leibe geht! Wie ist der tote Liebesweg der meisten Menschen, die heute in Ehren stehen und Recht sprechen! Er wird gegliedert durch einen oder mehrere Tripper, durch lärmende Einkehr im Bordell nach einem Herrendiner oder einer Kindtaufe, durch einige Brutalitäten gegen ein uneheliches Kind – und dann durch die Ehe, in der man bald erkaltet, ein Verhältnis hat und nur unter dem Einfluß der Wärme und des Alkohols bei seiner Gattin rückfällig wird.

Der Staatsanwalt hat Grosz vorgeworfen, daß der Titel seines

Werkes: *Ecce homo* das religiöse Empfinden verletze. Mein religiöses Empfinden wird allerdings mehr durch die Existenz und Tätigkeit von Staatsanwälten verletzt. Aber müssen nicht alle Planeten im Jammer aufheulen darüber, daß ein Richter von heute wagt, Jesus Christus und seine Leidensgeschichte für sich und sein sittliches Empfinden in Anspruch zu nehmen! Müßte die Erde nicht versaufen, hätte ein Heiliger noch blutige Tränen für uns und nicht nur stummen Ekel! Der damals sprach: »Ecce homo«, war auch ein Richter – er sah in das Antlitz des Gottessohnes. Grosz sieht in das Antlitz des Menschensohnes – neunzehnhundert Jahre und welch ein Weg! –, er sucht nach den Spuren Gottes, findet sie nicht und neigt sich erschüttert über sein Werk: *Ecce homo.*

George Grosz: Ecce homo. Berlin 1922
Weltbühne 28. 2. 1924

Georg Brandes' »Sage von Jesus«

Die Aufnahme, welche das neue Werk von *Georg Brandes* in seiner Heimat gefunden hat, legt die Vermutung nahe, daß die dänische Öffentlichkeit durch das Dasein großer Männer nicht in ihrem Gleichgewicht gestört zu werden wünscht. Welchen Sinn hätte sonst die Feindseligkeit und die zum Teil sogar mit antisemitischen Anspielungen untermischte Grobheit, mit der man eine im gegenwärtigen Moment unhaltbare Theorie bekämpft. Brandes wünscht zu beweisen, daß Jesus nie gelebt hat, daß er eine Sagenfigur ist gleich Wilhelm Tell oder dem dänischen Mythenhelden Palnatoke. Diese Theorie, mag sie richtig oder falsch sein, hat für uns heute keinen Sinn mehr. Sie ist ein Bestandteil aufklärerischer Epochen, welche die historische Grundlage für ihren Entwicklungsglauben brauchten. Der

Kampf um Drews' »Christusmythe« mußte erlöschen, weil der Bedarf nach einer historischen Untermauerung der Christusgestalt sein Ende fand und von der biographischen in die dynamische Wertung des Heilandes überging. Wenn Brandes heute als dreiundachtzigjähriger Mann dennoch versucht, das »Leben« Jesu geschichtlich zu prüfen, so kann ihm weniger daran gelegen sein, überraschende Beweise zu erbringen, als die große Linie seines kritischen Lebens folgerichtig abzuschließen. Sein Buch, das eine geistfunkelnde Analyse der Evangelien, besonders der Apokalypse – die er »Theologie« nennt – enthält und eine nicht minder bezaubernde Zeichnung des Apostels Paulus, ist eine unmittelbare Fortsetzung des großen rationalistischen Durchbruchs der achtziger Jahre, in deren europäischem Lichtkegel eben dieser Däne Brandes stand. Durch ihn hieß Dänemark damals Europa.

Es ist nicht schwer, die *Sage von Jesus* zu widerlegen. Aber es ist unmöglich, die »Hauptströmungen des 19. Jahrhunderts« aus der Welt zu schaffen. Von dieser gewaltigen kritischen Bibel beziehen heute noch jene das Licht, die mit Brandes so leicht fertig werden.

Brandes hat aussprechen wollen, daß Christus sein wahres Leben im Herzen der Menschen führt. Und sein ganzes Buch ist ein einziger, großer und leidenschaftlich ausgesagter Beweis für die Wahrheit und Unzerstörbarkeit dieses inneren und unveränderlichen Daseins. Warum hat man das nicht zuerst und zuletzt in Dänemark begriffen? Hätte sich nicht der tiefste Respekt eines Landes auf diese Möglichkeit stürzen müssen, einen seiner größten Söhne auch in diesem Falle kritisch zu ehren? Aber Brandes ist ja unbeliebt in seiner Heimat. Man vergißt dort eher dreißig Menschheitsbücher als das bittere Wort des alten Kritikers, daß Dänemark kein geistiges Leben habe. Oder sollte zu dieser allgemeinen Abneigung gar Brandes' politische Haltung beigetragen haben? Denn dumpfen Köpfen hier zu Lande scheint es so, als ob Brandes »deutschfreundlich« sei, während doch nur ein geringer Aufwand von Verstand darüber aufklären könnte, daß

Brandes die Gerechtigkeit liebt und nichts weiter, was freilich im politischen Europa als eine hoffnungslose Neigung erscheint.

Dänemark lebt in einer vergnügten Aufgeklärtheit, die sich kein X für ein U vormachen läßt. Mancher Calvin und Luther wird hier aus dem Boden gestampft, wenn ein Priester sich nur weigert, nach dem Ritual der Landeskirche zu taufen. In dieser unbewegten Luft wird die große, ewig mahnende Person eines Georg Brandes vielleicht als lästig empfunden. Und doch sollte es für ein Land angenehmer sein, von einem strengen Greis am Einschlafen gehindert zu werden, als von der kompakten Mittelmäßigkeit in jenen Schlaf gesungen zu werden, wo einem die gebratenen Tauben nur so in den Mund fliegen. Nicht um Brandes' *Sage von Jesus* zu verteidigen, sondern um den edelsten Kern eines verwandten Volkes zu verteidigen, sei dies gesagt.

Georg Brandes, Die Jesus-Sage. Berlin 1925
Frankfurter Zeitung 2. 3. 1925

Erzählendes

Sigrid Undset ist in diesem Augenblick der bekannteste Name in der skandinavischen Literatur, und ihr Ruhm ist umso mehr vertrauenerweckend, als er langsam gewachsen ist und durch keine Zeitbewegung hochgetragen wurde. Von ihrem Hauptwerk, der Trilogie *Kristin Lavranstochter,* liegt nun der erste Teil unter dem Titel *Der Kranz* in deutscher Sprache vor. Dies ist für die Geltung der Verfasserin ein entscheidendes Ereignis, denn am Grade ihres Widerhalls in Deutschland wird sich zeigen, ob die skandinavische Verzauberung der deutschen Lesewelt zeitlich gebunden war oder eine Art Schicksal bleiben wird. Denn Sigrid Undset ist weder programmatisch noch revolutionär, sie stellt keine sittlichen Fragen, noch ist sie von Ausdrucksproblemen bewegt. Sie gibt nichts weiter als Gestalt und Schicksal einer Frau. Wenn man ihr trotzdem für Deutschland einen langsamen, aber völlig durchgreifenden Ruhm versprechen darf, so deswegen, weil ihr die Schilderung einer Frau gelungen ist aus dem weiblichen Wesenskern, und nicht aus einer Abgrenzung zur Welt und zum Manne. So groß ist die Verbanntheit Kristins in ihr eigenes Seelengehäuse, daß selbst im Augenblicke der Vereinigung mit dem Geliebten die hauchfeine Isolierschicht um ihr Wesen nicht durchbrochen wird. Diese Frauengestalt ist aus einem geradezu grausigen Einsamkeitsgefühl heraus gestaltet – und so ist uns denn zum seltenen Male in der Dichtung – wer kennt einen ähnlichen Fall? – ein Blick in ein weibliches Herz möglich, ohne daß die Schilderung dieses Herzens sich erst an einem Dritten, ob Mensch oder Sache, entzündet. Das Buch erzählt von Kristins Kindheit, ihrem Heranwachsen auf dem väterlichen, fast königlichen Bauernhof, ihrer Reife, ihrer Liebe, Verführung und Heirat. Das Buch entläßt uns ins Dunkle, wir fühlen kalte Luft aufziehen um dies Herz und sind der schweren, kommenden Leiden gewiß. Es ist kein Zufall, keine Kostümfrage, daß das Werk im 14. Jahrhundert spielt, denn durch die Enthebung aus der Gegenwart wird jede Möglichkeit zur Reibung mit aktuellen Widerständen für die Heldin weggeräumt, der letzte soziale Gesichtspunkt, der die Seelenbeschreibung auf die falsche Bahn schieben könnte, entfällt damit – das Mädchen, die Frau steht gleichsam umzingelt von einer Zeit, die wir nicht kennen, mit der wir keine Probleme verbinden. So bleibt uns nichts als das nackte Gefühl in seiner rätselhaften Bitterlichkeit und holden Gewalt, das Weib wandelt sich schwer und erschütternd mit den Jahreszeiten, mit Sonne und Mond, mit Mensch und Tier. Das Wort Psychologie bleibt ganz am Rande, der Begriff Gestalt bietet sich vielleicht als eine unzureichende Formel. Es bleibt ein Wunder, daß es eine Frau ist, welche uns das große Buch von der Frau gibt. Das hätten wir am allerwenigsten erwartet.

Niemand erwarte, einen historischen Roman zu finden. Die

Atmosphäre des 14. Jahrhunderts, so lebendig sie auch wimmelt von Figuren, Landschaften, Szenen und Klängen, schafft keine kulturelle Distanz, sondern vergrößert nur die Einsamkeit um den Menschen, weil wir nicht vergleichen können. Damit wird die Lebendigkeit dieser Welt nicht geringer. Dies figürliche, halb heidnische Christentum, diese adlige Bauerngewalt, diese Vereinigung von rauher Zeit und rauher Berglandschaft, dieser Widerklang von Tanz und Waffe, dies alles wird selbstverständlich, nicht nah, nicht fern, aber lebendig.

Sigrid Undset, Kristin Lavranstochter. Band 1: Der Kranz. Frankfurt a. M. 1926
Frankfurter Zeitung, 13. 12. 1925

Nordische Literatur

Die sympathische und gutmütige Tätigkeit der dänischen Schriftstellerin *Karin Michaelis* würde kaum je zum Widerspruch herausfordern, wenn man ihr nicht den schlechten Dienst erwiesen hätte, sie literarisch zu nehmen. Die deutsche Kritik, zu hochmütig, eine Ida Boy-Ed oder Helene Böhlau ernst zu nehmen – ohne daß man dies fordern möchte –, hat die gute Karin an der allgemeinen Überschätzung der skandinavischen Literatur in Deutschland teilnehmen lassen, ohne daß sie Dinge zu sagen gehabt hätte, die unseren Stern in seiner Bewegung hemmen oder fördern. Was ihr vielmehr gegeben ist, das ist eine unerschrockene Gestaltung von Dingen, die in der Luft liegen und eine Zurechtbiegung von Problemen für den Tagesgebrauch, eine spezielle Eigentümlichkeit der dänischen Atmosphäre, in der größere Mengen Literatur mühelos zustande kommen. Erst die vorliegenden beiden Bücher treten aus der Masse ihrer zwanglosen Produktion als einzigartige Leistungen und rechtfertigen nachträglich ein wenig von dem Ruhm, den sie auf dem so geduldigen deutschen Markt gewonnen hat. Dic zwei Romane sind nämlich als Dokumente erstaunlich. Ein wahrheitsliebender Mensch – mit einiger Ausdrucksfähigkeit – erzählt den Werdegang eines Mädchens, das den Schmerzensweg vom Schulkind bis zur enttäuschten Liebenden durch eine solche Fülle von Details zurücklegt, wie man sie selten versammelt findet. Das Grundmotiv dieses Lebensweges liegt in den beiden Titeln: das Mädchen hält sich bunte Glasscherben vor die Augen, weil die rohe Welt sich dann hübscher und erträglicher ausmacht und lügt sich in holder, ratloser Phantasie Erlebnisse zurecht, da die Wahrheit für dieses flatternde Seelchen weder ausreicht noch wirklich genug ist. Die Menschen quälen nicht nur sich, sondern auch die Tiere, sie lügen, sie sind roh und grausam, und vor allem – sie sind treulos. Aber wenn man nur eine bunte Glasscherbe oder eine noch buntere Lüge hervorholt und hindurchschaut, so erstrahlt die Welt sogleich in herrlichen Glut- und Abendfarben. Gunhild geht zur Schule und später in Stellung. Nichts in diesem einfachen Werdegang ist übergangen, Gerüche sind analysiert, Klänge zerlegt, tausend Situationen, Gesichter, Stimmen sind miteinander verbunden. Man fühlt mit Schrecken – und erinnert sich –, welch ein wildes Labyrinth doch eigentlich der Sinn eines Kindes ist. Denn die Phantasie des Kindes, welches die Realitäten nie und nimmer anerkennt, zerbricht an dem Tage, wo der Widerstand der Dinge nicht mehr zu besiegen ist. Dieser Augenblick kommt zweifach über Gunhild, das erstemal fühlt sie, daß die Frau in den Grenzen ihres Körpers lebt, – als sie zum ersten Male unwohl wird, das zweitemal, daß die Frau in den Grenzen ihres Geschlechtes lebt, als sie die erste Liebesenttäuschung erfährt. Den Mangel, daß diese Etappen durch keinerlei epischen Bau und durch keinerlei Gestaltungswillen verbunden sind, sondern sich nur zeitlich verknüpft von Szenchen zu Szenchen weiter helfen, entschließt man sich schnell zu vergessen und nimmt die beiden Bücher dankbar als Material zur Naturgeschichte der kleinen Mädchen hin.

Sigrid Undset, die Nationalheilige der nordischen Literatur, läßt uns hier vom Gipfel in ein weibliches Leben sehen. Der erste Band, so schien es uns, ließ kaum eine Steigerung in der Innigkeit und Ruhe zu, mit der hier die Seele eines Weibes ins Kristall ihres Schicksals geschlossen wurde. So ist es denn folgerichtig, daß der zweite Band bewegter und farbiger abrollt und die Begebenheiten, die dort mit dem stillen Wandel der Jahreszeiten dahingingen, hier mehr auf der Fläche eines tätigen Tages ausbreitet. Kristin ist hier die Frau eines großen Herrn, sogar eines Verschwörers gegen den König. Und jeder Schmerz, den dieser Mann ihr zufügt, den sie in ihrer Jugend als den Keim einer Rebellion gegen Gott begriff, wird heute auf der Höhe ihres Lebens zum Zeichen dafür, daß Rettung vor der Welt und Widerstand nur möglich ist, wenn man sich zu zweit im Bezirk der Liebe zusammenschließt. Dies gewaltige Hineinwachsen in das Herz und Schicksal des Mannes, der sie kränkt und befleckt und liebt, ist ein Geheimnis, das zu schildern die Undset Dichterin geworden ist. Das Schicksal der Frauen ist dem Manne unverständlich, – dies zu beweisen ist die Mission der großen Norwegerin. Und da sie eine Frau ist, beweist sie, daß die Einsamkeit der Frau mit ihrer Hingabe wächst. Man begreift schnell, warum dies Werk Erfolg haben muß: die *Leserin* erlebt in dem Werke Seite für Seite das Glück, sich wiederzufinden, aber nicht nur so, wie sie ist, sondern auch so, wie sie sein möchte. Der *Leser* weiß sich nicht zu entsinnen, dem Rätselhaften des weiblichen Lebens je so nahe geführt worden zu sein, wie in diesem Buche, ohne daß dies Rätsel kleiner wurde. Im Gegenteil, es wuchs.

In der klaren und reinen Luft dieses Buches scheut man sich fast zu fragen, warum der Fall, daß ein Mädchen sich dem geliebten Mann *vor* der Ehe hingab, so lawinenhaft zum Schicksal anwächst, eine solche nie weichende Bürde von Scham und Reue fürs Leben bleibt. Die zweifelhafte Einrichtung des sogenannten Fortschrittes hat uns gelehrt, als Unglücksfall oder Privatsache zu nehmen, was im Buche der Undset das weibliche

Schicksal so stark bestimmt. Dürfen wir auf unsere Freiheit, die ja meistens nur in Freiheiten besteht, stolz sein, oder haben wir die letzte Fühlung mit dem Glaubenssatz verloren, daß die Ehe eine göttliche Einrichtung ist? Die Norwegerin hilft unseren schwachen Herzen durch die Katholizität ihres Buches. Sie tut uns dar, daß das Mittelalter den einzigen wahren Gott hatte, der, zu groß für den größten Dom, doch nicht ungeneigt ist, die kleinen Brautkronen zu heiligen und aus dem Takt der Webstühle zu sprechen.

In den Forderungen des Alltags beweist sich die Frau Kristin als der einzige Mann. Ihr Gatte ist schön und ein schwankendes Rohr, und ihre Zärtlichkeit für ihn ist nicht frei von Verachtung. Der einzige Mann, auf den sie sich zu stützen wagt, Simon, ist ein bißchen dick und kein richtiges »Mannsvolk«. Der Vater ist der beste von allen, er stirbt. Kristin bleibt einsam, besonders des Nachts. Die Männer sind schwache Sterne, die in der Dunkelheit ratlos um ein weibliches Herz stehen.

Der Übersetzer darf sein Teil an der Wirkung dieses Werkes getrost nehmen. Sandmeier hat mit einem fast fanatischen Ernst das schwere von Archaismen durchsetzte Norwegisch der Undset in ein ebenso schweres und reiches Deutsch gebracht. Seite für Seite ist mit Verantwortung erkämpft. Er ist in einer Zeit, wo das Fabrikationsgeheimnis für Übersetzungen in aller Händen ist, ein seltener Fall.

Karin Michaelis, Das Mädchen mit den Scherben. Potsdam 1925
Die kleine Lügnerin. Potsdam 1926
Sigrid Undset, Kristin Lavranstochter. Band 2: Die Frau.
Frankfurt a. M. 1926
Frankfurter Zeitung 17. 10. 1926

1927–1929

Die Falschmünzer

André Gides Buch *Die Falschmünzer* ist von Ferdinand Hardekopf ins Deutsche übersetzt worden und in der Deutschen Verlagsanstalt Stuttgart erschienen. Das ist ein Ereignis. Denn die Einführung dieses Meisterwerkes in den deutschen Lesebereich ist ein Zuwachs an dichterischem Neuland. Wir erfahren etwas, was wir vorher noch nicht wußten. Ein höheres Lob kann einem Buche wohl kaum mitgegeben werden. Ebenso gern wie man neun Zehntel aller Übersetzungen französischer Literatur für überflüssig, ja für verwirrend erklärt, setzt man sich für die dringende Notwendigkeit einer Verdeutlichung der *Falschmünzer* ein. Hardekopf hat diese Notwendigkeit mit Meisterschaft befriedigt. Er hat die klare und nüchterne Sprachmasse des Buches auf die deutsche Sprachebene transponiert, ohne auch nur eine ihrer geraden Linien zu verrücken. Zwischen dem Zwang, vollendetes Deutsch zu schreiben, und dem Zwang, das »Französische« des Buches zu bewahren, hat der Übersetzer einen Annäherungswert erreicht, wie er selten jemandem gelungen ist.

Die *Falschmünzer* sind vom Autor ausdrücklich als sein erster Roman bezeichnet worden. Schon dieser Umstand beweist, daß der Verfasser der »Caves du Vatican«, der »Isabelle« und des »L'Immoraliste« den literarischen Gattungsbegriff sehr ernst nimmt. In der Tat, *Die Falschmünzer* sind ein Roman des Romans und manchmal scheint es uns, als ob wir beim Lesen nicht wüßten, was uns rührt: der Kampf um die Kunstgattung oder die hellen Leidenschaften der Jünglinge und die dunklen der Alten. Edouard, der Held, sagt: »Ich erfinde die Person eines Romanschriftstellers, den ich als Zentralfigur des Buches hinstelle. Und das Thema des Romans besteht in dem Kampf zwischen dem, was die Wirklichkeit diesem Romancier bietet, und dem, was er seinerseits daraus zu machen bestrebt ist.« Was hier Gides Held sagt, könnte Gide auch von sich sagen. Denn auch Edouards geplantes Buch heißt *Die Falschmünzer.* Man stelle sich einen Maler vor, der ein Bild malt, das nun wiederum einen Maler sehen läßt, der an einem Bild arbeitet, und zwar ein Bild auf dem . . . In dieser ewigen Spiegelung muß schließlich der erste Maler sich ebenso fragwürdig vorkommen, wie die anderen es sind. Darum schreibt Edouard in sein Tagebuch: »Ich beginne allmählich zu erkennen, was das innere Thema meines Romans sein wird: offenbar die Rivalität der wirklichen Welt und der Vorstellung, die wir uns von ihr machen. Die Art, in der die Erscheinungswelt sich uns darstellt und in der wir versuchen, der äußeren Welt unsere private Deutung aufzuerlegen, macht das Drama unseres Lebens aus.« Die einzelnen Etappen dieses Dramas geben dem Buche den Charakter einer Improvisation, insofern nämlich als man weder von einer Improvisation noch von einem Kampfe weiß, wie sie ausgehen. Gide ist mit diesem Buche so wenig zu Ende gekommen, daß er das Tagebuch der Falschmünzer obendrauf gab, jenen Notizkalender des Reifwerdens, in dem er die einzelnen Stadien seiner Arbeit am Roman so vermerkt, daß sie sich mühelos und ohne Bruch den Notizen des Helden Edouard anfügen würden. Und dieser reißt mit dem letzten Satz seines Tagebuches noch eine neue Figur in den Rausch des Geschehens hinein. Er geht zu einem Abendessen, wo er alle Geliebten, die vergangen sind, wiedersehen wird und auch den Sohn Caloub, der noch klein war, als das Spiel begann. Er denkt nur eines: »Neugierig bin ich auf die Bekanntschaft mit Caloub.« Mit dieser Fanfare des Lebens schließt das Buch – und alles beginnt von vorne, »drohend wie das Sterngewölbe«.

Niemand wird mit legitimer Endgültigkeit feststellen können, ob Gide den seinem Edouard angedichteten Kampf zwischen der Lust, ein Buch der Schilderung und des Geschehens zu schreiben, und dem Wunsch, die »Quintessenz des Wesens selber« zu geben, für sich hat entscheiden können. Die überströmende Genialität dieses Buches, die erschütternden, geistigen Sensationen, die seinen Dialogen entsteigen, die bitterliche Kindlichkeit, die harte Klarheit, die runde Vollendung der Frucht, – all dies verdanken wir der Radikalität, mit der André Gide vielleicht zum ersten Male den ganzen Umkreis seines dichterischen Wesens abgetastet hat. Daß es schließlich doch kein »richtiger« Roman wurde, ist selbstverständlich, wie es für den ihm höchst verwandten *Novalis* selbstverständlich war, daß sein Bestes sich im Kampf um eine endgültige Kunstform entzündete und erfüllte, aber nicht erschöpfte. So wie ich immer Novalis' Tagebuch nach Sophiens Tode als eine Fortsetzung des Ofterdingen gelesen habe, so taste ich mich heute aus den *Falschmünzern* in das »Tagebuch der Falschmünzer« hinein und fühle, daß der Strom hier weiter rinnt. Hier wie dort erleben wir die reine Entfaltung des Phänomens »Dichter« in einer fast schmerzlichen Konzentration. Die Welt löst sich in Poesie auf. Eros und der Tod löschen mit feuchten Küssen die Fackel aus, die sich am Hirn des Dichters sogleich wieder entzündet. Man stirbt und flüstert: »Wissen möchte ich, wie es drüben aussieht.« Man versagt, entsagt und murmelt: »Neugierig bin ich auf die Bekanntschaft mit Caloub.«

Mit Schrecken denkt man manchmal, daß es vielleicht eine Zeit geben wird, die nicht mehr begreift, daß Bücher geschrieben wurden wie »Wilhelm Meister«, wie »Sternbald«, wie »Herzensergießungen eines Klosterbruders«, wie »Ofterdingen«, wie *Die Falschmünzer. Bücher der reinen Spiegelung.* Wie trübe werden die Spiegel unter dem Anhauch dessen, was man den Stoff nennt, was breit wie der Hudsonfluß heute als Wirklichkeit in die Literatur einströmt. Noch trüber aber unter dem Anhauch dessen, was – um Gide zu zitieren – »vielfach französischer Geist genannt wird und was uns im Ausland gelegentlich einen so beklagenswerten Ruhm verschafft hat. Ich habe gesagt, daß man darin nicht einmal das Lächeln Frankreichs, sondern höchstens seine Grimasse erblicken dürfe«. Oh, ich will, konfrontiert mit einem solchen Zitat, nicht die Plattheit begehen und André Gide als einen unfranzösischen Schriftsteller hinstellen, der sich von Deutschland und Rußland habe retten lassen. Man weiß, daß Gide durch keinen besseren als Oscar Wilde auf gewisse Dinge aufmerksam wurde. Aber ich will nur sagen, daß der Autor der *Falschmünzer* deswegen die französische Literatur aus ihrem für die Guillotine reifen Absolutismus retten wird, weil er als erster den erfolgreichen Versuch unternommen hat, den Geist seines Landes aus der bedauerlichen *Sklaverei der Sprache* zu retten.

Das ist mehr als eine stilistische Bemühung, es ist schon fast eine moralische. Denn wer den in der französischen Sprache waltenden *Zwang zur Antithese* bricht, der rettet die Literatur dieses Landes vor dem Fluche, nicht vom Geiste, sondern von der Geläufigkeit des Satzbaues regiert zu werden. Beginnt der französische Stilist einen Satz, so weiß er noch nicht, wohin die Fahrt geht, aber blind dem Strom der Formeln vertrauend hofft er und ist sicher, daß alles in einer erfreulichen Antithese gut ausgehen wird. Geht man vom Worte als dem Material des Dichtenden aus, so gibt es heute überhaupt keine Dichtung in Frankreich. Wir sehen lediglich den kulturell ja ganz erfreulichen Vorgang, daß eine Unzahl gebildeter Leute den Mut hat, den Kahn zu besteigen, der sich auf dem drei Jahrhunderte breiten und schnell dahin schießenden Strome »Sprache« launisch wiegt. Die Sprache hebt hier sozusagen die freie Willensbestimmung auf. Ein französischer Literat ist ein Mann, der sich der Sprache anheimgibt. Ein Dichter aber – André Gide also – *hofft* wenigstens, daß die Sprache sich eines Tages ihm oder dem Vollender seines Werkes anheimgeben wird. Gegen diesen Sprachzwang, der so groß ist, daß, wenn die vorige Revolution in Frankreich sich gegen Gott und den König wandte, die nächste sich gegen die Sprache wird richten müssen, hat Gide sich erhoben. Und er ist bei diesem Widerstand wenn auch noch nicht zum Satz – geschweige denn zum Wort – so doch schon zum Absatz, zur Periode vorgedrungen.

Das wunderbare Buch, von dem ich spreche, ist dem *männlichen Eros* gewidmet, was Paul Souday zu dem Seufzer veranlaßt, der Held Edouard strebe zwar nach dem »roman pur«, dem reinen Roman, aber leider nicht nach reinen Sitten. (Auch in der Antithese, die um jeden Preis heraus muß, da sonst die Kessel des französischen Schriftstellereibetriebes platzen würden.) Man kann aber ganz ruhig sein: die irdischen Beziehungen dieses männlichen Eros sind mit solcher Zartheit gestaltet, mit einer solchen Reinheit hingezeichnet, daß selbst Henri Massis, der unseren Dichter sonst »verderbt« und »des Teufels« findet, wenig einwenden konnte. Edouard hat schöne Jünglinge um sich, die sich mit einem Ernst und einer Reinheit ohnegleichen aufs Leben stürzen wie auf einen Feind. Edouard rüstet sie aus, bewaffnet sie, segnet sie. Sie entwaffnen ihn, sie verlassen ihn, aber er weiß sie Sieger. *Eros als Kraft.* Graf Passavant, der geistvolle Modeschriftsteller, versteht es ebenfalls, junge Männer in seinen Lebenskreis zu ziehen, aber er gibt ihnen alle Gifte zu kosten, darunter das schlimmste, den Witz, die Antithese. Passavant ist das auflösende, das antipädagogische, das zerstreuende, ja, man möchte sagen, das weibliche Element. *Eros als Laster.* (Der erschütternde Sinn dieses tiefen Kontrastes ist in Frankreich nicht verstanden worden.) Zwischen diesen beiden Polen strömt eine reiche Welt, reich an Gestalten, reicher noch an Ideen.

Das Motiv von den Falschmünzern wird erst bildlich gebraucht. Graf Passavant gibt falsche geistige Werte für echte aus. Er macht moderne französische Literatur. Er macht -ismen und erklärt sie für geistige Bewegungen, er empfiehlt Ausschweifungen als Leidenschaften, er preist seine Gefühlsschwäche als Skepsis an. Aber es tauchen auch noch richtige Falschmünzer auf, ganz flüchtig nur, und man hat bei ihrem Auftreten wie bei dem noch anderer Figuren das Gefühl, daß Gide sie einigermaßen vergessen habe und nur nachträglich hineinstopfe.

Überhaupt setzt das Leben vieler seiner Gestalten oft hundert Seiten lang aus, und wirklich durchgeführt ist eigentlich nur der alte La Pérouse, den wir besser entbehren könnten als den interessanten, aber häufig abwesenden Armand. Manchmal scheint es, als ob Gide nicht wisse, was er wolle. Aber in diesen unseren Zweifel hinein klingt mit leisem Gelächter sein Vorwurf, daß *wir* nicht wissen, was wir eigentlich wollen. Denn Edouard hat seine eigene Auffassung von dem, was ein Roman sein soll, und er trägt in sein Tagebuch ein: »Der Romanschreiber sollte sich in viel höherem Grade, als es meistens geschieht, auf die Phantasie seiner Leser verlassen.«

Der vollkommene Leser wird das niemals endende Werk zu Ende dichten und bei diesem Tun mehr über sich erfahren, als er über Edouard und Olivier erfahren konnte. In dieser Kraft der Spiegelung liegt die Bezauberung, die das Werk ausübt. Ich habe mich gehütet, diese Eigenschaft mit dem sich begierig anbietenden Schlagwort »romantisch« zu bezeichnen, und zwar schon deshalb, weil mir dann angesichts der sprachlichen Würde und anschaulichen Nüchternheit der Schilderungsmittel, ja der verblüffend unmittelbaren Kraft, Gedanken schon durch ihr Aussagen zu begreifen, das nicht minder aufdringliche Schlagwort »klassisch« keine Ruhe lassen würde. Vielleicht geht der Zorn, mit dem Edouard sich weigert, sein Werk mit einem anderen zu vergleichen, auch auf uns über. Sagen wir bloß, daß unsere Furcht, die Tatsachen möchten in der Literatur für dauernd recht behalten, zu schwinden im Begriffe ist, da der Dichter eines Volkes, das zur Erneuerung keinen Beruf in sich fühlt, den Felsen der reinen Idee der Zeitwoge entgegensetzt.

André Gide, Die Falschmünzer. Stuttgart 1928
Frankfurter Zeitung 21. 12. 1927

Erotische Geographie

Was ein richtiger Franzose für die skandinavischen Länder bedeutet, kann nur derjenige Ausländer ermessen, der die schönen Länder des Nordens als Stammesverwandter ihrer Einwohner bereist.

Einen echten Franzosen in ihren Mauern zu haben, ist der Herzenswunsch jeder norwegischen Stadt, der sich leider so selten erfüllt, daß die Abneigung der Franzosen gegen jede Art von Geographie in Skandinavien schon sprichwörtlich geworden ist. Die Stammesehe mit den Deutschen, die in unbelehrbarer Begeisterung jährlich nordwärts fluten, atmet die ganze Verdrießlichkeit ererbter und legitimer Beziehungen, so daß der Wunsch nach einem Ehebruch sich oft in den rührendsten Formen Luft macht. Mit *Maurice Bedels* Roman *Jérome 60° Latitude Nord* ist den Norwegern ein Lieblingswunsch erfüllt, ja übertroffen worden. Bedel, unbestreitbar ein Franzose, hat ihr Land besucht, ja ein Buch darüber geschrieben. Nach zwanzigtausend deutschen Besuchern jährlich und mindestens zweitausend deutschen Büchern über Norwegen ist das eine wahre Erlösung. Man kennt die krisenhafte Wucht, mit der ein später Ehebruch zu kommen pflegt. Jahrelang sind die beschämendsten Dinge passiert, in französischen Zeitungen wurden die Einwohner Oslos als Dänen bezeichnet oder Schweden für die Hauptstadt Norwegens genommen. Die zahlreichen Norweger, die sich in Paris in streng rituell skandinavischen Restaurants zusammendrängten, zitterten vor Scham und es machte ihnen viel Kummer, daß »oui« auf deutsch und norwegisch »ja« heißt. Bis dann Bedel in Norwegen reiste und sein Buch schrieb.

Es hätte für den ungestillten Liebesdrang der Norweger eine Erlösung werden können, es wurde leider eine Katastrophe. Der Vorgang gehört so durchaus ins erotische Gebiet, daß es schwer ist, außerhalb einer psychoanalytischen Gemeinde von ihm zu sprechen, aber es bleibt trotzdem eine Tatsache, daß der lässige

Franzose mit seinem schwarzen Schnurrbärtchen, mit seiner göttlichen Fähigkeit, ohne die mindesten Anstrengungen in Paris zu wohnen, ein Buch lieferte, das die Empfindungen der Norweger aufs tiefste verletzte und den Schluß nahelegte, daß Bedel doch nicht der richtige Franzose sei, auf den man so lange gewartet hatte.

Die hier geschilderten Ereignisse spielten sich einige Monate vor der Jahrhundertfeier für Henrik Ibsen ab, die eigens arrangiert worden zu sein scheint, um die nationale Sache Norwegens wiederherzustellen. Dadurch nun, daß Bedels Buch in Paris mit dem Goncourt-Preise geehrt wurde, begannen Jéromes nördliche Abenteuer auch die Franzosen zu interessieren, und zwar in einem solchen Grade, daß das Werkchen eine Auflage von 150 000 Exemplaren bereits überschritten hat. Die Abneigung der Franzosen gegen Geographie läßt eben rapide nach, der erotische Schauplatz – und alles außerhalb der französischen Grenzen ist erotisch – greift in der französischen Literatur immer stärker um sich. Paul Morand errang als Europareisender solche Erfolge, daß er unverzüglich nach Asien aufbrach, was sich als eine richtige Erwägung herausstellte. Maurots schreibt geradezu englische Romane, andere wagen sich nach Rußland vor, und die blaue Blume der modernen französischen Romanschriftstellerei wächst ganz unzweideutig in den Vereinigten Staaten von Nordamerika. Szenen aus dem chinesischen Provinzleben, ein schlichtes Britenherz, Roman eines argentinischen Dienstmädchens, die Lilie im Mississippi-Tal, der Bauch von Buenos Aires, die Kartause von Tibet, die ungarischen Falschmünzer – das alles strömt als Thema auf die Literatur ein, die nach weiteren Horizonten sucht und dabei gerne Türen einrennt, die der Weltkrieg weit geöffnet hat. Die stoffliche, ja geistige Emigration ist eine der bedeutsamsten Erscheinungen des französischen Schrifttums. Die entschlossene Abkehr von der alten Stoffwelt bedingt auch ein Erproben neuer Mittel. Die bis ins Hoffnungslose vervollkommnete Schilderung seelischer Zustände weicht dem oft stürmischen Drang nach neuen Realitäten, unter denen die geographische immer die erste ist.

Maurice Bedel hat sein bescheidenes Teil an dieser Strömung. Daß er den Goncourt-Preis in Empfang nehmen konnte, beweist nur, wie berechtigt die in letzter Zeit so oft laut gewordenen Aufforderungen an die Akademie Goncourt sind, sie solle sich begraben lassen. Bedel hat den von Paul Morand begonnenen Weltatlas der Liebe weitergeführt und dabei einige sehr scherzhafte, einige sehr boshafte, einige sehr spannende und einige hundert belanglose Seiten zustande gebracht. Er hat für die erotische Geographie das Kapitel Norwegen verfaßt und den Norwegern damit viel Kummer verursacht. Es ist in der Tat mit reisenden Franzosen ein Kreuz und Elend. Schon die Tatsache, daß in anderen Ländern zivilisierte Menschen wohnen, versetzt sie in ein lähmendes Erstaunen, das nur von der Verwunderung darüber übertroffen wird, daß die Ausländer sich in ihrem Lande auch ohne die mindeste Kenntnis der französischen Sprache glänzend zurechtfinden. Auch Bedel steht einige Ängste aus, weil der Buchstabe »u« in Norwegen anders ausgesprochen wird als in Frankreich. Aber die stärksten Sensationen erlebt sein Held Jérome erst, als er sich in eine Norwegerin verliebt. Diese Norwegerin namens Uni Hansen bittet ihn zum Beispiel, ihr nach dem Bade den Rücken mit einem Frottierhandtuch tüchtig abzureiben. Jeder Mensch, der weiß, wie schwierig eine solche Abreibung sich gestaltet, wenn man allein auf dieser Welt ist, wird es als einen der schönsten Vorzüge der seelischen und körperlichen Intimität zu schätzen wissen, daß sie das Problem des Frottierens – besonders zwischen den Schulterblättern – löst. Nicht so Jérome. Es stellt sich heraus, daß er in schlummerlosen und offenbar schwülen Nächten auf zerwühltem Lager von diesem Rücken träumt, weshalb es ihm teils zu viel, teils zu wenig ist, ihn mit einem Handtuch abzureiben. Das begreift offenbar auch Uni, denn als sie mit ihrem Bräutigam Jérome eine Reise macht, zeigt sie sich derartig bereit, verliebtes Geplauder von einem Schlafzimmer zum anderen durch die angelehnte Tür in die befreiende Tat umzusetzen, daß Jérome erschrocken aufspringt, die Verbindungstür zuschlägt, abschließt und dann weinend zusammenbricht. Ist Uni unkeusch? Keineswegs, was schon daraus erhellt, daß sie sich oft und gern mit ihm im Schnee gewälzt hat, ohne zu ahnen, welche Pein das Verfängliche dieser Körpernähe dem verliebten Jérome macht. Aber sie ist in einem Grade natürlich und sachlich, der dem Bedürfnis des Franzosen nach Verwicklung, Spannung, Abenteuer, Dämmerung, Blitzen, Leidenschaft, Unruhe keinerlei Rechnung trägt. Mit einem Wort, Jérome ist romantisch, Uni ist sportiv. Daß dabei die Verlobung auseinandergeht, ist nur natürlich, zumal da die junge Dame nicht umhin kann, ihren Jérome im Schlußkapitel mit »armer Kleiner« anzureden. Unser Autor begeht nun den schweren, aber verständlichen Fehler, den eben geschilderten Vorgang nicht für eine Niederlage Jéromes, sondern für ein geographisches Phänomen zu halten. Er kommt zu dem Schluß, daß ein Franzose sich mit einer Norwegerin über die Breitengrade hinweg erotisch nicht verständigen kann, was für Norwegen ein harter Schlag ist, der freilich dadurch gemildert wird, daß der Held sich schließlich doch noch in den Armen einer nordischen Frau zurechtfindet, die allerdings durch mehrjährigen Aufenthalt in Paris die nötigen Vorbedingungen erworben hat.

Begreift man, daß dieser knappe Tatbestand die Norweger so erzürnen kann, daß sie ihre Frauen, ihr Land entwürdigt fühlen? Sind wir nicht alle mit Uni, bereit, ihr den Rücken zu frottieren und Jérome »armer Kleiner« zuzuflüstern? Der Autor vermißt viel in Norwegen, vor allem den Ehebruch, er stellt fest, daß die Leute dort oben die Ehe nicht brechen, sondern auflösen, um dann aufs neue zu heiraten. Das entspricht den Tatsachen, die im Lande Ibsens nicht wundernehmen dürfen. Außer den Franzosen, dem dabei das stürmische Geseufz beklemmten Odems fehlt sowie die heimlichen Stelldichein, die verstohlenen Briefchen und überhaupt der höllische Zauber des Verbotenen. Nora aus dem Puppenheim hätte in Frankreich eine gute kleine Gattin abgegeben. Sie hätte gar nichts in Stücke geschlagen. Sie hätte ihren Gatten mit viel Diskretion und Maß betrogen ... Und da beklagen sich die Norweger noch!

Gut hundertfünfzig Jahre lang hat die französische Literatur uns und sich gelehrt, daß Frankreich das Maß aller Liebe ist. Es ist also kein Wunder, daß der französische Autor bei der Verfechtung seiner erotischen Geographie, beim 60. Breitengrad angelangt, den größten Schwierigkeiten begegnet. Von Hause aus angehalten, mit Revolverschüssen zu rechnen, wenn etwas in der Liebe nicht klappt, bricht er begreiflicherweise in Tränen aus, wenn er einem blonden Mädchen den Rücken frottieren soll, läßt alles stehen und liegen, schreibt ein Buch über das Ganze, erhält den Goncourtpreis – und läßt ein entrüstetes Gastvolk hinter sich, das stark auf Zärtlichkeit gerechnet hatte und statt dessen eine Abreibung erhält.

Maurice Bedel, Jérome 60° Latitude Nord.
Frankfurter Zeitung 30. 3. 1928

Das Lächeln der Mona Lisa

Das Lächeln der Mona Lisa meint nach *Tucholsky* holde Wurstigkeit. Es verkörpert die Philosophie eines sterblichen Wesens, das viel gesehen hat und nun schweigt, weil man doch nichts ändern kann. Es findet sich am reinsten auf der Totenmaske jener jungen Selbstmörderin, die man aus der Seine zog. Kurt Tucholsky verfügt über diese Art von Lebensweisheit nicht im entferntesten, denn seine holdesten Melancholien können mich nicht darüber hinwegtäuschen, daß sein Schriftstellertum ein wilder Drang nach Aktivität, nach Änderung der Welt ist. Wenn er sein neuestes Buch *Das Lächeln der Mona Lisa* nennt, so verschweigt er damit dessen stärksten Vorzug. Die polemische Leidenschaft, die noch nicht alle Hoffnung verloren hat, sondern im Gegenteil tief im Innern an eine Besserung der von ihm gegeißelten Zustände, will sagen, an den Menschen glaubt.

Tucholskys neues Buch hat den Vorzug, sehr dick zu sein. Obwohl es eine Sammlung von Arbeiten ist, die meist früher veröffentlicht wurden, so wohnt ihm doch eine Spannung inne, wie sie auch von zusammenhängenden Fabeln nur selten erreicht wird. Zwar sind seine Geschichten rund, abgeschlossen und fertig, aber sie sind niemals zu Ende. Sie hinterlassen die Befriedigung, die ihre Vollendung schafft, und verleihen dem Leser gleichzeitig eine rätselhafte Unruhe, die nur mit der der Verliebtheit und des schlechten Gewissens verglichen werden kann.

Ein pausbäckiger, kleiner Junge malt Männchen auf ein Stück Papier, ein vielbeschäftigter Racheengel treibt Bösewichter aus Paradiesen und Schweineställen: zwischen diesen beiden Polen publizistischer Beschäftigung flutet Tucholskys Temperament hin und her, gegliedert durch die Namen *Wrobel, Panter, Tiger* und *Hauser.* Er beginnt mit einem Familien-Diner bei Stadtzauberers, einer holden Dichtung, um die ihn Achim von Arnim beneiden wird, und endet bei den Ketzerverbrennungen, Marterschaftszeremonien und Jüngsten Gerichten, die er mit dem Weisen von Darmstadt, der Justiz, den Herren Offizieren und Beamten veranstaltet. Im Grunde ist ihm alles ein feines Hinhören auf den Zusammenklang der Harmonie. Die Entdekkung eines Mißtones macht ihn produktiv, ob dieser sich nun im Bellen eines Hundes oder in einem Urteil des Reichsgerichtes offenbart. Sein Gelächter, sein Schmunzeln ist durchaus nicht allversöhnend, vor der Gewalt dieses Humores zerfällt die Menschheit in zwei Teile, der eine hat recht und lacht Tränen, der andere hat unrecht und sagt mit tonloser Stimme: »Das soll wohl komisch sein, was?«

Tucholskys neues Werk ist also mit anderen Worten ein Buch der Gesinnung. Von seiner stürmischen Intoleranz, um die ihn jeder Greis von Herzen beneiden muß, bis zu dem philosophischen Lächeln der Mona Lisa, die sich schweigend ihr Teil denkt, ist ein hundert Jahre tiefer Abgrund. Ja, seine Liebe zur abgeklärten Lebensweisheit ist so unglaublich, daß man geradezu von einem Komplex sprechen muß. Wir sehen vor uns einen Jüngling, der sich zu der Weisheit Buddhas hinaufläutern möchte und mit größter Sicherheit immer wieder bei jener Heilslehre endet, für die die Götz von Berlichingen und General Cambronne klassische Formulierungen gefunden haben.

Wäre Tucholsky ein Philosoph – er würde sich nicht so aufregen, und wir wären um einige herrliche Polemiken ärmer. Wäre er ein Politiker – er würde nicht an den schließlichen Sieg der Wahrheit, der Menschlichkeit so fest glauben, er würde nicht die geheiligten Erbübel der Waffe, der Staatsautorität, der Phrase mit soviel Hoffnung angreifen, und wir würden nie seine gewaltigen Schreie hören, die den Sätzen des Abschnittes »Ozean der Schmerzen« entsteigen. Da er aber ein Dichter ist – ein Dichter des Refrains, der Schilderung, der unausgesprochenen Schlußfolgerung, der Strophe, des Absatzes, des Kommas, des Adjektivs, kurz der deutschen Sprache –, so schuf er dieses Buch voll Schilderungen, Polemiken, Spaziergängen, Satiren, Kritiken und Gedichten. Und da er ein Dichter ist, sieht er das Übel, das er bekämpft, immer wieder in zwei Formen: im Kollektiven und im Jargon. Das sind seine eigentlichen Themen, ja sein Haß gegen diese beiden Erscheinungen ist so gewaltig und so produktiv, daß er sie, wenn es sie nicht gäbe, erschaffen würde, um sie zerfleischen zu können. Vom Jargon besessen schuf er Wendriners Monologe, schrieb er jene völlig geniale Satire über Inseratentexte »Werbekunst«, jene himmlische Reportage »Der Pont de l'Alma fliegt in die Luft«, jene Kochrezepte, jene Traktate über die Worte »Menschlich« und »Persönlich«. *Karl Kraus,* der nachts auf seinem Schreibtisch die Kahlköpfe der Menschheit stehen hat und sie mit dem Haß des Schöpfers zerschneidet und zerlegt, hat in seiner Einsamkeit einen Assistenten gefunden – so wie Hata ein Assistent Ehrlichs war –, um das Geheimnis des menschlichen Sprachzwanges zu ergründen. Tucholsky sucht das Mysterium des menschlichen Zusammenlebens in der besonderen Sprachform bestimmter Gesellschaftsschichten, Berufsschichten, Charaktere und Augenblicke, und er liebt diese verwehenden Sprachklänge manchmal mehr, als er die Gesinnung haßt, aus der sie geboren sind. Nicht anders ergeht es ihm mit dem kollektiven Geist, der ihn als ein Ausdruck der Schwäche ebenso rührt, wie er ihn als eine Notform der Feigheit anwidert. Für ihn ist ein Reichsverband, ein Gesangverein, die Untertertia, das diplomatische Korps, die Familie, die Armee und der Weltbund der Briefmarkensammler das gleiche Phänomen. Die Gesinnung, die ein Mensch entfaltet, der irgendwo Mitglied werden möchte, ist ebenso rührend wie jene verabscheuenswert ist, die sich in dem kollektiv empfindenden Mitglied breit macht.

Die Mona Lisa lächelt, aber Tucholsky lacht und weint. Ob er ein großer Schriftsteller ist, möchte ich mit Rücksicht auf den Widerwillen, den er solchen Adjektiven entgegenbringt, nicht entscheiden. Daß er ein einzigartiger Schriftsteller und der einzige Vertreter einer nicht vorhandenen Gattung ist, kann man umso freudiger aussprechen, als diese Feststellung seiner Leidenschaft für Alleinsein entspricht. Er hat die lächerliche Antithese von Fachmann und Künstler, von Journalist und Dichter überbrückt und in sich selbst jenen lebendigen Typ des Autors geschaffen, dessen Bezeichnung dem von ihm so geliebten Jargon überlassen werden muß.

Kurt Tucholsky, Das Lächeln der Mona Lisa. Berlin 1929
Frankfurter Zeitung 23. 12. 1928

Paris in Brand

Walter Mehrings Roman *Paris in Brand* ist schon vor einer ganzen Weile erschienen, ohne die Leserschaft angezogen zu haben, die er verdient. Er ist in einem Verlage und in einem Rahmen veröffentlicht, der mehr Appetit auf Stofflichkeit und mehr Blick für starke Konflikte voraussetzt, als Mehring befriedigen will. *Paris in Brand* ist kein Abenteurer-Roman, obgleich in ihm mehr geschieht, als ein Menschenschicksal umfassen kann. Es laufen denn auch zwei nebeneinander her, das eine des deutschen Korrespondenten in Paris, das andere der Nonne Antoinette Bourignon im 17. Jahrhundert. Beide Menschen fallen nach einem unerhörten Versuch, politisch zu wirken, demagogisch zu leben, Gott und die Politik in der Glut ihres Temperamentes miteinander zu verschmelzen, in ihr dunkles namenloses Geschick zurück. Beide sind schlechte Menschen, um dic das Böse aufwuchert wie Gestrüpp, beide sind Besessene, beide Genies. Das Leben der schwarzen Nonne fällt wie ein schwarzer Faden in das Gewebe des Journalistendaseins zu Paris. Ihre Taten werden zu einem Film, den eine amerikanische Gesellschaft auf der Insel des heiligen Ludwig drehen möchte. Aber ihr aufrührerischer Geist schlägt wie eine Flamme in die Statisten, unter denen der Journalist am Ende seiner zusammengebrochenen Laufbahn sich herumtreibt. Revolte. Brand. Paris ist eine Kulisse geworden.

Mehring will im Grunde nur dies eine schildern: daß Paris eine Kulisse geworden ist. Ihn reizt der Kontrast, daß Paris zwar der Mittelpunkt der immer noch aktuellsten Weltpolitik ist, aber gleichzeitig eine Insel im Meere der Welt bildet. Er sieht das Tal der Chevreuse vor sich, in dem die Jansenisten, einige Meilen von den Toren von Paris, aber Sternenjahre von der Hauptstadt entfernt, lebten und dachten. »Heute spielt Frankreich so eine Art Port-Royal-Rolle in Europa, als Kloster heimatloser Gebildeter aller Länder.« Daß er einen großen Teil seiner Romanlandschaft auf die Insel St. Ludwig verlegt, ist nur natürlich. Denn diese Insel inmitten der Weltstadt ist das Symbol von Paris selbst, – die Brandung einer ungeheuren Gegenwart schlägt gegen ein Bollwerk halbverfallener Paläste, dunkelfeuchter Straßen, verschimmelter Fassaden, vermorschter Tore, erstarrter Zeit.

Walter Mehring, der Dichter unvergeßlicher Zeitlieder, denkt in Strophen, ja in Refrains. Will sagen, er hat weder Atem noch Ruhe für 250 Seiten erzählten und gebauten Geschehens.

Mit jedem Absatz fängt sein Buch wieder von vorne an, jeder Abschnitt ist vollgestopft mit dem zauberhaftesten Plunder abgekürzter Situationen, heftigster Bilder. Das barocke Jahrhundert seiner Nonne wie die Gegenwart 1923 seines Journalisten sind gleich romantisch gesehen. Es gibt aus dem Dasein eines Korrespondenten während der Micum-Verhandlungen ebenso amüsante Details wie aus dem Dasein einer religiösen Aufwieglerin im Flandern Ludwigs XIV. Aber über beide Wesen ist eine Glasglocke gestülpt, die sie von der Wirklichkeit trennt. Mehring hat eine glühende Liebe für die Aktualität, aber diese Liebe ist unglücklich. Er ist ein romantischer Dichter. Er saust im Takt eines Achtzylinders dahin, aber die Fahrt geht der blauen Blume zu. Er ist mit anderen Worten der geborene Lobpreiser der Stadt Paris. Denn er läßt sich willig durch ihre aktuelle Außenseite verführen, um dann so sicherer ihrem tiefsten Geheimnis zu verfallen, dem Geheimnis ihrer Zeitlosigkeit. Darum ist *Paris in Brand* ein schönes Buch.

Walter Mehring, Paris in Brand. Berlin 1929
Frankfurter Zeitung 30. 12. 1928

Gracchus Babeuf

Der fern von Moskau lebende russische Dichter *Ilja Ehrenburg* flüchtet sich in die Geschichte, um wahrhaft aktuell zu sein. Er schreibt einen Roman *Die Verschwörung der Gleichen* mit dem Untertitel »Das Leben des Gracchus Babeuf« und gibt damit, ob er nun will oder nicht, eine Variation über das Thema Trotzki. Gracchus Babeuf ist von allen Gestalten der großen französischen Revolution diejenige, die am meisten vergessen ist, obwohl er als der reinste Revolutionär seiner Epoche die Unsterblichkeit verdiente. Er führte nach dem Thermidor den Kampf weiter und steigerte ihn zum Klassenkampf. Er ist in der Tat der größte und klarste Vorläufer des marxistischen Kommunismus, nicht mehr und nicht weniger. Seine Aufrufe, von denen der Verlag den wichtigsten, den vom 21. Germinal des Jahres IV, auf dem Umschlag abdruckt, formen das kommunistische Manifest fast wörtlich vor. Die Sicherheit, mit der das Recht der arbeitenden Klasse an den Genußgütern und Produktionsmitteln ein halbes Jahrhundert vor Karl Marx proklamiert wird, ist wahrhaft erschütternd, denn sie beweist, daß nicht die Idee genügt, um eine Bewegung zu schaffen, sondern daß zur Idee auch die Stunde, der Zeitpunkt, der »Kairos« treten muß. Babeuf wirkte unter dem Direktorium, also während des gegenrevolutionären Triumphes der bürgerlichen Korruption arm, fiebernd und verfolgt im unterirdischen Paris, seine Verschwörung wurde durch einen Spitzel, der sich eingeschlichen hatte, verraten. Gracchus starb unter dem Fallbeil am 8. Prairial des Jahres V im Alter von sechsunddreißig Jahren.

Der Stoff dieses Lebens ist so überwältigend, daß auch eine stärkere Gestaltung als die Ehrenburgs von ihm erdrückt worden wäre. Der Russe gibt zwar die Lehre aber nicht die Gestalt Babeufs rein wieder. Er malt die Zeit, aber nicht den Menschen. Und selbst das Gemälde der Zeit ist zu sehr auf einfache Kontraste, auf Schwarz-Weiß gestellt. Das Direktorium war zwar das Begräbnis der Revolution, aber die Revolution lebt heute noch. Die Verderbtheit Barras' und seines Anhanges beweist nichts gegen die Unsterblichkeit Robespierres. Es ist bezeichnend, wie schlecht der große Carnot bei Ehrenburg wegkommt. Ihm macht die Reinheit dieser Figur im Rahmen des Direktoriums Schwierigkeiten, also wird sie schwarz angemalt. Man kann eine Epoche wie die nach dem Thermidor nur am Jahrhundert messen. Ehrenburg mißt sie an Babeuf. Dieser aber fiel, nicht weil seine Zeit zu klein, sondern weil er nicht groß genug war. Babeuf ist ein unerhörter Fall des Vorläufertums, er kann Autorenrechte für sich in Anspruch nehmen, ja das Martyrium. Aber er ist kein Schöpfer.

Man weiß in Deutschland kaum, daß der junge Moskauer Dichter Lewidow vor einigen Jahren in der Sowjethauptstadt eine Tragödie zur Aufführung bringen lassen wollte, die sich ebenfalls »Die Verschwörung der Gleichen« nannte. Stalin sah das Stück auf der Generalprobe und verbot unverzüglich seine Aufführung. Das Werk erschien ihm als eine Verherrlichung Trotzkis, als ein Sehnsuchtsschrei nach der proletarischen Revolution, die durch den Kompromiß mit der kapitalistischen Außenwelt verlorengegangen war. Schreckte er vor der Reinheit zurück, mit der Babeuf die »Konsolidierung« der Revolution bekämpfte? Deutete er das Stück als einen Sehnsuchtsschrei nach der Unbedingtheit, mit der Babeuf das Ideal von der Befreiung der arbeitenden Klasse im luftleeren Raum zwischen der Erde und den Sternen aufhängte? Ehrenburg formt diesen Sehnsuchtsschrei noch einmal, die Parallele ist vielleicht ungewollt, aber sie ist schlagend. Trotzdem ist »Babeuf« nicht die stärkste Arbeit des hervorragenden Russen, der zwar in Paris lebt, aber die Stadt mit einer merkwürdig müden und zerbröckelnden Hand malt, so daß schließlich viele Steinchen daliegen, aber nicht ein einziges Haus. Ihm versagt sich das schlechthin Vollkommene, das jedem Lebenszug dieser Stadt sowohl heute als auch in seiner Geschichte eigen ist. Babeuf wurde von Paris emporgetragen, von Paris verschlungen. Ehrenburg packt diese Woge nicht. Er packt nur das zeitlose Leiden dieses Jünglings, manche Seiten sind ergreifend leise, mit tränenerstickter Stimme erzählt. Mir mißfällt das Buch, aber ich liebe es trotzdem. Denn es ist voll von bescheidenem Mitleid, es ist voll von bitterer Verachtung für jene Kraft, die Erfolg heißt. Frankreich hatte recht, als es Gracchus Babeuf vergaß. Aber Ehrenburg, der Russe, hat ebenfalls recht, ihn wieder heraufzubeschwören. Für uns wird die große Revolution dadurch doppelt reich.

Ilja Ehrenburg, Die Verschwörung der Gleichen. Berlin 1929
Frankfurter Zeitung 10. 3. 1929

Symphonie für Jazz

René Schickeles Symphonie für Jazz, im Sommer auf dem Balkon eines norwegischen Blockhauses bedächtig und behaglich, schließlich gerührt gelesen, taucht im Winter wieder auf, und zwar an einem Pariser Nebeltage, wo die Welt bei allem Lärm taub und stumm und blicklos zu werden droht. Die Erinnerung an das Buch vollzieht sich langsam – *c'est remontant comme une bouteille de bourgogne,* würde Léon Daudet sagen – und wiederholt die Freude des Lesens, ja verstärkt sie. Denn sich erinnern ist Weglassen, alles dessen, was nicht überzeugte. Um so schöner, daß bei Schickele viel, sehr viel übrig bleibt. Man denkt zuerst an einige landschaftliche Blicke, an ein Gartentor in Badenweiler, an das Meer, durch ein Zimmerfenster geahnt, an eine sommerliche Fassade in der Ile de France und wie immer bei diesem treuesten aller Erdsöhne an den fernen Kamm der Vogesen. Dann folgen die Gestalten, der Komponist John, ein romantischer Revolutionär namens Asver, ein demokratischer Reichstagsabgeordneter – äußerst seltenes Exemplar, nur an den Ecken leicht abgestoßen –, einige verklärte Berliner, ein französischer Bildhauer und schließlich Frauen! Zuletzt taucht als tiefster Schatz der Kern der Geschichte selbst auf, John und Johannas Liebe, die durch einen lärmenden Ozean von Jazzmusik getrennt scheint, um sich endlich, nachdem John sein teuflisches Saxophon – o versenk', o versenk' – in den See geschmissen hat, wieder zu der uralten Ordnung und Einheit zusammenzufügen.

Schickele hat den Trieb des reinen Dichtens in einer Welt bewahrt, die dieser Ausdrucksform zu schmollen vorgibt. Er hat drei große Zeitromane geschrieben und ihre brennende Aktualität mit einer gläsernen Haut umgeben, hinter der die Herzen nicht weniger lebendig, aber leiser klopfen, als wenn diese zarte Hülle nicht vorhanden wäre. In der *Symphonie für Jazz* versucht er manchmal, diese geheimnisvolle Distanz zu überspringen und zwar in der Art, wie er von Berlin spricht. Es gelingt ihm nicht ganz: Berlin bleibt in seiner Spiegelung, so scharf und witzig sie auch sein mag, ein fernes Land, fast eine verwunschene Insel. Seitdem Schickele Paris aufgegeben hat, sind die großen Städte für ihn nicht mehr wirklich. Er sieht sie vom sicheren und reinen Standpunkt eines Weisen an, er betrachtet sie mit einer ruhigen Lebensfreude, mit einem gläubigen Optimismus, der diesen Gebilden aus Tat und Qual nicht gerecht wird. Oder vielleicht ist er zu gerecht, wenn er alle Dinge des Lebens mit dem gleichen Gewicht mißt und dem geradezu tierischen Ernst seiner Zeitgenossen eine Überlegenheit entgegensetzt, wie sie nur einem an Landschaften, Leidenschaften und Ideen genährten Dichter innewohnt. Wie im Märchen wirft John sein verhextes Instrument in den See, und siehe, das Glück kommt wieder: Johanna.

Diese Erinnerung an Schickeles Buch soll eine Aufforderung an den säumigen Leser sein, sich der *Symphonie für Jazz* umgehend zu bemächtigen und den Zug der Gestalten mit jener Anteilnahme, ja Spannung zu verfolgen, die er durch seine Farbigkeit, seinen Humor und die großartige Fülle seiner Schauplätze verdient. Schickeles reine und tapfere dichterische Existenz wird von Jahr zu Jahr ein wichtigeres Phänomen in Deutschland. Seine Gestalt lehrt uns, daß wir eine Dichtung haben. Wir hätten auch eine Literatur, wenn uns nicht die Öffentlichkeit fehlte. Um sie wirbt auch das vorliegende Buch, – freilich nicht durch Angriffslust und Spektakel, sondern durch seinen Wert.

René Schickele, Symphonie für Jazz. Berlin 1929
Frankfurter Zeitung 22. 12. 1929

1930–1933

Hölderlin französisch

Der Gedanke, daß Stücke aus *Hölderlins* Spätwerk ins Französische übertragen worden sind, bedeutet für jeden Liebhaber des von diesem Dichter geschaffenen großen Hymnenstils eine Erregung, die unverzüglich zu einer fast entscheidenden Konfrontierung zweier großer Stilwelten führt. Ja, es will mir scheinen, als ob die Überführung Hölderlinscher Fügung auf eine andere Sprachebene dazu angetan sei, an die tiefsten sprachlichen Geheimnisse dieses vaterländischsten aller deutschen Dichter zu rühren. Fern von mir, das vorliegende französische Büchlein zum Anlaß solchen Hinabsteigens in die Tiefe zu wählen. Aber es ist gewiß, daß die Übertragungen *Pierre Jean Jouves* und *Pierre Klossowskis* nicht betrachtet werden können, ohne Grundsätzliches aufzurufen. Hierin allein schon liegt ein großes Verdienst, – ob es das einzige sei, werden wir sehen.

Die Übertragungen sind zunächst einmal ein Symptom. Sie erscheinen in der Atmosphäre einer sehr modernen literarischen Gruppe, beanspruchen also ihre Bedeutung innerhalb der gegenwärtigen Literaturbewegungen Frankreichs. Nicht philologisches noch stoffliches, etwa antikisch bewegtes Interesse hat diese Übertragungen hervorgerufen, sondern der Drang nach stilistischer Anregung. Ein Surrealist, dessen Name mir entfallen ist, schrieb schon vor vielen Jahren in seinem Verdruß über den Zwang der französischen Sprache: »Wir müßten wie Hölderlin dichten.« Er meinte damit etwas sehr Tiefes und rührte an das gleiche Problem wie die vorliegenden Übertragungen, nämlich an die Begrenztheit der französischen Sprache, wenn sie als lyrisches Material dienen soll. Die höchste Erfüllung dieser Sprache ist nicht die Lyrik, sondern die Prosa, ist nicht das Wort, sondern der Satz, ja der Absatz. Wo sie lyrische Höhepunkte erreicht, beginnt sie sich selbst zu bezweifeln; auf den Gipfeln ihres prosaischen Ausdrucks jedoch bestätigt sie nicht nur ihr Wesen, sondern auch das Land, aus dessen Boden sie stammt, und seine Zivilisation. Sie leitet sich aus der Gesellschaft ab und ist dem soziologischen Ausdruck niemals feindlich, auch wenn sie ihn aufs äußerste verfeinert. Sie kommt mit einem Wort aus der psychologisch-menschlichen Sphäre und ist immer zurückführbar, immer bejahend. Es ist klar, daß der französische Dichter in dem Grade, wie er die Gültigkeit seiner Zivilisation anzuzweifeln beginnt – wenn er es *überhaupt* tut! –, mit der ihm als Material vorliegenden und durch die Poetik genehmigten Sprache unzufrieden werden muß. Sein Wunsch, hölderlinisch zu dichten, kann ein Zeichen des Verfalls, aber auch des Erneuerungswillens sein. Denn hölderlinisch dichten heißt für einen Franzosen den festen Bau seiner eigenen Sprache in Stücke schlagen, ihr zivilisatorisches Fundament zerstören, das Walten der Vernunft aus dem Satzbaustoff entfernen, die Spracheinheit im einzelnen Wort sehen, kurz eine völlige Revolution machen.

Im heutigen Frankreich sehe ich nur einen Mann, der fähig wäre, diese Tat zu tun, und bereit wäre, ihre sozusagen moralischen Folgen auf sich zu nehmen, die darin beständen, daß Tausenden von französischen Lesern ihr tägliches Lesebrot entzogen würde, und zwar von heute auf morgen, wie das bei Revolutionen so sein soll. Dieser Mann ist André Gide. Er ist aber mit völlig anderen Dingen beschäftigt. Die Folge ist ein Notbehelf: die Hölderlin-Übersetzung. Wir folgern aus ihrem Erscheinen nicht den Entschluß der französischen Literatur, eine sprachliche Revolution zu machen – denn diese Literatur hat im allgemeinen nicht den mindesten Hang zum Selbstmord –, wohl aber die Tatsache, daß einige Schriftsteller ernsthaft über ihre Sprache nachzudenken begonnen haben. Freilich wird es bei dem Nachdenken bleiben müssen, denn im Stoff der französischen Sprache hölderlinisch zu dichten ist ebenso unmöglich, wie zu Schiff ohne Umsteigen von einer Insel nach Paris zu kommen. Es liegt ein Wechsel der Aggregatzustände vor, der zum Wechsel des Fahrzeuges oder zum Schiffbruch zwingt. Ich glaube, daß ich mit dieser Feststellung der Kühnheit und der gedanklichen Tragweite des von Jouve und Klossowski unternommenen Übersetzungsabenteuers gerecht geworden bin.

Hölderlin hat in seinen späten Hymnen die deutsche Sprache bis zur äußersten Grenze ihrer dichterischen Ergiebigkeit getrieben. Er hat die einzelnen Wortelemente so wuchtig mit Eigenleben und Bedeutung gefüllt, daß die Produktion seiner sogenannten Wahnsinnszeit buchstäblich ein Trümmerfeld gesprengter Worte ist. Was der jung getötete, große Philologe Hellingrath die »harte Fügung« nannte, wurde von Klopstock vorbereitet, von Hölderlin erfüllt, d. h. die kräftige, fast gewaltsame Zusammenpressung des lyrischen Sinns in die kleinste Worteinheit, möglichst ins einzelne Wort. Es ist die Dichtung einer Welt, in der erst das Wort und dann der Sinn war. Es trennt das Wort radikal von der gesellschaftlich gebrauchten Sprache und führt es auf seinen magisch-priesterlichen Ursprung zurück. Härte und Außervernunft herrschen in solchem Stil als höchste Werte. Die klaffende Lücke zwischen den einzelnen Worten tritt als verbindende Kraft auf. Kann ein Franzose sich etwas Widernatürlicheres denken? Muß sich ein französisches, auf inhaltliche Vernunft, auf Versöhnung und Verbindung, auf bürgerliche Einsichtigkeit abgestelltes Stilgefühl nicht dagegen auflehnen, daß Hölderlin seine Gedichte von Umarbeitung zu Umarbeitung verhärtete, erschwerte! Daß er z. B. die Ode »Der blinde Sänger« wieder aufbrach, die Sprachblöcke rauhte und sie dann wiederum aufeinandertürmte, nur diesmal klaffender, härter und noch mehr der bürgerlichen Wortstellung entgegengesetzt!

Vor allem, der französische Übersetzer ist gezwungen, auf

das Hölderlinsche Bewegungsprinzip, nämlich auf den deutschen Rhythmus, der ja dem griechischen unendlich verwandt ist, völlig zu verzichten. Seine Muttersprache bietet einen Rhythmus, der überhaupt nur rationell, d. h. durch Zählung der Silben zu erfassen ist, während der deutsche Rhythmus die einzelnen Silben mißt, d. h. verschiedenartig bewertet. Darum konnte Hölderlin asklepiadeische Strophen schreiben, die zum deutschesten Sprachgut gehören, – darum muß der französische Übersetzer vor dem antikischen Element ganz versagen und es zur Allegorie degradieren, ein Irrtum, den übrigens Groethuysen in seiner Vorrede nicht mitmacht, sondern im Gegenteil durch eine tiefe Deutung des Phänomens, wie Hölderlins Pantheismus notwendig in den antikischen Götterglauben übergeht, kontrastiert. Nun hätte es nahegelegen, daß Jouve und Klossowski, feinfühlig wie sie sind, für ihre Übersetzung Gedichte möglichst glatter Fügung gewählt hätten, um den stilistischen Abgrund, wenn auch nicht zu überbrücken, so doch wenigstens nicht noch zu erweitern. So wäre es zum Beispiel durchaus möglich gewesen, die großen Elegien in Alexandriner zu übertragen, da die vollklingende Melancholie mancher dieser Strophen die flüssigste Folge schafft, die einem Hölderlin überhaupt möglich war. Es ist ja auch kein Zufall, daß die unter dem Namen »Hyperions Schicksalslied« bekannt gewordene, recht glatte Ode im Französischen am besten gelungen ist. Ähnlich geglückt ist auch »Hälfte des Lebens«. Freilich sind selbst hier typische Glättungen von den Übersetzern vorgenommen worden. Wenn es heißt: »Ihr schönen Schwäne *und* trunken von Küssen . . .« so ist diese Stellung des »und« im Deutschen ebenso anormal, wie sie den Übersetzern erschienen ist, als sie es, offenbar in dem durch nichts, es sei denn durch Zivilisation gerechtfertigten Wunsche, diese Anormalität aus der Welt zu schaffen, folgendermaßen stellten: »Et vous merveilleux cygnes ivres de baisers . . .«

So von selbst auf Glättung und »Normalisierung« hingewiesen haben die Übersetzer sich dennoch fast vollständig an das späte Opus gehalten, was zwar für ihren Mut spricht, ihrer

Arbeit aber nicht zugute gekommen ist. Die Absicht, dem wenig oder überhaupt nicht vorbereiteten Publikum ein Bild dieses großen deutschen Dichters zu geben, haben sie offenbar gar nicht gehabt, denn sonst hätten sie nicht fast sämtliche wichtigen Gedichte weggelassen. Mir scheint vielmehr, daß ihnen eine mehr erzieherische Wirkung auf die Literatur ihres Landes selbst vorschwebte, die sie in dem von uns eingangs erwähnten Sinne auszuüben glaubten, wenn sie von dieser erhabenen Sprachwelt fast nur die Trümmer sehen ließen. Aber auch hier gestattete ihnen die Tradition ihrer Sprache nicht, konsequent zu sein. Fast in jedem Stück könnte ich die Bemühung der Franzosen nachweisen, das Dunkle verständlich zu machen, das Rauhe abzurunden, mit einem Wort, die titanische Sprache zu vermenschlichen. Auch im Deutschen ist die Wortstellung – in »Der Adler« –:

»Aus den Wäldern des Indus
Starkduftenden . . .«

nicht gebräuchlich, ja im strengen Sinne einer vollkommenen Normalsprache unmöglich. Aber sie ist vorbedacht und bedeutsam und darf unter keinen Umständen folgendermaßen verbessert werden:

»Des forêts de l'Indus fortement parfumées«, wie denn überhaupt die Stellung des participium praesentis in der Bedeutung, die es bei Hölderlin hat, von den Franzosen ebensowenig verstanden worden ist wie der Sinn der Zeilenlänge. Es ist indessen vielleicht das schwierigste Problem der deutschen Poetik, nach welchem Gesetz die freien Rhythmen eines Goethe oder Hölderlin gebaut sind. Daß ein Gesetz vorliegt, duldet keinen Zweifel, und es ist stark genug, eine willkürliche Verschiebung der Zeilenlänge zu verbieten. Die Übersetzer aber nehmen – auch hier nivellierend – den Artikel, der bei Hölderlin häufig eine Reihe abschließt, gewöhnlich zum Subjekt, das die nächste Reihe einleitet.

Einwände dieser und ähnlicher Art zielen freilich alle auf das Unüberbrückbare zwischen den beiden Sprachen ab und enthüllen im Grunde das Verdienst einer Bemühung, zwischen zwei durch luftige Räume voneinander getrennten Sprachebenen den schwindelnden Weg zu suchen. Anderer Art sind die Einwände gegen die Art, wie die Hölderlin-Auswahl von den Übersetzern erklärt und vorgelegt wird. Ihr Titel lautet wörtlich übersetzt »Wahnsinnsgedichte Hölderlins«. Wozu um alles in der Welt soll das französische Publikum, das von Hölderlin kaum etwas weiß, nun durchaus erst einmal die Gedichte seiner Wahnsinnszeit kennen lernen? Indessen enthält das Buch nur zum kleinen Teil Werke aus dieser Zeit; oder sollten die Übersetzer die flüchtigen Skizzen und Entwürfe zu großen Hymnen, die sie in einer durch nichts zu erklärenden Fülle wiedergeben, wegen ihrer Dunkelheit für Produkte des Wahnsinns halten? Nun, die starke Unterstreichung des Wahnsinns, wie sie u. a. auch in den beigefügten Dokumenten hervortritt, bleibt auffallend. Hölderlins Erscheinung ist ohne Betrachtung seiner Irrsinnszeit völlig verständlich, sein Hauptwerk sind die durchaus klaren und gesunden großen Hymnen, von denen die französische Ausgabe nur ein Stück aus »Patmos« bringt, das an der entscheidenden Stelle abgebrochen wird. Die nach 1805 geschriebenen Gedichte aber, so ergreifend, ja klar sie stellenweise sind, fügen der von Hölderlin herbeigeführten Sprachentwicklung nichts hinzu und bleiben ein Einzelfall, der nur noch einmal Einfluß geübt hat, nämlich auf die Dichtung des während des Weltkrieges verstorbenen Österreichers Trakl. Übrigens ist es ganz unmöglich, ihren unsäglich reinen, überirdischen Ton, das Lallende ihrer Syntax, die jähe, eben schon krankhafte Kraft der Adverbien und Pronomina in einer anderen Sprache wiederzugeben. Die Franzosen haben aus ihnen reimlose Gebilde gemacht, deren Unbeholfenheit der freiwillige Charakter fehlt. Man wundert sich vielleicht, daß ich so nachdrücklich auf die willkürliche Verwendung des Begriffes »Wahnsinn« durch die Übersetzer hinweise. Aber ich tue es, weil ich glaube, hier einem modischen Vorurteil zu begegnen, das radikale französische Literaten häufig an die deutsche Dichtung legen. Aus Protest gegen die Ordnung, Ruhe und Festigkeit ihrer eigenen literarischen Tradition kann ihnen die aus Deutschland kommende entgegengesetzte Tendenz gar nicht »verrückt« genug sein. Selbstquälerisch wühlen sie sich in die angebliche Dunkelheit und Zwiespältigkeit der Nachbarliteratur ein und nehmen die Gedrängtheit der großen deutschen Lyrik für Qual, ihre kosmische Weite für Unordnung, ihre Vieldeutigkeit für ein nur psychoanalytisch zu erfassendes Gedränge von Komplexen, ihre halben Töne für Verdrängungen, ihre Magie und Absolutheit für Hexerei und Zerstörung, – und das alles nur, weil sie das Walten solcher dunklen Mächte für ihre eigene, allzu zivilisierte Literatur wünschen. Dieser Trieb kann respektabel und töricht sein, er kann sich als stilistisches Rebellentum oder als Snobismus äußern, er kann als Unruhe oder als Gelangweiltheit auftreten. Wenn Jouve und Klossowski eine ganz willkürliche und schiefe Auswahl der Hölderlinschen Gedichte vornehmen, wenn sie fast alles Wichtige weglassen, wenn sie statt dessen Skizzen und Noten als Gedichte veröffentlichen, wenn sie das Ganze Wahnsinnsgedichte nennen, ohne daß mehr als ein Drittel der abgedruckten Stücke aus der Zeit nach 1805 stammte, dann waltet jene Willkürlichkeit, die für uns zu interessant ist, um als Snobismus abgetan zu werden, die aber auch zu oberflächlich vorgegangen ist, um uns als ein gegen den Zwang der französischen Sprache gerichteter revolutionärer Akt völlig zu befriedigen.

Es geziemt sich, nach so vielen Einwänden auf die eingangs gemachte Feststellung zurückzukommen und zu sagen, daß der Versuch, Hölderlin ins Französische zu übertragen, für beide Sprachwelten eine große Bedeutung hat. Der Einbruch des Titanischen in die Zivilisation, so furchtbar er als Alltag und Schicksal sein mag, ist ein schöpferischer Akt, wenn er im Reiche des Stils vor sich geht. Und umgekehrt können wir nur dabei gewinnen, wenn sich das gesellschaftliche Wort des Franzosen mit dem absoluten Wort unserer großen Lyrik konfrontiert. Fällt doch aus jenem ein menschliches, versöhnendes Licht in den unbewohnten ewigen Raum, in dem unsere höchsten Erfüllungen einsam, grausam und Göttern gleich zu sehen sind. Der Franzose hat immer die liebe Welt für sich und ein Ohr, das sich zu ihm neigt. Der Deutsche aber ist verurteilt, mit Hölderlin zu sagen:

»Feiern möcht' ich; aber wofür?«

Pierre Jean Jouve, Poèmes de la folie de Hölderlin. Avec la collaboration de Pierre Klossowski, avantpropos par Bernard Groethuysen. Paris 1930
Frankfurter Zeitung 30. 3. 1930

Blut und Tinte oder der Trompeter von Säckingen

Wenn ich Adolf Hitler wäre, würde ich allen Leuten, die zum Hakenkreuz beten, die Abfassung literarischer Werke und überhaupt jegliche Beteiligung am deutschen Literaturtreiben streng untersagen. Blut ist dicker als Tinte, und es ist den Bürgern des Dritten Reiches angemessener, ihren Landsleuten von heute über den Schädel zu schlagen, als solche Taten in epischer Form zu beschreiben und sie als das ethische Ideal, das sie zu sein scheinen, der Dichtung einzuverleiben. Jedes nationalistische Buch, das heute erscheint, muß bei der »jüdischen« Literatur um Gastfreundschaft betteln und muß sich vor allem derjenigen literarischen Ausdrucksmittel bedienen, die der Teutone Alfred Rosenberg und seine Redaktionskollegen sonst als verseucht, undeutsch und schimpflich ablehnen. Die andere Möglichkeit, den Stil des Feuilletons im »Völkischen Beobachter« fortzusetzen, hat für den nationalistischen Literaten den Nachteil, daß sie ihm den Weg in die zeitgenössische Literatur verrammelt. Denn die verkitschten Spießbürgereien, die dort Heldenherzblättchens Zeitvertreib sind, mögen im Dritten Reich ein angemessenes geistiges Nahrungsmittel abgeben, aber für ein lesbares Buch reichen sie nicht aus. Der Hakenkreuzler, der sich heute mit Literatur abgibt, muß sich also entweder selber untreu werden oder sich entlarven. Die beiden uns vorliegenden Bücher scheinen nach beiden Richtungen hin zu wirken, bei genauerer Betrachtung hingegen werden sie einander so unähnlich, daß ein hurtig sich vordrängendes Urteil zu zögern beginnt. Nach wie vor bleibt es eine Tatsache, daß es für die nationalsozialistische und jede ihr verwandte Bewegung in Deutschland heute besser wäre, ihre Anhänger trieben so lange keine Literatur, als bis die ihr zweifellos innewohnende revolutionäre Kraft die sie umgebende dicke Schicht geistiger Rückständigkeit und toter Überreste der Gartenlauben-Literatur überwunden hat. Denn nichts ist in der Tat trostloser als der bildungsmäßige Habitus der Sieger vom 14. September, deren Ausdruckskraft sich in Schimpfworten und Ausrufungszeichen zu erschöpfen scheint. Wieso eine Massenbewegung, deren Wurzeln in die Tiefe gehen, deren achtungheischendes Ideal die Armut ist, der es zu verdanken ist, daß zum ersten Male seit der Revolution junge Leute massenhaft im Reichstag sitzen, – wieso sie es ertragen kann, ihre Bildung aus den Brosamen zu saugen, die von Hugenbergs Familientische fallen, wieso sie es in einer geistigen Umgebung von Wandsprüchen, Kanarienvögeln, gehäkelten Sofadeckchen, Nippesfiguren, gipsernen Trompetern von Säckingen und kaiserlichem Plüsch aushalten kann, ist eines der größten Rätsel dieses rätselhaften Deutschland. Wahrscheinlich liegen in diesem Umstand schon alle Einwände gegen die Bewegung, ja ihre Widerlegung. Hätte der Nationalsozialismus auch nur *einen* Dichter, der in eigenen Formen dichtet und nicht in solchen, die der zeitgenössischen, als »unnational« verachteten Literatur entlehnt sind, dann hörte er auf, ein reaktionäres und dem tieferen Sinne Deutschlands widersprechendes Phänomen zu sein, ja, dann wäre sein Sieg wahrscheinlich nicht mehr aufzuhalten. Es ist aber ein Mißverständnis zu glauben, daß eine nationalistische Literatur bloß *geschaffen* zu werden brauchte, um der Bewegung das entscheidende Moment, das ihr fehlt, dadurch von außen her einzufügen.

1930 *Ernst von Salomon*

Blut auf den Tasten

Die Frage, ob eine nationalistische Literatur im organischen Entstehen begriffen sei, ist für die bürgerliche Welt Deutschlands eine Schicksalsfrage. Sind die Bücher *Bronnens* und das Buch *Salomons* Zeichen eines solchen organischen Entstehens oder sind sie Erzeugnisse verirrter Literaten? Salomon nennt sein Buch *Die Geächteten* und fügt keine Bezeichnung der Gattung hinzu. Es ist eine Selbstbiographie, die Darstellung eines Lebens, dessen Ablauf selbst schon dramatisch geformt zu sein scheint. Salomon stand seit 1918 an der »Front«, kämpfte im Baltikum, beim Kapp-Putsch, im besetzten Gebiet, wirkte an der Ermordung Rathenaus innerlich sehr stark, aber auch bis zu einem gewissen Grade äußerlich mit und verschwindet schließlich im Zuchthaus. Es ist das blutige und bittere Leben eines nationalistischen Verschwörers der Nachkriegszeit, und der von Bronnen beschriebene Roßbach hat eigentlich genau das gleiche Leben geführt, nur mit dem Unterschied, daß der Leutnant Roßbach ein Führer, der Kadett von Salomon aber im höchsten Grade ein Geführter war. Jener ist immer obenauf, immer voll von Initiative, immer überlegen, dieser dagegen ist krank an Deutschland, von einer Masse, die er kaum erkennt, durch Blut und Dreck geschleift, immer bereit, sich bis zur Selbstauflösung hinzuopfern, mit einem Wort, immer erleidend. Das Stoffliche der *Geächteten* ist von höchster Bedeutung, denn es umfaßt zum ersten Male den aktiven Nationalismus der letzten zwölf Jahre in bildhafter Darstellung. Diese Menschen, in denen sich Verbrecher und Heilige, Verderber und Retter, Wahnsinnige und Erleuchtete beispiellos mischten, sind aus der Geschichte des Neuen Deutschland nicht mehr auszuschalten. Salomon ist der erste von ihnen, dem es gelungen ist, sich und seinesgleichen der Mitwelt verständlich zu machen. Hier tritt ein Deutschland zögernd ans Licht, als dessen Symbol mir immer der Fememörder erschienen ist, der Feierabends seine blutigen Hände in die »Mondscheinsonate« taucht. Salomon überbietet diese Vorstellung dadurch, daß er, der Beihelfer zur Ermordung Rathenaus, die beste Kritik an dessen Buch »Von kommenden Dingen« schreibt, die ich kenne. Welch eine Deckung von Tag und Geist liegt in dieser Identität von Attentäter und Kritiker! Ah, genug von diesem Schattenreich, in dem Blut und Tinte als trüber Strom gemischt dahinfließen! Der ungeheure Satz des Ermordeten »Niemals schändet die Tat, – das Erdulden schändet«, steht als Motto über dem Kapitel, in dem der Mord geschildert wird, und Ernst von Salomon, wegen Beihilfe zu fünf Jahren Zuchthaus verurteilt, stellt fest, daß Rathenau der deutschen Politik gegeben habe, »was sie so lange entbehrte: Fülle und Richtung und Sinn.« In welcher Welt leben wir, daß dieser Mann ein tieferes Bild des Ermordeten zeichnet, als es den meisten von uns gelungen ist! Wahrlich, hier wird eine Tat zweimal begangen,

»Der Feigling tut's mit einem Kuß,
Der Tapfre mit dem Schwert.«

Maschinenpistolen gehen krachend los, Knüppel sausen auf die Köpfe Andersdenkender, damit Deutschland erwache. Blut fließt jeden Sonntag. Aber das Blut mag nicht in Lachen auf den Schreibtischen stehen, es mag nicht aus den Füllfederhaltern fließen. Solange es sich nicht in Geist verwandelt – sondern bloß in Tinte – gibt es keine nationalistische Literatur, sondern nur den Einbruch literarisch »getarnter« Verschwörer in die deutsche Geisteswelt oder gar den Rückfall von Träumern aus ihren mörderischen Wachträumen in ihre papierene Heimat.

Zwischen Rowohlt und Hitler

Ernst von Salomon hat ein wichtiges und äußerst talentvolles Buch geschrieben, ja es wäre wohl möglich, zu einem noch positiveren Urteil zu gelangen, wenn man auch nur eine Sekunde von der Person des Autors und seiner politischen Weltanschauung absehen könnte. Da diese Person immer gegenwärtig bleibt, stellt man die Frage, ob der Nationalismus hier einen geistigen Durchbruch vollzogen und eine literarische Form gefunden hat, ob hier der Keim zu einer selbständigen nationalistischen Literatur liegt. Oder hat Salomon nur ein Buch wie alle anderen geschrieben, hat er lediglich aus der Formwelt der zeitgenössischen, bürgerlichen, »jüdischen« Literatur heraus gedichtet? Zweifellos ist letzteres der Fall. Sein Buch stellt eine wertvolle Bereicherung der modernen Literatur dar, es nährt sich stilistisch aus den modernen Quellen, die einmal durch die zackige Landschaft des Expressionismus geflossen sind; es ist atemlos, jagend und äußerst unordentlich geschrieben. Der in ihm niedergelegte Denkprozeß ist ebenso brüchig und unklar wie in den meisten zeitgenössischen Bekenntnissen. Der Autor ist weder ein scharfer Denker noch ein geistvoller Formulierer, aber er kann schildern und seine Gefühle gestalten. Er hat Leidenschaft und Farbe. Er wird einmal ein sehr guter Schriftsteller werden, vorausgesetzt, daß er sich endgültig für die Tinte entschieden hat. Wir loben sein Buch, aber indem wir dem Autor eine gute Zensur erteilen, erledigen wir ihn für immer als Exponenten des Nationalismus. Mag es um seine Privatperson stehen wie es will, der Schriftsteller von Salomon gehört ebensowenig zum Dritten Reich wie Klaus Mann oder sonst jemand, und er gehört ebenso sehr wie dieser zur Berliner Literatur.

Mag für Salomon die Alternative von Blut und Tinte einmal bestanden haben oder gar noch immer bestehen – Arnolt Bronnen ist von jeher in der Tinte wie in seinem Element gewesen. Der Fall seines Buches *Roßbach* liegt wesentlich einfacher, denn er ist der bewußte Versuch, dem Nationalismus eine Literatur zu unterschieben. Ich habe niemals an Bronnens Aufrichtigkeit und an der Echtheit seiner politischen Weltanschauung gezweifelt; im Gegenteil, sein von vorneherein zur Hoffnungslosigkeit verurteiltes Streben, der Bewegung, zu der er gehört, seine literarische Existenz zu opfern, hat mich ebenso beeindruckt wie die gleiche Haltung des Kommunisten Johannes R. Becher. Ich kann auch nicht an dem Kopfschütteln über den Verleger Ernst

Rowohlt teilnehmen, der Hakenkreuzler und gleichzeitig Fanfarenbläser für den ewigen Frieden wie die holde Dichterin Annette Kolb verlegt. Rowohlt beweist damit nur, daß er einer der ganz wenigen modernen Verleger ist, denen das, was in Deutschland vor sich geht, mindestens ebenso wichtig ist wie das, was in der Literatur passiert. Aber hat denn ein Arnolt Bronnen den Kreis der Berliner Literatur überhaupt verlassen und ihn mit dem Schlachtfelde der Zeit vertauscht? Keineswegs, zwischen seiner früheren Produktion und seinem Oberschlesien-Roman ist überhaupt kein Unterschied, es sei denn ein stofflicher. Sein neues Buch *Roßbach* ist höchstens schwächer als die früheren, aber immer noch bürgerlich-»jüdische« Literatur. Solange er nicht endgültig die Feder mit dem Schlagring vertauscht hat, nützt er seiner Bewegung nicht im mindesten. Im Gegenteil, er schadet ihr, da er als Beweis dafür wirkt, daß selbst eine *bewußt* nationalistisch gewollte Dichtung immer noch »modern« bleibt und Rowohlt näher steht als Hitler.

»Weggetreten!«

Der Oberleutnant Roßbach ist ein lohnender Gegenstand für epische Darstellung. Er ist ein Revolutionär, und Bronnen erwirbt sich ebenso wie Salomon das Verdienst, ein höllisches Stück Nachkriegsgeschichte festgehalten zu haben. Roßbach ist an Hitler gemessen ein Außenseiter, den Bronnen am Schluß seiner Lebensgeschichte bekennen läßt, daß die Zeit der direkten Aktion vorbei sei und daß die Erneuerung vom Geist her beginnen müsse. Roßbach hat alle Etappen der Inflation durchlaufen, war im Baltikum und »tarnte« sich und sein Häuflein bald als Spielklub, bald als Detektivbüro, bald als Kleiderladen »Deutsche Tracht« und schließlich als Spielschar. Es geht eine Festigkeit, eine optimistische Stille von diesem Manne aus, der unser guter Bronnen als der betriebsame Literat, der er nun einmal ist, nicht gewachsen ist. Er schildert den Freikorpsführer in einem kitschigen Bilderbogenstil, wahrscheinlich weil seine Leute ihm den farbigen Stil von »O. S.« verboten haben, und ergötzt sich an Rebellen und militärischen Kommandos, die ihm wie ein zu großer Stahlhelm über die Ohren rutschen. Es ärgert mich, daß dieser Literat sich den Jargon alter Frontsoldaten anmaßt und so tut, als ob das Gebrüll »Weggetreten« das Geklapper seiner Schreibmaschine zu übertönen imstande sei. Wohin altgediente Expressionisten geraten, wenn sie die Windjacke ausziehen und zu jenem Verein sprechen, den sie Nation zu nennen wagen, zeigt folgender, an Karl May gebildeter Satz: »Die Entwaffnung der Culmseer Bürgerwehr entriß dem finsteren Rachen des Schakals, der mit gierigem Maul das wehrlose und gefesselte Deutschland bedrohte, einen Eckzahn.« Bronnen, auf dem Wege vom Romanischen Café zur Totalen Mobilmachung, bringt seinen Parteigenossen nichts mit als einen schlechten Stil, den sie selber haben. Seine Mission, das Hakenkreuz literaturfähig zu machen, ist an seinem literarischen Versagen gescheitert. Die Tinte trocknet ein, zu neuen Ufern lockt ein frischer Blutgeruch.

Arnolt Bronnen, Roßbach. Berlin 1930
Ernst von Salomon, Die Geächteten. Berlin 1930
Frankfurter Zeitung 30. 11. 1930

»Sekt«

Noten zur mondänen Literatur

Schlägt man einen deutschen Gesellschaftsroman auf, hat man gleich die Tragödie der deutschen Literatur vor sich. Eine Lebensform wird beschworen, und es zeigt sich sofort, daß es sie nicht gibt. Eine Norm wird vorausgesetzt, aber das schlechte Gewissen spricht aus jeder Zeile, denn daß diese Norm bei uns nicht gilt, ist ihm nur allzu klar. Sage mir, mit wem du umgehen möchtest, und ich will dir sagen, wer du nicht bist. Wenn man aus der deutschen Literatur Schlüsse ziehen darf, – was vielleicht unerlaubt ist – so haben wir bei uns nicht einmal eine Oberklasse, über die man Romane schreiben könnte. Geschweige denn eine, an die man Luxusartikel verkaufen könnte. Warum sind die Reklamen von Parfüms, Sekt, Automobilen und Wintersporthotels in Deutschland so faszinierend? Weil die nicht nur Käufer *suchen* sondern auch *schaffen* wollen. Große Gebiete der deutschen Industrie, und gewiß nicht die schlechtesten, wenn auch nicht die notwendigsten, leiden unter der sozialen Ordnung in Deutschland. Um kostspielige Vergnügungen einzubürgern, bedarf es nicht nur der reichen Leute, die es in Deutschland gibt, sondern auch einer Gesellschaft, die Macht über die Gemüter hat und ihrer selbst völlig sicher ist. Ein Geplauder über das Thema »Was trägt der Herr in diesem Jahr?« schafft dem Schneider keine Kundschaft; in einem Lande, wo jeder Herr es von selbst weiß, braucht der Kleiderkünstler nicht zu darben. Feine Leute *müssen* sein, aber wo kriegt man sie her?

Diese Frage muß jeden Deutschen, der sich mit der Anfertigung mondäner Romane beschäftigt, zur Verzweiflung treiben. »Seines offiziellen Charakters wegen verbindet er sich natürlich nur mit dem weißen ungemusterten Hemd. Ob Eckenkragen mit Schleife (abends) oder gestärkter Umlegekragen mit Langbinder, entscheidet Grad und Stunde der jeweiligen gesellschaftlichen Verpflichtung.« Wenn er sich nun aber nicht verbindet, wenn er nun darauf besteht, für sich zu bleiben und keine Autorität anzuerkennen! Denn bei uns ist niemand und nichts denkbar, von dem ein bindendes Urteil darüber ausgehen könnte, was feine Leute nun wirklich zu tragen und zu tun haben. Der Schriftsteller, der seinem mondänen Helden eine Frühjahrsreise nach Cannes, eine Herbstreise an den Lido, abends vor dem Schlafengehen eine Abreibung mit Mandelmilch und für den Vormittag eine schwarzlackierte Limousine anordnet, tut es mit dem schlechtesten Gewissen von der Welt, was ja überhaupt ein deutscher Zustand ist. Nun ist es aber Voraussetzung jeder Schilderung der eleganten Welt, daß sie mit *Selbstverständlichkeit* vor sich geht. Man kann der Oberklasse, die man schildert, wohl das Daseinsrecht aberkennen, aber man darf ihr keine sozialen Skrupel in das im Ritz-Hotel verzehrte Frühstück werfen.

Deutschland hat viele Persönlichkeiten und noch mehr Käuze, aber es hat *keine Gesellschaft* – eine alte Weisheit. Der Versuch, einen Gesellschaftsroman zu schreiben, muß daher zur Nachahmung des Auslandes oder zum Umherirren in solchen Begriffen führen, die für »fein« gehalten werden. Rechts steht der Protz, links der Hochstapler, dazwischen ist das pure Nichts, das sich anstrengt. Sittenschilderung bleibt eine hohe Aufgabe, aber wie soll man die Sitten einer Klasse schildern, die es deshalb nicht gibt, weil sie keine gemeinsamen Sitten hat? Der Romancier einer Klasse muß mit einem festen Weltbild rechnen können, um sich verständlich zu machen, er muß darauf fußen können, daß gewisse Einrichtungen und Sitten wenigstens von *einer* Klasse anerkannt sind. Die Klassenkampfstimmung in Deutschland darf die Schriftsteller nicht zu dem Glauben verführen, daß die Klassen, die sich gegenüberstehen, nun auch eine Form hätten und es eine festgefügte, selbstbewußte Oberklasse gebe. Der Riß läuft viel tiefer unten. In England, wo die besitzende Klasse eine scharf umrissene soziale Funktion hat und unerschöpflich in der Durchblutung oberklassiger Form ist, hat man den Klassenkampf noch nicht erfunden, vielleicht kommt er nie. In Deutschland gibt es nur ein schöpferisches Element, *die Masse.* Es wäre ein Irrtum, sie für amorph, für formlos zu halten, weil sie »Masse« ist. Sie ist vielleicht im Gegenteil die einzige Schicht in Deutschland, der die Kraft soziologischer Gestaltung innewohnt. Hier beginnt *die Tragödie des deutschen Schriftstellers.* Er hat keinen Einfluß, niemand achtet ihn, niemand fürchtet ihn, alle Entscheidungen geistiger und öffentlicher Art werden ohne ihn getroffen. Was tun, spricht Zeus, die Welt ist weggegeben. Ja, der Literat hat sich in den letzten Jahren so völlig von seinem *Volk* weg entwickelt, daß dieses seine Abschaffung überhaupt nicht merken würde. Glückliches Frankreich, wo der Schriftsteller täglich groß und unentbehrlich ist, weil er die Idee seiner Nation anspricht und Frankreich – auch da, wo er zerstört – in seinem Lebensgefühl bestätigt. Unglückliches Deutschland, dessen der Schriftsteller in seiner Blödigkeit nicht zu bedürfen glaubt, das seinen Dichtern nichts weiter gibt als den Geschmack am Tod und die Lust zur Unendlichkeit. Der schreibende Deutsche gehört keiner Schicht an, gut! Aber er findet auch keine Schicht, die ihm den Rahmen für seine Ideen böte. Die *Flucht in den Kosmos* ist der deutsche Ausweg. Leider reicht es dafür meistens nicht.

Es ist nicht schwer, von hier den Weg zurück zu den Gesellschaftsromanen zu finden, von denen wir sprechen wollen. Diese Romane scheitern an dem Fehlen einer deutschen Gesellschaft. Daß sie fehlt, ist vielleicht kein Unglück. Aber solange sie nicht da ist, muß man fragen, wer soll künftig unsere Kleinen lehren, Speere werfen, Götter ehren? Gäbe es sie, wären wir nicht Deutschland, das wohl den Ausbeuter kennt, aber nicht den Herrn. *Wilhelm Speyer* schreibt seit langem Bücher, die zwischen feinen Leuten und in mondäner Atmosphäre spielen. Aber er ist zu klug und zu skeptisch, um nicht zu wissen, daß es dem Deutschen einfach unmöglich ist, von reichen Leuten zu sprechen, ohne in Gelächter oder Tränen auszubrechen. Er verlegt daher seine Schilderungen nobler, grauhaariger Männer und elastischer eleganter Jungfrauen in das Gebiet der Boheme. Er zieht seinen Figuren zwar den Abendanzug an, verstößt sie dann aber sogleich ins Halbdunkel einer Welt zwischen Edelmann und Abenteurer, wo man die Einzelheiten nicht mehr so genau erkennen kann. Sein neuestes Buch: *Ich geh aus und Du bleibst da,* der Roman eines Mannequins, hat vollständig darauf verzichtet, das Vorhandensein einer Gesellschaft in Berlin zu konstruieren. Speyer stellt das Gleichgewicht dadurch wieder her, daß die Leute, die im Esplanade wohnen, ihre Rechnungen nicht bezahlen können und daß die Frauen, die einen Chinchilla tragen, diesen Mantel in dem Modehaus heimlich geliehen haben, dessen Angestellte sie sind. Überhaupt ist das Buch, genau besehen, ein

Roman zwischen *Angestellten*, er spielt also in einer Klasse, die für Deutschland weit mehr Realität hat als alle »ersten Kreise«. In seinem reizenden Roman *Charlott etwas verrückt*, der vor Jahren im gleichen Verlag erschien, hatte der Autor mit der Oberklasse noch seine Schwierigkeiten. Noch stand ein Geruch von beängstigendem Luxus um seine Golfplätze und Achtzylinderwagen. Wenn ich nicht irre, fuhr auch eine Lustjacht irgendwo auf einem Ozean herum. Inzwischen hat der Verfasser eingesehen, daß die Berliner Juden, um die es sich im besten Falle handelt, auch mit dem Wannsee zufrieden sind. Und das Parfüm von Worth, mit dem Gaby sich versieht, bevor sie abends ausgeht, ist in dem Geschäft gemaust, in dem sie tagsüber arbeitet. Speyer, feinhäutig und voll Skepsis, hat es nicht fertig gebracht, den Gesellschaftsroman zu schaffen, will sagen, jenen Roman, der die Oberklasse nicht geißelt, sondern hinnimmt. Er hat es oft versucht und mit besonders glücklichen Ansätzen zu Zeiten, wo es noch Fürsten gab. Von ihm stammt ein Roman, der, glaube ich, »Das fürstliche Haus Herfurth« heißt und der voll von dichterischer Melancholie ist. Als er ihn schrieb, stützte er sich auf eine Kaste, die am Verwelken war. Wenn er heute elegantes Volk hervorzaubert, so weiß er nicht mehr genau, in welcher sozialen Sphäre er es wandeln lassen soll. Speyer ist, soweit ich die Berliner Literatur in ihrer ganzen hoffnungslosen Lebensfremdheit kenne – die durch all ihre Taktlosigkeit gegen die Gemeinschaft in den letzten zehn Jahren nicht aufgewogen wird –, von ihr wahrscheinlich als ein *Unterhaltungsschriftsteller* verschrien. Der Leser mag mir glauben, dieser Autor ist mindestens ebenso belangvoll wie alles, was zwischen Prag und Berlin das Wort »irgendwie« dekliniert. Denn er versucht doch wenigstens, sich mit dem Aufbau der Welt, die ihn umgibt, auseinanderzusetzen, vielleicht mit einer tadelnswerten Schwäche für reiche Leute, aber immer mit Sinn für das Gegebene. Er hat statt der sozialen Ordnung, in der er gerne seine ganz freundlich erfundenen Figuren spazieren geführt hätte, eine Masse gefunden und ist darüber melancholisch geworden. Um so besser!

Deutsche Bücher, die in der Welt des Luxus spielen (erinnert man sich, was Balzac aus dieser Welt machte?) sind also meistens skeptisch wie die von Speyer. Oder aber sie sind albern. *Rut Landshoff (Die Vielen und der Eine),* offenbar eine Dame, hat den Weg der Skepsis vermieden. Bei ihr ist *alles Sekt!* Auf 250 Seiten sucht das Erstaunen eines Ausdruck und zugleich Halt, dem es vergönnt war, in einem teuren Hotel zu wohnen. Hier macht sich wirklich die hoffnungslose Unfähigkeit des Deutschen, zu den sogenannten besseren Kreisen zu gehören, auf eine mitleiderregende Weise Luft. Man muß dem Autor am Schluß des Diners, das er seine Helden in allen Luxusrestaurants der Welt essen läßt, die halbgeleerten Gläser wegnehmen, damit er sie nicht austrinkt. Diese geräuschvolle Art, reiche Ausländer – um solche handelt es sich vorsichtigerweise fast ausschließlich – bei ihren Vergnügungen zu stören, dürfte berlinerisch sein. Nur schade, daß der Einbruch in eine Welt, zu der man nicht gehört und über die man nicht Bescheid weiß, nicht erfolgt, um die Leute *anzuzweifeln,* sondern um mitzutun. So plump wie dieses Buch würde nicht einmal der kleine Moritz lügen, der aus der großen Stadt ins Dorf zurückkommt. Er würde wahrscheinlich versuchen, sich über diese russischen Prinzessinnen, amerikanischen Millionäre, diese Hoteldirektoren, Golfjungen, Homosexuellen lustig zu machen. Unser Autor verkörpert auf eine Schmerz erregende Weise den grimmigen und nur in Deutschland möglichen Wunsch, an einer Oberklassenzivilisation teilzunehmen, die er zu Hause nicht findet und die nicht für ihn macht ist. Es ist das, was die Engländer »pushing« nennen, und wäre sein Buch ein Mensch, so würde dieser wahrscheinlich von allen besseren Leuten wegen Aufdringlichkeit und ruhestörenden Lärms vor die Tür gesetzt. Die Angst vor der verachtungsvollen Maske internationaler Oberkellner hat dieses Buch geprägt. Figaro, gestern als Haarkräusler verabschiedet, taucht heute als maître d'hôtel wieder auf und verwarnt die Kundschaft, die sich in der Hierarchie der Speisen nicht auskennt. Deutschland ist das einzige Land der Welt, wo der Mannequin, der ein Kleid vorführt oder in einer Zeitschrift vorweist, beim Namen genannt wird. Das kann mich zu Tränen rühren, belehrt mich aber gleichzeitig darüber, daß über den Mannequin hinaus niemand imstande ist, das Kleid zu tragen. Und *brauchen* wir, soweit wir nicht zur Luxusindustrie gehören, eigentlich Menschen, die fähig sind, Kleider von Patou zu tragen? Ich meine, *nein.* Ich meine, daß unser anonymes Deutschland eines Tages die Formen hochschleudern wird, die nötig sind, um das kollektive Leben des modernen Menschen auch da zu schildern, wo es elegant ist. Einstweilen ist alles *Sekt,* ist alles wässeriger Rausch von Leuten, die sich vor dem Oberkellner fürchten. Deutschland regt sich anderswo. Im Dunkeln. Im Schmerz.

Wilhelm Speyer, Ich geh aus und du bleibst da. Berlin 1930
Wilhelm Speyer, Charlott etwas verrückt. Berlin 1927
Rut Landshoff, Die Vielen und der Eine. Berlin 1930
Frankfurter Zeitung 1. 2. 1931

Robinson spricht zur Menge

Zum zweihundertjährigen Todestage Daniel Defoes

Heute vor zweihundert Jahren starb in Moorfields im Alter von 71 Jahren Daniel Defoe »an einer Lethargie«. Er starb in einem fremden Haus, im Versteck, auf der Flucht vor Gläubigern oder Feinden. Er hinterließ nichts außer einigen Habseligkeiten und einem schriftstellerischen Lebenswerk von über 250 Bänden. Für uns ist er der Verfasser des unsterblichen »Robinson Crusoe«, für England aber, das den Gedenktag seines Todes in gründlicher und fast ehrfürchtiger Erinnerung begeht, ist er der Schöpfer des modernen Journalismus, will sagen, der erste große moderne Typus des Kämpfers mit der Feder und des Sammlers von Neuigkeiten. »Erzählen Sie die Geschichte und überlassen

Sie die Betrachtungen den Lesern«, schrieb er an einen Mitarbeiter, ein beherzigenswerter Satz, dem viele andere folgten, etwa dieser: »Die Nachricht ist das Blut der Zeitung«, oder »Ein guter Schreiber wünscht zu gefallen und gleichzeitig nützlich zu sein«. Diese Grundwahrheiten, die heute noch mit oder ohne Erfolg an der Front jedes Hauses in Fleet Street prangen könnten, hat er mit seiner Feder und durch sein Leben wahrhaft erfüllt. Als Strumpfwirker in Cornhill, als Ziegelbrenner in Southend, als Kommissionär für Import und Export in London, als geheimer Agent Wilhelms von Oranien auf allen Landstraßen Englands, als Vorkämpfer für die Union mit England in den schottischen Städten wirkend, war er immer auf die »story« aus, und zahlreiche Bankrotte seiner Unternehmungen, Gefängnisstrafen, Anprangerungen, Not, Tränen und ein gebrochenes Herz haben ihn niemals daran gehindert, aus jedem Ereignis und jedem Gefühl das Wesentliche herauszugreifen und ohne Umschweife darzustellen. Ein schier unübersehbares Lebenswerk ist in fast jedem Worte das Ergebnis eines sehr hoch entwickelten, unbeirrbaren und klaren Sprachgefühls, und *dieser* Vielschreiber kann wahrlich von sich behaupten, daß sein Stil nach jedem zwölften Buch einen großen Sprung vorwärts auf dem Wege der Vollkommenheit gemacht habe. Gleichzeitig erfand er Praktiken, die eines Northcliff würdig gewesen wären, so als der Räuber John Sheppard, der Schrecken der Heide von Hunslow, hingerichtet worden war und Defoe dessen Leben »aus der Handschrift des Verurteilten selbst« veröffentlichte. Aber diese Fähigkeit zur Sensation vermochte er ins Moralische zu steigern. Dreimal stand er am Pranger und quittierte dieses Erlebnis mit einer »Hymne auf den Pranger«, die zu Tausenden in London verkauft wurde, die als eine sozusagen erstklassige Information über die Erlebnisse eines Menschen am Schandpfahl unter die Leute kam und in den Händen des Volkes zu einem Fanal gegen Intoleranz und Ungerechtigkeit wurde.

Dieser Daniel Defoe, glücklos, verstrickt in Qualen, halb verschuldet, dem Glanze seiner Phantasie ebenso oft erliegend wie von ihm bestrahlt, müßte zum Geschlechte derer um François Villon gerechnet werden, wenn nicht seine ganze Kraft auf die Öffentlichkeit, ja auf das Soziale gerichtet gewesen wäre. Er war ein Künstler, der immer wieder in seine eigenen Abgründe stürzte, aber er war gleichzeitig auch ein sittlicher Mensch, für den der Mitmensch und die Gesellschaft eine Wirklichkeit waren. Sein »Essay on projects« wirbt für die Idee einer Nationalbank, eines Sozialversicherungs-Systemes, des Schulzwanges, kurz für all jene Dinge, die die Grundlage der modernen Gesellschaft ausmachen. Im Gefängnis war es, wo er seine eigentliche Großtat verrichtete, nämlich die wöchentliche »Revue« herausgab, die er ganz allein schrieb, bis sie einen Umfang von acht Bänden erreichte. Sie war das erste große publizistische Unternehmen der modernen Zivilisation, sie führte den Leitartikel ein, sie schuf das Feuilleton, die Glosse, den täglichen Kommentar, den Briefkasten und wurde in ihrer Mischung von Informationen und sittlicher oder politischer Forderung der Ausgangspunkt der Publizistik, wie sie sich über die ganze Welt verbreitet hat. Aber die wahre Leidenschaft seines reiferen Lebens war der Handelsjournalismus. Der Handel, das war ein Spiel von Kräften, wie es seinem Lebensgefühl entsprach. Das Berechenbare des Handels und zugleich sein Risiko entsprachen seinem doppelten Trieb nach Gesetzlichkeit und Abenteuer. Warenaustausch, das war für ihn Blutkreislauf, und es überkam ihn schöpferisch, wenn er in dieser gewaltigen Bewegung, die Englands Handel damals schon war, die verborgenen Kausalitäten aufspüren konnte. Sein »Plan des englischen Handels« (1728) war mit den Augen eines Menschen von heute gesehen. Er sah England als ein dicht bevölkertes Land, als ein Land der hohen Löhne, des hohen Lebensstandards, der hohen Steuern, des Exporthandels und der Kolonialexpansion. Er kann in einem gewissen Sinne sogar als der Vater des Freihandels gelten, und keiner seiner schreibenden, denkenden oder handelnden Zeitgenossen hatte so klare und schöpferische Ideen über Englands Rolle als Kolonialmacht. Er war mit einem Worte der erste jener großen liberalen Journalisten, die so viel zur Gestaltung der englischen Idee beigetragen haben und, wäre sein Herz nicht so unruhig, sein Gemüt nicht so voller Schatten und sein Blut nicht so reich an regellosen Stößen gewesen, so wäre er gewiß ein großer englischer Staatsmann geworden.

Aber er hätte dann vielleicht jenes Buch nicht geschrieben, um dessentwillen sein Name ewig leben wird, den *Robinson Crusoe.* Wenn seine kühnen religionspolitischen Attacken, seine wirtschaftlichen Visionen, seine großen Reportagen, seine sozialen Romane (»Moll Flanders«!) vergessen sein werden, wenn seine Tapferkeit, die mit einer jäh hervorbrechenden Charakterlosigkeit nicht unvereinbar war, niemandem mehr erinnerlich sein wird, wenn niemand mehr wissen wird, ob, wann und warum er die Sache der Dissenters verriet, für die er doch im Gefängnis gesessen hatte, um den Geldlockungen von Königin Annas Ministern zu erliegen, – dann wird *Robinson Crusoe* immer noch eines jener vier, fünf großen Menschheitsbücher sein, die fast mit der Bibel verglichen werden können. Als er den Matrosen Alexander Selkirk kennen lernte, der vier einsame Jahre auf der Insel Juan Fernandez zugebracht hatte, neigte sich sein Leben bereits dem Ende zu. Selkirk war für ihn, was einst der Räuber John Sheppard für ihn gewesen war: Informationsquelle und zugleich doch nur nichtiger Anstoß zu einem schöpferischen Prozeß. Das Schicksal dieses Seemannes wurde zu einem unverlierbaren Bestandteile des menschlichen Zustandes, so daß man heute nicht mehr verstehen kann, was eine Kindheit war in jener Zeit, wo es noch keinen *Robinson Crusoe* gab. Defoes zwei große Elemente, dichterische Einsamkeit und soziales Gefühl, verbanden sich auch hier und gewannen literarische Form. Robinson Crusoe lebte in tiefster Einsamkeit mit all ihren Erleuchtungen und Schauern und schuf doch gleichzeitig um sich eine selbständige Zivilisation. Und damit rühren wir an das Geheimnis dieses Buches. Es schildert die Lust des Menschen, sich sein Leben zu gestalten und der Natur die Werkzeuge zu ihrer Überwindung abzutrotzen, – es schildert die Herrlichkeit dieser Spanne für

Spanne, Schritt für Schritt entstehenden Zivilisation, aber es sagt uns mit lautlosem Donnerwort, daß diese Zivilisation nur schön ist, solange der Mensch *allein* in ihr haust. Robinson baut sich Hütte und menschenwürdiges Leben, ja er flößt dem ersten Mitmenschen, der seine Einsamkeit teilt, das Gefühl von Gott ein. Aber die wahre Stunde seines Glückes ist zu Ende, als der Kanonenschuß von der rettenden Fregatte ertönt. Nie mehr werden die Träume und weißgefiederten Papageien so schön durch seine Tage flattern, denn was dort ein Boot aussetzt und mit raschen Ruderschlägen dem grünen Strande zueilt, ist nicht mehr der Mitmensch, mit dem die Frucht zu teilen und dem von Gott zu sprechen süß war, – es ist der Mensch schlechthin, schöpferisch, groß und schrecklich.

Frankfurter Zeitung 28. 4. 1931

»Feine Leute«

Kasimir Edschmids literarisches Schicksal ist nicht alltäglich. Vor zehn Jahren war er in einer Weise Mode, die zum Widerspruch reizte. Er beherrschte die deutsche Literatur, die es nicht gab, schuf Wertmaßstäbe für eine Welt des Schrifttums, die nicht vorhanden war, und revolutionierte etwas, das es auch heute noch nicht gibt, nämlich den deutschen Stil. Er war ein unausstehlicher Literat, und doch hatte sein Wesen einen Zug, der ihn über die Literatur hinaushob. Er war nicht ohne Kraft, man spürte in seinem tadelnswerten literarischen Benehmen eine gewisse Naivität, ja Reinheit, die einen ahnen ließ, daß der Mann jenseits seiner Bücher eine gewisse Lebensreserve habe, die nicht leicht zu erschöpfen sei. Daß die Mode sich von ihm abwandte, machte ihn auch als Schriftsteller wieder diskutabel. Im Börsensaal des deutschen Schrifttums der Gegenwart wurde er nicht mehr gesehen. Die Kritik setzte ihn mit ihrer ganzen zielsicheren Instinktlosigkeit in dem Augenblick von der Tagesordnung ab, wo er etwas zu bedeuten begann. Man spürte, daß er arbeitete, daß er für seinen bescheidenen Teil damit beschäftigt war, die Welt zu erobern und zunächst einmal als Materie zu erfassen. Derselbe Mann, der früher den Ton der Literatur mit halbgebildeten Literaturkritiken täuschend traf, begann jetzt sich eine lebendige Bildung zu schaffen. Er lernte und sah. Dann kamen Bücher, die zeigten, daß er um des bloßen Lebens willen schrieb, »Sport und Gagaly«, »Lord Byron«. Dann zwei Reisebücher, von denen »Glanz und Elend Südamerikas« den Mann und Schriftsteller auf seinem Höhepunkt zeigt. Von einer ganz anderen Seite her kommt Edschmid wieder in die deutsche Literatur. Er ist einsam, unabhängig und mit dem Leben beschäftigt. Kein Literat mehr, sondern ein Mensch.

Mit seinem neuen Buch *Feine Leute* hat er die bedenklichste Schwäche seines literarischen Charakters überwunden, seine innere Unfreiheit gegenüber der Oberklasse. Bisher hatte man immer das Gefühl, daß dieser Autor bei seiner Weltbetrachtung der Oberklasse eine kulturelle Rolle beimißt, die sie nicht hat. Die internationalen Hotels und Sportplätze schoben sich in sein Weltbild als etwas Reales, das sie nicht sind. Sein natürliches Bedürfnis nach Auslese, Training und Gepflegtheit schien ihn zu dem Glauben zu verführen, daß Geld ein Auswahlprinzip sei. Er schien damit die kulturelle Unsicherheit der Deutschen ohne Einschränkung zu teilen, und man hatte manchmal Lust zu beklagen, daß ein so lebensnaher Gestalter nicht stärker in sich selbst ruhe. Der vorliegende Roman hingegen zeigt, daß ihm der Unterschied zwischen der großen Welt und der Welt schlechthin aufgegangen ist. Er belebt den Lido von Venedig für einige Tage, ja eigentlich nur für die Dauer eines Motorbootrennens mit jenen sagenhaften Figuren, die den Jahreszeiten folgend die internationalen Badeorte und Hotels beleben und wahrscheinlich die einzigen Wesen sind, die vom Kapitalismus noch Vergnügen haben. Tatmenschen, die den Kapitalismus am

Leben erhalten und ihn, wenn nötig, eines Tages umformen werden, sind freilich auch dabei. Aber sie treten wie Störenfriede in diese Halbwelt lebenstrotzender Gespenster und sind die Träger des Zweifels, den der Autor an der Wirklichkeit dieser halb lachenden, halb lächerlichen Wesen hat. Dieser Zweifel zieht die Grenze, bis zu der ein Gesellschaftsroman überhaupt möglich ist. Welch eine Fülle schlechten Gewissens trägt der Deutsche Edschmid nicht in diese Lebensluft hinein! Alle Figuren scheinen sich selbst zu bezweifeln und sich in ihren teuren Hotelappartements oder venezianischen Palästen oder Jachtkabinen ebenso zu fühlen wie ein Reisender, der den Anschlußzug versäumt hat, auf einem winzigen Bahnhof.

Lobe ich dieses Buch oder tadele ich es? Ich beschäftige mich mit ihm, denn es hat mich beschäftigt. Obgleich der Verfasser ein sehr flüchtiger Stilist ist, der die Wortstellung in der deutschen Sprache nicht sicher beherrscht und den Unterschied zwischen »anscheinend« und »scheinbar« nicht kennt, so bleibt das, was er schreibt, doch immer stark, manchmal sogar erschütternd. Diese Welt der feinen Leute ist im Grunde nichts weiter als ein Verbrecherkeller, die Menschen sehen vom Morden und Stehlen nur darum ab, weil in ihren Kreisen andere Mittel gebräuchlich sind und weil sie zu schlechte Nerven haben. Am Ende einer mit Leben bis zum Bersten gefüllten Woche stellt man mit Schaudern fest, daß nicht einer dieser Menschen auch nur ein einziges Mal ein zartes Gefühl gehegt hat. Diese Menschen wären aus Stahl, wenn sie nicht aus Dreck wären. Haben sie Mütter, sind sie einmal sommernachts unter Blumen spazieren gegangen, haben sie je geweint? Sie alle betragen sich eigentlich mitten im behaglichsten Leben so, wie wenn sie sich auf einem untergehenden Ozeanriesen befänden und sich um die Rettungsboote schlügen. Umso reiner erklingt der Ton, den zwei ehemalige Frontsoldaten, ein Engländer und ein Deutscher, in ihrem Gespräch anschlagen. Hier bricht das hervor, was Edschmid auch schon in seinen unreifen Tagen über seine Standesgenossen erhob, seine kräftige und taktvolle Liebe zu Deutschland. Wahrscheinlich ist es überhaupt das, was diesem Buch voll Kälte den warmen und menschlichen Hintergrund gibt: alles ist eben unausgesprochen an Deutschland gemessen, an einem stumm und ernstlich geliebten Deutschland.

Ob der Lido gerade die richtige Kulisse ist, um die »Großen dieser Erde« vorzuführen, weiß ich nicht. Es ist doch wohl hauptsächlich eine von Zentraleuropa bestimmte Welt, die sich dort versammelt. Hier und da stößt man auf aussterbende Exemplare einer Herrscherklasse, die nicht an den Lido geht, in England zum Beispiel. Edschmid erfaßt zwar die feinen Leut, die bestimmt alle einmal an den Lido kommen, aber kaum die Großen dieser Erde, die überhaupt selten in Badeanzügen zu sehen sind. Es steht zwar schlimm um unsre soziale Hierarchie, aber es gibt immer noch Mächtige, die ihre eigene Lebensform haben und sie nicht von der Halbwelt zu beziehen brauchen. Fein sind Edschmids Leute unbedingt, wenn man ihnen auch ihre Macht nicht glaubt. Sie marschieren über eine Bühne, die die unserer Zeit ist. Ihr Leben ist ein Teil von unserem Leben, wenn wir auch nicht daran teilnehmen. Der Gesellschaftsroman verliert deshalb nicht an Wert, weil es keine Gesellschaft gibt. Er ist ein Bild unseres tragikomischen Jammers, der sich durch Mangel an Werten und Mangel an Glauben lebendig hält. Edschmid malt dieses Bild bis zur Grausamkeit genau. Er ist unbarmherzig mit diesen feinen Leuten, mit dieser großen Welt, weil er mit der Welt so viel Erbarmen fühlt.

Kasimir Edschmid, Feine Leute oder die Großen dieser Erde.
Berlin, 1931
Frankfurter Zeitung 27. 9. 1931

Über die Unbeliebtheit der Reporter

Das Buch des bekannten Pressephotographen gibt eine Erklärung dafür, daß die Reporter in der modernen Welt eine gleichermaßen privilegierte wie verachtete Menschenklasse bilden. Sie sind, besonders wenn sie sich mit berühmten Zeitgenossen zu befassen haben, auf die Eitelkeit der letzteren ebenso angewiesen wie auf ihre eigene Aufdringlichkeit. Der Reporter bezieht aus dem Bedürfnis seiner Objekte nach kostenfreier Reklame eine Vormachtstellung, die durch den Widerwillen, den seine Distanzlosigkeit – eine Berufskrankheit – allgemein auslöst, genau ausgeglichen wird. Wo der Drang des Verlegers nach hoher Auflage mit dem Wunsche der Masse, schnell und leicht unterrichtet zu werden, zusammentrifft, da kann man sicher sein, auf einen genialen Reporter zu stoßen, der dies doppelte Geschäft besorgt, ohne daß die Mitwelt mehr als unbedingt notwendig unter seiner Berufskrankheit leidet.

Erich Salomon ist ein solcher Reporter. Seine Leistungen sind groß. Er hat das Klischee erschüttert und die Gruppenaufnahme oder das lächelnde Photographiergesicht als künstlich und überflüssig entlarvt. Statt dessen gibt er Szenen wieder, die »dem Leben abgelauscht« sind, die den Reiz der Improvisation tragen und nicht mehr gestellt, sondern natürlich wirken. Seitdem Salomon photographiert, haben diejenigen Bildreporter, die uns Staatsmänner in Coupéfenstern und Ministerien auf Freitreppen aufgebaut zeigen, keine ruhige Minute mehr. Die Künstlichkeit ihrer Aufnahmen ist entlarvt, auch der stumpfeste Beschauer sucht nun hinter der lächelnden Grimasse das wahre Gesicht. Aber es muß gleich gesagt werden, daß hier ein rein technischer Fortschritt vorliegt. Die berühmten Zeitgenossen erweisen sich in unbewachten Augenblicken als ebenso unaufrichtig, wie wenn ihnen der Photograph ein »Bitte recht freundlich« zuriefe. In letzterem Zustande posieren sie nur vor dem Photographen, in ersterem gleich vor der ganzen Menschheit.

Der Photograph, der sie belauert, muß sich häufig damit begnügen, eine Maske festzuhalten, die durch das Bewußtsein, vor einem Objektiv zu stehen, gar nicht verlogener werden könnte.

Die Mehrzahl der Bilder unseres Buches spiegelt eine internationale Welt wider, die uns durch ihren albernen Austausch von Liebenswürdigkeiten in unser heutiges Unglück geführt hat. Die Atmosphäre der Unaufrichtigkeit, die bisher zu europäischen Konferenzen zu gehören schien, wohnt in den Gesichtern ihrer Teilnehmer wie ein sauer gewordenes Lächeln. Die unbewachten Augenblicke dieser Leute sind abstoßender als jene, die ein Photograph alten Stils durch seine Einladung zum Lächeln bewacht. Salomons Buch flößt eine heftige Wallung gegen viele jener Zeitgenossen ein, die uns in den letzten zehn Jahren mit ihrer Berühmtheit beschäftigt haben, ohne die Wucht des heutigen Jammers auch nur um einen Hauch erleichtert zu haben. Der schlaue Optimismus, der auf ihren Gesichtern liegt, ist künstlicher als jedes Magnesiumlicht. Es ist ein photographisches Paradox, daß gerade diejenige Photographie am schlichtesten und unbefangensten ausgefallen ist, deren Objekt dem Reporter scherzhaft zurief »Bitte recht freundlich«, nämlich das Bild des Reichspräsidenten Hindenburg, der uns erschütternd gut, rein und väterlich anlächelt.

Das Buch, von dem wir sprechen, ist ein wichtiger Beitrag zur Erkenntnis der Gegenwart, es ergänzt das Bild der Nachkriegspolitik ebenso stark wie unseren Eindruck von den regierenden Schichten Deutschlands; es sind photographierte Mächte, die diesem Buch eine zwingende Gewalt verleihen, der sich kaum ein Leser oder, besser gesagt, Betrachter wird entziehen können. Es ist entlarvend, aber nicht nur im Bösen. Es erhöht nicht nur unsere Bedenken gegen die Schlachtenbummler, die sich seit einem Jahrzehnt auf dem Feld der internationalen Politik herumtummeln, es steigert auch unsere Achtung vor der moralischen Unabhängigkeit eines Brüning oder dem Opfergang eines Gustav Stresemann, dem schon der Todesschweiß auf den Schläfen glitzert.

Aber es übt gleichzeitig die sicher nicht beabsichtigte Funktion aus, die Einrichtung des Reporters einer so überscharfen Belichtung auszusetzen, daß die beschatteten Partien schwärzer ausfallen, als vielleicht unbedingt nötig ist. Salomon hat es sich zur Aufgabe gesetzt, berühmte Zeitgenossen in unbewachten Augenblicken zu photographieren. Ein echter Prominenter hat aber niemals einen so unbewachten Augenblick, daß er nicht in dem auf ihn eingestellten Objektiv den willigen Diener seiner Eitelkeit sähe. Der Reporter, der auf Unbewachtheit Wert legt, ist zur Aufdringlichkeit gezwungen, das Objekt ist aber meistens nicht unabhängig genug, um sich ernstlich zur Wehr zu setzen – es rächt sich dann später durch herabsetzende Bemerkungen über »die Presse«, ein Wort, das mehr nach moralischem als technischem Druck klingt. *Dr. Salomon* gibt seinen 112 Photos einen – schön gedruckten – Text bei, der eine Fundgrube zur Erklärung der unbestreitbaren Tatsache bildet, daß der Reporter unbeliebt ist. Er erzählt von den Schwierigkeiten, auf die er bei der Ausübung seines Berufes stößt, aber auch von den Erleichterungen, die er genießt. Einmal schreibt Herr Scheidemann an die Spitze einer Mitteilung, durch die er den Auswärtigen Ausschuß einberuft: »Herr Dr. Salomon wünscht vor Beginn der Sitzung eine photographische Aufnahme zu machen, deshalb wird um *pünktliches* Erscheinen gebeten.« Ein anderes Mal ruft ihm Herr Schacht bei einer Generalratssitzung zu: »Herr Doktor, wenn Sie hier photographieren, schlage ich Ihnen den Apparat kaputt!« Hier hat es der Reporter mit zwei Stellungnahmen zu tun, deren Verschiedenheit erklärt, warum Dr. Schacht, der häufig das Falsche tat, vielen von uns sympathischer ist als Herr Scheidemann, der häufig das Richtige tat, während der Reporter beiden Persönlichkeiten unsympathisch sein muß.

Man verstehe uns recht, es handelt sich hier nicht darum, dem Dr. Salomon Aufdringlichkeit nachzusagen. Wer ihn einmal hat arbeiten sehen, wie er in sich gekehrt und äußerst konzentriert mit seinem Apparat durch das Gewimmel steuert, als sei er unverwundbar, als sei er blind und hellsichtig zugleich, der verzichtet darauf, ihn sich als eine Art von Schnorrer vorzustellen, der auf Prominente Jagd macht. Ja, es gewährt ein gewisses Vergnügen, zu sehen, daß manche berühmte Zeitgenossen vor Dr. Salomon geradezu Angst haben. Selbst ein so ausgesprochen starker Mann wie Botschafter von Neurath wurde während der Tage von Chequers, wenn er den Photographen im Zaume halten wollte – wozu er ja in seinen Räumen durchaus das Recht hatte –, von ihm in einer Weise übersehen, die für den zufälligen Zeugen zugleich etwas Lähmendes und Erfrischendes hatte. Nicht das persönliche Verhalten eines einzelnen, sondern die Härten eines Berufes, ja einer öffentlichen Einrichtung stehen in Frage.

Der Verfasser unseres Buches sagt, er sähe nicht ein, warum der Bildberichterstatter gegenüber dem Textberichterstatter benachteiligt werden soll. Nun, einfach, weil der Schreibende wenigstens theoretisch in der Lage ist, taktvoll zu sein, während man dies von einem Apparat nicht verlangen kann. Will man ein Gesicht schildern, so kann man die Lüge, die einem daraus entgegenstarrt, zur Not als »Neigung zu vorläufigen Lösungen« umschreiben, das Objektiv aber bildet die Lüge mit ab, ob der Photograph auch noch so taktvoll einstellt. Darum ist der schreibende Reporter immer etwas weniger unbeliebt als der photographierende. Oder pessimistisch ausgedrückt, ersterem traut man eher zu, daß er die Lüge mitmacht, als dem Apparat des letzteren. Der Photograph hat es schwer im Leben zwischen berühmten Zeitgenossen, einmal gibt es Leute, die sich gern zu einer Gruppe von Prominenten stellen, um mit aufs Bild zu kommen, dann wieder kommen Mitmenschen vor, die den Reporter, der nicht freiwillig geht, durch ihren Diener hinauswerfen lassen wollen, ein Fall, für den Salomon ein ganzes psychologisches System, das des »fait accompli« bereit hat, dessen Studium (auf Seite 23) allen denjenigen empfohlen sei, die ebenfalls von Zeit zu Zeit Gefahr laufen, hinausgeworfen zu werden. Dieses System hat der berühmte Photograph besonders häufig in England anwenden müssen, während er vermutlich in Mr. Hearsts kalifornischer Villa dem Risiko ausgesetzt war, es völlig zu verlernen. Die Engländer sind in der Tat nicht daran gewöhnt, daß Leute in Räume eindringen, die zu betreten sie kein Recht haben. Infolgedessen kann es einem Eindringling leicht geschehen, daß er als zum Hause gehörig betrachtet wird. England hat gewiß die schlechtesten und albernsten Reporter der Welt, aber sie machen vor fremden Türen halt und benutzen höchstens das Telephon. Deutschland hat die besten Pressephotographen unserer Zivilisation, aber der hervorragendste von ihnen faßt seine Taktik in folgendem schlauen Satz zusammen: »Für den Engländer ist der Gedanke, daß jemand, ohne vorher um Erlaubnis zu fragen, bei irgend einer Gelegenheit photographieren sollte, so absurd, daß er es für selbstverständlich hält, daß die Erlaubnis erteilt worden ist.« Dieser Erlaubnis verdanken wir einige der schönsten Aufnahmen des vorliegenden Buches.

Wenn der Reporter zum Augenblicke sagt: »Verweile doch, du bist so schön«, so wissen wir, daß es sich um einen unbewachten Augenblick handelt. Aber wir wissen gleichzeitig, wer eigentlich diesen Augenblick hätte bewachen müssen, nämlich ein Parlamentspräsident, der Sekretär einer Konferenz, ein Hausherr, ein Türhüter oder einfach ein Lakai. Bei den berühmten Zeitgenossen aber wissen wir es nicht. Sicher ist nur, daß sie fast alle viel zu viel unbewachte Augenblicke haben, sei es denn, daß man sich entschließen könnte, sie völliger Nichtbeachtung anheimzugeben. Solange dies nicht der Fall ist, wird sich mancher von uns unruhig fragen, ob es richtig ist, die Bewachung Gott und den Photographen zu überlassen, oder ob wir sie nicht lieber selber übernehmen sollen.

Erich Salomon, Berühmte Zeitgenossen in unbewachten Augenblicken. Stuttgart 1931
Frankfurter Zeitung 6. 12. 1931

Deutscher Opfergang

Widerstand! Es gilt heute, eine große geistige Leistung zu würdigen und sich damit dem Abrutsch aller Werte entgegenzustemmen. Indem wir *Fritz von Unruhs* Kriegsdichtung als die Tat festlegen, die sie ist, widerstehen wir dem Auseinanderfluten unserer eignen Kräfte, dem hemmungslosen Verfall alles dessen, was das durch den Krieg geschmiedete neue Deutschland an Impulsen und Formen zu erzeugen vermochte. Sich der Stärke des dichterischen Wortes wieder bewußt werden, heißt dem Schwächezustand ein Ende bereiten, in dem wir uns fast die Nation hätten entreißen lassen. Oder ist es schon zu spät? Führt kein Weg mehr zurück? Haben wir der Trägheit und Skepsis doch schon so viel von unserem eigenen Blute zum Opfer gebracht, daß der blindeste Wille (sei er nur ein Wille), daß die sinnloseste Tat (sei sie nur eine Tat), daß der außermenschlichste Impuls (sei er nur ein Impuls) schon genügt, um uns für immer zu entwaffnen und um Deutschland in ein Jahrhundert der Dunkelheit zu stürzen? Nein! Noch ist nicht alle Substanz verschüttet, und wenn es wahr ist, daß in Deutschland das gestaltete Wort eine nicht minder starke Wirklichkeit besitzt als öffentliche Handlungen, so ist es eine geradezu politische Notwendigkeit, der Kriegsdichtung Unruhs jenes Leben öffentlich zuzusprechen, das sie besitzt.

Fritz von Unruh hat sein Prosawerk *Opfergang* im Sommer 1916 vollendet. Das Erscheinen wurde aber bis zum Winter 1918 durch die Zensur verhindert. Das gleiche Schicksal hatte sein großes Gedicht *Vor der Entscheidung*, das bereits im Frühjahr 1915 gedruckt wurde. Wenn man den *Opfergang* – und auch »Le feu« von Barbusse – heute wieder vornimmt, so versteht man ohne weiteres, warum die Hinwendung der *deutschen Literatur* zum Thema Krieg ein Jahrzehnt auf sich warten ließ. Die Literatur in Deutschland ist heute machtlos. Ja, sie hat die Idee der Machtlosigkeit in die Grundlagen ihrer Existenz hineingenommen. Sie mußte daher mit der Heranziehung dieses Stoffgebietes warten, bis das Wort Krieg nicht mehr zum Handeln verpflichtete und genügend weit von der Sphäre der Aktivität abgerückt worden war. Ludwig Renns »Krieg« war eine Schlußbilanz, war das Verstummen eines verzweifelten Menschen. In seinem Buch wurde ein letztes Mal die Stille gestaltet, das ewige Schweigen, zu dem der Frontkämpfer verurteilt zu sein scheint, das erstarrte Lauschen, das aus dem Tode bezogen ist, der uns seit damals nicht wieder verläßt. Der größte deutsche Buchererfolg seit dem Werther, Remarques »Im Westen nichts Neues«, hat nicht die geringste politische Wirkung ausgeübt. Mit diesem Buch wurde der Krieg anscheinend für immer in den Bereich des Gefühlserlebnisses zurückgedrängt. Nur der preußische Ulanenoffizier und der französische Kommunist haben, jeder aus einer anderen Welt heraus, durch ihre Kriegsdichtungen die Zukunft bestimmt. Es liegt nicht an der Schwäche ihres dichterischen Wortes, wenn die Welt von dem Wege in diese Zukunft abirrt.

Was Fritz von Unruh in diesem *Opfergang* gestaltet hat, ist nichts weiter als die Geschichte eines Sturmangriffs vor Verdun. Dieses Ereignis spiegelt sich ähnlich wie bei dem Franzosen in der kleinsten militärischen Einheit, nämlich einer Korporalschaft, in einer Gruppe von Kameraden wider. Unruh ist bei der Gestaltung dieses Ereignisses von keinem Nachfahren je erreicht, geschweige denn übertroffen worden. Er ist weder sentimental, noch naturalistisch, noch bedient er sich, wie sein bekanntester Nachfolger, eines Gemisches aus diesen beiden Elementen. Die Schlacht ist fast völlig in den Dialog der Männer aufgelöst und diese Männer sprechen nur von dem Einen, von dem Einzigen, was der Schlacht Sinn gibt und das menschliche Herz vor dem Zerspringen bewahrt, nämlich von der Zukunft. Die Bilder des Krieges haben die tiefste Wahrheit, die möglich ist, sie sind nämlich fast schon Spiegelungen in den weitaufgerissenen Augen der Gefallenen, fast schon Traumbilder der Todesstunde, die wie unsichtbare Blumen den letzten Augenblick des

Sterbenden erfüllen, wenn der Engel schon zu seinen Häupten steht und mit der Kraft seines Beschwörungswortes das maßlose Trichterfeld wieder zu jenem kleinen Raum macht, in dem der Mensch geboren wird oder stirbt. Will man diesen schrecklichen und doch innigen Vorgang künstlerisch beurteilen, so muß man sagen, daß die Mission des Dichters nicht reiner erfüllt werden kann als durch diese Verwandlung. Der Punkt ist erreicht, wo das Aufruhrwort, einer tausendköpfigen Menge zugeschleudert, sich mit der Zauberformel deckt, die am Schöpfungstage erscholl und die der Dichter sich selber zuflüstert.

Fritz von Unruhs Kriegsbuch – und das ist für den Leser, der in diesen gehetzten Stunden vor dem tiefsten Eindringen zurückscheut, die große Überraschung – ist von einer solchen Gegenwärtigkeit, als sei es für das Frühjahr 1932 geschrieben. Der Krieg offenbart sich als der große Versuch der deutschen Jugend, die Nation zu befreien, aber nicht von einem Feindphantom, sondern von den Gefahren, die das deutsche Wesen zu ersticken drohen. »Ahnt ihr nicht endlich, daß wir in heilige Gemeinschaft streben? In des Geistes, in eines Volkes ernste Verbrüderung?« Durch diese Frage versucht sich die Jugend, die, von Lebenswillen und fröhlicher Zukunft erfüllt, in den Schützengraben abrückt, das Opfer zu deuten. »Aber was hinter uns kommt, ahnen wir nicht. Daß es besser, herrlicher sein muß als alles, was uns zu diesem Augenblick trug, das allerdings erhoffen wir!« Ach, und wer erinnerte sich nicht der vielen Stunden, in denen diese Hoffnung zu erlahmen schien? Unruh geht an diesen angstvollen Augenblicken nicht vorbei. Im Gegenteil, *sie* erst werden ihm Anlaß, das Menschliche, fast Physische dieser Soldaten hervorgehen zu lassen: er erfüllt diese Augenblicke mit den ganzen saftigen Reichtümern seines Humors, seiner sprachlichen Unmittelbarkeit und den Erinnerungen an jene einfache, fast wortlose Hilfsbereitschaft, wie es sie nur zwischen Männern an der Front gegeben hat.

Wir befinden uns mitten in einer Epoche, wo der Frontsoldat die Quittung für sein endloses Schweigen erhält: uns umgellen die Rufe einer kalten oder auch nur erhitzten Jugend, die uns das Recht abspricht, an Deutschland die wirkende Hand zu legen und unsere Erfahrung wie ein Warnungszeichen am Wege der Nation aufzupflanzen. Die Kolonnen marschieren durch die Straßen unserer Städte, aber diese Kolonnen zeigen keine Lükken, in denen die Schatten unserer gefallenen Freunde mitmarschieren. Den Schatten ruft Unruh zu: »Ich wünschte, Verdun wäre gefallen und nicht *Ihr!*« Es ist ein Wort von atemraubender Tiefe. Wenn es von der jungen Generation in Deutschland gehört und verstanden würde, dann würde sie auch wieder Verständnis für das Frontopfer haben, das ihren Blicken heute nicht weniger entglitten ist als ihren Herzen. Wie war es denn damals? Sturmangriff auf Verdun! Feuerwalze, Trommelfeuer, und endlich die große Stunde. Deutschland stieg aus den Gräben, die Minute war angebrochen, und das Blut in hunderttausend Herzen stockte einen Augenblick, bereit, seine Wohnung für immer zu verlassen. Was lag vor diesen Männern? War es die Woëvre-Ebene, war es die Festung Verdun, war es die Freiheit, war es der ganze Weltenraum oder war es gar die Zukunft? Nein, man höre den Schlußsatz dieses Buches: »Auf seiner entschlossenen Stirn glänzte voller Morgen, als er die Kompagnie aus dem Graben riß, vor – – über drei Meter.« Über drei Meter, in diesen Raum drängte sich Deutschland zusammen. Drei Meter groß war der deutsche Raum.

Fritz von Unruh hat im Jahre 1916 einen Weg betreten, der in das Herz des neuen Deutschland hineinführen sollte, und den mancher von uns freudig mit ihm beschritt. Viele haben ihn seitdem im Stich gelassen; und weht nicht um die Gestalt dieses Dichters schon ein wenig von jener Einsamkeit, die den Deutschen ins All treibt, da ihm die deutsche Enge nicht hold sein will! Sind nicht die literarischen Mißgriffe, von denen er ebenso wenig frei blieb wie irgendein anderer Schriftsteller, Versuche gewesen, dieser Einsamkeit zu entfliehen? Viel Widerstandskraft ist von ihm ausgegangen und die Zahl derer, die sich dieser Kraft bedient und erfreut haben, ist immer geringer geworden. Unruh wünschte, das *heroische Element* in den neuen Staat der Deutschen einzubauen. Er wollte diesem Volke das Element des Edlen, des Kämpfenden, des Soldatischen auf seinem mühevollen und ärmlichen Wege mitgeben. Keiner sah so scharf wie er, daß der Deutsche ohne den heldischen Hauch, von wo er auch komme, nicht leben kann, und daß dieses Volk sich für diesen Heroismus um jeden Preis einen Ersatz schaffen wird, wenn man ihm nicht das echte Gut schenkt. Nun wohl, er hat Recht behalten. In die Lücke, auf die Unruhs Finger wies, sind die falschen Propheten getreten, das Heldenhafte wurde durch die sklavische Lust zur blinden Unterwerfung, zum tauben Opfermut ersetzt, und Deutschland *taumelt* dahin. Wenn es zum Widerstande noch nicht zu spät ist, so werden wir uns der wenigen Widerstandszentren bewußt, die noch gehalten haben, mögen sie auch fast schon ohne Besatzung sein. Unruhs *Opfergang* ist ein solches Zentrum. Wir sind immer vor der Entscheidung, aber einmal müssen wir doch entscheiden, ob Deutschlands *Zukunft* vor uns liegt oder nur – drei Meter.

Fritz von Unruh, Opfergang. Vor der Entscheidung.
Frankfurt a. M. 1931
Frankfurter Zeitung 13. 3. 1932

Jenseits von Pazifismus und Nationalismus

Jeder Deutsche, der heute über sein Land schreibt, handelt aus Notwehr. Indem er nach Formeln für die ihn und uns alle bedrängende Problematik sucht, hofft er sich von ihren Zwiespältigkeiten und ihrer verzehrenden Unruhe befreien zu können. Die unaufhörliche Fragestellung, die wie eine Krankheit – obwohl sie etwas sehr Gesundes ist – ganz Deutschland durchzittert, die immer wieder in die Formel »Was ist Deutschland?« ausbricht, zieht ein Chaos von Antworten nach sich, die alle so stark aus dem Erlebnisdunkel kommen, daß ihnen fast immer die intellektuelle Überzeugungskraft fehlt. Nicht, daß das eine das andere ausschlösse, aber so lange das Erlebnis des deutschen Augenblicks sich nicht eine eigene Terminologie schafft, wird es nicht die geistige Gewalt eines Dogmas gewinnen können. *Werner Pichts* Buch ist eine Fragestellung, und zwar die mutigste, der wir seit langem begegnet sind. Der große Wert dieser Schrift setzt sich aus zwei Elementen zusammen, den Formulierungen des Verfassers und dem Zeitpunkt, zu dem sie erfolgen.

Der Titel deutet an, worum es sich handelt. Werner Picht versucht den großen Konflikt des geistigen Menschen von heute aufzuzeigen, der zu ehrlich ist, um Pazifist zu sein, der zu tief in die Ideen geblickt hat, um sich rückhaltlos dem Nationalismus überantworten zu können. Kurzum, er legt den Finger auf die Wunde unserer Existenz. Wir Männer der Frontkriegsgeneration nehmen eine unerbittliche Abrechnung mit den Werten des Liberalismus vor, sind aber nicht bequem (und nicht jung) genug, um uns der wertfreien Sphäre des integralen Nationalismus, der nichts als Haltung ist, zu überantworten. Ich weiß nicht, ob diese eilige Formulierung imstande ist, die ganze Melancholie eines bestimmten Lebensalters bloßzulegen, das seine intellektuellen Werkzeuge aus einer vergangenen Zeit hat, während es mit all seinen sittlichen Kräften einer völlig neuen Gegenwart verbunden ist. Werner Picht, der uns früher eine Schrift über England gegeben hat, spricht diese seltsame Traurigkeit einer Übergangsgeneration nicht aus, er bemüht sich sogar, sie duch ein Bekenntnis zum Lebensmut zu überbrücken. Trotzdem atmet sie aus der ruhigen Sprache seines Buches ebenso stark wie aus der weiten Spannung, mit der er die einzelnen Werte einander gegenübertreten läßt.

Diese Spannungen treten in dreifacher Form auf. Einmal innerhalb der *internationalen Verständigung*, dann innerhalb des *Nationalismus* und schließlich innerhalb des *Pazifismus.*

Man sieht sogleich, daß Picht die drei entscheidenden Sphären in Angriff genommen hat. In jeder von ihnen rät uns Humanität und gesellschaftliche Erziehung, ein Bekenntnis zum »menschlichsten« und bequemsten Wert abzulegen, nämlich einmal zur Völkerverständigung, dann zum Liberalismus und schließlich zur Gesinnung des ewigen Friedens und der Gewaltlosigkeit. Im selben Atemzug aber meldet sich in uns mit lautloser Gewalt die Erkenntnis, daß bedeutsame Schichten unseres Volkes von diesen Ideen abgefallen sind und daß in unserem deutschen Wesen selbst etwas liegt, das ihnen zu widerstreben scheint. Wir fühlen, indem wir Werner Pichts Darstellung lesen, daß Verständigung, Pazifismus und liberaler Menschheitsglaube Spielarten des gleichen Ausweichens vor der wahren Politik sind, die sich nicht auf die Tagespolitik beschränkt. Der Deutsche sucht die *Politik*, das ist sein heutiger Trieb, das erscheint ihm als das einzig sichere Mittel, um die Realität des Augenblicks, in der er lebt, zu überwinden. Die Schönheit der Gebiete, auf die er ausweichen könnte, entgeht ihm nicht. Er fühlt wohl, daß er viel Intimität und Glück preisgibt, indem er gleichsam den Stier bei den Hörnern faßt und hinter den großen liberalen Begriffen, die in den letzten zehn Jahren eine so bedeutsame Rolle gespielt haben, die eigentlichen Spannungen sucht, in denen das deutsche Wesen sich erfüllt.

Der Leser wird nunmehr geneigt sein, Werner Picht für einen wohltemperierten Nationalisten zu halten, das heißt für einen Menschen, der durch seinen Geschmack davor bewahrt wird, all die gedanklichen Ausschreitungen mitzumachen, die mit dem heftigen Erleben des Begriffs Deutschland leicht verbunden sind. So einfach liegen die Dinge jedoch nicht, und der Autor des vorliegenden Buches ist ein viel zu unabhängiger Geist, um vor den Zwiespältigkeiten Deutschlands wie ein Eklektiker dazustehen und sich aus allen Gebieten das Beste auszusuchen. Im Gegenteil, man kann sagen, daß seine Gedankenführung manchmal nicht ohne Grausamkeit ist, und daß er uns insbesondere bei der Behandlung des Pazifismus derartig in die Sackgasse unserer

Konflikte hineintreibt, daß man ihm selbst schließlich die Hoffnung auf die Gewaltlosigkeit als einen möglichen politischen Zustand nicht mehr recht glauben will. Es ist selbstverständlich, daß seine Zweifel gegen die Wertbeständigkeit der großen humanitären Ideologie sich vor allem gegen deren rationalistische Grundlage richten.

Sowohl die Völkerverständigung als auch der Pazifismus als auch schließlich jene schwer zu bezeichnende Gesinnung, die den Gegensatz zum Nationalismus bildet, stammen ja aus einem Glauben an die Möglichkeiten der Aufklärung und der Durchschlagskraft »vernünftiger« Argumente. Picht macht vor allem klar, warum gewisse übergeordnete Begriffe wie Europa und Menschheit keine Macht über die Vorstellungen des Deutschen mehr haben, jedenfalls keine so große, daß sie imstande wären, die Rolle des Nationalismus zu übernehmen. Auf dem Wege, den Picht uns führt, wird uns wieder einmal klar, daß es unmöglich ist, in der Empfindungswelt des jungen Deutschen von heute mit Hilfe einer *nur* ethischen, *nur* ökonomischen oder *nur* nützlichen Argumentierung Fuß zu fassen. Daß der Krieg ein schlechtes Geschäft sei, daß das Leben der Güter höchstes sei, überhaupt alle Erwägungen, die auf die Utopie vom vernünftigen Menschen zurückgehen, verfangen täglich weniger. Nicht ohne ein gewisses Erschrecken erfährt mancher von uns, daß Deutschland leidenschaftliche Anstrengungen macht, eine neue Ideologie von sich zu gewinnen, während er selbst sich noch mit dem unedelen Gedankenerbe seiner Vorzeit abquält. Darin sehe ich den hohen Wert des Pichtschen Buches. Es ist eine eindringliche Warnung an Menschen seiner und unserer Art, den intellektuellen Hochmut nicht zu weit zu treiben und genau darauf zu achten, daß, wenn wir Deutschland geistig nicht helfen, dieses sich geistig selber helfen wird.

Noch einmal: Werner Picht legt einen Konflikt von höchster Aktualität bloß. Die Aufrichtigkeit, mit der er dies tut, ist ebenso respekteinflößend, wie die Sicherheit der Formulierung bewundernswürdig ist. Hätte er es darauf abgelegt, sein Buch ein wenig verführerischer zu machen, stärker um den Leser zu werben und die hartgefügte Welt seiner Antithesen etwas zu lockern, so würde die Wirkung ebenso schnell und lebhaft sein, wie sie zweifellos nachhaltig sein wird. Aber er löst die Konflikte nicht. Zwar läßt er, wenn er das Thema des Nationalismus behandelt, Zweifel darüber anklingen, ob die Nation in der romanischen Geschlossenheit dieses Begriffs überhaupt auf dem deutschen Wege liegt, aber damit umgeht er die Schwierigkeit, die aus dem Willen derer erwächst, welche diese Nation um jeden Preis wollen und die offenbar entschlossen sind, sie zu erzwingen. Vielleicht ist es sinnlos und Folge einer Vergiftung durch Tagespolitik, überall da nach Lösungen, ja Rezepten zu suchen, wo ein Mensch sich anschickt, das erste Licht in die abgründige Begriffswelt des deutschen Wesens zu werfen. Wir müssen den Autor aber da gegen sich selbst in Schutz nehmen, wo er sagt, daß es dem Nationalismus nicht gelungen sei, die Sprecher des Geistes auf seine Seite zu bringen. Wenn ich sein Buch recht verstanden habe, so ist es dem Nationalismus seinem Wesen nach versagt, eine solche Bemühung anzustellen. Sprecher des Geistes müssen in der streng abgeschlossenen Welt des Nationalismus selbst entstehen, und wir würden einen furchtbaren Irrtum begehen, wenn wir uns verbergen wollten, daß wir sie kommen sehen. Die Fäden zwischen der Intelligenz – die Picht hier wohl mit dem Geist verwechselt – und der Nation sind im Begriff, endgültig abzureißen. Was sich bisher die geistige Schicht nannte, läuft Gefahr, in einen bodenlosen Abgrund zu stürzen, in den sie sehr leicht entscheidende geistige Werte unseres Landes mit hinabziehen kann. Der Abstand zwischen diesen beiden Welten ist für Deutschland eine Frage auf Leben und Tod. Werner Pichts Buch macht auf diese Gefahr aufmerksam, wenn es nicht gar hilft, diesen Abgrund zu überbrücken.

Werner Picht, Jenseits von Pazifismus und Nationalismus. München 1932
Frankfurter Zeitung 30. 10. 1932

Revolution als Wille zur Nation

Der unermüdliche und immer pädagogisch bemühte Schriftsteller *Otto Flake* hat eine volkstümliche Geschichte der französischen Revolution in einem Band geschrieben und dadurch seinem Trieb, alle von ihm erfaßten Ideen und Dinge in den Dienst der Zeiterkenntnis zu stellen, einen neuen, und um es gleich zu sagen, durchaus glücklichen Ausdruck verliehen. Da er sich mit der Deutung nicht begnügen konnte, sondern auch der Unterrichtung zu dienen gewillt war, so scheint das Detail bisweilen die klare Linie zu überschwemmen. Diese zehn Jahre waren das Erwachen des Bürgertums in jedem Sinne, es ist daher kein Lebensgebiet denkbar, auf dem sich dieser Stand nicht geäußert hätte. Infolgedessen drängen sich die Einzelheiten in einer geradezu betäubenden Vielfalt heran, und daher bleibt auch nach Flakes Beitrag die Frage ungelöst, ob man diese für die moderne Menschheit so entscheidende Epoche lieber an einem fast willkürlich herausgegriffenen Beispiel oder in ihrer Gesamtheit schildern soll. Die Monographie wird noch auf lange Zeit hinaus unsere Lieblingsform bleiben, denn es entspricht unserer Zeitstimmung, den Einzelnen in einen großen Zusammenhang eingeordnet und in ihm widergespiegelt zu sehen, während die Gesamtdarstellung darunter zu leiden hat, daß unser Sinn für Vollständigkeit ebenso brüchig geworden ist wie unser Glaube an zeitbestimmende Ideen.

Es hieße, dem volkstümlichen Unternehmen Flakes Gewalt antun, wenn man es als einen unerbittlichen Versuch der Geschichtsdeutung nehmen wollte. Es ist ihm offenbar vielmehr darauf angekommen, alle diejenigen Erscheinungen und Erschütterungen der französischen Revolution, die an unserer Gegenwart anklingen, darauf hin zu untersuchen, ob und wie weit sie für uns noch gültig sind. Flake handelt also seiner Natur gemäß auch diesmal pädagogisch, er zwingt den Leser, sich bewußt zu werden, ob und warum der Sieg des dritten Standes für ihn eine Bedeutung hat. Daß Flake diese Methode mit der Lust an der Erzählung zu verbinden und geradezu in ihr einzuschmelzen weiß, spricht für seine schriftstellerische Passion. Das Buch ist in der Tat vom ersten bis zum letzten Wort straff und gut erzählt, es ist erfüllt von einer geheimnisvollen Spannung, die uns überall da bewegt, wo wir den Gang der Ereignisse zwar aus der Geschichte kennen, aber noch einmal als etwas Neues mitzuerleben imstande sind. Nur ganz selten macht sich eine stilistische Ungeduld oder eine sonstige kleine Unart bemerkbar, wie uns zum Beispiel der gelegentliche Versuch, Robespierre oder eine andere helldunkle Figur klinisch oder psychoanalytisch zu behandeln, zu sehr zufällig erscheint, um uns zu befriedigen.

Flake ist auf die bekannten Figuren der französischen Revolution nicht gut zu sprechen. Er findet, daß sie die Ideologie, ohne die sie ihr Werk nicht hätten vollbringen können, bis zur unfruchtbaren Krankheit gesteigert haben. An dem aufsteigenden General Bonaparte gemessen, erscheinen ihm Robespierre, Marat, ja selbst Danton als Doktrinäre. Endlich ein Mensch, – so ruft er beim Anblick des jungen Artilleriegenerals aus, und schafft damit eine gefährliche Antithese, denn Bonaparte ging ohne Idee oder, um es modern zu sagen, ohne Ideologie an seine Zeit heran, aber darf man ihn darum *mehr Mensch* nennen als die anderen, die zu leben glauben, um eine Sendung zu erfüllen. Im Grunde möchte Flake mit der mißtrauischen Behandlung der großen Figuren seinem Grundgedanken dienen, nämlich daß diese Revolution wie jede andere durch den Willen eines Volkskörpers, Staat zu werden, entstanden ist. Diese Idee erscheint uns richtig, wenn man sie weit genug treibt, um zu erkennen, daß der staatsbildende Wille nach anderen Gesetzen handelt als denen der Vernunft. Die von Flake beschriebenen zehn Jahre liefern Schritt auf Schritt den Beweis dafür. Alle Revolutionen sind national, auch wenn sie wie die französische um ein übernationales Prinzip zu kreisen scheinen, – das hat Flake verstanden, und ihm wie uns ist die Erkenntnis durch Rosenstocks großes und wichtiges Buch »Die europäischen Revolutionen« erleichtert worden.

Die französische Revolution ist also – das läßt Flake klar hervortreten – nichts anderes als das Ringen eines Volkes um die Nation. Wo dieser Wille sich befleckt, da entsteht Außenpolitik. Wo er sich übersteigert, da bricht die Herrschaft der Kommune an. Die Girondisten sind noch das ganze blühende Frankreich mit all seiner Bequemlichkeit und Möglichkeit, sich vor der letzten Entscheidung zu drücken. Im Augenblick aber, wo die Sektionen die Kommune zur höchsten Machtinstanz erheben, gibt es für den revolutionären Willen kein Zurück mehr. Danton wird Justizminister und betritt damit den Weg, der zum Tode führt; Robespierre aber, der die Revolution besser versteht und nicht durch Leidenschaften abgelenkt ist, setzt sich sogleich im Gemeinderat fest. Der Wille des Volkes, sich eine neue Form, sei es auch um den schrecklichen Preis des Blutes, zu erkämpfen, hat damit den höchsten Grad der Übersteigerung erreicht und endet im Terror. Darin liegt auch die unerhörte Bedeutung Robespierres. Auch er hat dafür gesorgt, daß es kein Zurück mehr gab. Die französische Republik hat ihn verworfen, und noch heute scheint es undiskutierbar, für ihn ein Denkmal zu errichten, während Danton sein ehernes Standbild in Paris hat. Warum lehnt ihn ein Volk ab, das ihm viel verdankt? Nun, so war es immer in Frankreich – man *braucht* diejenigen, die bis ans Ende gehen, aber man *liebt* sie nicht, da sie des nationalen Sinnes für Maß und Milde zu spotten scheinen. Man läßt sich von ihnen retten, aber man lehnt sie ab, ob sie nun Robespierre oder Clemenceau heißen. Die Kompromißform, wenn sie schon nicht Danton heißen darf, nennt sich Poincaré.

Die junge Republik bedurfte eines Feindes, um jene Spannung zu erhalten, ohne die ein politisches Lebewesen nicht möglich ist. Aber sobald sie dieses Feindes ansichtig wurde, erwachte in ihr der Wille, sich über ihn hinweg ins Endlose auszudehnen. Der Wunsch nach *Krieg* und die Überzeugung, daß die erste Republik eine *Weltmission* zu erfüllen habe, tauchen gleichzeitig auf.

Brissot ruft aus, daß der Krieg eine Wohltat für die Nation sei und daß es kein anderes Unglück gäbe, als keinen Krieg zu haben. Isnard erklärt, daß der Franzose das führende Volk der Welt sein werde. Clootz, weiland preußischer Baron, nun glühender Apostel der Menschenrechte, fordert den Rhein und die Alpen als natürliche Grenzen Frankreichs. Noch sind die Girondisten am Ruder, aber die Kriegserklärung an Österreich (20. April 1792) erscheint als die folgerichtigste Handlung, zu der die junge Republik überhaupt fähig ist. Das, was Burke das Mohammedanische an ihr genannt hat, tritt klar hervor: sie ist von ihrer inneren Wahrheit so sehr durchdrungen, daß sie es nicht ertragen kann, andere Völker außerhalb dieser Wahrheit zu wissen.

Flake gehört zu den wohltuenden Schriftstellern, die, wenn sie mit einem großen Stoff zu tun haben, das Paradoxe scheuen und auf die üblichen Denkvorstellungen der Durchschnittsmenschen die schuldige Rücksicht nehmen. Mit Takt und doch mit Schärfe belehrt er uns dahin, daß die französische Revolution nicht die Geburtsstunde der bürgerlichen Freiheiten ist, wie die meisten Menschen in der Schule oder sonstwo gelernt haben, sondern daß die wahre, für uns heute noch gültige Revolution in England begonnen hat. Die junge Welt – Amerika – hat zuerst den Mut gehabt, das Verhältnis von Volk und Krone als einen Vertrag auf Grund des Naturrechts, also als eine *liberale Idee* zu verstehen. Von Amerika aus hat dieser umwälzende Gedanke seinen Siegeszug nach Europa angetreten. Und es ist vielleicht nicht überflüssig, hinzuzufügen, daß Amerika ihn von England und der »glorreichen Revolution« Cromwells gelernt hat. Denn unter *Cromwell* war es, daß das englische Volk sich aus dem Vertrage zurückzog, den der König verletzt hatte.

Einsichten dieser Art werden von Flake, der sich der Pflicht zur Volkstümlichkeit jeden Augenblick bewußt bleibt, nicht so sehr gelehrt als dargestellt und veranschaulicht. Schriftstellerisches Vermögen, das sich in unseren Tagen so oft nach nützlicher Anlage umsieht, ist also in diesem Falle in den Dienst einer historischen Aufklärungstätigkeit gestellt, deren wir dringend bedürfen, wenn wir unsere Gegenwart nicht als einen Widerspruch zur Vergangenheit empfinden wollen. Und darum darf Flakes populäre Geschichtsschreibung als Dienst an der Zeiterkenntnis angesprochen werden. Wir sehen ein Volk auf dem Wege zur Nation, wir erleben die Erniedrigungen und Aufschwünge seines Willens, ein Staat zu werden, und spüren in jedem Augenblick die unzerstörbare Wahrheit des Schlußchores aus dem Figaro: »L'esprit seul peut tout changer.«

(P. S. – Wir wollen keine Haarspalterei treiben, aber ist dem Autor nicht ein Irrtum unterlaufen, wenn er sagt, daß während der Schreckensherrschaft eine Zeitlang eine Guillotine in der Conciergerie selbst aufgestellt worden sei, und zwar im Anschluß an die Verschärfung des Gesetzes über die Verdächtigten? Soviel wir wissen, ist dies nie der Fall gewesen. Der Irrtum dürfte von Thiers stammen, welcher behauptet hat, Fouqier-Tinville habe das Schafott im Gerichtssaal errichten lassen. Thiers ist einer Verwechslung der Worte »échaffaud« und »échaffandage« zum Opfer gefallen. Ersteres bedeutet zwar das Blutgerüst, letzteres aber Gerüst schlechthin, und ein solches ließ der öffentliche Ankläger in der Tat im Gerichtssaal aufschlagen, da es sich darum handelte, auf Grund des Verdächtigungsgesetzes hundertsechzig Personen *auf einmal* abzuurteilen, für welche die Bänke des Gerichtssaals nicht ausgereicht hätten. Gegen diese summarische Aburteilung – und nicht etwa gegen eine Aufrichtung des Schafotts im Justizpalast – wandte sich der Entrüstungsschrei Collot d'Herboi's: »Tu veux donc démoraliser le supplice!«)

Otto Flake, Die französische Revolution 1789 bis 1799. Leipzig 1932
Frankfurter Zeitung 18. 12. 1932

Hat Frankreich sich verändert?

Die Veröffentlichungen des Verlages Engelhorn zu den Zeitfragen sind alle von dem Bemühen geprägt, ein Weltbild zu geben und dadurch zu bestreiten, daß die Epoche der nationalen Selbstbesinnung, in der wir leben, notwendigerweise auch eine der Verengung und des Verzichtes auf Welt sein müsse. *Die Geschichte Frankreichs seit dem Kriege*, die der junge Franzose *Jean Prévost* geschrieben hat, ist keineswegs eine publizistische Großtat, aber vielleicht gerade dank ihrem noblen Durchschnitt imstande, dem Leser nützlich zu sein. Denn es gehört schon eine gewisse Treue, ja Überlegenheit dazu, die Tatsachen in einer so guten Beleuchtung und in einer solchen Vollständigkeit aufmarschieren zu lassen, ohne ihnen ideologische Gewalt anzutun. Wäre die Darstellung bedeutender, so würden wir aus ihr vielleicht nicht in einer so angenehmen Weise Belehrung schöpfen können. Und bedarf es nicht gerade zur Schilderung von Zeitläuften, die in jedem Sinne zu unserem Dasein gehören, einer gewissen Leichtigkeit? Wäre diese Luft, die wir zu teilen gezwungen sind, überhaupt zu atmen, wenn der Autor den Ehrgeiz gehabt hätte, sie mit den Entladungen des Weltgerichts zu erfüllen?

Prévost hat früher ein beachtenswertes Buch über die Jahre 1918–19 geschrieben, das er die Memoiren seines achtzehnten Lebensjahres nennt. Die Zeit, die er beschreibt, bildet also den lastenden, ja furchtbaren Rohstoff seiner Jugend. Um so bemerkenswerter ist die fast alte Skepsis, mit der er sie betrachtet. Man findet in diesem Buche alles, was man braucht, um die Erinnerung an die jüngste Vergangenheit dokumentarisch zu stärken. Die französischen Kabinette ziehen vorbei, die Programme fallen wie welke Blätter zu Boden, die großen und kleinen Staatsmänner, die Akteure und Figuranten tauchen auf und schweben dahin, die Konjunktur in ihrem schrecklichen Auf und Ab wird sichtbar, der Wandel des Geschmackes für Bücher, Kleider,

Ideen und Gewohnheiten mischt sich mit dem rapiden Wechsel der Mächte, Gruppen und Methoden. Der Geist des Sieges geht dem Experiment der Linken voraus und diesem wieder folgt die Tardieu'sche Prosperitätsepoche, bis wir unversehens uns selbst gegenüberstehen und fühlen, wie unauflöslich eng alle diese Einzelheiten der französischen Nachkriegsgeschichte mit unserem eigenen Schicksal verbunden sind.

Das alles ist mit einer gewissen Losgelöstheit und in jenem hübschen Journalistenfranzösisch erzählt, das in der deutschen Übersetzung nur unvollkommen wiederzugeben ist oder in ihr eine Schwere gewinnt, die dem Buche nicht zukommt. In Frankreich hat diese kleine zeitgenössige Geschichte einen beträchtlichen Erfolg errungen. Es hat die Leute offenbar in einer fast wollüstigen Weise beschäftigt, ihre ureigene Gegenwart als eine Epoche behandelt zu sehen, die den Namen Geschichte verdient. Auch der deutsche Leser wird eine gewisse, wenn auch distanziertere Anziehungskraft in der Darstellung spüren, jedoch von einer anderen Seite her, denn ihn wird vor allem die Frage beschäftigen, ob und wieweit Frankreich sich seit dem Krieg *geändert* hat. Läßt sich unsere Empfindung, daß unser eigenes Leben gleichsam in zwei nie wieder zusammenzufügende Teile geschnitten wurde, auf die französische Erfahrung übertragen oder gibt es im heutigen Leben unserer westlichen Nachbarn noch eine Kontinuität, die aus der nebelhaft fernen Welt von jenseits des Krieges stammt?

Der französische Autor dürfte in seinem Lande den Linksparteien nahestehen, wenn man nach seinen mutigen Befunden über die Außenpolitik urteilen darf. Im übrigen ist es erstaunlich, zu welcher Neutralität ein so junger Geist fähig ist. Gewiß, die Epoche des nationalen Blocks mit seinem Kampf gegen die eingebildete Bolschewisierung des öffentlichen Lebens in Frankreich ist schon Geschichte, aber die Vertrauenskrise, welche die Herrschaft des Linkskartelles unterhöhlte, herrscht auch heute noch. Prévost läßt durchblicken, daß der einzelne Franzose zwar an der Weltordnung von Versailles interessiert ist, aber doch nicht mehr genügend an sie glaubt, um in sie ein kleines Kapital zu investieren. Kommen nicht alle wirtschaftlichen Schwierigkeiten Frankreichs aus diesem Mißtrauen? Und sind die letzten Kammerwahlen, die einen überwältigenden Sieg der Linken gebracht haben, nicht eine deutliche Abkehr von den neukapitalistischen Experimenten eines Tardieu und Laval gewesen? Nur wenige Franzosen haben die sogenannte Prosperitätspolitik so richtig verstanden wie Prévost. Wir teilen ganz seine Ansicht, daß Tardieus Wirtschaftspolitik, mit französischen Maßstäben gemessen, etwas Revolutionäres hatte. Denn sie versuchte eine Belebung des Kapitalismus durch staatlichen Eingriff. Damit verband sich ohne weiteres eine Bedrohung der bisher von allen Staatsmännern ängstlich respektierten privaten Sphäre des einzelnen Franzosen. Denn wenn der Staat schon in die Geschäfte eingreift und sie zur Wirtschaft erhebt, so ist auch das persönliche Freiheitsgebiet des Individuums vor der Einmischung des Staates nicht mehr sicher.

Die Wahlen vom vergangenen Mai, mit denen diese kleine Geschichte Frankreichs seit dem Kriege abschließt, waren zwar Linkswahlen, aber sie waren gleichzeitig auch eine Abschüttelung dieser Versuche, Frankreich von oben her zu revolutionieren. Das Buch schließt daher ganz richtig mit einer Beschreibung der Resignation, ja Müdigkeit, in der das Frankreich von heute lebt. Man wünscht die gefährlichen Abenteuer selbst um den Preis zu vermeiden, daß man um die notwendige Erneuerung geprellt wird. Es ist wichtig, über diesen Geisteszustand nachzudenken, denn, wenn er uns auch durch seine Unbeweglichkeit ärgert, so verteidigt er doch, ob er will oder nicht, viele edlen Güter unserer privaten Existenz. Für einen jungen französischen Historiker mag es freilich bitter sein, mit der Feststellung dieser Müdigkeit ein lesenswertes Buch zu schließen.

Jean Prévost, Geschichte Frankreichs seit dem Kriege. Stuttgart 1932
Frankfurter Zeitung 8. 1. 1933

Bemühung um Cromwell

Auf den ersten Blick gesehen, müßte Cromwell der Lieblingsheld der heutigen Jugend sein. Er machte Revolution – aber im Rahmen der Nation. Er kämpfte für die Freiheit – aber durch Autorität. Er wirkte für das Volk – aber durch die Armee. Trotzdem ist er bei uns nach wie vor wenig bekannt. Zwar haben sich in den letzten Jahren einige Ansätze zu einer stärkeren Beschäftigung mit seiner Figur gezeigt, aber diese hat dadurch kaum an Allgemeinverständlichkeit gewonnen. Irgend etwas an ihm entmutigt den Beschreiber, der in ihm den Vorgang oder das Beispiel oder die Aktualität hervorgraben möchte. Zunächst erscheint es nicht unmöglich, ihn zu heroisieren und ihn zum Vorläufer, wenn nicht gar zum Vorbild zu machen. Dann aber erweist sich seine Erscheinung als unlösbar widerspruchsvoll und die Zeit, die ihn umgibt, als zu verworren. Mit einem Wort, der Forschende hat das Gefühl, daß hier etwas Unübertragbares vorliegt, das seine Loslösung aus dem England des 17. Jahrhunderts und seine Anwendung auf die Menschheit schlechthin nicht zuläßt.

Johannes Tralows Roman *Gewalt aus der Erde* trägt viel dazu bei, diesen Vorgang verständlich zu machen. Das Buch nennt sich einen Cromwell-Roman, in Wirklichkeit aber ist es der Roman der Cromwellschen Armee. Diese im Zeichen der Glaubensfreiheit aus den verschiedenen Landschaften freiwillig formierten Reiterscharen erwiesen sich bald – eine unerhörte, noch nie dagewesene Erscheinung – als eine soziale Einheit, die Anspruch auf selbständiges Leben erhob, Träger einer Idee wurde, aus ihren Offizieren und Mannschaften die ersten Soldatenräte wählte und schließlich jene Petitionen abfaßte, welche die Grundlage jeglicher Volksherrschaft geworden sind. Tralow stellt diese Armee als den machtvollen Gegenspieler des Diktators dar. Mit Recht, denn genau besehen haben diese Reiter die »glorreiche Revolution« gemacht und Cromwell ist ihnen nur gefolgt. Auf dem Schlachtfeld war er ihr unbestrittener Führer, aber in der Politik widerstrebte er ihnen gewöhnlich so lange, bis ihm nichts anderes übrig blieb, als an ihre Spitze zu treten.

Es ist, als habe Tralow seinen Cromwell liebenswert machen wollen und als sei ihm dies schließlich doch nicht gelungen. Wir sehen einen Kraftmenschen vor uns, aber dieser Führer ist zu listig, zu grausam und zu schwankend, um uns zur Verehrung zu zwingen. Er wird von Dämonen geplagt, vom Teufel heimgesucht, hat aber nicht genug innere Unschuld, um ihn mit einem geworfenen Tintenfaß zu verscheuchen. Es spricht für Tralows Gestaltungskraft, daß sein Held glaubwürdig bleibt, obgleich er ihn nicht liebt. Das Herz des Verfassers ist bei den Massen, bei den Reitern, diesen bäuerischen Gepanzerten, die dem Boden Englands entstiegen scheinen – *Gewalt aus der Erde* – und das Kreißen einer von einer Idee schwangeren Welt darstellen. Und Cromwell vollendet die Tragödie aller Politik, die auf eine Idee aufgebaut ist; er ist ein Prophet, der zu schnell die Tat wollte, der sich nicht mit der Verkündung begnügen kann, sondern die Erfüllung mit gepanzerten Händen auf die Erde herabreißen will. Ihm genügte es nicht, der Wegbereiter, Johannes der Täufer zu sein, er wollte die Erlösung selbst vollziehen und das Reich Gottes in England gründen und – regieren.

Das Buch Tralows zu lesen, lohnt sich. Dem gebetseifrigen Diktator erwächst ein ebenbürtiger Gegner im Reiter Sexby, der die revolutionäre Doktrin rein erhalten möchte und vom glühendsten Sprecher der Soldatenräte zum großartigen politischen Verschwörer wird. Neben ihm seine Frau Harriet, ein im Guten wie im Bösen glühendes Geschöpf, dessen verführerische Erscheinung den Diktator, der die Lust verboten, die Freude unterdrückt und die Schönheit verbannt hat, zu ängstigen vermag. Und dann immer wieder das Volk in Waffen, das der kommunistischen Gemeinschaft »Der Fünften Monarchie« zustrebt, für die Verteilung des Landes kämpft und die Gleichheit aller Menschen proklamiert. Und schließlich der lateinische Sekretär des Staatsrats, John Milton, der die Kriegserklärung an Spanien schreibt, ehe das Augenlicht ihm ganz verlöscht. All diese Figuren leben ein starkes Leben, das der Leser mit Spannung verfolgt. Eine schottische Regennacht, eine Londoner Kneipe, ein Nebelmorgen in Whitehall, Parlamentssitzungen, Schlachtfelder, Heerlager und Liebesnester, jeder dieser Schauplätze wird so lebendig, daß man ihn sieht, riecht und schmeckt. Das Getümmel großer und wilder Charaktere rückt zu dem kräftigen Bilde einer Zeit zusammen, die persönlicher Leidenschaft nicht weniger fähig ist als opferbereiter Hingabe an eine Idee. Cromwell hebt die Idee von der Freiheit des Volkes mit seines Schwertes Spitze ans Tageslicht. Aber diese Idee schreitet über ihn hinweg, in die Zukunft hinein. Indem er sie in den Dienst seiner Politik zu stellen und so zu verwirklichen sucht, sperrt er sie gegen die Welt ab und führt die Vertagung ihres weltumfassenden Durchbruchs bis zum Jahre 1789 herbei. »Die größte aller Revolutionen Europas«, sagt Tralow, »ist durch seine Schuld englisch geblieben.«

Durch die lebhafte Auseinandersetzung mit der Idee der englischen Revolution ist Tralows Buch mehr als ein historischer Roman. Aber in einem Punkt teilt es das Erbübel dieser Gattung, in der Sprache. Die Fehlerquelle ist eine zweifache. Der Verfasser versucht in der Wechselrede und in dem häufig angewandten inneren Monolog seiner Figuren den Ton der Zeit zu treffen, ebenso möchte er die Gewaltsamkeit und das Strotzende der Epoche stilistisch widerspiegeln. Das Ergebnis ist eine sprachliche Künstelei, welche den Genuß dieses belangvollen und lesenswerten Buches nicht immer leicht macht. In beiden Fällen hätte der Verfasser seiner Gestaltungskraft mehr vertrauen können, denn die »Echtheit« der Figuren und ihrer Atmosphäre liegt in der Schilderung als solcher und bedarf keiner sprachlichen Nachhilfe, die doch niemals mehr sein kann als ein Kostüm von zweifelhafter Echtheit. Gewiß, wer verstände nicht die stilistische Verführung, die von Luthers Bibeldeutsch ausgeht! Aber diese Sprachwelt ist zu vollkommen, um Anleihen zu dulden, besonders wenn die geborgten Brocken sich mit einer Kraftmeierei des Ausdrucks mischen, die verdächtig nach den schwachen

Ausschreitungen des selig entschlafenen Expressionismus schmeckt. Ein Stil, in dem alles brüllt, schreit, platzt, braust, frißt, stürzt und rast, diskreditiert sich selbst und erscheint unfähig, gehobene Zustände wahrhaft zu gestalten – anstatt sie akustisch nachzuahmen. Tralow begnügt sich aber nicht mit dem Lärm, er verzerrt ihn auch noch. Gestampf und Gebrüll reichen ihm nicht aus, er muß sagen »Stampf« und »Brüll«. Wer solche Szenen schreiben kann wie die Füsilierung des Reiters Arnald und Cromwells Gebet in der Schlacht bei Dunbar, der dürfte sich getrost seiner Erzählungskunst anheimgeben und sich bewußt bleiben, daß im simpelsten Deutsch die gewaltigsten Ereignisse Fleisch und Blut werden können.

Johannes Tralow, Gewalt aus der Erde. Berlin 1933
Frankfurter Zeitung 10. 9. 1933

1935–1938

Victor Hugo

Wir kennen ihn nicht und werden ihn nicht mehr kennenlernen. Sein Werk von über achtzig Bänden hat uns nie erreicht, den »Glöckner von Notre-Dame« vielleicht ausgenommen. Die Sprache wird mehr und mehr zu einem Hindernis, das auch mit Hilfe einiger guter Übersetzungen, von Freiligrath, nicht überstiegen werden kann. Am ehesten könnte uns doch der Ablauf seines großartigen und nicht immer reinen Lebens gegenwärtig bleiben, wenn es sich nicht vom ersten bis zum letzten Tag auf Tribünen abgespielt hätte. Wir hören in seinem Namen einen Donner rollen und wissen nicht, woher er kommt. Aus den Titeln seiner Bücher sehen wir Blitze aufleuchten, ohne daß wir gewahren können, woher sie ihren Glanz beziehen.

Wenige Tage nach dem Tode des Vierundachtzigjährigen schrieb eine französische Tageszeitung ihm diesen Nachruf: »Es gab im Altertum eine großartige Trauerlegende. Als der Gott Pan starb, trauerte die Natur. Der Tod Jesu, mehrere Jahrhunderte nachher, ist der Abglanz dieses trauernden Regenbogens, der seinen schwarzen Glanz nach Westen spannt. Man muß heute auf diese großen Mythen zurückgehen, um ein Bild für die neue Trauer der Erde zu finden. Man muß bis zum Vorhang des Tempels zurückgehen und bis zum Schluchzen der Wälder. Welchen anderen Namen soll man dem enormen Dichter, der scheidet, geben als den des Gottes, der für die Alten die Welt verkörperte!« Der Gott! Wir stehen ratlos vor dieser fast blasphemischen Verehrung, hinter der die Bemühungen des Staates bei der Trauerfeier nicht zurückblieben. Unter dem Triumphbogen wurde sein Sarg ausgestellt, um dann in einem Festzuge, desgleichen man seit Menschengedenken selbst in Paris nicht gesehen hatte, nach dem Panthéon gebracht zu werden. Frankreich war überzeugt, daß das Weltall vor Schmerz zittere. Frankreich selbst – erinnert es sich heute noch seines Schmerzes?

Rost und Motten haben viel von dem wahllosen Reichtum aufgezehrt, den der ungezügelte Genius dieses Dichters ausgestreut hat. Aber etwas muß doch geblieben sein, ein wenig von dieser maßlosen Erschütterung muß doch noch in der eisigen Luft der Gegenwart zu spüren sein, ein Rest von dieser Wortwelt – mit flüchtigem Stift auf steinernen Tafeln hingewühlt – muß sich doch noch finden lassen. Getrost, etwas an ihm ist unsterblich, wir wissen nur nicht, was.

Was ein Dichter ist, glaubte man seit Byron zu wissen. Das Herz, das sich verschäumt, die Schönheit, die sich eitel im reinen Spiegel des Gesanges wiedererkennt, die wilde Leidenschaft, die erst die Strophe, dann die Gestalt sprengt und schließlich, vom erfüllten Wort zur großartig-sinnlosen Tat übergehend, sich selbst verzehrt. Das schneeweiße Engelsprofil im Sturm der Locken, die Lippen halb zum Kuß, halb zum Gesang geöffnet, das Ganze vom Schwung des schwarzen Reisemantels umgeben. Dann kommt *Victor Hugo.* Nur Stirn, nur Blässe, der Mund fest geschlossen, das Auge von wahnsinniger Spiegelung heimgesucht, der ganze Mensch angespannt wie eine Harfensaite, gierig auf Echo, bereit zu erklingen, wild entschlossen, auf jedes Ereignis mit einem Strom von Versen zu antworten. Für Hugo blieb das Reagieren immer das Entscheidende. Sein unaufhörliches Eingreifen in die öffentlichen Angelegenheiten hatte mit Byrons romantischem Handeln nichts zu tun. Der Lord tauschte das Wort gegen die Tat ein, denn auch das Wort war ihm immer nur eine Stufe zum Leben gewesen. Den Franzosen quälte das Mißverhältnis zwischen seiner unfaßlichen, in der Welt wohl einzig dastehenden Gestaltungskraft und seinem Wesensinhalt. Die Welt war für ihn ein Stoff zum Dichten, nicht zum Leben.

Seitdem sehen wir den Dichter auf der Tribüne, wir sehen ihn den Blitz seines Wortes nicht in die Ewigkeit schleudern, sondern auf das flache Mittelland der Politik versenden. Der Dichter wettert gegen den Tyrannen, der Dichter ruft zu den Waffen, der Dichter feiert den Krieg, den Frieden, den Haß, die Verbrüderung, die Revanche und die Vereinigten Staaten von Europa. Er wird Pair von Frankreich, Abgeordneter von Paris, Mitglied der Nationalversammlung, Senator, Gesandter in Neapel, Botschafter in Madrid! Viel zuwenig, dann schon lieber Unterrichtsminister. Aber am liebsten Minister des Äußeren, »denn von dort aus überwacht man Europa!« Später versucht er den ozeanischen Felsen, den er sich als Zufluchtsort der Verbannung ausgesucht hat, zum Berge Sinai zu machen. Er mischt sich in alles, gibt den Fürsten Ratschläge, tadelt die Staatsmänner, kämpft für die Abschaffung der Todesstrafe, korrespondiert mit Lincoln, Juarez, Garibaldi, predigt den Italienern, setzt sich für John Brown ein, wirbt für die Polen, nimmt für die Iren Partei, sendet Botschaften an Kongresse, präsidiert Banketten, unterzeichnet Entschließungen, kurzum entfaltet jene »warmherzige« Tätigkeit, für die Goethe nie zu haben war und die heute noch vielfach, vor allem in Frankreich, als die Pflicht geistiger Menschen angesehen wird. Ein ungeheures Geräusch ging fünfundsechzig Jahre lang von diesem Manne aus. Ein männlicher Engel, der in die Posaune stieß und alle Register zog, aber manchmal auch nur flüsterte, nur leise in die Nacht hineinsprach und darum doch nicht weniger schallend vernehmbar war.

Das Gemisch bleibt Gemisch und will sich nicht zu höherer Einheit verbinden. Die Sucht, sofort und unmittelbar auf das Zeitgeschehen zu wirken, lebt unvereinbar neben der lyrischen Fähigkeit, auf die innere Musik zu lauschen, die so verworren und vom Dichter oft selbst nicht ganz verstanden aus den Tiefen des Wesens wie aus einer Meeresgrotte aufrauscht. Das schöne Gleichgewicht, das seinem Lande so viel bedeutet, war in seinem

Charakter nur in den Augenblicken schwersten Leidens spürbar. Das ist freilich nicht wenig, ja fast die höchste Bestätigung seiner Existenz. Alles andere kehrt angesichts dieses reinen Schmerzenstones in das Vorreich der irdischen Geräusche zurück. In den schwächeren Augenblicken seines überreichen Lebens war es oft, als ob er, der seiner Zeit als der Dichter an sich galt, nicht genug Vertrauen in das Eigenleben, die Eigenwirkung des gestalteten Wortes habe. Immer wieder griff er über die Sphäre des künstlerischen Schaffens hinaus. Daß er ein großer Staatsmann sei, war seine feste Überzeugung. Alles, was Frankreich achtzehn Jahre lang, vom Staatsstreich des 2. Dezember bis Sedan, widerfuhr, war in seinen Augen ein homerischer Zweikampf zwischen dem Kaiser der Franzosen und dem Dichterpropheten auf der Kanalinsel, der das Weltgewissen zu verkörpern glaubte. Darin war er Chateaubriand ähnlich und dessen: »Ich und Napoleon!« Als die deutschen Truppen nach der Kapitulation des Besiegten von Sedan ihren Vormarsch fortsetzten, war Hugo höchst erstaunt, denn er hatte fest geglaubt, daß sie seinem berühmten »Appell aux Allemands« Folge leisten würden. Er erbot sich, den preußischen Vorposten entgegenzutreten und ihren Waffen seine Dichterbrust darzubieten. »Dann wird der Krieg zu Ende sein!« erklärte er, worauf ihm ein Freund erwiderte: »Gewiß, für Sie!«

Universale Träume suchten ihn heim und fuhren mit dem ozeanischen Wind seines Exils brummend und mißtönig durch die Saiten seiner Harfe. Alles, was wir heute an weltbeglückenden Plattheiten erleben können, stammt von Victor Hugo ab. Unbestimmte Erinnerungen an den Saint-Simonismus vermischten sich in ihm mit der aufsteigenden Fortschrittsfreude des 19. Jahrhunderts, dessen vollendeter Vertreter er ist. Seine Vorschläge zur Bekämpfung der Arbeitslosigkeit, zur Lösung der Währungsfrage sind geradezu albern. Die »soziale Frage« hatte sich seiner bemächtigt, er versuchte, ihrer einerseits mit Gefühl und andererseits mit praktischen Verbesserungen Herr zu werden, in der Art etwa, daß er vorschlug, »alle Flüsse Frankreichs mit Fischen zu füllen, um den Armen den Lachs zu einem Sou das Pfund zu geben«. Indem er sein Dichtertum in den Dienst der Demagogie stellte, leistete er der Politik wertvolle Hilfe, ohne sie wesentlich beeinflussen zu können. Noch heute schöpft das republikanische und laizistische Pathos des offiziellen Frankreichs aus Hugos Quellen.

Gewisse Parteien fordern ihn für sich. Höchstens die Dritte Republik, die eben mehr als eine Partei ist, hat ein Recht dazu. Mit seinem Pamphlet »Napoléon le Petit«, mit seiner großartigen Dichtung »Les châtiments«, mit seiner Gewissenserforschung »L'année terrible« hat er diese Republik vorbereitet. Mit dem gesamten Werk aus der zweiten Hälfte seines Lebens hat er sie bestätigt. Seine Apotheose nach seinem Tode war auf seinem letzten Wunsche aufgebaut, daß die Kirche sich von seiner Bestattung fernhalten möge. Die Republik, die damals gerade ins antiklerikale Fahrwasser einbog, gestaltete die Trauerfeier nicht nur für den Dichter der Armen, sondern auch gegen die Religion. Der heutige Radikalsozialismus ist reinster Victor Hugo: das Ideenfeuer der Großen Revolution dem naturwissenschaftlichen Zeitalter angepaßt. Nicht als ob Hugo ein Mann von 1789 oder gar von 1793 gewesen wäre – er wechselte vom Royalismus mit einem kurzen Umweg über den Bonapartismus zur republikanischen Idee hinüber –, aber seine Napoleonverehrung war durch und durch demokratisch und führte ihn ganz von selbst zu den Ideengrundlagen des heutigen Frankreichs zurück. Von der Ode »A la colonne« geht eine gerade Linie zu »O soldats de l'an deux!«

Dieselben Leute, die vom »stupiden 19. Jahrhundert« sprechen, sind auch die Feinde Victor Hugos und werden nicht müde, seinem dichterischen Genius den leichtfertigen Verkehr mit den Schlagworten der Jetztzeit vorzuwerfen. In der Tat waltete in dem Dichter eine fast naive Genugtuung über die technischen Errungenschaften und praktischen Erkenntnisse, von denen er fest glaubte, daß sie dazu dienen würden, den Menschen seinem Glück näher zu bringen und die Herrschaft der

Wahrheit vorzubereiten. Sein schönes Gedicht »Plein ciel« zeigt diese Leichtgläubigkeit im Feuer der Dichtung zu wahrer Kindlichkeit umgeschmolzen. Dem Luftschiff ruft er zu:

> »Où va-t-il, ce navire? Il va, de jour vêtu,
> A l'avenir divin et pur, à la vertu,
> A la science qu'on va luire,
> A la mort des fléaux, à l'oubli généreux,
> A l'abondance, au calme, au rire, à l'homme heureux.«

Sein durch und durch bürgerliches Lebensgefühl machte ihn zu einem Philanthropen, der ein Sozialist zu sein glaubte. Seine Wohltätigkeit war weltbekannt. Die Pariser Nationalbibliothek (von der Hugo wollte, daß sie einst die Zentralbibliothek der Vereinigten Staaten von Europa sei) stellte einmal unbekannte Papiere und Manuskripte aus, unter denen sich schriftliche Anweisungen für seine Köchin befanden: »Geben Sie allen Brot, die darum bitten. Geld geben Sie nur, nachdem Sie mich gefragt haben.«

Ein kluger Hausvaterrat, der zeigt, wie sehr Hugo überlaufen wurde. Er glaubte, daß ein gutes, gebefreudiges Herz etwas mit Sozialismus zu tun habe, und die Bewunderer seines sozialen Romans »Les Misérables« bestärkten ihn darin. In Wirklichkeit suchte er das Volk, weil er in seiner Verbannung so einsam war. Nachts, während das Meer stürmte, schuf er auf seinem Schreibtisch das warme Blut des französischen Volkes neu, da er von ihm körperlich getrennt war. Seine schönste Figur, der kleine Gavroche, entstand gleichsam als Trost in der Sehnsucht nach den belebten Straßen von Paris. In seinem pseudogotischen Hause mit Butzenscheiben und Ritterrüstungen, an seinem Riesenschreibtisch, von dem er auf die ewig zornigen Wogen blickte, schmolz sein bürgerliches Herz vor Heimweh nach den Massen, die sich in den Faubourgs drängten. Er wußte nicht, daß Sozialismus eine Wissenschaft ist, strenger als die härteste Religion. Er rief zur Revolte auf, ohne genau zu wissen, wofür. Er wollte Wärme, Herzschlag, Bewegung.

Je genauer wir ihn betrachten, um so stärker spüren wir, daß die dichterische Erfüllung ihm nicht genügte. War sie ihm versagt? Wenn wir ihn mit Goethe vergleichen, so verstehen wir plötzlich nicht mehr, wieso Frankreich fünfzig, sechzig Jahre lang diese Posaune hat ertragen können, ja ihrer bedurft hat. Goethe war eine Welt und fühlte sich im Einklang mit sich selbst, wenn er der Forderung des Tages genügte. Die winzigen Weimarer Geschäfte genügten ihm als Stoff sittlicher und menschlicher Bewährung. Wie paradox, daß Deutschlands größter Dichter sich in der Harmonie zwischen Ich und Welt erfüllte, während Frankreichs größter Dichter immer über sich selbst hinausstrebte, vergeblich das Universum auszufüllen versuchte und ganz Dynamik war. Goethe löste mit einem Liede alle Schmerzen, und nach jeder dichterischen Vollendung fing das Kunstwerk seines Lebens von neuem an. Für Hugo kam der Friede nie. Von der »Tristesse d'Olympio« bis zu den wunderbaren helldunklen Klagen der »Contemplations« ist all sein Lied ein Bemühen um Lösung. Er kann das Leid beschreiben (und wie kann er es beschreiben!), aber er findet nicht die Zauberformel, um es zu bannen. Goethes Schrei: »Ach, ich bin des Treibens müde!« ist nicht nur die Beschreibung, sondern auch schon die Beschwörung. Ihm gab ein Gott zu sagen, was er leidet, und erlöste ihn, um ihn für neue Leiden zu stärken. Hugo suchte diesen Gott, aber er fand ihn nicht. Vergeblich lauschte er »dem Schattenmunde«. Unter eine seiner Photographien schrieb er: »Victor Hugo im Gespräch mit Gott.« Nie wurde er müde, seinen Glauben an Gott zu bekennen. Wo ihn das Gedicht im Stich ließ, da betete er.

So entstand der Monolog, der Hugos Wesen ist. Fast zwanzig Jahre lang hatte er das Meer vor sich, nachdem er ein Menschenalter lang aus der großstädtischen Luft heraus gedichtet hatte. Das Meer rollte ihm fast bis an das Tintenfaß, es füllte gänzlich das vorhanglose Riesenfenster seines Arbeitsraumes aus, es gab ihm tagaus, tagein das stumme Stichwort zu seiner endlosen inneren Rede und war ein großer, aber geduldiger Gesprächspartner, der nie zu widersprechen schien. Der Ozean hat für Hugos Entwicklung eine ähnlich große Bedeutung wie Italien für Goethe – aber fast eine umgekehrte. Der Deutsche lernte das, was er unruhig mit der Seele gesucht hatte, in der Begrenzung finden. Der Franzose verlor für alle Zeiten gleichsam die vierte Wand aus dem Zimmer seiner Seele, er war nie mehr allein, aber das außermenschlich stumme Geräusch wurde seine Gesellin. Das innere Gemurmel, das fast kränkliche Vorsichhinsprechen der »Pente de la rêverie« wird zur blinden und tauben Rede eines Einsamen in der großartigen »Tempête sous un crâne«. Sonderbar, daß gerade der Gipfel der französischen Literatur, die doch geselliger und umgänglicher als alle anderen ist, solchen Monolog hervorbrachte! Leiden nicht seine Theaterstücke an der Unlebendigkeit der menschlichen Wechselrede? Auch das berühmte Gespräch zu dreien in der Schenke der Rue du Paon aus »1793« ist nichts weiter als das Nebeneinander dreier riesenhafter Reden.

Um die manchmal fast überirdische Gewalt seiner Sprache zu erklären, muß man den doppelten Ursprung ihres Reizes heranziehen. Sie wirkt durch die Antithese und durch das Bild, also durch einen dialektischen und einen sinnlichen Vorgang. Die Antithese ist ein altes französisches Erbe. Das Bild wurde in seiner Hand dadurch zur Neuschöpfung, daß er es nicht mehr zum Vergleich anwandte, sondern einfach an die Stelle des beleuchtenden Vorganges setzte – eine damals unerhörte Tat. Der Umfang seiner Ausdrucksfähigkeit grenzt an den Wahnsinn. Wie ein Sturzbach reißt diese Sprache alle Ideen, Gegenstände und Zustände mit sich, so daß man sie – wie Möbel, Leichen oder Häuser bei einer Überschwemmung – auf den rasenden Wellen treiben sieht. Ob man will oder nicht, man muß daran denken, daß der Bruder und die einzig überlebende Tochter des Dichters in geistiger Umnachtung endeten, daß die Stirn dieses Menschen unheimlich groß ist und wie die eines Embryos hervorspringt. Man fühlt das Schwindelerregende dieser sprachlichen Springflut und sieht im Geiste den Schreibenden, über den Schreibtisch gebeugt, es ist Nacht und Sommer, der Himmel ist hell, und weiß rollt das Meer gegen das Haus, sinnloser Prall und leere Gewalt. Da hilft kein Schlaf, denn auch im Halbtraum greift er zum Stift, um die blassen Schemen festzuhalten, die durch sein heimgesuchtes Riesengehirn ziehen. Am anderen Morgen, wenn die Sonne über Frankreichs ferner Küste aufgeht, findet er auf Papierfetzen rings um sein Bett die Spur der Nacht und entziffert sie sorgsam.

Daß er die dichterische Sprache des heutigen Frankreichs geschaffen hat, daß er den Leconte de Lisle, Heredia, Mallarmé, Valéry und Anne de Noailles das Instrument geschmiedet hat, ist sicher. Aber hat er darum den lyrischen Ausdruck ermöglicht? Man kann diese Frage ohne Furcht mit Nein beantworten. Seine dichterische Gestaltung kommt der Lyrik oft unendlich nahe, aber ihr Ursprung ist nicht der menschliche Urlaut, die Zauberformel, das verwandelnde Beschwörungswort, sondern die Belehrung. Das Wort hat bei ihm nicht die Bedeutung eines Symbols, sondern eines Argumentes. Es verkörpert nicht, weil es beschreibt oder schmückt. Nie ist Hugo das Wunder der Transfiguration gelungen, wie etwa Mörike in »Neue Liebe« oder Keats in »Season of mists and mellow fruitfulness«. Zum bloßen, bewegungslosen menschlichen Zustand ist er nie vorgedrungen, weil er dem Drang, diesen Zustand zu »zivilisieren« oder zu arrangieren, nicht hat widerstehen können. Aber es gab Augenblicke, wo das bloße Dahinströmen der Klage oder Ansprache dem einfachen Element zum Verwechseln ähnlich wurde. Die Ode an Lamartine oder »Booz endormi« sind nur um ein fast unsichtbares Haarbreit von reiner Dichtung entfernt.

André Gide hat auf die Frage, wer Frankreichs größter Dichter sei, die berühmte Antwort gegeben: »Leider Victor Hugo!« Ein tiefes Wort, denn es beugt sich vor der Meisterschaft dieses Wortgewaltigen, aber es enthält auch eine Klage darüber, daß das französische Wesen einen großen Dichter im Sinne Goethes nicht ermöglicht. Denn wodurch ist ein Dichter groß außer dadurch, daß er imstande ist, die Seele seines Volkes aufs äußerste zu füllen, ohne sie zu sprengen! Größe im Reiche der Dichter ist Gleichgewicht. Goethe ist selbst Welt, aber er ist der größte Dichter überall da, wo die Welt Goethe mit der Welt Deutschland eins wird. Hugo ist der Napoleon der französischen Dichtung: Er führt sie weiter als irgendeiner vor ihm, aber er führt sie über die Grenzen ihres Wesens hinaus. Der Zug soll ins All gehen, aber er geht ins Nichts. Noch einmal: Die französische Literatur ist von Natur aus gesellig. Welch ein Zwang für Hugo! Sein Übermaß durchbrach diese Geselligkeit immer wieder. Er machte aus ihrer humanen Intimität entweder den vielstimmigen Lärm einer Volksversammlung oder stürzte aus ihr fort in die Einsamkeit des Wahnsinns. Denn zum schönen Maß fehlten ihm die Geduld oder die Erkenntnisse. Er glaubte zu denken, in Wirklichkeit dachten die Worte für ihn. Aus seinem unermeßlichen Werk eine klare Weltanschauung herauslösen zu wollen, ist unmöglich.

Und doch war er der Meister und ist es geblieben. Wenn Sainte-Beuve von ihm sagte, daß er ein Gedicht wie ein Türschloß mache, so lobte er ihn damit, ohne es zu wollen. Eine Dichtung wie »Mon Enfance« ist von einer handwerklichen Vollendung, wie sie die französische Sprache seit Malherbe nicht mehr gekannt hat. »Hugo in Frankreich«, sagt Thibaudet, »ist für die Worte, was Descartes für die Vernunft und Voltaire für den Esprit ist.« Niemals vor und nach ihm sind die Worte so sehr Bausteine gewesen, Bausteine zu Domen fähig, aber auch das Geröll auf Trümmerfeldern. Welche Zyklopenkraft gehört nicht dazu, um sie zu heben, aber vielleicht ist es auch dabei unerläßlich, nur ein Auge zu haben, mitten in der Stirn. Man sehnt sich nach Windstille inmitten dieses ewigen Sturmes, der manchmal Regen, manchmal Staub, Trümmer und manchmal Sterne mit sich führt. Aber hat man ein Recht, außerhalb der vier Elemente zu leben? Wir kennen ihn nicht, diesen Dichter, und werden ihn nicht mehr kennenlernen. Frankreich, das ihm die Apotheose bereitete, glaubte das Klagen des Alls zu hören, den Jammer des Universums. Nichts davon! Es war der Ozean, der gegen den Felsen schäumt wie gegen das Schicksal. Wir hören ihn wohl, aber er redet zu uns mit einer anderen Zunge. Wir hören den Schrei dessen, der Ufer sein möchte und nur Flut ist.

Frankfurter Zeitung 2. 6. 1935

In himmlische Gefangenschaft gebückt

Zu Hölderlins gesammelten Briefen

Hölderlins gesammelte *Briefe,* vom Insel-Verlag in einem köstlichen Taschenband vereinigt und von Ernst Bertram mit einer sehr schönen Einleitung versehen, führen uns von den Jugendtagen in der Klosterschule zu Maulbronn bis in das Ende und die Umnachtung hinein. Sie umfassen ein ganzes Dichterleben vom ersten schwachen Flügelschlag bis zum ikarischen Absturz. Sie begleiten das Erdenwallen eines der größten Spracherneuerer und des reinsten Dieners am Werk. Und doch herrscht in ihnen die Nahrungssorge mit einer Gewalt vor, daß man in diesen irdischen Dokumenten den Ursprung der Legende vom Poeten in der Dachkammer erblicken könnte. Die meisten dieser Briefe sind an die Mutter gerichtet und zeigen ein endloses, qualvolles Bemühen, die täglichen Mißerfolge zu rechtfertigen, der Mahnung zu einer festen Versorgung auszuweichen, um Verständnis für das Verweilen in unsicheren Verhältnissen zu flehen und neue Nachsicht und Hilfe zu erbitten. Dieser priesterlichste aller deutschen Dichter, der unsere Sprache zu unerhörten Möglichkeiten hinauf gesteigert und sie befähigt hat, hymnisch zu sein, der wie kein anderer vor ihm das Göttliche mit Naturlauten verehrt hat und der »heiligen Schicklichkeit«, wie er es nannte, wahrhaft nahe gekommen ist, dieser Genius ist sein ganzes Leben lang anderen Menschen zur Last gefallen und seine gesammelten Briefe sprechen die unauslöschliche Scham darüber in Lauten aus, die mit Macht an jedes deutsche Gewissen rühren. Denn dies ärmliche und glücklose Leben ist nicht bloß der ewige Widerstreit zwischen dichterischem Streben und alltäglicher Stofflichkeit, wie Alfred de Vigny ihn in seinem »Chatterton« für alle Zeiten festgehalten hat. Nein, Hölderlins Erdenwallen hat etwas gleichsam konstitutionell Deutsches und scheint national bedingt. Die Tragödie kann nicht zu allen Zeiten und an allen Orten spielen, sie ist vielmehr eine Abwandlung unseres Wesens, dem Geschichte, Entwicklung und Zeit nur sehr bedingt etwas anhaben können. So ist alles in uns »in himmlische Gefangenschaft gebückt« und doch unverwundbar in dem, was Ernst Bertram so schön das deutsche Trotzdem nennt.

Hat Hölderlins Werk noch die Vollendung, die unsere Jugend erfüllte? Damals erschien er uns als der deutsche Gipfel schlechthin, in dem Griechisches und Vaterländisches sich zu einer unserem Volke fast ungemäßen Harmonie vereinte. Wir sind mit seinem hellen Spruch »Wo aber Gefahr ist, wächst das Rettende auch«, in den Krieg gezogen, und den Edelsten unter uns, Norbert von Hellingrath, traf die tödliche Kugel in einem Augenblick, als er das Gesicht zögernd und ganz versunken von der Handschrift der »Hymnen« aufzuheben schien. Nichts an Hölderlin ist kleiner geworden seitdem, aber in uns ist etwas verschüttet, nämlich der lebendige Verkehr mit der antiken Idee. Was ihm – und uns damals – wirkliches, innerstes Wesen war, das ist uns heute nur noch als Bildung zugänglich, und wir fordern eine Ursprünglichkeit, die vielleicht nicht viel mehr ist als die Unfähigkeit, im Bilde zu denken. Diesseits aller Erkenntnis erwarten wir den nackten Schauer, der schweifend, wild und ungesellig die schönen Heiligtümer meidet. Um so offener ist unser Sinn für den Schmerz, in dessen fast weißer Glut diese Läuterung Wort wurde, und heute liegen Hölderlins Briefe vor uns, als wollten sie die Mahnung wiederholen, die wir damals nicht bedacht haben: nie zu vergessen, um welchen Preis diese Vollendung im Gedicht erworben wurde.

Kein Umstand, keine äußere Bedingung in diesem Leben ist

glückhaft. Es fehlt an allem, an Geld, an Sicherheit, an Selbstvertrauen, an praktischem Sinn, an Kampfeslust und vor allem an Gier. »Ich scheue das Gemeine und Gewöhnliche im wirklichen Leben zu sehr . . . Es ist freilich nicht gut, daß ich so zerstörbar bin . . .«, sagt er noch wenige Jahre vor dem Ende, dem Anbruch der geistigen Nacht. Und ist in dieser Briefstelle nicht sein ganzes Leben: »Ich bin ohnedies wie ein alter Blumenstock, der schon einmal mit Grund und Scherben auf die Straße gestürzt ist und seine Sprossen verloren und seine Wurzeln verletzt hat, und nun mit Mühe wieder in frischen Boden gesetzt und kaum durch ausgesuchte Pflege vom Verdorren gerettet, aber doch hie und da noch immer welk und krüpplig ist und bleibt.« Ja, dieser schöne Jüngling, dem die Studienfreunde nie mit den Augen folgen konnten, ohne zu meinen, es »ginge Apollo durch den Saal«, fühlte sich sein ganzes Leben lang mißraten und mißgewachsen. Aber er weiß, warum er es fühlt: »Schwerlich wird mir etwas ganz gelingen, weil ich meine Natur nicht in Ruhe und anspruchsloser Sorglosigkeit ausreifen ließ.« Der Fünfundzwanzigjährige schreibt an seinen Freund Neuffer: »Es geht uns wie den jungen Rossen. Wie wir zusammen unseren Weg anfingen, flogen wir oder glaubten doch zu fliegen. Und jetzt wär' es beinahe not, daß man Sporen und Peitsche brauchte. Freilich werden wir auch so ziemlich mit Stroh gefüttert. – Wir wollen aber doch das Beste hoffen.«

Kein Verzweiflungslaut wird hörbar, dem nicht auch der zaghafte, doch fromme Klang einer höheren Zuversicht nachfolgte. Selbst noch seine an sich selbst gerichtete Mahnung, als er seine letzte Hauslehrerstelle in Bordeaux annimmt: »Nichts fürchten und sich viel gefallen lassen!« zeugt von einem inneren Widerstand gegen das Leid, der freilich durchaus nicht aus dem Lebenstrieb, sondern ganz aus einer uns heute unvorstellbaren Hingabe an das Werk stammt. »Laß uns zusammen aushalten in dieser finsteren Zone, zusammen wirken, und nur vom Siege unser Herz nähren!« ruft er zum Trost dem Freunde Neuffer zu. Doch dieser Sieg ist nie einer über die Mächte des Lebens, sondern immer nur einer über das eigene Herz, das sich durch keine Erniedrigung die stählerne Unschuld rauben lassen darf, die zum Gedicht nötig ist. Diese köstliche Seele scheint dazu verurteilt, erst in Fesseln sich wahrhaftig zu entfalten. Sein Hyperion sagt: »Was lebt, ist unvertilgbar, bleibt in seiner tiefsten Knechtsform frei, bleibt Eins, und wenn du es zerreißest bis auf den Grund, und wenn du bis ins Mark es zerschlägst, doch bleibt es eigentlich unverwundet und sein Wesen entfliegt dir singend unter den Händen . . .« Und ein anderes Mal: »Der echte Schmerz begeistert. Wer auf sein Elend tritt, steht höher. Und das ist herrlich, daß wir erst im Leiden recht der Seele Freiheit fühlen.« Dieser Freiheit verdankt Deutschland den höchsten Ertrag, den je ein Irdischer aus dem deutschen Wort (als eigentlichem Element) gefördert hat. Aus dieser Unverwundbarkeit, die immer neuer Schläge bedarf, um sich zu bewähren, stammen die aus unserer Dichtung einsam herausragenden Sprachtrümmer der letzten Hymnen, deren kolossalische Wortfügung nie wieder erreicht worden ist. Ja, vielleicht nicht mehr erreicht werden *konnte,* denn das Barock der Hölderlinschen Spätdichtung ist wie alles Barock ein Abschluß, ein Ende, über das hinaus keine Steigerung mehr möglich ist. »Es ist dem besonderen Duften abgeschnittener Blumen vergleichbar«, sagt Hellingrath, und vollendeter kann man es kaum sagen, denn für diese Blumen gibt es kein Zurück mehr in das Leben, in den dumpfen Nährboden der Zeit.

Wir, die wir den schwäbischen Apoll in der unermeßlich fernen Zeit unserer Jugend lieben gelernt haben, verstehen aus ganzem Herzen, warum seinem Werke heute nicht mehr die gleiche Gegenwärtigkeit zugebilligt wird. Zwar fehlt es auch ihm nicht an Kampfgeist, aber es ist ein völlig einsamer Kampfgeist, der kein Reich auf dieser Erde will. »Reich Gottes« war das Kennwort, mit dem er sich am Ende der Seminarzeit von dem Jüngling Hegel trennte. Doch es wurde ein anderes Reich daraus, ein geheimes Deutschland, das an keinem Ort und zu keiner Zeit zu finden ist, ja dessen Wesen darin besteht, daß es sich in Nichts auflöst, sobald es mit der deutschen Wirklichkeit in Berührung kommt. Hölderlin war nichts weiter als ein entgleister Theologe, der seiner Familie und seinen Freunden zur Last fiel und als Hauslehrer, also als halber Bedienter, ruhelos von Ort zu Ort irrte. Und er empfand dies Schicksal als gerecht, sobald er sich als einen Teil des Ganzen, als Deutschen unter Deutschen zu sehen versuchte. Insofern ist die Tragödie seines Lebens, wie sie aus diesen Briefen schmerzhaft deutlich hervorgeht, mehr als das ewige Schicksal des gottgesandten Poeten, der an der Roheit des Alltags zerbricht. Sie ist die Tragödie eines Schwaben, der sich als Deutscher fühlt, ohne daß er Deutschland gewahren und greifen kann. Ja, muß man nicht sogar sagen, daß die deutsche Disharmonie, die ihn umgab, ein unerläßliches Element seiner künstlerischen Vollendung war? Und daß sein Genius gleichsam zu wählen hatte zwischen einem sichtbaren, Fleisch und Macht gewordenen Deutschland und der göttlichen Einmaligkeit seiner dichterischen Erfüllung? »Wir, seit den Griechen, fangen wieder an, vaterländisch und natürlich, eigentlich originell zu singen«, schreibt er Ende 1802 an seinen Verleger Wilmans. Wie wahr ist dieses Urteil, wenn man es an einer deutschen Erfüllung im Geist mißt, und wie sinnlos ist es, wenn man es mit dem vergleicht, was politisch oder auch nur moralisch möglich war!

Das Vaterländische ist für ihn die Gewährung des Wunsches, in dem Maße deutsch zu sein wie die Griechen griechisch waren. Was aber sind die Griechen anderes als Symbole einer Welt, die mit sich selbst in Einklang lebt, ohne darum auch nur einen einzigen ihrer Götter geopfert zu haben? Erst nach seiner Rückkehr aus Bordeaux, also nach den ersten Anfällen seiner späteren Geisteskrankheit, wagt er diesen Griff in die deutschen Möglichkeiten. Aber der Ausbruch des Wahnsinns hindert ihn, Gewißheit darüber zu gewinnen, ob es wirklich Möglichkeiten sind oder bloß Widerscheine bevorstehender Entrückung, unbestimmt leuchtende Geschöpfe seiner starken, allzu starken Sehnsucht. Dies alles erst, nachdem Diotima verloren ist! Wer könnte an dem edlen, alten Hause auf der Bockenheimer Landstraße in Frankfurt vorübergehen, ohne von der ehrfürchtigen Ahnung des Schicksals ergriffen zu werden, das sich dort am Ende des 18. Jahrhunderts am sprachgewaltigsten deutschen Dichter vollzogen hat.

»Die Woge trug mich fort«, schreibt der Liebende an Neuffer, »es ist eine ewige fröhliche heilige Freundschaft mit einem Wesen, das sich recht in dies arme geist- und ordnungslose Jahrhundert verirrt hat. Mein Schönheitssinn ist nun vor Störung sicher. Er orientiert sich ewig an diesem Madonnenkopf . . . Ach ich könnte ein Jahrtausend lang in seliger Betrachtung mich und alles vergessen bei ihr, so unerschöpflich reich ist diese anspruchsvolle stille Seele in diesem Bilde!« Die erniedrigenden Streitigkeiten, die ihn aus dem Hause treiben, werden von ihm mit brennendem Stolz verschwiegen, nur einmal schreit er auf: »Oh! gib mir meine Jugend wieder! Ich bin zerrissen von Liebe und Haß.« Und später versucht er der Mutter zu erklären, warum er genötigt war, »eine Lage zu verlassen, wo sich immer zwei Parteien für und gegen mich bilden.« Und weiter: »Man muß eben denken, daß man die Ehre, unter die gebildetere Klasse zu gehören, überall mit etwas Schmerz bezahlen muß.« Nie haben sich zwei junge Menschen reiner und entsagungsvoller geliebt, nie waren sie einander notwendiger, nie hat eine Trennung lebendigeres Leben grausam durchschnitten. Die Liebenden haben sich noch einige Male gesehen, nur ängstlich, flüchtig, auf der Straße, haben noch ein Jahr Briefe gewechselt, dann starb sie, dann wurde er wahnsinnig. Kein Wort mehr davon, das Leid ist zu groß. Nur noch diese Briefstelle, als er ihr den »Hyperion« übersandte: »Es ist wohl der Tränen alle wert, die wir seit Jahren geweint, daß wir die Freude nicht haben sollten, die wir uns geben können, aber es ist himmelschreiend, wenn wir denken müssen, daß wir beide mit unseren besten Kräften vielleicht vergehen müssen, weil wir uns fehlen.«

Der letzte Brief an sie, der uns erhalten ist, berichtet vom Scheitern seines Zeitschriftenplanes. Fast alle Schriftsteller haben ihn im Stich gelassen, von Schiller wird er bald niemals wieder hören. Und er hatte die Arbeit mit so viel Hoffnung unternommen und gesagt, daß er »ganz für das Unternehmen und von ihm leben werde«. Nun versagen alle, und es ist wie ein Schluchzen, wenn er ihr schreibt: »Schämen sich denn die Menschen meiner so ganz?«

Und doch ist der Weg nach innen, den er schließlich antritt, kein Weg der Schwäche und Verzweiflung. Nein, uns Nachfahren wäre schlecht gedient, wenn wir diese völlige Hinwendung zum künstlerischen Amt als die Frucht der Not und Ausweglosigkeit verstehen wollten. Der Dichter ist Sieger im Geist, als er, jeder äußeren und inneren Lebensmöglichkeit beraubt, unter der schwarzen Wetterwand des aufziehenden Wahnsinns, die großen Hymnen schreibt, Pindar in ein der mythischen Welt völlig ebenbürtiges Deutsch überträgt, mit einem Wort, die Erfüllung im Werk findet. Es stände uns schlecht an, zu vergessen, daß dies die höchste Form der Bewährung ist. »Glaub es, Teuerster«, so schreibt er, »ich hatte gerungen bis zur tödlichen Ermattung, um das höhere Leben im Glauben und im Schauen festzuhalten, ja ich hatte unter Leiden gerungen, die, nach allem zu schließen, überwältigender sind als alles andere, was der Mensch mit eherner Kraft auszuhalten imstande ist.« So offenbart sich uns über dem Bereich des Heldischen mit seiner »ehernen Kraft« ein neues Reich. Wie soll man es bezeichnen, wenn nicht mit dem ein wenig altmodischen Wort Idealismus! Hölderlin hat seine größten Werke zwischen einunddreißig und dreiunddreißig Jahren geschaffen und diesen überwältigenden Sieg mit vierzigjährigem Ausruhen im Wahnsinn bezahlt. Aber diese kurze Spanne Zeit hat genügt, um Deutschland zu beweisen, daß das Glück ein edler Zustand ist, den ein Volk nur dann entbehren darf, wenn es dafür die Vollendung im Geist eintauscht. Hölderlins Leben – und darum ist diese Briefsammlung so wichtig – wird nie aufhören als Beispiel zu wirken und darzutun, um welchen Preis allein der Deutsche auf irdische Harmonie verzichten darf.

An der Schwelle des neuen Jahrhunderts (des neunzehnten!) und in Erwartung des Friedensschlusses schreibt der Dichter seinem Bruder: »Nicht, daß irgendeine Form, irgendeine Meinung und Behauptung siegen wird, dies dünkt mir nicht die wesentlichste seiner (des Friedens) Gaben. Aber daß der Egoismus in allen seinen Gestalten sich beugen wird unter die heilige Herrschaft der Liebe und Güte, daß Gemeingeist über alles in allem gehen und daß das deutsche Herz in solchem Klima, unter dem Segen dieses neuen Friedens erst recht aufgehen und geräuschlos, wie die wachsende Natur, seine geheimen weitreichenden Kräfte entfalten wird, dies mein' ich, dies seh' und glaub' ich, und dies ist's, was vorzüglich mit Heiterkeit mich in die zweite Hälfte meines Lebens hinausfahren läßt.«

Hat je ein Deutscher schöner und gläubiger eine Zukunft begrüßt, an der er selbst nicht mehr teilhaben wird, ja seinem Wesen nach gar nicht teilhaben könnte! So sieht er in »die zweite Hälfte« seines Lebens hinaus, die mit einem anderen Frieden, einem Frieden übermenschlicher Art auf ihn wartet. Aber das Jahr geht nicht zu Ende, ohne daß nicht er, der »noch nie so festgewurzelt war ans Vaterland«, aufs neue in sein Schicksal zurückgeschleudert wird. Und an den Freund Boehlendorff schreibt er Abschiedsworte, die vom damaligen Deutschland wie von einer wirklichen Gemeinschaft sprechen, einer Gemeinschaft aber, die ihren wahren Ursprung vergißt und es sich leisten zu können glaubt, ihre besten Söhne auszuschließen: »Und nun leb wohl, mein Teurer! Bis auf weiteres. Ich bin jetzt voll Abschieds. Ich habe lange nicht geweint. Aber es hat mich bittere Tränen gekostet, da ich mich entschloß, mein Vaterland noch jetzt zu verlassen, vielleicht für immer. Denn was hab' ich Lieberes auf der Welt? Aber sie können mich nicht brauchen. Deutsch will und muß ich übrigens bleiben, und wenn mich die Herzens- und Nahrungsnot nach Otaheiti triebe.«

So zeigt sich seine nationale Unbeirrbarkeit als ein Teil seines sittlichen Heldentums überhaupt: Sie mögen ihn quälen und verjagen, aber niemand kann ihm sein Deutschsein nehmen, keine Macht der Welt kann ihm eine Zugehörigkeit streitig machen, an die selbst die Götter nicht zu rühren wagen. Wie heißt sein Geheimnis, wer hat es ihm ins unermüdliche Herz gepflanzt?

Deutscher Schwabe, schwäbischer Apoll, apollinischer Deutscher – da ragen die herrlichen Trümmer seiner Vollkommenheit in den unermeßlichen Raum Deutschlands und sind von einem Lichte berührt, das uns andern nicht sichtbar ist. Man muß »in himmlische Gefangenschaft gebückt« leben, den unzerstörbaren Trost zu wissen, den er einst seiner Mutter schrieb: »Aber gerade wie nach dem Winter der Frühling kommt, so kam auch immer nach dem Geistestode der Menschen neues Leben, und das Heilige bleibt immer heilig, wenn es auch die Menschen nicht achten.«

Friedrich Hölderlin, Gesammelte Briefe. Leipzig 1935
Frankfurter Zeitung 25. 12. 1935

»Das dicke Buch«

Der ungeheure, ja beispiellose Erfolg, den *Hervey Allen* mit seinem zweibändigen Roman *Anthony Adverso* in den angelsächsischen Ländern errungen hat, ist für die Bedürfnisse und die Stimmung der heutigen Leserschaft sehr aufschlußreich. Auch die deutsche Ausgabe hat sich in wenigen Wochen eine große Beliebtheit erworben. Es ist ja auch nichts Neues mehr, daß das »dicke Buch« den Leser längst nicht mehr so stark abschreckt wie in den ersten Nachkriegsjahren. Im Gegenteil, man kann eine langsame, aber stetige Entwicklung des Geschmackes für gewichtige Bände mit hoher Seitenzahl auch in Deutschland beobachten. Offenbar ist der Leser ruhiger, versenkungsbereiter und damit williger geworden, sich auf ein gedrucktes Abenteuer einzulassen, das ihn Tage und Wochen in Anspruch nimmt und in das er nach getaner Arbeit gerne zurückflüchtet. Je umfangreicher das Buch, um so bedeutender die innere und auch äußere Stille, die der einzelne von sich und seiner Umgebung fordert. Ob damit bereits die Fähigkeit, sich zu sammeln, gegeben ist, bleibt eine andere Frage. Auf jeden Fall liegt das Bedürfnis dazu vor.

Beim *Antonio Adverso* kommt ein wichtiges und reizvolles Element zu Hilfe. Das Buch entspricht einem heutzutage selten befriedigten, knabenhaften Verlangen, zu »schmökern«. Die bunte Phantasiewelt, die es hervorzaubert, fordert, um recht genossen zu werden, einen Liegestuhl im Feriengarten oder einen tiefen Sessel an langen Abenden mit einer gemütlichen Lampe und möglichst noch einer Pfeife guten Tabaks. Und dann die Wortwechsel mit dem anderen, der das Buch schon gelesen hat und dem man sagt: »Jetzt bin ich da, wo Antonio nach Afrika kommt und die Meuterei droht!« Und: »Bitte sage nicht, wie es weiter geht! Ich bin *so* gespannt!« Damit sei eine ganz bestimmte Lesestimmung angedeutet, die sich zwar auch mit bescheideneren Mitteln schaffen läßt, die zu befriedigen aber an sich kein Schriftsteller zu groß sein sollte. Hervey Allens Buch ist vielen ernsten Menschen, die von der Lektüre nicht nur Erhebung, sondern auch Entspannung oder Zeitvertreib erwarten, wie ein Geschenk, um nicht zu sagen wie eine Erlösung gekommen. Endlich einmal eine anspruchslose und doch gut geschriebene Geschichte, deren Endlosigkeit nur ein Gewinn ist und deren abenteuerlicher Reichtum an Figuren und verblüffenden Ereignissen den Leser zu einem geradezu sportlichen Mitgehen zwingt.

Antonio Adverso ist ein unendlich schöner, begabter und reicher junger Mann. Seine Mutter, eine zarte Schottin aus Livorno, war mit einem spanischen Diplomaten, Don Luis, verheiratet, ohne ihn zu lieben. Sie erlag ihrer ersten und letzten Liebe zu einem englischen Offizier in französischen Diensten, den der Spanier im Zweikampf erstach. Die junge Frau stirbt an der Geburt des Knaben in einem Alpendorf. Das Kind wird frommen Klosterfrauen und einem Pater überlassen und findet schließlich in das Haus des schottischen Kaufmanns zurück, welcher der Vater seiner Mutter war. Er wird der Erbe dieses Schotten, übernimmt dessen Geschäfte und wächst langsam –

die französische Revolution liegt in ihren letzten Zuckungen – in große, überseeische Bank- und Warengeschäfte hinein, die ihn immer wieder mit seinem großen Feinde, dem spanischen Granden Don Luis, zusammenführen. Die wilde und geduldige Feindschaft dieses Mannes wird das Schicksal Antonios und wirft diesen zum Glück Berufenen immer wieder in den Schatten der Tragik, der er am Ende erliegt. Aber das ist nur der weitläufige Rahmen dieses Lebens. Antonio treibt Sklavenhandel in Afrika, macht große Transaktionen mit Silber in New Orleans für Rechnung des größten Geschäftsmannes der Jahrhundertwende, Ouvrard. Antonio erlebt alles Unglück der Welt, seine ganze Familie verbrennt ihm, er selbst wird von Don Luis in der amerikanischen Wildnis gefangen genommen und in ein Lager für Aussätzige verschleppt, er macht ungeheure Geschäfte, er trifft den Konsul Bonaparte in einem Dorfwirtshaus an der Marne oder in der Wohnung einer Schauspielerin in Saint-Germain, er verhandelt mit Godoy am spanischen Hof, er lebt unter Flibustiern, Sklavenhändlern und den dekorativen Kolonisatoren der absinkenden spanischen Herrschaft, und überall ist er der schönste, der ruhigste, der sicherste und der edelste aller jungen Männer.

Über diesem knabenhaft bunten Geschehen liegt wie ein Schleier eine feine, manchmal fast dichterische Melancholie. Der frühe und bittere Liebestod, den Antonios Mutter erlitten hat, klingt wie eine holde Befangenheit durch das ganze, wechselnde Schicksal des schönen Sohnes nach. Antonios Schicksal bleibt immer davon überschattet, daß er aus allzuviel Liebe gezeugt wurde, aus einer Liebesübermacht, für die das tätige Leben keinen Raum hat. Solche Untertöne, denen die schöne und anspruchsvollerer Aufgaben würdige Sprachkunst der beiden Übersetzer W. E. Süskind und Rudolf v. Scholtz glänzend gerecht wird, sind in der Tat beinahe dichterisch und passen gut zu dem feinen Gefühl für alles Landschaftliche, das diesem oft an die Grenze der Phantasiewillkür stoßenden Buch immer wieder eine schöne irdische Wahrhaftigkeit gibt. Dazu trägt übrigens auch eine echt angelsächsische Vorliebe für die treue Schilderung alles Praktischen bei. Die verwickelten Operationen zur Mobilisierung des mexikanischen Silbers sind trefflich geschildert, und die Vorliebe des Autors für Reisewagen, die er immer wieder mit der Liebe eines Fachmannes beschreibt, ist äußerst sympathisch. Es wäre ein Leichtes, auf viele Anzeichen schriftstellerischer Willkür, ja Naivität hinzuweisen, aber das ist wohl überflüssig: Der Reiz des Buches, den wir nicht ohne Dankbarkeit festgestellt haben, wird von ihnen nicht ernstlich gefährdet.

William Hervey Allen, Antonio Adverso. Stuttgart 1935
Frankfurter Zeitung 15. 3. 1936

Nur ein Buch

Tardieus Revolution durch das Wort

Eine der größten Begabungen des politischen Lebens in Frankreich, *André Tardieu,* hat der Politik den Rücken gekehrt und ist Schriftsteller geworden. Nicht daß er seine Zurückgezogenheit dazu benutzen wollte, sein erstes Buch zu schreiben, seine ganze politische Laufbahn war von Büchern begleitet, die er entweder aus den Abfallprodukten seiner öffentlichen Tätigkeit herstellte oder in denen er die Bilanz dessen zog, was er für sein Land getan hatte. Es ist im Lande unseres westlichen Nachbarn schwer, Politiker zu sein, ohne gleichzeitig dem Schrifttum seinen demütigen Tribut zu entrichten. Nicht der Staat ist die oberste Instanz, sondern der Geist, und wer diesem Gott nicht geopfert hat, der fühlt sich nicht würdig, dem Staate zu dienen. Aber Tardieus Fall ist ein doppelter. Er, der dreimal Ministerpräsident und elfmal Minister war, hat das Parlament verlassen und erklärt, daß er nie wieder dahin zurückkehren wolle. Der Glanz der Ämter, die er mit wechselndem Erfolg, aber immer mit brausendem Temperament versehen hat, lockt ihn nicht mehr. Er glaubt erkannt zu haben, daß die Politik keine Waffe mehr sei und daß der um das öffentliche Wohl bemühte Mann nur noch mit der Feder kämpfen könne. Wohl kaum ist dem Schrifttum eine größere Ehrenbezeugung erwiesen worden als mit dieser Erklärung André Tardieus.

Vielleicht hätten die Wahlen, die soeben erfolgt sind, diesen großen Außenseiter darüber aufgeklärt, daß der Abstand zwischen Volk und Parlament in Frankreich doch nicht so groß ist, wie er geglaubt hat. Wie dem auch sei, er glaubt sich über die Legislative hinweg unmittelbar an das Volk wenden zu können, und zwar mit Hilfe von fünf Büchern, deren erstes soeben erschienen ist. Die Serie heißt »Die Revolution ist neu zu machen«, und der erste Band trägt den Titel *Der Souverän in Gefangenschaft*. Dieser Souverän ist das französische Volk.

Seit Jahren wußte man, daß Tardieu mit dem politischen Regime, das Frankreich sich gewählt hat, nicht zufrieden ist. Die Ereignisse haben ihm in vielen Stücken Recht gegeben. Seine Rufe nach Staatsreform waren von einer rapide sinkenden Autorität des Staates und von einem immer häufigeren Versagen der politischen Einrichtungen vor den großen Problemen der Zeit begleitet. In den letzten zwei Jahren öffnete Tardieu im Parlamente kaum noch den Mund. Sein Gesicht in dem bewegten Halbrund der Sitzungen war nichts weiter als eine dichte Maske der Verachtung. Als er schließlich – einige Wochen vor den Wahlen – erklärte, daß er nicht wieder kandidieren werde, war niemand erstaunt. Man hatte fast schon vergessen, daß er noch Parlamentarier sei.

»Ich glaube weder daran, daß Frankreich das Regime, unter dem es lebt, länger ertragen noch daß das Parlament es bessern kann. Wenn überhaupt noch eine Möglichkeit besteht, das Regime zu bessern, so die, sich an das *Land* und nicht an die *Gewählten* zu wenden, um das Land zu überzeugen, daß diese Besserung dringend ist. Ich glaube, daß man kein Parlamentarier sein darf, um das Land davon zu überzeugen.« In diesen Sätzen faßt Tardieu die Gründe für seinen Rücktritt aus dem parlamentarischen Leben zusammen, um dann auf wohlgeschriebenen und reichbelegten dreihundert Seiten dem französischen Volk zu beweisen, daß die berühmten Schlagworte von der Freiheit, Gleichheit und Souveränität des Volkes ihren Sinn verloren haben: »Ihr seid nicht *frei*, ihr seid nicht *gleich*, ihr seid nicht *souverän*!« Die »unsterblichen Grundsätze« sind es, gegen die dieser Enttäuschte Sturm läuft. Die große Revolution, aus der diese Grundsätze hervorgegangen sind, war ein Fehlschlag. Sie ist neu zu machen. Aber wenn sie Früchte tragen soll, muß man aus ihr den Glauben an den *Fortschritt* entfernen. »Ihr habt die Vernunft mit der Wissenschaft verknüpft, so wie ihr diese versteht, um den Lehrsatz vom Fortschritt aufzubauen, der nichts anderes ist als das Vertrauen in euere unbegrenzte Hoffahrt und in den Aufstieg des Menschen zum Range der Götter.« Mit diesem Satz zeigt Tardieu in der Tat auf den Kern der Lehre, welche der gesamten Politik der dritten Republik zugrunde liegt, gleichzeitig aber erklärt er uns damit auch, warum seine politische Tätigkeit sinnlos geworden ist. Ihm fehlt der Glaube an den Fortschritt, ihm fehlt jener wissenschaftlich unterbaute *Optimismus*, ohne den in Frankreich keine Politik möglich ist. Tardieu ist gewissermaßen ein umgekehrter Marxist. Er wünscht nicht, daß der Mensch sich mit Hilfe des Aufstiegsgedankens über seine soziale Bindung täusche.

Tardieu ist ein Mann der Rechten gewesen, und in der Entwicklung, die er genommen hat, ist die ganze Unhaltbarkeit jeder Politik der Rechten ausgedrückt. Seit der Gründung der dritten Republik hat dieses Land nie aufgehört, »links« zu sein, und die Gegner dieser Tendenz sind immer gezwungen gewesen, von der Linken die Schlagworte zu beziehen. Niemand hat den Mut gehabt, zu bekennen, daß er ein Reaktionär oder ein Konservativer sei, und fast alle Führer der Rechten haben sich auf den hoffnungslosen Wettlauf mit den Parolen der Linken eingelassen. Ja noch mehr, die besten unter ihnen, wie Tardieu selbst (als Landwirtschaftsminister), haben entscheidende Programmpunkte der Linken durchgeführt, ohne deshalb für ihre Bewegung den mindesten Erfolg ernten zu können. Das ist das Schicksal aller Männer in Frankreich, welche nicht »links« sein wollen. Entweder sind sie mittelmäßig und verschwinden im Gewühl oder sie sind bedeutend wie Tardieu und dann bleibt ihnen nichts anderes übrig, als entweder auf dem Umwege über die nationale Einigkeit zur Linken abzuwandern oder aus der Politik auszuscheiden.

Es ist kein Wunder, daß Tardieus Abtreten von der politischen Bühne die Geister in Frankreich in Bewegung gesetzt hat. Es war eine Tat, die sogleich eine Ehe mit dem Gedanken einging. Die Frucht dieser Verbindung sind fünf Bücher. Vom Mann der Tat ist er zum Schriftgelehrten, zum »clerc« geworden, aber dieser Weg ist kein Rückzug nach innen. Als Karl V. die Zügel der Regierung aus seinen müden Händen legte und sich ins Kloster zurückzog, dachte er nur noch an seine Seele. Anders Tardieu! Er denkt immer noch an Frankreich, an die Gemeinschaft, an die Massenseele. Er bleibt ein Mann des öffentlichen Lebens, er hat nur die Waffe gewechselt. Wir werden sehen, ob er sich über die Wirksamkeit dieser Waffe nicht getäuscht hat. Der Geist als politisches Instrument ist hier einer gefährlichen Probe ausgesetzt. Wie, wenn Tardieu sich täuschte! Wie, wenn die Flut des ewig sich erneuernden politischen Lebens achtlos über diesen Außenseiter hinwegginge, ohne sich um seinen Ruf aus der Wüste zu kümmern! Dann bliebe nur noch *ein* Buch von Tardieu übrig, sein wichtigstes Buch, das zugleich auch den größten Mißerfolg aller Zeiten erlebt hat: Der Vertrag von Versailles.

André Tardieu, La Révolution à refaire 1. Paris 1936
Frankfurter Zeitung 25. 5. 1936

Taine und sein Erlebnis

Der Verlag F. W. Hendel zu Meersburg legt der deutschen Leserschaft eine deutsche Ausgabe von *Taines* größtem Werk »Les Origines de la France contemporaine« vor. Die Ausgabe rechtfertigt sich nicht nur durch die schöne Ausstattung und die gute Übersetzung, sondern auch durch die Bereicherung um ein Register und ein gründliches Quellenverzeichnis. Das in den letzten Jahren so stark angewachsene geschichtliche Interesse des deutschen Publikums findet hier eine Nahrung, die mehr als die Lust an der Vergangenheit befriedigt. Denn Taines Werk ist eine ungeheure politische Gewissenserforschung, die mit Hilfe der Geschichte Klarheit über die Gegenwart geben soll. Der Franzose leistete seine Forschungsarbeit in den ersten, kritischen Jahren der III. Republik, und sie diente ihm dazu, eine Stellung gegenüber der neuen Staatsform zu gewinnen. »Ich wenigstens«, so schrieb er, »will mich gewiß nicht anschicken, eine politische Richtung anzunehmen, ohne vorher *Frankreich* studiert zu haben.«

Dies Studium hat Taine gründlich besorgt. Sein Werk umfaßt ungefähr hundert Jahre französischer Entwicklung, von der Mitte des 18. Jahrhunderts bis zum Verfall der nachrevolutionären Monarchie. Seine Arbeitstechnik ist durch seinen Glauben an die Möglichkeit historischer Objektivität bedingt. Niemals hat ein Revolutionsforscher vor oder nach ihm mit einer solchen Vollständigkeit die »kleinen« Dokumente (von den Speisekarten bis zu den Lohnlisten) herangezogen. Obwohl er, genau wie jeder andere wahre Gestalter einer geschichtsphilosophischen Idee, aus einer Erleuchtung, einem Erlebnis (oder, wenn man will, mit einer vorgefaßten Meinung) an seine Darstellung ging, so hat er sich doch nie gescheut, das Unwahrscheinliche zu bekräftigen, eingeführte Erklärungen zu Fall zu bringen, ohne sie durch neue ersetzen zu können; falsche Motive auch da preiszugeben, wo er die richtigen nicht finden konnte; mit einem Wort, die Wahrheit des *Dokumentes* über das Einleuchtende des *Zusammenhanges* zu stellen. Dies ist ein doppelt großes Opfer für einen Geschichtschreiber, der weiß, was er beweisen will, und der vor allem an die Möglichkeit des fast mathematischen Beweises glaubt. »Ich behandle meinen Gegenstand«, ruft er immer wieder aus, »wie ein Naturforscher ein Insekt behandeln würde.« Selten hat eine Selbsttäuschung so großartige Ergebnisse gehabt, denn auch Taine geht mit einem Urerlebnis an seine Revolutionsgeschichte heran, und seine radikale Bemühung um Aufrichtigkeit gibt den Formen, in denen er das Erlebnis ausdrückt, Reichtum und Passion.

Welches ist dies Erlebnis? Politisch gesprochen ist sein Werk, das er – wie schon der Titel anzeigt – als eine systematische Erklärung der Gegenwart verstanden wissen will, eine einzige Streitschrift gegen die Verfassung vor 1791. Das bedeutet Ablehnung jedes Versuches, Staat und Gemeinschaft nach rationalen Grundsätzen, also mehr oder minder mechanisch zu konstruieren. Keine künstliche Verfassung, am wenigsten eine, die nur eine Abstraktion der Schriften Rousseaus ist! Keine Nation kann, so will Taine beweisen, zu einer standfesten, gesunden und ihrem Wesen entsprechenden Regierungsform gelangen, wenn sie vergißt, der neu zu schaffenden Form ihre Vergangenheit, ihre Landschaft, ihre Lebensumstände, kurz ihr Wesen zugrundezulegen. Aus dieser Auffassung ergibt sich eine Methode und ein Urteil. Die Methode ist die berühmte »Milieutheorie«, und das Urteil ist die Ablehnung der französischen Revolution als eines gleichsam im luftleeren Raum, ohne Rücksicht auf den französischen Menschen und auf das Milieu, das ihn bestimmt habe, unternommenen Experimentes.

Der sprachliche Glanz und die künstlerische Beschreibungskraft Taines machen den Leser die Umständlichkeit und das Mühsame der Jagd nach der »faculté maîtresse« der einzelnen Figuren vergessen. Dieser Historiker, der sich gern einen Anatomen nennt, hat Leidenschaft. Wie hätte er die Rolle der Jakobiner mit solcher erbarmungslosen Meisterschaft schildern können, wenn er die Jakobiner nicht gehaßt hätte! In ihnen verkörpert sich »der König Volk«. Sie unternehmen das ungeheure Experiment, eine ganze Nation in die rationalistische, also künstliche Form einer lediglich erdachten Heilslehre zu zwängen. Die Verfassung von 1791 spielt dabei die entscheidende Rolle. Denn sie lähmt das Land, macht jede normale Willensbildung unmöglich und schafft jenen Zustand von Ohnmacht und Hilflosigkeit, der auf den ersten Blick so rätselhaft ist und den Jakobinern die Chance gibt, das Monopol an sich zu reißen.

So kreist Taines gewaltiges und farbenstrahlendes Rundgemälde um die Frage, ob eine Idee rein abstrakten Ursprungs sich in ein staatliches System verwandeln darf. Der französische Historiker verneint dies, und er wandelt diese Verneinung tausendfach ab, ob er nun die Ursprünge des modernen Erziehungswesens entwickle oder der übermächtigen Erscheinung Napoleons zu Leibe gehe, der ja, wie H. E. Friedrich jüngst in einem bemerkenswerten Buche eindringlich klargemacht hat, in seinem politischen oder doch jedenfalls verfassungsmäßigen Denken von Rousseau abstammt und dadurch ein Teil der jakobinischen Revolution ist. Der kalte »Anatom« Taine wird hier zum glühenden Verehrer seiner eigenen Volksart. Der Franzose ist Erfahrungsmensch und erträgt daher jene Größe nicht, die sich außerhalb der empirischen und humanioren, französisch-klassischen Maße abspielt. Dazu: »Die sozialen und politischen Formen, die ein Volk annehmen und die es beibehalten kann, stehen nicht in seinem Belieben, sondern werden von seinem Charakter und seiner Vergangenheit bestimmt.« Ein sehr wichtiger Satz. Er kommt zwar nicht von einem Optimisten, aber doch von einem Gläubigen, der ihn in drei dicken Bänden mit fanatischer Vollständigkeit abhandelt. Man muß dem Hendel-Verlag zu Meersburg dankbar dafür sein, daß er uns diese Zusammenhänge durch seine schöne Ausgabe in Erinnerung gebracht hat.

Hippolyte Taine, Die Entstehung des modernen Frankreich. Meersburg 1936. Frankfurter Zeitung 19. 7. 1936

Ein Hölderlin-Vermächtnis

Fromme und kundige Hände haben *Hellingraths* Schriften und Vorträge über Hölderlin zu einem schönen Band vereinigt, der als Gedenkbuch zum 14. Dezember 1936 erschienen ist. Es ist der zwanzigjährige Todestag des jungen Forschers, der vor Verdun fiel. Denen, die ihn gekannt und geliebt haben, ist es fast unmöglich, mit fester Stimme von ihm und seinem Werk zu sprechen. Ewig wird der Platz, den er einnahm, leer bleiben, und dieser Platz ist nun eine Lücke in unser aller Leben. Der Philologe Ludwig von Pigenot, der das *Hölderlin-Vermächtnis* besorgt und eingeleitet hat, steht mit seiner hellen und wachen Trauer in unserer Reihe. Er hat Norbert nicht persönlich gekannt, aber er ist ihm durch das Werk so nahe gekommen wie nur irgendeiner von uns. Er hat zusammen mit F. Seebaß die historisch-kritische Ausgabe von Hölderlins Werken (Propyläen-Verlag) zu Ende geführt und gibt nun dem Gedenkbuch Geleitworte mit, die einen selbst im Reiche des Geistes seltenen Grad von Wahlverwandtschaft offenbaren.

Hellingraths aus dichterischen Quellen sich nährendes und gleichzeitig von höchster Sittlichkeit geleitetes Forschertemperament kann nicht besser gedeutet werden, als Pigenot dies in wenigen Sätzen getan hat. Vielleicht ist es heute nicht mehr möglich, einen überzeugenden Maßstab für die Leistung des jung gefallenen Philologen zu geben, da vieles an ihr schon selbstverständlich geworden ist, anderes wiederum auf immer in den Bereich eines nur noch auf den Herzensraum beschränkten Geisteslebens entrückt zu sein scheint. Wie dem auch sei, Pigenot hat verstanden und ausgedrückt, was vielen von uns in den letzten Vorkriegsjahren ein unverlierbares Erlebnis geworden ist, nämlich: daß Hölderlins Werk durch Hellingrath eigentlich erst sichtbar geworden, nicht nur einer der höchsten Gipfel deutscher Dichtung, in bestimmtem Sinne sogar der Gipfel ist, sondern auch ein abgründiges, vielleicht das tiefste Element deutschen Wesens. Hinzugefügt sei noch, daß dieses Erlebnis weder Hellingrath noch denen, die seiner Pionierarbeit Schritt für Schritt folgten, mit so voller Gewalt aufgegangen wäre, wenn nicht Stefan Georges strenge Hand den Weg gewiesen hätte. Die Teilnahme dieses Meisters für Norberts erste Entdeckungen und für die Gesichtspunkte, nach denen dieser sie gliederte, war fast leidenschaftlich. Ein Teil der Pindarübertragung ist denn auch in den »Blättern für die Kunst« (1910) zuerst erschienen. Und bei Georges mächtiger Gabe, alles geistig Wichtige um ihn in seinen Kosmos einzuordnen, war es nicht erstaunlich, daß Norbert selbst manchmal das Gefühl hatte, seine Forschung habe hauptsächlich den Sinn, die Verbindung zwischen Hölderlin und George herzustellen und damit eine neue Achse durch die deutsche Dichtung zu legen. Es ist Hellingrath nicht mehr vergönnt gewesen, seine Arbeit als erster Veranstalter einer wirklich stichhaltigen Gesamtausgabe Hölderlins durch eine Darstellung des Lebens und Werkes des von ihm betreuten Genius zu krönen. Geplant war eine solche Gesamtdarstellung; sie hätte den sechsten Band der historisch-kritischen Ausgabe abschließen sollen. Was hier andächtig gesammelt vor uns liegt, sind die Vorreden zum ersten, vierten und fünften Band der großen Ausgabe, ferner zwei Vorträge aus der Kriegszeit und schließlich die erste, aber wichtigste Schrift unseres toten Freundes, nämlich die Abhandlung über Hölderlins Pindarübertragungen. Jedes dieser Stücke gibt den Blick auf die eigentliche Leistung dieses kurzen Forscherdaseins frei, nämlich auf die textkritische Darbietung des Hölderlinschen Gesamtwerkes, vor allem der späten Gedichte und der Übersetzungen aus dem Griechischen.

Man kann sich heute kaum noch vorstellen, in welch argem Zustand sich das Werk des großen Schwaben dem deutschen Leser darbot. Die Forschung machte ungefähr beim Jahre 1802 halt und erklärte diesen Zeitpunkt für den Augenblick des Ausbruchs der Geisteskrankheit des Dichters, obwohl fast alles Wesentliche, vor allem die großen Hymnen – nie wieder erstiegene Höhe deutscher Sprachgewalt – erst nachher entstanden ist. (Sogar zwei Strophen einer Ode Klopstocks konnten sich einschleichen und jahrzehntelang als ein »Spätfragment« Hölderlins figurieren.) Mit dem großen Gedicht in freien Rhythmen »Patmos« hatte das Schaffen Hölderlins bisher aufgehört. Nun tat sich plötzlich eine neue, ungeahnte Welt auf. Aus den Archiven von Stuttgart, Homburg und Marbach förderte Hellingrath ein Handschriftenmaterial, das eine völlig abgeschlossene und unendlich gesteigerte Phase im Schaffen Hölderlins bildet. Gleichzeitig gelang es ihm, die einzelnen Etappen fast jedes der wichtigen Gedichte in verschiedenen Niederschriften aufzudekken. Dies wurde dann die Grundlage für die textkritischen Anhänge, die er jedem Band der großen Ausgabe mitgab.

Diese Anhänge gehören zu den erstaunlichsten Leistungen der deutschen Forschung und führen die reine Philologie unmittelbar in die geistesgeschichtliche Betrachtung hinüber. Hellingrath gleicht hier halb einem Geologen, halb einem ausgrabenden Archäologen. Schicht für Schicht hebt er die Überarbeitungen vom Gedicht ab, um dadurch den dauernd strenger werdenden Stilwillen sehen zu lassen. Und wie er in der Vorrede zu Band IV selbst sagt, »der Einblick ins Entstehen der Gedichte wird nicht nur das Begreifen der Inhalte erleichtern und kaum eine dunkle Stelle übriglassen, er bietet vor allem dem, der das Suchen nach dem rechten Wort und dem rechten Tonfall verfolgt, eine wahre Schule der Dichtkunst, etwas, wonach die Deutschen immer, heute nicht weniger als sonst, Not haben.« Diese Arbeitsweise gibt also zunächst einen zuverlässigen Text, offenbart dann aber auch den geheimnisvollen Weg, auf dem Hölderlin die deutsche Sprache voranzuführen gedachte. Auf diese Weise ist Hölderlin nicht mehr wiederzuerkennen. Er ist streng, hart, ja es ist unmöglich, für seinen reifen Stil das viel mißbrauchte Wort »heroisch« zu vermeiden. Wie anders sahen ihn noch die Sammler seiner verstreuten Papiere, der wackere Uhland, der liebenswerte Gustav Schwab! Und selbst das Bild, das die noch bis 1910 verbreiteten Ausgaben boten, war das eines klassizistischen Elegikers, dem Schillers kantische Gedichte den Weg gewiesen hatten – einen Weg freilich, der in geistiger Umnachtung romantisch sich verlor. Mit einem Schlage wurde das dunkel Schmachtende durch die entschiedenste hellenische Klarheit verdrängt. Dadurch wurde eine schon halb überschattete Tradition der deutschen Lyrik wieder ins rechte Licht gerückt. Die Linie, die mit Klopstock begonnen hatte, wurde aufs neue sichtbar. Wenn sie je hatte verschwinden können, so war dies die Folge der deutschen Romantik, die einen lyrischen Stil in den Vordergrund drängte, der unsere Dichtung während langer Generationen nicht immer zu ihrem Vorteil beherrschen sollte.

Die Entthronung des leichten, musikalischen und durchaus poetischen aber völlig ungöttlichen Stils erfolgte von zwei Mächten her, die, wie wir schon sagten, innig verbunden waren, nämlich durch Stefan George und den wiedererweckten Hölderlin. Von diesem Punkte aus gesehen wirkt Hellingraths Verdienst doppelt groß. Das durch Heine und seine Epigonen gestörte Gleichgewicht wurde wiederhergestellt; man darf sagen, daß Deutschland, als der Weltkrieg ausbrach, wieder in voller Harmonie seines dichterischen Sprachguts lebte.

Daß Hellingrath durch seinen Dienst am Werke Hölderlins diesem Ziele zu dienen gedachte, wurde schon an seiner ersten Schrift klar, die den bedeutungsvollsten Teil des uns vorliegenden *Hölderlin-Vermächtnisses* bildet. Die »Prolegomena zu einer Erstausgabe« der Hölderlinschen Pindarübertragungen enthalten jene Schlüsseltheorie von der *harten* und von der *glatten Fügung* der Worte, die Hellingrath jedem Forschenden wie eine Zauberrute in die Hand gegeben hat. Unter dieser Einsicht gliedert sich die Gesamtheit der deutschen Dichtung wie von selbst in zwei Welten. Es ist klar, daß eine solche Gliederung summarisch sein muß und zu zahlreichen Ungerechtigkeiten führt. Vor einer so einzigartig großen Erscheinung wie Mörike versagt sie. Das Liedgeheimnis dieses anderen großen Schwaben ist bisher noch nicht ergründet worden, und seine Stimme steigt rätselhaft bedeutungsvoll aus einem Abgrund. Aber die Aufteilung der deutschen Dichtung seit Kloppstock in Gebilde »harter« und

»glatter« Fügung stellte doch eine fast in Vergessenheit geratene Möglichkeit der deutschen Sprache wieder her. Und sicher ist es ihre höchste Möglichkeit, die uns aus dem Werke Klopstocks, aus den Hymnen Goethes, aus der Spätdichtung Hölderlins, aus dem Werke Stefan Georges entgegentritt. Unter Hellingraths Führung wird uns klar, daß die deutsche Sprache fähig ist, sich auf zwei Arten dichterisch auszudrücken, nämlich einmal *liedhaft* in der Melodie, die mindestens eine Zeile, wenn nicht gar die ganze Strophe braucht, um sich Gehör zu verschaffen – und zum anderen *hymnisch,* wobei das einzelne Wort als höchste dichterische Einheit auftritt. Die Worte erfüllen sich in dieser Stilart mit ihrer höchsten Bedeutung und stehen wie gigantische Blöcke hart nebeneinander. Es ist klar, daß diese Fügung der bloß angedeuteten und musikalisch sich aushauchenden Empfindungsart versagt ist. Um so offener ist ein dem heldenhaften, nach äußerster Klarheit, ja Härte strebenden Gefühl. Liebt es der Mensch, mit »glatter Fügung« in die Gefühlswelt diesseits der äußersten, der eigentlich verpflichtenden Formung zurückzuweichen, so treibt er mit der »harten Fügung« die Formung über sie selbst hinaus, macht sie beinahe schon zum Selbstzweck und gibt ihr die erlösende Kraft zugleich mit. Das gesamte romantische Musizieren wird in diesem strengen Lichte fast zu einer Schwäche, während sich die »harte Fügung« nicht nur durch ihre äußerste sprachliche Anstrengung, sondern auch durch das in ihr enthaltene strenge sittliche Streben ausweist. Hellingrath hat diese zweifache Formel nie wieder preisgegeben. Sie tritt uns aus allen seinen Vorreden und textkritischen Kommentaren immer wieder entgegen und offenbart sich als eine scharfe Waffe.

Die großen Späthymnen wie »Germanien«, »Die Wanderung«, »Der Rhein« oder »Wie wenn am Feiertage« sind der eigentliche Ausgangspunkt dieser fruchtbaren Stillehre und auch ihre Bestätigung. In ihnen ist die Härte der Fügung oft bis zur Unverständlichkeit, ja bis zur Zertrümmerung gesteigert, wie denn überhaupt heute die dauernde Nähe der Zerstörung bei Hölderlin weniger nebensächlich erscheint als vor fünfundzwanzig

Jahren. Die sprachlichen Denkmäler der Schwaben sind fast alle an den Abgrund gebaut, und die gewaltigen Strophen wissen oft nicht, ob sie in die Unendlichkeit oder ins Nichts wandern. Dieser gewollten Dunkelheit steht aber eine Gesetzlichkeit gegenüber, auf die erst Hellingrath uns hingezwungen hat. Man spricht von »freien« Rhythmen, aber man vergißt, daß diese scheinbare Willkür der Zeilenlänge und des Strophenbaus in Wirklichkeit genau so gut einem Plan entspricht wie ein leicht erkennbares Gebilde aus fünf asklepiadischen Strophen.

Erstaunlich und in der deutschen Dichtung bisher einmalig ist die nüchterne Vergeistigung, die in den einzelnen Fassungen von Niederschrift zu Niederschrift gesteigert wird. Es ist ein Streben nach Gegenständlichkeit, für das der von Norbert von Hellingrath gewählte Ausdruck »Rationalisierung« sehr zutreffend ist. Nicht weniger einleuchtend ist es, wenn er diese Stufe der sprachlichen Gestaltung als eine Art von Barock anspricht. »Es ist«, so sagt er, »ein Äußerstes, Letztes, es gibt kein Weiter, ja, es ist fast nicht mehr ein Letztes, schon ein ›Darüberhinaus‹; es ist dem besonderen Duften abgeschnittener Blumen vergleichbar, es ist ein Irdischwerdenwollen, von etwas schon ganz in einer anderen Welt Heimatlichem, das Larvewerdenwollen dessen, der den Leib abgestreift hat und leicht und körperlos schwebt: es ist ein Wunder von Durchgeistigtsein, von ganz Bewegung-, ganz Ausdruckwerden; aber sein Stoff, sein Leibsein ist trügerisch und scheinhaft . . . Die wunderbare Kraft des Barocks ist nicht leibhaft und irdisch, Barock ist ein Ende, es gibt kein Weiter aus dem Barock, es gibt nur gänzlichen Umschwung, und dieser Umschwung ist meistens Tod oder Wahnsinn. Eine wilde ungebundene Welt lauert wie Lemurenscharen hinter der ausladenden gebändigten Pracht des Barocks.« Wir stimmen dieser Anwendung des Begriffs Barock auf die hymnische Spätdichtung um so williger zu, als sie die Legende von Hölderlins Griechentum einzuschränken geeignet ist oder doch wenigstens dem Begriff des Griechentums jenen weiteren, auch von Nietzsche gewollten Sinn gibt. Äußerste Leidensfähigkeit und ein immer bedrohtes, aber darum doch nicht weniger vollkommenes Ebenmaß machen den »Klassizismus« des Schwaben aus.

Genug des Verweilens beim Denken und Sinnen eines, der so ganz dem Geiste gedient hat! Die Entrückung Hellingraths dennoch war so gesund wie nur irgendeine irdische Tätigkeit. Was da vor Verdun zerstört wurde, war kräftig genug, um den Tod in seiner übermenschlichsten Form auf sich zu ziehen. Nur selten durchbrechen wir die Verschwiegenheit, die das Teil der Überlebenden ist. Wo das Bild des gefallenen Freundes sich im unvergänglichen Besitz der Hölderlinschen Dichtung spiegelt, da löst sich manchmal auch die Zunge der Verzagtesten unter uns. Und der Trost, der uns aus der von Norbert ans Licht geförderten Poesie anspricht, ist gewaltig und lautlos wie die Wahrheit selbst. Wir erinnern uns, damit der Genius in seiner himmlischen Verbannung nicht müde werde und seine Fackel nicht im rastlosen Strome der Zeit auslösche.

Norbert von Hellingrath, Hölderlin-Vermächtnis. Forschungen und Vorträge. Eingel. von Ludwig v. Pigenot. München, 1936
Frankfurter Zeitung, 28. 2. 1937

Französische Moralisten

Wollte man einen gelehrten Streit über den deutschen Titel dieses Buches vom Zaun brechen, so würde man dabei sogleich an den Kern des Werks geraten. »Sagesse française« – der ausgezeichnete Übersetzer Hans Hennecke hat es mit *Vom Wesen des französischen Geistes* wiedergegeben. »Sagesse« läßt sich wohl am einfachsten und erschöpfendsten mit »Lebensweisheit« übersetzen. Das Buch lehrt uns, daß es gerade die Lebensweisheit ist, die das Wesen des französischen Geistes ausmacht. Also hat der Übersetzer recht? Ja, vorausgesetzt, daß auch der Autor recht hat.

Es ist schwer, diesem Kenner zu widersprechen, der mit Gelassenheit das Weltbild eines Montaigne, eines Franz von Sales, eines La Rochefoucauld, eines Pascal hinzeichnet und überall eine Lehre vom menschlichen Verhalten als der französischen Weisheit letzten Schluß gewahrt. Nichts erregt so stark den Widerspruchsgeist wie die schlichte Formel, in der die Ideenwelt eines ganzen Volks als der Versuch auftritt, die Beziehungen der Menschen untereinander zu vereinfachen. Man ist versucht, den Franzosen mehr Abgründe zuzuschreiben als sie haben: in Racine nur den Jansenisten, in Pascal den selbstquälerischen Verkünder des Gewissens, in Baudelaire den gesellschaftsfeindlichen Herold der Selbstzerstörung, ja des Todes zu sehen und selbst noch aus Chateaubriand die Lust am zerstörten Gleichgewicht herauszulesen. Wie oft haben wir nicht uns selbst vorgeworfen, das geistige Bild von Frankreich zu sehr auf einen bürgerlichen Empirismus hin vereinfacht zu haben! Für solche Gewissensbisse ist *Fortunat Strowskis* Buch eine wahre Lossprechung, denn er vollzieht tatsächlich die Gleichstellung von Lebensweisheit und Geist. Offenbar erträgt er keine geistige Äußerung, die nicht der Lebensgestaltung diente, die – mit einem Wort – nicht *moralisch* wäre.

Ist diese Vereinfachung noch erlaubt? Auf jeden Fall sind die großen Moralisten nach wie vor die vollgültigsten Vertreter des französischen Geisteslebens. Wie gerne hätten wir von Strowski mehr über La Fontaine gehört, denn dieser große Fabeldichter erscheint uns als das eigentliche Symbol des klassischen französischen Strebens, den Menschen als gesellschaftliches Wesen im Mittelpunkt alles Denkens zu sehen und nur sein gesellschaftliches Verhalten als wertvoll und »menschlich« gelten zu lassen. Wenn man die tiefe französische Feindschaft gegen den uns teuren Begriff der Weltanschauung verstehen will, dann muß man La Fontaine studieren. Für ihn ist die Welt als abstrakte Idee überhaupt nicht vorhanden: Er findet sie erst in der Summe der Individuen wieder und vermag ihren Sinn nur da zu sehen, wo die Individuen so miteinander leben, daß keiner sich zu opfern, sich zu vergewaltigen braucht. Ja, Strowski wäre dem Dichter La Fontaine sicher müheloser gerecht geworden als dem Theologen Pascal. Er hat ihm einige schöne und ehrfurchtsvolle Seiten gewidmet, aber wird ein Franzose jemals verstehen, daß das menschliche Gewissen nicht nur ein Spiegel ist, in dem man sich wiedererkennt, sondern auch ein Abgrund, in dem man sich (als soziales Wesen) verlieren kann?

Wer das *Schicksal* nicht weithin für das Handeln des Menschen verantwortlich macht, der wird ganz von selbst zum Moralisten. Aber hat er dann das Recht, den als unmoralisch zu verdammen, der das Schicksal zur Erklärung des menschlichen Handelns heranzieht? Diese Frage, die auch an das abgründige Problem des ewigen deutsch-französischen Mißverstehens rührt, wird von Strowski nicht gestellt und auch wohl kaum geahnt. Er handhabt die Kunst der Vereinfachung in einem beneidenswerten Grade; in seiner klaren und anmutigen Darstellung erhält das Bild Frankreichs, wie wir es zu sehen gewohnt sind, eine neue Weihe. Für ihn ist es die Aufgabe Frankreichs, die »aus Europa und der Welt herübergekommenen Ideen« – wie fern das klingt! – den irdischen Möglichkeiten des Menschen anzupassen und, wie er so hübsch sagt, »wohnlich zu machen«. Ein Verarbeitungsland also? Nein, würde er antworten, ein Land der Vermenschlichung. Weiß er aber, daß das Maß des Menschen sich geändert hat, und ist er sicher, daß Montaigne, Franz von Sales, La Bruyère und Pascal, wenn sie heute lebten, noch Wert darauf legen würden, Moralisten zu heißen? Denn es hat sich gezeigt, daß es nicht mehr genügt, das Leben der Menschen miteinander zu ordnen. Tief im Menschen selbst, dort, wohin kein soziologisches Werkzeug mehr dringt, ist ein Licht erloschen. Dunkelheit ist in einer Tiefe, in der nur jenes Senkblei Pascals, von dem Strowski nicht spricht, Grund faßt: das Gebet.

Fortunat Strowski, Vom Wesen des französischen Geistes. La Sagesse française. Übersetzt von Hans Hennecke. München, 1938
Frankfurter Zeitung, 19. 6. 1938

1948–1949

Bel-Ami

Die große Erzählerkunst *Maupassants* verjüngt sich in dem Maße, wie wir das natürliche Verhältnis zur Wirklichkeit verlieren. Die Erde ist uns fraglich geworden, auf der wir gehen. Die Gesichter verfließen, die wir betrachten möchten. Zwischen uns und die Dinge schiebt sich das Programm, drängt sich die Weltanschauung. Der Herbstregen auf Schieferdächern, ein Krähenschwarm über der Wintersaat, vor einem Frauengesicht ein lila Schleier, an dem eine Träne hängt, das fleckige Tischtuch mit Brotkrumen darauf, das Ächzen einer Tür im dunklen Haus, ein Paar dampfende Wollsocken, die am Ofengitter trocknen, das alles sind geringe Dinge, aber sie und ihresgleichen sind wie Pfeiler, die in die Flut des Daseins gerammt sind, wenn ein großer Erzähler dieser Flut Herr werden will. Wir sehen sie noch, aber wir trauen ihnen nicht mehr, und so treiben wir denn selbst auf dem Strome dahin. Maupassant wieder lesen, heißt, sich der Wirklichkeit erinnern und sich, wenigstens für einen Augenblick, zu ihr gehörig fühlen.

Der große Franzose sagte, was ist. Er konnte nicht anders. Eine Weltanschauung war ihm nicht gegeben, der Glaube war ihm versagt, er duldete keine Ideale in sich, er gab sich weder dem reinen Denken hin, noch fühlte er sich als Teil eines Abstraktums, etwa der Menschheit oder der Zivilisation. Der ganze Mensch war ein einziges ungeheures Sinnesorgan, er war die Muschel, in der das Leben rauschte – und war dabei tief unglücklich. Über 250 Erzählungen und sieben Romane hat er geschrieben, aber in jede Seite legte er, ohne Liebe, ohne Haß, ohne Hoffnung, die ganze menschliche Existenz.

Er hat nie geliebt

»Ich langweile mich ununterbrochen«, schreibt er an die Gräfin Potocka, »alles widert mich an, die Menschen, die ich sehe, und die Ereignisse, die sich immer gleich bleiben.« Und an Maria Baschkirtscheff: »Alles ist mir ziemlich egal in meinem Leben, Männer, Frauen, Geschehnisse. Da haben Sie mein wahres Glaubensbekenntnis, und ich füge hinzu, was Sie vielleicht nicht glauben, daß mir an mir selbst nicht mehr liegt als an den anderen. Alles teilt sich in Langeweile, Ulk und Misere auf. Ich nehme alles mit Gleichgültigkeit. Zwei Drittel meiner Zeit verbringe ich damit, mich gründlich zu langweilen.« Und später, gegen Ende seines kurzen Lebens, schreibt er eine Gewissenerforschung nieder, die er eines Nachts auf Deck seines Segelbootes »Bel-Ami« angestellt hat, während das südliche Meer ihn wiegte und an der Küste die Lichterreihen der Croisette funkelten: »Man muß blind oder von albernem Hochmut besoffen sein, um sich für etwas anderes zu halten als für ein Tier, das den anderen kaum überlegen ist . . . Sieht man denn nicht, daß wir stets in uns selbst eingesperrt sind, ohne aus uns heraus zu können, stets dazu verurteilt, die Kette unseres Traumes ohne Aufschwung mitzuschleppen . . .« Der leere Widerschein der nächtlichen Flut ist in diesen Sätzen, das traurige Strömen des Wassers unter einem Sternhimmel, der nicht mehr zu dem Träumenden spricht.

Und doch vermag nur die Natur ihm von Zeit zu Zeit die Kerkertür seines Lebensgefühls zu öffnen. Dieser Normanne ist in einem Winkel seiner Seele immer ein Bauer, ein Jäger geblieben. »Ich bin ein Bauer und ein Vagabund«, schreibt er einmal der Prinzessin Mathilde, »ich bin für die Wälder und Küsten gemacht, nicht für die Straßen.« In jeder Zeile, die er schreibt, ist die Natur oder doch die Sehnsucht nach ihr. Die Bauernhöfe und Steilküsten seiner Heimat, die schneebedeckten Äcker, die frostigen Morgendämmerungen beim Aufbruch zur Jagd, die Ginstergebüsche in der Mittagshitze, der Flug der Wildenten am blassen Abendhimmel, die nächtlichen Flüsse und immer das Meer, das sind die Elemente, in denen er sein Leben fühlt, vor denen sein Denken wie ausgelöscht ist, um einem einfachen Sehen und Fühlen Platz zu machen. »Meine offenen Augen verschlingen gleich einem hungrigen Mund die Erde und den Himmel. Jawohl, ich habe die klare und tiefe Empfindung, die Welt mit meinen Blicken zu essen und die Farben zu verdauen, wie man Fleisch und Früchte verdaut.«

Das ist nicht mehr die beseelte Natur romantischer Zeitalter, die der Mensch, müde der Zivilisation, aufsucht, um Unberührtheit und Unschuld wiederzufinden, es ist vielmehr ein Stück Sinnenleben, das den Menschen ohne Gefahr aus seinem Ich treten läßt. Hier ist die Natur nichts weiter als ein Stück Leben diesseits der Verzweiflung. »Wenn mein ruheloser Geist in die Verachtung aller Dinge und Menschen zurücksinkt, berauscht sich mein tierischer Leib an allen Trunkenheiten des Lebens. Ich liebe den Himmel wie ein Vogel, die Wälder wie ein schweifender Wolf, die Felsen wie eine Gemse, das hohe Gras, um mich darin zu wälzen, um mich wie ein Pferd darin zu tummeln, und das klare Wasser, um wie ein Fisch darin zu schwimmen. In mir schauert etwas von allen Tieren, von allen Instinkten, von allen dumpfen Begierden der niederen Geschöpfe. Ich liebe mit einer tierischen, tiefen, heiligen und erbärmlichen Liebe alles, was lebt, was wächst, was man sieht . . .« Und noch in den Jahren seines Irreseins durchwühlt ihn manchmal dieser Schauer. Im Garten der Nervenklinik reißt er von einem Baum, der im Frühlingssaft steht, einen Zweig ab und steckt ihn in die Erde mit den Worten: »Das will ich pflanzen, und nächstes Jahr finden wir dann kleine Maupassants.« So erhellt der Wahnsinn eine tiefe Dunkelheit dieses Künstlers. Maupassant war nie verheiratet und hat nie einc Frau außer seiner Mutter wahrhaft geliebt. Der Gedanke, Kinder zu haben, flößte ihm stets eine unüberwindliche Abneigung ein. Die Frau als Gebärerin war eine Vorstellung, die ihn tief in seine Einsamkeit zurückstieß. »In der Frau als Körper«, sagte er von einem seiner Helden, »verehrte er die Venus, deren heilige Flanke die reine Form der Unfruchtbarkeit für immer bewahren mußte.« Wir kennen die Frauen nicht, die in seinem Leben eine Rolle gespielt haben. Die zahllosen Zeugnisse seines Daseins, seine Briefe, die Mitteilungen seiner Zeitgenossen, die Berichte seines Dieners Tassard, die tausend Indiskretionen seiner klatschhaften Epoche lassen nicht eine weibliche Figur klar hervortreten, von der man sagen könnte: »Diese ist es.«

Kein Zweifel, daß er von der physischen Liebe geradezu besessen war, aber war er es auch von der Frau? Die gefälligen Gefährtinnen eines Augenblicks erfüllten seine Geschichten, von »Boule de suif« und »La maison Tellier«, die seinen Ruhm begründeten, bis zu seinem bekanntesten Roman »Bel-Ami«, dessen Held nur auf den Boulevards seine erotischen Freuden findet. »Bel-Ami, das bin ich!« sagt Maupassant irgendwo, aber er sagt es nur mit halber Überzeugung und wohl auch ein wenig, um sich an der Entrüstung zu weiden, die dieser Ausspruch hervorrufen mußte. Sein Held ist ein ehrgeiziger Schürzenjäger, dem gänzlich die tragische Scheu des Dichters fehlt, sich zu binden und sich fortzupflanzen. Wenn es wahr ist, daß er die Dirnen in die große Literatur eingeführt hat, so geschah dies ohne die geringste Herausforderung. Sein abgründiger Pessimismus erlaubte ihm nicht einmal, sich nach einer wahren Liebe zu sehnen. »Ich habe nie geliebt«, läßt er eine seiner Gestalten sprechen, »ich glaube, daß ich gegenüber den Frauen zuviel Urteil habe, um ihrem Reiz zu unterliegen. In jedem Geschöpf gibt es ein moralisches und ein physisches Wesen. Um zu lieben, müßte ich eine Harmonie zwischen diesen beiden Wesen entdecken, die ich nie gefunden habe.«

Aber hat der Dichter diese Harmonie je ernsthaft gesucht? Daß ihm der Trieb zur Verehrung nicht fremd war, beweisen seine liebevollen Beziehungen zur Mutter. Aber seine Fähigkeit zur Hingabe erschöpfte sich völlig in der Natur, die ihm immer mehr gab, als er verlangte, und der zu mißtrauen unmöglich war. Die Dominante seines Gefühlslebens, die er erst Überdruß und Langeweile nannte, wurde später zur Angst. Er, der sich darüber beklagte, daß keine Macht und kein Erlebnis ihn aus dem Kerker seines Bewußtseins erlösen könne, fürchtete bald nichts mehr, als aus der festen Form seiner Persönlichkeit herausgelockt zu werden. Wie einen Schatten sah er sein gespaltenes Ich auf sich zukommen. Der Kampf mit dem Gespenst, mit dem »Horla«, kündigte sich an.

Bel-Ami, der Romanheld, brauchte die Frauen, um aufzusteigen. In einer verderbten und skrupellosen Pariser Welt waren ihm die »anständigen Frauen« das, was ihm vorher die Presse oder die Börse gewesen war, ein Mittel, um seinen brutalen Ehrgeiz zu befriedigen, ohne gegen das Strafgesetzbuch zu verstoßen. Er hatte es satt, sich an den heißen Pariser Abenden mit schadhaften Schuhen, schlechte Zigaretten rauchend, auf den überfüllten Boulevards herumzutreiben, vergeblich den Mädchen nachzuschauen, die mit gefälligen Blicken seine militärische Figur und seinen stolzen Schnurrbart streiften, im Gedränge die Terrassen der Cafés zu betrachten, ohne das Geld, sich ein kühles Glas Bier zu leisten. Nein, so sorgfältig, ja liebevoll Maupassant seinen Helden auch geschildert hat, er hat ihm nur die vulgäre Seite seines eigenen Wesens mitgegeben. Diese Seite ist keinem seiner Zeitgenossen entgangen, sie mag freilich besonders dadurch hervorgetreten sein, daß Maupassant sich auf seine körperlichen Kräfte und seine Sportlichkeit mehr zugute tat, als man damals in der guten Gesellschaft gewöhnt war. Er war ein unermüdlicher Ruderer, ein hervorragender Schwimmer und verschmähte nicht, seine Muskeln zu zeigen, die so entwickelt waren, daß ein Ringkämpfer ihn eines Tages für einen Kollegen hielt. Porto-Riche beschreibt seine Haltung als »militärisch«, andere Zeitgenossen (von denen noch etliche leben) rühmen seine schönen Augen »von der Farbe des Rauchtopas«.

Photographien, deren es wenige gibt, weil Maupassant sie verabscheute, offenbaren nicht viel von seinem Wesen, denn sein gewaltiger Schnurrbart überschattet das, was die Retusche von den Zügen übriggelassen hat. Immerhin gewahrt man die kurze, witternde Nase, das dichte, aufsteigende Haar und den kräftigen Hals, der sich kurz aus dem weit ausgeschnittenen Kragen mit der weißpunktierten Krawatte à la Lavallière drängt. Jacques-Emile Blanche, der ihn in einem aristokratischen Salon kennenlernte, beschreibt ihn als einen »Feldwebeltyp« und vermerkt seine auffallende Ähnlichkeit mit dem Baron Barbier, dem stehenden Mann auf dem berühmten »Frühstück« von Renoir.

Er haßt das Volk

Wie recht hatte er, der Prinzessin Mathilde zu gestehen, daß er für die Wälder und Küsten, nicht für die Straßen der großen Stadt gemacht sei. Im Ruderboot auf der Seine war er mehr zu Hause als in den Pariser Zeitungsredaktionen, auf der Entenjagd war ihm wohler als bei den Hauskonzerten der Herzogin von Auerstädt. Als der Erfolg kam, und mit ihm das Geld, kaufte er sich ein Haus an der Küste der Normandie und die berühmte Segeljacht von zwanzig Tonnen, die im Hafen von Cannes zu Hause war und die er »Bel-Ami« taufte, weil sie mit den Honoraren dieses Erfolgsromanes bezahlt worden war. Wenn er dem »Gefängnis der Straßen« entrinnen wollte, fuhr er ans nördliche Meer in sein Haus oder ans Südmeer, wo sein weißes Schiff in der Flut schaukelte, den unreinen Namen am Bug im reinen Element spiegelnd. Er versäumte keinen Anlaß, sich aus Paris zu entfernen. »Wenn man weit weggeht, begreift man erst, wie nah, kurz und leer alles ist. Erst auf der Suche nach dem Unbekannten gewahrt man, wie mittelmäßig alles ist und wie schnell vorbei.« Algerien, Tunis, England, Italien, Korsika, die Pyrenäen, alles das wurde flüchtig besichtigt, um als Landschaft, oft nur als Farbfleck in seinen Erzählungen wieder aufzutauchen.

Aber vor allem lockte ihn die Jagd, er versäumte keine Eröffnung und war unermüdlich. Wie jeder echte Jäger liebte er die früheste Morgenstunde. »Die Luft ist von jenen geheimnisvollen Schauern erfüllt, die dem Langschläfer unbekannt bleiben. Man atmet, trinkt, sieht das Leben, das wieder erwacht, das stoffliche Leben der Welt, das Leben, das die Sternenräume durcheilt und dessen Geheimnis unsere unermeßliche Qual ist.« Aber was er selbst nicht sagen will, legt er einem der vielen von ihm beschriebenen Jäger in den Mund: »Ich liebe die Jagd leidenschaftlich; und das schweißende Tier, der Schweiß auf dem Gefieder, das Blut auf den Händen, ziehen mir das Herz bis zum Umsinken zusammen.«

Sehr fern sind diesem Schauer der ersten Frühe und des verströmenden tierischen Lebens die Blumenkorsos von Cannes, die Pariser Salons und das schlaflose Gedränge der Boulevards. Der Dichter haßt die Menge, ob arm oder reich, ob gepflegt oder schmutzig. Er haßt sie mit der ganzen Rücksichtslosigkeit seines aristokratischen Künstlertums. Er haßt sie bis zur Torheit: »Wenn man das allgemeine Wahlrecht näher betrachtet und die Leute, die es uns beschert, bekommt man Lust, das Volk mit Maschinengewehren niederzumähen und seine Vertreter zu köpfen.« Es war ihm gleichgültig, daß sein Freund Zola den Kopf schüttelte und ihm in langen Gesprächen in Medan – gegen den Kamin gelehnt, im braunen Samtrock, wie Manet ihn gemalt hat – den sozialen Auftrag des »Experimentalromans« klarzumachen versuchte. Nein, er wollte nichts davon hören, er gab gerne zu, nicht das mindeste soziale Gefühl zu besitzen und in körperlicher Berührung mit der Masse nur Abscheu (und eine geheime Angst) zu empfinden.

Der Verfasser des »Bel-Ami« liebte Zola und vergaß ihm nicht, daß er gleichsam der Hausherr des Sammelbandes »Die Abende von Medan« gewesen war, der seinen ersten großen Erfolg, nämlich die Erzählung »Boule de suif« enthielt. Die fast wissenschaftliche Arbeitsweise Zolas, der bei den Vorarbeiten zu »La Terre« im offenen Kutschwagen die Weizengegenden Frankreichs mit dem Notizbuch in der Hand durchreiste und durch seinen Kneifer nach »Zuständen« ausspähte, erschien dem Sportsmann und Jäger Maupassant völlig absurd. Er war eben ein Teil jener Erde, aus der die Weizenhalme sproßten und die Apfelbäume aufstiegen. Er kannte jeden Feldweg seiner Heimat, jedes Schilfrohr und jede Klippe. Aber vor allem kannte er die Bauern, sprach ihre Sprache und sah ihnen bis auf den Grund ihrer undurchdringlichen Herzen. Da gab es keine Verehrung der Scholle, keinen Bauernkult, keine Romantisierung der rauhen Schale und des goldenen Kerns. »Der brave Landmann« Rousseaus, die »goldene Sichel« Victor Hugos, »die Schnitter, die ihren mit Ähren bekränzten Ochsen zulächeln«, wie Georges Sand sie gemalt hat, die knorrigen, aber prächtigen Theaterbauern eines Theuriet und Bazin, alle diese literarischen Lügengestalten, die auch heute noch nicht tot sind, wurden nicht von dem gewissenhaften Zola, sondern von dem gänzlich indifferenten Maupassant in die Flucht geschlagen.

Einige Jahrzehnte vorher hatte Balzac es unternommen, in seinem unerbittlichen Roman »Les paysans« dem französischen Bauern seinen Heiligenschein zu rauben. Aber erst Maupassant gelang es, weil er gänzlich leidenschaftslos dieser Aufgabe gegenüberstand. Er wollte keinen sozialen Leitsatz und keine wirtschaftliche oder moralische Theorie beweisen. Ihm war »alles egal«, wie sein Lieblingsausdruck lautete, er wollte nichts weiter, als die Bauern so malen, wie er sie kannte, habsüchtig, versoffen, abergläubisch, hart gegen die Alten, grausam gegen die Tiere, absolut stumpf gegen die »Gemeinschaft«, aber fleißig, schlau und unbeständig. In unzähligen Geschichten stehen sie leibhaftig vor uns auf einem Hintergrund aus Apfelbäumen, verfallenen Taubenschlägen, wurmstichigen Leiterwagen und dampfenden Misthaufen, wie sie ihre Mitmenschen übers Ohr hauen, die Goldstücke im Topf unter der Butter verstecken, die Magd im Straßengraben vergewaltigen, beim Leichenschmaus den Apfelschnaps erbrechen, den Großvater verhungern lassen, aber immer getreulich ihre Furchen durch die alte Erde ziehen.

Mit scheinbar flüchtigen Strichen sind sie gezeichnet, ohne Aufwand sind ihre alltäglichen Abenteuer erzählt, und doch sind es die dauerhaftesten Bilder, die je vom Leben der Bauern geschaffen worden sind. Nur mit denen Tolstojs sind sie zu vergleichen.

Die Darstellungskunst Maupassants wirft die Frage auf, wieweit es einem Künstler möglich ist, die Menschen und Dinge ohne Liebe, ohne Haß zu schildern. Die Gelassenheit, mit der er die menschlichen Leidenschaften wiedergibt, mag schwanken. Die Romane »Une vie« und »Fort comme la mort« weisen zartere Töne auf als »Bel-Ami«, aber allen Büchern ist eine Absichtslosigkeit gemeinsam, die ein zu hohes Kunstmittel ist, um nicht schwer erkämpft zu sein. Kein Künstler beginnt seine Erzählung lässiger, verzichtet vollständiger auf Instrumentierung und Aufmachung als er. Da sitzt eine Gesellschaft nach dem Essen zusammen, und einer erzählt. »Eines Abends« heißt es einfach, oder »im vergangenen Winter« oder »unter den vermischten Nachrichten habe ich in der Zeitung folgendes gelesen«. Gebietet der Dichter seiner Bewegung mühsam Schweigen, oder spricht das Herz überhaupt nicht? Der große Naturalist, der uns so oft versichert, niemals und nichts geliebt zu haben, hat, so scheint es, nicht einmal seine Kunst geliebt: »Ich bin unfähig, meine Kunst wirklich zu lieben: ich kann nicht anders, als den Gedanken verachten, weil er so schwach, und die Form, weil sie so unvollkommen ist.«

Das ist mehr als die bekannte Qual des Schreibenden vor dem leeren Papier. In fünfzehn Jahren hat er zehntausend Seiten geschrieben, oft mit dem Gefühl, nie wieder eine Seite zustande bringen zu können. Aber die Grundangst seines Lebens kam aus tieferen Quellen, sie kam aus der Ahnung, nicht lieben zu können, ja, nicht lieben zu dürfen. Die Möglichkeit, seine Persönlichkeit zu verlieren, lauerte im Dunkel seiner gequälten Seele. Zu lieben, sich hinzugeben, war ihm gleichbedeutend mit der Gefahr, sein Ich aus sich selber zu entlassen, wie ein Vogel aus dem Bauer schlüpft. Daher seine Furcht vor Liebesbindungen, daher seine Menschenverachtung, daher seine Gottlosigkeit, daher seine Langeweile, daher schließlich auch die Katastrophe, als die gefangene Seele endlich den Körper zerbrach. Aber daher auch die absolute Wahrheit seiner Kunst.

Die Marquise am Trapez

So blieb denn die Natur seine einzige Gefährtin bis zuletzt, das Wasser, der Wald, die Nacht. »Ich liebe die Nacht mit Leidenschaft. Ich liebe sie, wie man sein Land oder seine Geliebte liebt, mit instinktiver, tiefer und unüberwindlicher Liebe. Ich liebe sie mit allen meinen Sinnen, mit meinen Augen, die sie sehen, mit meiner Nase, die sie riecht, mit meinen Ohren, die ihr Schweigen vernehmen, mit meinem ganzen Fleisch, das sich von den Finsternissen streicheln läßt.« Wie oft verbrachte er die Nächte auf dem Wasser, erst auf seinem Ruderboot, später auf seiner Jacht. Da gab es keine Stimmen außer dem zarten Brausen der Strömung um den Kiel, da gab es keine Gesichter außer dem unruhigen Widerschein der Sterne auf der schwarzen Flut. Kein menschlicher Laut rief ihn zur Teilnahme am Leben auf, keine menschliche Zunge formte eine Forderung. Auf dem Wasser, in der nächtlichen Dunkelheit gab es keine Mitmenschen, keine Menge, keine Liebe, keinen Haß. Wohl sprechen die schweigenden Elemente zu ihm, wohl ahnt er, daß jenseits der menschlichen Bindung noch andere Wahrheiten wohnen, aber er wird sie niemals aussprechen, er hat Furcht.

Einmal wird er an Land gehen müssen, einmal wird diese Nacht zu Ende sein. Er wird nach Paris zurückkehren, an seinen Schreibtisch, zu seinen Figuren, seinen Bauern, seinen ehebrecherischen Frauen, seinen kleinen Beamten, seinen Dirnen, seinen Enttäuschten und Besiegten. Er wird sie hinter sich werfen wie Deukalion die Steine, aus denen Menschen wurden. Aber immer wird ein Rest bleiben. Das Geheimnis der Dinge ruht im Menschen, er ahnt es, aber er wagt nicht, es zu ergründen. So entstehen seine Erzählungen, mit denen er nichts will, die keinem

Zweck dienen, nichts beweisen wollen, die nicht einmal die Vielfalt der Schöpfung verkünden sollen, die einfach da sind: reine Kunstwerke. »In gewissen Augenblicken habe ich diese Art von geistigen Erleuchtungen, die für eine Sekunde glauben lassen, daß man das göttliche Geheimnis der Dinge entdecken wird; dann schließt sich das Fenster wieder. Es ist vorbei.«

Es ist kein Zufall, daß seine besten Seiten über Paris eine in Dunkelheit gehüllte, völlig leere Stadt schildern (»La nuit«), in deren ausgestorbenen Straßen der Wanderer so lange umherirrt, bis er schließlich im eisigen Fluß seine Zuflucht sucht. »Fließt die Seine noch? Ich wollte es wissen, ich fand die Treppe, ich stieg hinab . . .« Selbst die Großstadt offenbart sich der gequälten Seele am deutlichsten als ein Stück menschenloser Natur. Diese Schilderung ist stärker als alle seine Beschreibungen des belebten Paris. Wo er die Stadt mit ihren Straßen und wimmelnden Menschen, mit ihren Salons, Tanzsälen, Theaterfoyers und Zeitungsredaktionen aufleben läßt, da geschieht es mit zögernder Hand.

Und doch ist das Paris, in dem er lebt und arbeitet, das Paris des ausgehenden 19. Jahrhunderts, die intensivste Zusammendrängung menschlichen Daseinstriebs, menschlicher Genußsucht, großer und kleiner Leidenschaften, erhabener und schmutziger Tragödien. Die deutsche Zeitungsphrase vom »Seine-Babel« stammt aus diesen Jahren. Die großen Skandale stehen erst bevor, Panama, Dreyfus, die Anarchisten. Frankreich brütet Revanche gegen Deutschland. Gambettas Mahnung: »Nie davon sprechen, immer daran denken!« wird nicht befolgt, denn man spricht von nichts anderem. Frankreich atmet mit vollen Lungen, es besetzt Tunis, erscheint am Kongo, gewinnt Tonking und Madagaskar. Ein General behauptet, daß Frankreich der Republik müde sei, und drängt zur Macht. Bismarck erklärt dem französischen Botschafter, daß Boulangers Diktatur »den Krieg auf kurze Sicht« bedeuten würde. Die Männer der Patriotenliga tummeln sich jeden Sonntag auf der Statue der Stadt Straßburg »wie Gemsen auf einem Felsen«. Jules Ferry weist die Jesuiten aus, aber sie gehen nicht weit. Die Herrschaft der gemäßigten Republikaner eilt ihrem Ende zu, das klassische Zeitalter der Radikalsozialisten kommt herauf.

Frankreich schreibt und malt wie noch nie: Zola, Loti, Bourget, Anatole France, Renoir, Monet, Cézanne. »Diese raffinierte Pariser Gesellschaft, in der man keine andere Beschäftigung als die Liebe kennt« (Bourget), beruht dennoch auf der wütenden Geschäftigkeit der Spekulanten, der Industriellen und Financiers. Die Rothschild, die Fould-Furtado, die Cammondo und Péreire heiraten Töchter der napoleonischen Aristokratie, welche die Namen aller europäischen Schlachtfelder trägt. Aus dem fernen Amerika senden die Singer, Gould und Guggenheim ihre Töchter nach Paris, wo man ihnen uralte Herzogskronen ins Haar drückt. Gartenfeste, von der republikanischen Garde im Kürassierhelm mit schwarzem Roßschweif bewacht, röten den Himmel, im Boulogner Wäldchen gehen sich schnurrbärtige Duellanten mit dem Florett an, die Marquise von Belboeuf turnt ihren Gästen im Trikot etwas am Trapez vor, die Prinzessin von Sagan veranstaltet einen »Ball der Tiere«, die Bummler eilen nach durchtanzter Nacht, den Zylinderhut im Nacken, zur Mauer des Gefängnisses La Santé, um der Hinrichtung eines Anarchisten zuzusehen, im Studentenviertel gibt es Aufruhr, die Kurtisanen Cora Pearl und Fanchette Fupin betrachten aus ihrer Loge mit dem Opernglas den Schmuck der Gräfin Pourtalès und sind von dem Vergleich sehr befriedigt. Die Schauspielerinnen werden auf dem Korso mit Veilchenbündeln bombardiert, die Liga gegen den Absinth wird begründet. »Krieg in Sicht?« hieß es eben noch von Deutschland her, die Damen haben Migräne oder schießen auf ihre Liebhaber, aber seit Charcot sagt man, daß das alles »Hysterie« ist.

Aus dem Rasen des Marsfeldes steigt ein seltsames Gebild aus Stahl und verdrängt die bretonischen Ammen, die dort ihre Kinderwagen bewegten. Der Eiffelturm soll die Zierde der Ausstellung von 1889 werden. Noch ist er nicht über das erste Stockwerk hinausgekommen, da werden schon Proteste laut, unter die Frankreichs Blüte, von Gounod bis Maupassant, zornglühend wegen solcher Schändung des ehrwürdigen Stadtbildes, ihren Namen setzt. Aber der Turm wächst weiter, und sein schlankes Filigran wird einst das Entzücken aller Liebhaber von Paris sein. Einstweilen sind die Künstler unversöhnlich, und Maupassant flieht aus der Hauptstadt. »Ich habe Paris und sogar Frankreich verlassen, weil der Eiffelturm mich schließlich zu sehr ärgerte.«

Von diesem Paris, dem es wahrlich nicht an Farbe fehlte, hat Maupassant wenig eingefangen. Sein Geschäftemacher Andermatt aus dem »Mont-Oriol« ist nur eine blasse Spiegelung der saftigeren Originale. Er hätte es dem Pinsel eines Lautrec und Degas mit der Feder gleichtun können, und zweifellos rufen gewisse Seiten des »Bel-Ami« die Erinnerung an diese Namen wach. Aber um dies Paris zu bewältigen, bedurfte es der Genußfähigkeit oder doch jedenfalls eines gewissen Appetits. Die ganze anrüchige Gesellschaft dieser großen Stadt strotzte im Grunde von innerer Robustheit, Maupassant indessen litt dunkle Ängste. Seine sinnlichen Bedürfnisse wuchsen maßlos und steigerten sich zur Besessenheit. Ihre Befriedigung ließ ihn traurig, ja verzweifelt zurück. Er war ein Löwe der Gesellschaft geworden, und die Frauen machten keine Schwierigkeiten. Aber es war eine traurige Sache, ein lustiges Leben zu führen.

Der Dichter verachtete die Frauen nicht so sehr wie sich selbst. »Wir Männer beten die Frauen an, und wenn wir eine von ihnen vorübergehend wählen, so ist es eine Huldigung an ihr ganzes Geschlecht.« Indem er das Geschlecht gelten läßt, flieht er den Menschen, und er flieht ihn mit einer Art von trauriger Roheit: »Ich liebe sie nicht, aber sie amüsieren mich. Ich finde es sehr ulkig, sie glauben zu machen, daß ich ihrem Reiz unterliege. Eine ißt in meiner Gegenwart nur noch Rosenblätter.« Er kennt indessen noch schlimmere Selbsterniedrigungen. Eines Abends bringt er von einer höchst vornehmen Gesellschaft eine Dame in sein Haus, und als sie in den Tag hinein bleiben will, sagt er zu seinem Diener Tassard: »Ich habe genug von ihr, schmeiße sie hinaus!« So kann es denn auch geschehen, daß eine verschleierte

Frau während seiner Abwesenheit bei ihm eindringt und auf seinem Schreibtisch einen Zettel zurückläßt, auf dem nichts weiter steht als: »Du Schwein!« Aus solchen Vorfällen, die bekannt wurden, weil er sie wahrscheinlich selber erzählte, entstand das Urteil seiner Zeitgenossen über sein Gefühlsleben. Porto-Riche sagte von ihm: »Maupassant wird nie Herzensleid haben: was er nimmt, ist er auch gleich schon wieder aufzugeben bereit. Gewisse Empfindungen stehen nicht in seiner Macht. Er ist moralisch impotent.« Wer hätte auch in den sich langsam verfinsternden Sinn des Dichters blicken können, der durch Roheiten sein Ich zu verteidigen glaubte und es doch täglich mehr entschwinden fühlte.

Das Laster der Traurigkeit

Die Tristheit der Kreatur hat indessen den unbestechlichen Spiegel seines Genies nicht zu trüben vermocht. Die Werkzeuge seiner Kunst sind stets rein und frisch geblieben. Es ist freilich wahr, daß kein Geringerer als Flaubert ihn gelehrt hat, sie zu führen. Der Dichter der »Madame Bovary« war ein Jugendfreund seiner Mutter und nahm sich des jungen Maupassant mit solcher Liebe an, daß der böse Klatsch entstehen konnte, der Jüngling sei sein heimlicher Sohn. Dieser brachte ihm seine ersten Verse nach Croisset, in den alten Pavillon. Draußen zogen die Kohlenkähne die Seine hinab, der Wind zauste die Lindenbäume auf der Terrasse, während Flaubert im Schlafrock, der sich unaufhörlich öffnete, die kalte Pfeife im Munde, unruhig aber aufmerksam zuhörte, um dann nach beendeter Vorlesung einen Vulkan von Worten loszulassen, aus denen der junge Mann deutlich heraushörte, daß seine Verse schlecht seien.

Später, in Paris, suchte er den Meister regelmäßig in der Rue Murillo auf, las ihm seine erste Prosa vor und überließ ihm seine Manuskripte, die beim nächsten Besuch einer unerbittlichen Kritik unterzogen wurden. »Sieben Jahre lang habe ich mit Flaubert gearbeitet, ohne eine Zeile zu veröffentlichen. Während dieser sieben Jahre hat er mir literarische Grundsätze vermittelt, die ich mir nicht durch vierzig Jahre Erfahrung hätte erwerben können.« Flaubert wußte, daß ihm hier sein einziger Schüler erwuchs. »Die geistige Vaterschaft«, schrieb er an Maupassants Mutter, »ist nicht weniger wert als die andere.« Kein Vater hat je seinen Sohn so klar durchschaut wie der Meister seinen Schüler: »Hüten Sie sich vor der Traurigkeit. Sie ist ein Laster.« Oder: »Junger Mann, Sie müssen mehr arbeiten, verstanden? Denken Sie endlich an ernste Dinge. Zuviel Rudersport! Zuviel körperliche Bewegung! Zuviel Huren! Werden Sie ein Mann!« Aber Maupassant ist mehr auf dem Wasser als am Schreibtisch, und Flaubert flucht nicht schlecht. Er schreibt einem gemeinsamen Freund: »Wenn besagter junger Mann sich wohl befindet, ermächtige ich Sie, ihm einen Tritt in oder gegen den Hintern zu geben.«

Im Grunde aber ist Maupassant dem Lehrer blind ergeben, und man kann sagen, daß Flaubert der einzige Mensch (außer der Mutter) ist, den er je geliebt hat. Die Vorrede, die er 1884 dem Briefwechsel Flaubert – Georges Sand mitgibt und die die einzige große essayistische Leistung Maupassants darstellt, bezeugt es. Man kann dem Literarhistoriker Thibaudet nicht unrecht geben, wenn er sagt, daß es in der Literatur kaum ein zweites so vollkommenes Beispiel geistiger Nachkommenschaft gebe: »Höchstens die Malerschulen bieten ein ähnliches Phänomen: Van Dyck und Rubens, Veronese und Tizian.« Der Roman »Une vie« ist in der Tat das einzige große Literaturwerk, das in der Werkstatt geschaffen wurde, aus der »Madame Bovary« hervorgegangen ist.

Man sieht die Werkstatt vor sich, wenn man Flauberts Ratschläge an den jungen Dichter liest: »Welche Sache man auch sagen will, es gibt nur ein Wort, um sie auszudrücken, nur ein Verbum, um sie zu beseelen, nur ein Adjektiv, um sie zu bewerten. Deshalb muß man suchen, bis man dies Wort, dies Verbum, dies Adjektiv gefunden hat.« Oder: »Um ein loderndes Feuer oder einen Baum in der Ebene zu beschreiben, bleibt man so lange vor dem Feuer oder vor dem Baum, bis sie keinem anderen Feuer oder Baum mehr gleichen.« Er empfiehlt ihm, wenn der Plan eines Romans fertig ist, nicht mehr an das Ganze zu denken, sondern: »Ich nehme mir eine Seite vor, die ich komponieren will, und denke über sie nicht hinaus, bis ich sie fertig habe. Bis dahin existiert der übrige Roman überhaupt nicht für mich. Ich empfehle Ihnen, die Stimmen der Figuren so lange zu schreien, bis sie Ihnen in den Ohren klingen.«

So hämmert der Unerbittliche das künstlerische Gewissen des Schülers, das sich nur allzu gerne diesen Schlägen entziehen möchte. Denn das Schreiben ist bei Maupassant nicht wie ein unwiderstehlicher Ausbruch, es ist eher ein Umweg, um sich die innere und äußere Freiheit zu erkämpfen. Später behauptet er sogar, daß er die Literatur »als den leichtesten Weg« gewählt habe. Darin steckt nicht wenig Prahlerei, wenn man den ungeheuren Fleiß dieses Erzählers bedenkt. Aber daß Flaubert ihn eher antreiben als zügeln mußte, ist richtig. »An die Arbeit, junger Mann!« oder: »Genug gefaulenzt!« oder: »Heran an den Satzbau, heran an die Adjektive, keine Bummelei!« sind die täglichen Mahnungen. In tiefer Ahnung ruft er ihm zu: »Was Ihnen fehlt, sind Grundsätze!« Aber dann besinnt er sich und fährt fort: »Für einen Künstler gibt es nur einen Grundsatz: alles der Kunst opfern. Das Leben darf ihm nur noch ein Mittel sein, nicht mehr.«

Es scheint, als ob Maupassant diese Lehre entschieden in den Wind geschlagen und zu viel Kraft an sein Leben gewandt hätte. In Wirklichkeit hat er Flauberts Mahnung nie vergessen. Sie wurde ihm zur ureigensten Wahrheit, die ihm gerade noch den Genuß und die Befriedigung seiner Begierden, nicht aber die echten menschlichen Erfüllungen gestattete, so daß ihm das Leben schließlich nur noch »ein trister Jux« war. Das war es freilich nicht, was Flaubert gewollt hatte.

Den ersten literarischen Erfolg seines geistigen Sohnes, die

Veröffentlichung der Erzählung »Boule de suif« im Jahre 1880, hat er gerade noch erlebt. »Los, mein Junge«, rief er aus, als er das Stück gelesen hatte, und duzte Maupassant zum erstenmal, »mache ein Dutzend solcher Erzählungen, und du wirst ein Mann sein . . . Ich betrachte sie als ein Meisterwerk. Diese kleine Geschichte wird bleiben.« Er starb kurz darauf, als ob er gerade noch den Triumph seines einzigen Schülers hätte abwarten wollen. Wenige Monate später suchte Maupassant den Augenarzt auf, den zu konsultieren Flaubert ihn immer schon gedrängt hatte. Dr. Landolt prüfte lange die Iris und fragte den Besucher, ob er nie krank gewesen sei. »Wirklich nicht? Denken Sie gut nach! Keine ansteckende Krankheit?«

Mit dreißig Jahren beginnen die Migränen, die ihn oft zwingen, bei verdunkeltem Fenster im Bett zu bleiben. Herzbeschwerden treten hinzu, die Sehstörungen wiederholen sich in kürzeren Abständen und nehmen bald die Form von Halluzinationen an. Besucher wundern sich, warum es in seiner Wohnung nach Äther riecht. Aber er beginnt auch Kokain, Haschisch und Morphium zu nehmen. Langsam beginnt das sorgsam eingesperrte Ich gegen seine Wände zu drängen. »Wissen Sie«, sagt er einer Freundin, »wenn ich lange vor dem Spiegel stehe und die Augen meines Spiegelbildes fixiere, glaube ich manchmal die Idee meines Ichs zu verlieren.« Er beginnt, sich doppelt zu sehen: »Ein über das andere Mal, wenn ich heimkomme, sehe ich meinen Doppelgänger. Ich öffne die Tür, und ich sehe mich in meinem Sessel sitzen.«

Graut ihm vor diesen Ausflügen seines Ichs oder empfindet er sie als Erleichterung von der ewigen Anspannung des Überwachens und der Selbstkontrolle? Nein, er hat Furcht, er hat immer Furcht gehabt. In mehr als zwanzig Erzählungen, von denen »Le Horla« die berühmteste ist, beschäftigt er sich mit der Angst, dem Wahnsinn, dem Selbstmord. Sein Bruder Hervé wird geisteskrank und muß ins Irrenhaus gebracht werden. Der Dichter nimmt die Überführung selbst vor, und als der Kranke bemerkt, wo er sich befindet, schreit er dem Bruder zu, während die Wärter ihn halten: »O Guy, du Elender! Du läßt mich einsperren. Du bist verrückt, nicht ich! Hörst du, du bist der Verrückte in der Familie!« Da ist dem Dichter, als stände ihm sein eigenes Ich gegenüber.

Ob die fortschreitende Paralyse, die zuerst sein rechtes Auge angriff, eine Erbkrankheit oder die Folge einer syphilitischen Infektion war, diese Frage fügt dem Bilde des Künstlers nichts hinzu. Die Krankheit verlief in Formen, die dem inneren Drama Maupassants genau entsprachen. Was er entweichen fühlt, ist nicht so sehr seine Vernunft als sein Wesen. »Ich komme mir wie ein Gespenst vor«, sagt er, »ich fühle mich, als ob ich nie gewesen wäre.« Trotzdem beginnt er ein neues Buch »Angelus«, aber er sagt gleich: »Wenn das Buch in drei Monaten nicht fertig ist, bringe ich mich um.« Es gelingt ihm noch, seinen Zustand genau zu beschreiben: »Gewisse Hunde, die heulen, drücken meinen Zustand sehr gut aus. Es ist eine jammervolle Klage, die an niemanden gerichtet ist, die nirgendwohin geht und eingesperrte Angstschreie in die Nacht wirft, die ich ausstoßen können möchte . . . Wenn ich jammern könnte wie sie, würde ich manchmal auf eine weite Ebene oder in den Wald hinausgehen und ganze Stunden lang in der Finsternis heulen.« Ende 1891 schreibt er seinem Anwalt: »Ich bin im Sterben. In zwei Tagen bin ich tot.« Am gleichen Tage vertraut er seinem Diener an, daß er ein Gespenst gesehen habe. Bald darauf macht er in Cannes einen Selbstmordversuch. Er muß nach Paris in die Klinik des Dr. Blanche gebracht werden, wo er am 6. Juli 1893 im Alter von dreiundvierzig Jahren stirbt.

Bevor der Kranke Cannes verläßt, um sein Leben in der Irrenanstalt zu enden, wünscht er noch einmal seine Segeljacht zu sehen. Seine beiden Matrosen, die so viel Nächte allein mit ihm auf dem Meer verbracht haben, führen ihn behutsam zum Hafen. Da liegt der »Bel-Ami« weiß und unschuldig auf der beruhigten Flut mit eingerollten Segeln, vor Sauberkeit blitzend. Der Dichter betrachtet lange das Schiff und dessen Spiegelbild im stillen Wasser, er bewegt die Lippen, aber kein Laut dringt hervor. So stehen sie eine Weile, der Kranke und seine Begleiter. Dann führen sie ihn fort, aber er bleibt noch einmal stehen und wendet sich um, einen letzten Blick auf den »Bel-Ami« werfend.

Gegenwart 15. 11. 1948

Zweigs Welt von Gestern

Rückblicke werden vorgenommen, beschworene Gestalten ziehen vorüber. Zeitalter werden besichtigt, aus der Tiefe uneingestandenen Heimwehs werden Schatten heraufgerufen. Je mehr Mut der Blick in die Zukunft verlangt, um so unwiderstehlicher zieht die Vergangenheit das innere Auge an. Es ist wie der Andrang der Schatten zur Opfergrube, die Odysseus am kimmerischen Gestade aushob. Nur sind diesmal wir es, die Lebenden, die vom Blut der Abgeschiedenen trinken möchten, um ins geliebte Leben zurückkehren zu dürfen. An welcher Krankheit leidet unser Bewußtsein, daß wir nicht anders können, als uns in geschichtlicher Perspektive sehen? Es ist freilich wahr, die Ereignisse scheinen mit nie dagewesener Grausamkeit den Beweis dafür übernommen zu haben, daß ein Altes für immer zu Ende ist und ein Neues beginnt. Aber haben die Ereignisse recht, und begibt der Mensch sich nicht in tödliche Gefahr, wenn er sich epochal zu sehen beginnt und seine Gegenwart und seine Existenz nur noch als ein Stück geschichtlichen Ablaufs zu begreifen vermag!

Der unwiderstehliche Drang, sich in einer Zeitenwende zu fühlen, zerstört das Gefühl für Dauer, in dem allein der Mensch zu überleben vermag. *Stefan Zweig* ist der Vorstellung erlegen, daß er zwischen zwei Zeiten geraten sei. Nun hatte er freilich als Jude, Österreicher, kosmopolitisch gestimmter Literat und Pazifist ausreichend Veranlassung, an der Dauerhaftigkeit dessen, was er war, schrieb und darstellte, zu zweifeln. Die Mächte, die für seinen Untergang verantwortlich sind, schreckten vor keinem angeblichen Beweis dafür zurück, daß eine alte Epoche verdientermaßen gestürzt und eine neue – diesmal endgültige – angebrochen sei, in der Erscheinungen wie Zweig keinen Platz mehr hätten. Das war der rasend anmaßende Glaube der Täter – den das Opfer still und »in leisem Dämmern der Verzagtheit« teilte. Zweig schied in einem südamerikanischen Kurort freiwillig aus dem Leben. Er hinterließ einen Rückblick auf sein Leben unter dem wohlüberlegten Titel *Die Welt von Gestern.*

Der Rückblick erhält seine kummervolle Würde durch eben dies »epochale Bewußtsein«, dem der Verfasser sich hingibt. Aber aus der gleichen Quelle stammen seine Irrtümer und Unzulänglichkeiten. Das Auge, mit dem man dieses Buch liest, wird von dem persönlichen Geschick des Verfassers (das eben kein rein persönliches war) und dem Anteil, den jeder Überlebende daran hat, stets verschleiert sein. Aber mancher Chronist, der sein Zeugnis überdauert hat, leidet nicht weniger unter dem Gefühl, eine Vergangenheit zu malen, die sich von allen anderen Vergangenheiten unterscheidet. Wie sollte es auch anders sein? Zweig schildert sich als Sohn einer reichen jüdischen Familie in jenem Habsburger Wien, das nun schon seit langem die ideale Kulisse für den Traum von der endgültig verlorenen Lebensfreude ist. Er wächst in einer Welt der Sicherheit auf, in der sorgende Väter lückenlose Vorkehrungen treffen, um für die Zukunft ihrer Kinder jede Überraschung auszuschließen. Der junge Wiener, der schon auf der Schule die Laufbahn des Literaten gewählt hat, bricht denn auch wohlversehen zu einem reichen und nicht unedlen, aber keineswegs bewegten Leben auf. Er sieht die Welt, macht sich in Paris häuslich, schließt wertvolle Freundschaften, mit Verhaeren, Barbusse, Rolland, Freud, Gorkij, Rathenau, Rodin, Rilke, Richard Strauss, gewährt allen hochherzigen Bewegungen zur Bekämpfung des Kriegsgeistes und zur »Schaffung eines geistigen Übernationalismus« (er meint wohl: Internationalismus) seine hingebungsvolle Mitarbeit und läßt sich schließlich in Salzburg nieder, wo er die »Agonie des Friedens« wie ein Welken seiner eigenen Lebenskraft spürt.

Die Anzeichen dafür, daß er bedroht ist, mehren sich. Im Februar 1934 geht er nach England und kehrt kurz vor dem deutschen Einmarsch noch einmal nach Wien zurück, um dann endgültig ein Emigrant zu werden. Seine Darstellung ragt also fast in unsere Gegenwart hinein; trotzdem hat seine Schilderung der Jahre vor 1914 das meiste Gewicht, ja, die ersten Nachkriegsjahre muten wie eine Fortsetzung jener fernen Zeit an, so sehr sind sie noch von dem Glauben an die »völkerverbindende Macht des Geistes« durchweht. Obwohl Zweig unser Zeitgenosse ist, ist seine »Welt von Gestern« doch eine Welt des 19. Jahrhunderts. Alles, was das neue Jahrhundert ausmacht, erlebt er nur noch als erstaunt Leidender, ohne eine Waffe der Abwehr in der Hand, als Gewaltloser.

Dieser Wesenszug entschiedener Gewaltlosigkeit sichert dem Schriftsteller, der mit seinen Essays, seinen historischen Biographien, seinen Novellen beispiellose Bucherfolge errungen hat, die nachlebende Sympathie auch derer, die sich mit der gepflegten Unpersönlichkeit seiner Darstellung und seines Stils nie befreunden konnten.

Nie ist er »zu einer persönlichen Form der Aussage gelangt«, wie er irrtümlich annahm, aber gerade mit dieser Schwäche hat er sich wohl die leichte Übersetzbarkeit seiner Werke ermöglicht, die mit Vorliebe bereits geformte Gestalten oder Probleme behandeln und jedem gebildeten Leser in jedem Land von vornherein angepaßt sind. Sein Stolz ist, von allen, von Bolschewiken ebenso vorbehaltlos wie von Amerikanern, gelesen worden zu sein. Vielleicht wird er gerade darum bald schon viel weniger gelesen werden. Die leise ausgesprochenen Enttäuschungen seines scheinbar so erfolgreichen Lebens lehren, daß allgemeine Ideen im Bereiche des Geistes nur mit größter schriftstellerischer Stoßkraft wirkungsvoll verfochten werden können. »Die seelische Superiorität des Besiegten«, die er als sein Lieblingsthema bezeichnet, ist eine edle Idee, aber sie wird nur dann gehört, wenn sie mit der Kraft eines, der an seine Unbesiegbarkeit glaubt, vertreten wird.

Vielleicht erklären sich die deutlichen und täglich sichtbarer werdenden Grenzen des Schriftstellers und Idealisten Zweig dadurch, daß er den rohen und lärmenden Umstürzen der Zeit, an der er zugrunde ging, im geheimen eine Art von elementarer Vitalität und Dynamik zuerkannte oder doch wenigstens der »Welt von Gestern« die Kraft und den Willen zum Überleben in Momenten des Zweifels absprach. So mußte er auch das Jahrhundert verkennen, aus dem er hervorgegangen war. Es war, so meinte er, »kein Jahrhundert der Leidenschaft«. Man kann die Gegenwart nicht gründlicher überschätzen, als ihr ein solches 19. Jahrhundert gegenüberstellen, ein Jahrhundert, das in Wirklichkeit die eigentliche Entdeckungszeit der menschlichen Leidenschaften, ja des Leidens gewesen ist. Als »leidend und groß« erkennen wir die Epoche Wagners, Nietzsches, van Goghs. Da stieg der Mensch noch einmal, zu allem entschlossen, in seine äußersten Tiefen hinab – bevor er sich wegwarf und auf seine herrliche Souveränität verzichtete. Was nachher kam, war im wesentlichen Mord und Totschlag. Dazu bedarf es keiner Leidenschaft. Zweig hat noch an Quellen getrunken, wenn er auch ihre Tiefen nicht voll ermaß. Wir treiben auf Meeren und verdursten.

Stefan Zweig, Die Welt von Gestern. Berlin 1947
Gegenwart 15. 11. 1948

Besichtigung durch Heinrich Mann

Das Zeitalter, das *Heinrich Mann* am Abend seines Lebens »besichtigt« und schildert, wird dadurch zur Einheit, daß es die Existenz des großen deutschen Romanschriftstellers umfaßt. Ist dieser durch zwei Weltkriege gezeichneten, aber nicht erschöpften Epoche auch sonst eine Geschlossenheit zuzusprechen? Hat sie Anfang und Ende? Heinrich Manns literarisches Leben beginnt ungefähr da, wo Deutschland nach seiner klug begründeten Meinung anfängt, in der Welt verhaßt zu werden, nämlich mit der Entlassung Bismarcks, dessen Deutschland noch »eine konservative Wohltat dieses Erdteils« gewesen war. Für den Dichter, der von jeher – wie jeder echte Romancier – gesellschaftskritisch tätig war, handelt es sich also darum, in diesem Zeitablauf nichts Zufälliges gelten zu lassen, sondern in jeder Figur und Episode einen Beitrag zu der Formel »Deutschland gegen Alle« zu vermuten und oft auch aufzuzeigen.

Was Heinrich Mann, der Verfasser des »Untertan«, in seinem Buche *Ein Zeitalter wird besichtigt* zu dem furchtbaren Vorgang der deutschen Selbstisolierung zu sagen hat, ahnt man. Ungeahnt ist die Vollendung, mit der er es sagt. Stets hat dieser Schwelgende nach Nüchternheit gestrebt; hier ist es ihm gelungen, seine brennende Leidenschaft zu einer völlig kristallenen Unmittelbarkeit zu bändigen und Abkürzungen zu erzielen, die wie mit dem härtesten Bleistift gezeichnet sind. Am Ende eines reichen und kühnen Literatenlebens steht der Zwang, mit dem eigenen Lande furchtbar abzurechnen. Aber dieser Abrechnung verleiht der Scheidende das Höchste seiner sprachlichen, seiner deutschen Meisterschaft. Uns grausam, oft ungerecht züchtigend, beschenkt er uns überschwenglich.

Die Frage ist freilich, wie weit es uns erlaubt ist, den literarischen Wert einer Darstellung zu genießen, die an die Wurzel unseres Lebens geht und sie mehr als einmal bedroht. Doch, es ist erlaubt! Denn die künstlerische Vollendung ist es, die uns zum

Zuhören zwingt und vor der es kein Entweichen gibt. Wäre Romain Rolland ein größerer Schriftsteller gewesen, so hätte sein hochherziges Treiben nicht nur die erfaßt, die schon immer seiner Meinung waren. Die Schläge, die Heinrich Mann den Deutschen, also seiner eigenen Art, versetzt, lassen sich um so schwerer abschütteln, als das Mitleiden des Richtenden zwar kaum ausgesprochen wird, aber dafür um so stärker an den Formen seiner Kunst mitwirkt. Hier spricht nicht die »strenge und gequälte Stimme«, die Stefan George an dem hadernden Nietzsche vernimmt. Fast tonlos, aber unendlich klar sind die Laute dieses Zürnenden, weit entfernt von dem bel-canto seiner Jugend, doch darum nicht weniger hinreißend.

»Jeder Deutsche von Rang hat unter den Deutschen gelitten«, sagt er. Dies Leiden spricht aus jeder Seite seiner zwanzig Romane, aber seitdem ist einiges hinzugekommen, vor allem jene Ereignisse, die den Dichter von Flucht zu Flucht getrieben und die Welt in das verwandelt haben, was sie heute ist. Der Dichter untersucht seine deutschen Bindungen und zerrt an ihnen, aber sie halten. Er durchleuchtet die Ursprünge seines Zeitalters bis zur Französischen Revolution und Napoleon hinab, er faßt die Kräfte zusammen, von denen die große Verwandlung auszugehen scheint, er schildert sein eigenes Leben, die Freundschaften und Beglückungen, den Bruder Thomas, Arthur Schnitzler, Wedekind, das Theater seiner Zeit, Puccini, die italienische Landschaft, die Franzosen.

Allein der Weg durch dieses halbe Jahrhundert ist nicht gradlinig und führt keineswegs unmittelbar zur heutigen Katastrophe. Die Deutung biegt immer wieder auf das abgründige deutsche Phänomen zurück, mit dem fertig zu werden noch keinem großen Deutschen gelungen ist. »Schluß mit den Deutschen!« ruft Heinrich Mann. Aber »wer überschwenglich haßt, zerstört sich selbst«, gesteht er auch und reißt sich damit selbst im letzten Augenblick vom Abgrund zurück. Denn erwächst nicht gerade aus dieser unheimlichen Fähigkeit Deutschlands zum Selbsthaß sein nicht minder unheimlicher Trieb zur Selbstzerstörung, der uns zwischen Hochmut und Zerknirschung gefährlich schwanken läßt!

Die Stärke des Lebensgefühls, so sagt der Dichter, macht den Wert einer Epoche aus. Das 19. Jahrhundert hatte viel davon, aber es hat nicht genug getan, um es zu verteidigen. Seitdem ist das menschliche Leben immer billiger geworden. Und heute? »Ein Lebensgefühl ist noch schwerer wieder aufzubauen als die zerstörten Länder und Städte« – damit ist der Kern unseres Zustandes getroffen, denn diese Diagnose läßt das Politische weit hinter sich. Einem aus so hoher Sphäre urteilenden Geiste sind politische Irrtümer erlaubt, sittliche nicht. Er bleibt immer in der moralischen Wahrheit, während seine politischen Fehlurteile häufig und immer da auftreten, wo eine noch nicht abgeschlossene Entwicklung berührt wird. Wer drei Wochen nach der alliierten Landung den Weltzustand beschreibt – dazu noch in Los Angeles –, dem kann es geschehen, daß er das Bündnis der Alliierten mit der Sowjetunion für dauerhaft hält, »weil sie mit verwandter Seele gekämpft haben«. Der Wunsch des großen Dichters, im Lande Stalins die Heimat der sozialen Gerechtigkeit zu sehen, ist so leidenschaftlich, daß man versucht ist, ihn gegen seine eigenen Irrtümer in Schutz zu nehmen. Sind seine Betrachtungen darum Betrachtungen eines Unpolitischen? Nur insofern, als sein Schaffen auf Sittlichkeit gerichtet war, nicht auf Politik. Daß zwischen diesen beiden Begriffen immer noch unterschieden wird, beweist, daß Heinrich Manns betrachtetes und durchschautes Zeitalter noch nicht zu Ende ist.

Heinrich Mann, Ein Zeitalter wird besichtigt. Berlin 1947
Gegenwart 1. 12. 1948

»Wer allein ist –«

Mit einem einzigen Flügelschlage reißt uns der neue Gedichtband von *Gottfried Benn, Statische Gedichte*, über das Stimmengewirr der um lyrischen Ausdruck bemühten Gegenwart hinaus. Es ist die Stunde des zerstreuten Gewölks. In eisigem Licht wird das menschliche Herz in seiner Einsamkeit plötzlich sichtbar. Was bisher nur dialektisch zu umschreiben war, nimmt hier für einen kurzen Augenblick Gestalt an. Der Entwicklungsbegriff verläßt unser Denken, an seine Stelle tritt der zum Kunstwerk erstarrte Traum vom beziehungslosen Ich. Es ist freilich ein schwer faßbarer Traum, zu dem die Worte nur wie flüchtige Feuerzeichen hinführen. Daß eine Dichtung so vollständig aus der Schöpfung heraustritt, um das Leben einer eigenen Schöpfung zu führen, widerfährt uns selten. Bei Alfred Mombert mochte es wohl geschehen.

Gottfried Benns *Statische Gedichte* sind die Frucht eines fünfzehnjährigen Schweigens. Er war immer ein großer Dichter: aber was uns früher zu schockieren vermochte, seine Neigung, uns durch Wühlen in der organischen Hinfälligkeit des menschlichen Körpers zu erschrecken und aus der herkömmlichen Denkbahn zu werfen, ist fast ganz der reinen Anerkennung des Todes gewichen. Seine große naturwissenschaftliche Bildung, die sich sonst leicht in die Lust, das Äußerste zu sagen, eindrängte, hat sich in eine Weisheit verwandelt, welche den illusionslosen Einblick in alles Organische stillschweigend voraussetzt. Was er früher einmal – in der »Problematik des Dichterischen« – vom Dichter gesagt, erfüllt er heute: »Es gibt nur ihn: in Wiederholungszwängen, unter dem individuell verhängten Gesetz des Werdens, im Spiele der Notwendigkeit dient er diesem immanenten Traum.«

Gedichte als »statisch« zu bezeichnen, ist auf den ersten Blick kaum anziehend. Aber beim Lesen dieser fünfzig Gebilde erfährt man, daß dies Wort »statisch« das tiefste lyrische Verhalten ausdrückt. Der Mensch handelt nicht mehr, er sammelt und verbreitet keine Kräfte mehr – er verharrt einfach und hält sich dem Leiden hin, ohne ihm widerstreiten zu wollen. Das Leiden nicht hinzunehmen, so lehrt er, bedeutet zwar, der Entwicklung dienen zu wollen, aber »Entwicklungsfremdheit ist die Tiefe des Weisen«. Wenn er uns früher theoretisch zu überzeugen versuchte: »Der Entwicklungsbegriff aus der Zoologie und Embryologie eliminiert, in der Psychologie, den Kunstwissenschaften, der Symbolgeschichte, der Mythologie durch andere Prinzipien ersetzt, als Ganzes aus dem Seinsgefühl der Zeit entlassen, um nur noch in der politischen Nomenklatur unter dem Namen des Fortschritts ein bescheidenes Propagandadasein zu führen . . .« so gelingt es ihm heute, diese Erkenntnis in dichterische Leibhaftigkeit zu verwandeln. Der Schmerz ist kein Hindernis mehr, das der Fortschritt beseitigen sollte, sondern ein hoher Grad der menschlichen Fähigkeit, seines Ichs bewußt zu werden. Die »riesigen Gehirne« unserer Zeit haben »die Welt zerdacht«. Uralte Kulturen sind zerronnen, ihr magisches Element ist vergessen. Von Züchtung, einem verhängnisvollen Irrtum des früheren Benn, für den er teuer bezahlt hat, ist nicht mehr die Rede. Der Mensch hält still.

Du blühst wie Rosen schwer in Gärten allen,
Du Einsamkeit aus Alter und Verlust,
Du Überleben, wenn die Träume fallen,
zuviel gelitten und zuviel gewußt.

Die deutsche Dichtung bietet wenig Beispiele dieser Kunst der Beziehungslosigkeit, wie Gottfried Benn sie übt. Friedrich Nietzsche hat sie in einigen orphischen Bruchstücken wie »Der Herbst« und »Die Sonne sinkt« versucht, ohne ihr eine dauerhafte Form geben zu können. Erst Benn ist es gelungen, diesem letzten Rückzug des Menschen auf sich selbst eine süße, fast schluchzende Sangbarkeit zu geben. Der Refrain, der melodische Ablauf der Strophen, die zwingende Natürlichkeit der Reime lösen die gedankliche Schwere des Wortes zu solchem Fluß, daß man den »Schattenmund« (wie Victor Hugo sagen würde) zu gewahren glaubt, dem diese Dichtung entströmt:

> Ach, als sich alle einer Mitte neigten
> und auch die Denker nur den Gott gedacht,
> sie sich den Hirten und dem Lamm verzweigten,
> wenn aus dem Kelch das Blut sie rein gemacht,
>
> und alle rannen aus der einen Wunde,
> brachen das Brot, das jeglicher genoß –,
> oh, ferne zwingende erfüllte Stunde,
> die einst auch das verlor'ne Ich umschloß.

Und doch ist dieses Fließen ruhevoll, fast bewegungslos und ohne Sehnsucht nach Verwandlung, denn der Tod ist in diesem verlorenen und wiedergefundenen Ich enthalten und gibt ihm seine statische Gelassenheit. Die völlige Losgelöstheit dieser Dichtung macht es unmöglich, sie einzuordnen und ihr in der Gesamtheit der deutschen Lyrik einen Platz zu geben. Sie ist nicht nachzuahmen, und sie kann keine Schule machen, da der mühevoll schmerzliche Weg ihrer Klärung an die Grenzen der Ausdrucksmöglichkeiten streift. Wir können nur begreifen, daß es unsere Lyrik ist, wie auch das Leben selbst des einsamsten und losgelöstesten Menschen immer noch unser Leben ist, wenn nur die Gestaltungskraft uns zum Wiedererkennen zu zwingen versteht. Denn vom einsamen Menschen heißt es in diesem Buche gleichsam als Summe seiner fünfzig Gedichte:

> Formstill sieht ihn die Vollendung an.

Gottfried Benn, Statische Gedichte. Zürich 1948
Gegenwart 15. 2. 1949

Das Schweigen des Meeres

Die deutsche Übersetzung der berühmten Erzählung von *Vercors, Das Schweigen des Meeres*, die bisher nur in der Sowjetzone zu haben war, wird nunmehr auch den Lesern der Westzonen vorgelegt. Der Name des Übersetzers wird nicht genannt, obwohl sich seine Arbeit durchaus sehen lassen kann. Da liegt es nun vor uns, das kleine Buch, das seinem Verfasser so viel politische Autorität verliehen hat, und wir können endlich unser eigenes Urteil anwenden, um zu ergründen, wie der literarische Quell beschaffen ist, aus dem diese auch uns bemerkbar gewordene Autorität fließt.

Vercors, der das Buch während der deutschen Besetzung heimlich drucken ließ, ist seit dem Waffenstillstand als Vertreter der französischen Widerstandsbewegung in der ganzen Welt umhergereist, um darzutun, daß Frankreich auch aus Eigenem zu den Siegern gehöre, und zwar eben dank seines Widerstandes. Er ist auch in Deutschland gewesen und hat eine »Botschaft an die Deutschen« verlesen, und die Deutschen haben ihn gehört. Als einziger aller Führer des französischen Widerstandes spricht er zur Welt im Namen Frankreichs, ohne sich an irgendeine Partei oder Führung gebunden zu haben. So ist es denn natürlich, daß wir mit Eifer zu dem kleinen Buch greifen, um das Geheimnis dieser Sendung zu entdecken. Unsere Neugier ist um so berechtigter, als die Erzählung inzwischen verfilmt und sogar zu einem erfolgreichen Theaterstück verarbeitet worden ist, obwohl sie sich auf den ersten Blick diesen Formen gänzlich zu verweigern scheint.

Der deutsche Leser liest also voll guten Willens und mit Begier und fühlt sich sehr bald von dieser kurzen Erzählung berührt. Sie hat den »Ton«, ihr Sprachfall ist eindringlich und mit reizvollen Zwischentönen durchsetzt. Ein junger deutscher Offizier quartiert sich im Hause eines alten Franzosen und seiner Nichte ein, die während der ganzen Dauer seines Aufenthaltes nicht den Mund öffnen und seinem allabendlichen fieberhaften Sprechen totales Schweigen entgegensetzen. Er ist ein sogenannter guter Deutscher, der allerdings eine weltenbummlerische Tweedjacke und sogar einen französischen Namen trägt und in der Illusion lebt, die deutsche Okkupation sei der Auftakt zu einer Politik der Verständigung zwischen den beiden Völkern. Auf einer Dienstreise nach Paris erfährt er aus dem Munde seiner zynischen Landsleute, daß diese es mit Frankreich nicht ernst, sondern sehr teuflisch meinen und dem Lande seine Seele rauben wollen, um es dadurch für immer zu versklaven. Aus allen Wolken gefallen, kehrt er noch einmal zu seinen schweigsamen Quartierwirten zurück, bekennt ihnen sein Erlebnis und verabschiedet sich, um an der Ostfront den Tod zu suchen. Zum erstenmal öffnen sich die französischen Lippen, und die Nichte flüstert ein bedeutungsvolles: »Adieu.«

Das ist in kurzen Zügen der Verlauf der Erzählung. Sie setzt voraus, daß der Leser die Haltung eines Menschen, der lange Wochen zu Fremden intim und ausführlich spricht, ohne je auch nur eine »Gute Nacht«, geschweige denn eine Antwort zu erhalten, für wahrscheinlich hält. Ist es nun erlaubt, das Werkchen vom rein literarischen Standpunkt aus zu beurteilen? Dürfen wir angesichts der öffentlichen Rolle, die der Autor spielt, die Erzählung daraufhin prüfen, ob sie gut oder schlecht ist? Das ist eine heikle Frage, in der sich die ganze Zweideutigkeit einer Epoche verbirgt, die in erster Linie nach Zugehörigkeit und politischer Gesinnung forscht. Zum mindesten ist es erlaubt, die Frage aufzuwerfen, ob das geistige Ansehen, das dem Franzosen aus seiner Schrift erwächst, genügend tragfähig ist. Haben seine »Botschaften« für uns das gleiche Gewicht wie etwa die eines André Gide, dem wir Deutschen stets mit Achtung lauschen, weil seine Erscheinung klar vor uns auf dem Sockel eines großen dichterischen Werkes steht?

Das eindeutige »Nein«, mit dem wir darauf antworten, braucht noch keine Verwerfung der Erzählung Vercors' zu sein. Es ist lediglich ein Zurechtrücken der Maßstäbe. Seine Verdienste als Mann des Widerstandes können bei der Untersuchung seiner literarischen Leistung nicht herangezogen werden, da jene eine rein französische und vor allem politische Angelegenheit sind, während diese sich an die Welt – auch an uns – wendet, und zwar in rein literarischer Form. Seine Erzählung ist ansprechend, aber sie reicht keineswegs aus, um dem Verfasser eine weltweite Autorität zu geben. Daß die Abfassung und heimliche Drucklegung des Büchleins während der Fremdherrschaft für die Franzosen eine große Sache war und als eine Kundgebung für »das Recht, richtig zu denken« empfunden wurde, wollen wir gerne glauben. Daß sich daraus eine gewisse Nachsichtigkeit der literarischen Kritik ergab, ist nur menschlich, wenn auch die nachträglichen Versuche, den Autor mit Aragon, Mauriac oder Camus in eine literarische Reihe zu stellen, Mißtrauen hervorrufen mußten.

Der Fall wird dadurch erschwert, daß die Erzählung politisch überhaupt nicht Stich hält, also nicht einmal als Pamphlet aufgefaßt werden kann. Vercors verherrlicht das Schweigen als Waffe gegen den Eindringling, während er selbst als Kämpfer mit der blanken Waffe Ansehen gewonnen hat. Soll der Mensch nun gewaltlos schweigen oder sich gewaltsam wehren und wiederschlagen? Und gegen wen leisten Vercors' Helden durch Schweigen Widerstand? Nicht gegen die bösartigen Verderber Frankreichs, sondern gegen einen Ausnahmedeutschen in Tweedjacke, der romantisch-musikalisch von Frankreich schwärmt und an der Bosheit der Nazis noch mehr leidet als seine stummen französischen Partner.

Dieses Schweigen ist nicht feindselig, denn wir spüren wohl, daß die Schweigenden mit dem sympathischen Eindringling fühlen. Ja, in diesen Schwingungen der Sympathie liegt der eigentliche Reiz der Erzählung, weil sie drei gute Menschen im Ozean der Zerstörung isolieren, als ob sie für kurze Augenblicke auf einer schuldlosen Insel lebten. Eine blasse, nicht unschöne Melancholie waltet da, wo die politische Rolle des Verfassers einen eindeutigen stürmischen Angriffsgeist vermuten ließ, und was als Kundgebung des Widerstandes angekündigt wurde, erweist sich als ein Dokument des menschlichen Herzens. Das ist immerhin etwas.

Vercors, Das Schweigen des Meeres. München 1948
Gegenwart 1. 5. 1949

Frieden mit Thomas Mann

Die Auseinandersetzung zwischen Deutschland und *Thomas Mann* – hier stock' ich schon, denn es ist höchst fraglich, ob es wirklich eine Auseinandersetzung ist. Ist es nicht vielmehr ein Wechselspiel von Rufen ins Leere, bei dem der Dichter nicht mehr und Deutschland noch nicht die rechten Worte findet? Thomas Mann erhält in Frankfurt die Goethe-Medaille und wird in Weimar zum Ehrenbürger ernannt. Nichts beleuchtet den deutschen Jammer besser als die Unvereinbarkeit, die uns aus dieser doppelten Ehrung anspricht. Vier Jahre nach dem Zusammenbruch ist es so weit mit uns gekommen, daß es nicht mehr mit rechten Dingen zugehen kann, wenn ein großer Schriftsteller deutscher Sprache gleichzeitig in Goethes Geburtsstadt und am Ort seines weltumspannenden Wirkens gefeiert wird. Von Frankfurt bis Weimar, also auf der winzigen Spanne, die den größten deutschen Lebensweg umfaßt, verändert sich die Welt so, daß, wer dort etwas gilt, kaum je auch hier etwas gelten darf.

So geht der Eiserne Vorhang mitten durch die gebrechliche Welt unserer geistigen Werte. Ist unser Goethe nicht mehr *ihr* Goethe? Ja, wenn man nur wüßte, wer *sie* sind! Oder vielmehr, man weiß es nur zu gut, und es erscheint uns kein Zufall, daß gerade Thomas Mann der Gegenstand dieser Konfrontierung geworden ist. Die absolute Glücklosigkeit seines Verhältnisses zu Deutschland erreicht damit eine neue Stufe, und was er hüben und drüben auch sagen mag, niemand wird ganz zufrieden sein, am wenigsten er selbst. Es ist eine leichte Sache, dem großen Schriftsteller seine politischen Disharmonien vorzurechnen, aber wir verkleinern damit nur das gewaltige Erbe, das er uns eines Tages hinterlassen wird, uns und niemandem sonst. Denn er hat stets nur für Deutsche geschrieben, ob er wollte oder nicht, und wird immer nur von Deutschen verstanden werden. Sein Werk ist die größte kulturkritische Leistung, die der deutsche Geist hervorgebracht hat. Ja, man kann sagen, daß ein Schriftsteller seiner Art nie wieder kommen wird. Denn der große Roman, der zugleich eine Kulturanalyse darstellt, ist unsere Sache nicht und wird es nie sein.

Gegenstand dieser mit den äußersten, oft bis zum Spleen verfeinerten künstlerischen Mitteln betriebenen Analyse war stets Deutschland oder vielmehr das, was Deutschlands Isolation ausmacht. Er hat die deutsche Entartung von der ersten Stunde an erkannt, erklärt und, man kann sagen, sogar mitgestaltet. Sein leidenschaftliches, oft erbittertes Ringen um Humanität war stets eng verschlungen mit der genauen Kenntnis und fast Pflege dessen, was mit dieser Humanität nicht vereinbar ist. Jedes Wort von ihm ist deutschester Sprengstoff, doppelt dynamisch durch seine bodenlose Vertrautheit mit den Gefahren und unheimlichen Möglichkeiten unseres Wesens. Ich wüßte kein deutsches Werk, das die Sonde so tief in die geistigen Geheimnisse senkt, wie seine Essaysammlung »Der Adel des Geistes«. Geduldig formulierend rückt er hier an die Schwelle des Unsagbaren, für einen Moment glaubt man, daß der Vorhang sich vor dem Rätsel der künstlerischen und denkerischen Gestaltung teilen werde. Man spürt den blendenden Lichtschein – weiter kann kein Schriftsteller gehen. Aber ebensowenig wüßte ich in der Weltliteratur ein Werk, in dem der Schöpfer seine geistigen Daseinsgrundlagen so entschieden enthüllt und annulliert, indem er sie rettungslos mit seinem Deutschsein verquickt, wie seinen letzten Roman, den »Doktor Faustus«.

Je mehr man sich in diese Zusammenhänge hineindenkt, um so verzwickter wird das Unternehmen, Thomas Manns politische Haltung verständlich machen zu wollen. Jeder politisch denkende Deutsche muß sich aufs entschiedenste gegen das meiste wehren, was der Dichter in den letzten Jahren zu diesen Fragen gesagt hat, obwohl so vieles daran richtig war. Unser Widerstand gewinnt an Entschiedenheit da, wo Mann den Nagel auf den Kopf trifft, denn es kann die allgemeine Begriffsverwirrung nur vermehren, wenn ein Denker seinen eigenen »Fall« immer wieder zum Hauptmotiv seiner politischen Urteile macht. Sein Leiden an Deutschland ist die Quelle seines künstlerischen Schaffens. Das befähigt ihn zu Erkenntnissen von nie dagewesener Abgründigkeit, aber es macht ein politisches Rechten mit ihm unmöglich.

Wie er es auch anstellt, sein enormes dichterisch-kritisches Werk gehört uns, wir werden mit diesem Werk zu leben haben, es hat seinen Platz in den geistigen Grundlagen der deutschen Existenz, und keine Macht der Welt wird es daraus entfernen können. Wenn Jacob Burckhardt über Voltaire sagt: »Bei ihm wird der Rationalismus dichterisch, ja magisch«, so begleitet Mann dieses Wort mit dem Ausruf: »Den deutschen Schriftsteller möchte ich sehen, der diesen Satz aus der Feder brächte!« Wir sehen ihn deutlich, diesen Schriftsteller, es ist Thomas Mann selbst. Magischen Rationalismus zu erkennen und im eigenen Werk zu verwirklichen ist seine Mission gewesen und gibt ihm die durchaus einmalige Stellung in der deutschen Literatur. Von den »Buddenbrooks« über den »Zauberberg« bis zu den großen Essays zieht sich wie ein schwindelerregender Pfad die kaum je dagewesene Fähigkeit zur magischen Kritik. Wer das tolle Abenteuer dieses Weges durchdenkt, dem erscheint es nicht verwunderlich, daß er jäh am Abgrund abbricht und in die Verzweiflung des »Doktor Faustus« führt.

Nicht, als ob damit alles gesagt sein könnte, was über Thomas Manns Leiden an Deutschland und zugleich über seine politischen Ohnmachtsanfälle vorzubringen wäre! Aber der Standort des verehrten Schriftstellers wäre damit immerhin ausreichend angedeutet, wenn dieser nicht selbst das Wort ergriffen hätte, um uns die Unlösbarkeit seines Konfliktes mit Deutschland vor Augen zu führen und uns zu versichern, daß es mit dem Sprechen durch das Medium des Kunstwerkes keineswegs getan ist. Seinem letzten Roman läßt er einen »Roman eines Romans«, nämlich »Die Entstehung des Doktor Faustus«, folgen und stellt damit noch einmal alle Fragen, die wir durch den schöpferischen Akt des Romans, wenn auch nicht gelöst, so doch aufgelöst glaubten. Um es gleich zu sagen, diese Wiederauflösung des genialen Gespinstes ist ein qualvolles Unternehmen und läßt den Leser gequält zurück. Was wir im Roman nicht politisch nehmen durften – aus Achtung vor der Autonomie des Kunstwerkes –, wird hier noch einmal auf seine persönlichen Erfahrungsquellen zurückgeführt, und es ist gelinde, zu sagen, daß damit aller Verdruß von neuem beginnt.

Noch ärger! Die Zweifel, die man beim Lesen des ungeheuren, um nicht zu sagen ungeheuerlichen Buches verspürte, der leise Verdacht, daß hier ein Großer an der epischen Kunstform endgültig verzweifle und daher zu dem desperaten Mittel einer irritierenden Mischform – Montage, Zitat, Parodie, ja Reportage – seine Zuflucht nehme, die fatale Ahnung schließlich, daß der Teufelspakt des Musikers und der Bund Deutschlands mit dem Bösen vom Dichter nicht über eine bloße Parallelisierung hinausgebracht worden seien – alles das empfängt durch den »Roman eines Romans« die bestürzendste Bestätigung. Wie wohl wäre uns, trotz aller Zweifel, mit der Geschichte Adrian Leverkühns gewesen, wenn uns diese Entstehungsgeschichte nie zu Gesichte gekommen wäre! »Dies eine Mal wußte ich, was ich wollte und was ich mir aufgab: nichts Geringeres als den Roman meiner Epoche, verkleidet in die Geschichte eines hochprekären und sündigen Künstlerlebens. Mir war, in aller Neubegier, nicht wohl bei der Sache. Ein Werk groß zu wollen, es gleich groß zu planen, war wahrscheinlich nicht das Richtige – für das Werk weder noch für das Gemüt dessen, der seiner sich unterwand.

Möglichst viel Scherz, Biographie – Mimik, das Pathos herabsetzende Selbstverspottung also – soviel wie irgend möglich davon! Und des erzählenden Humanisten Eheweib sollte Helene Ölhafen heißen.«

Nun, ganz so einfach haben die Dinge sich im zugleich tollkühnen und mühsamen Gang der Erzählung nicht entwickelt. Aber daß Thomas Mann sich in diesem Werk entschlossen zeigt, das eigentlich Epische an die äußerste Grenze zu führen, duldet keinen Zweifel. Der »Doktor Faustus« mutet nicht wie ein Körper, sondern wie eine Röntgenaufnahme an. Diese Entfleischung ist das Ergebnis eines künstlerischen Verzweiflungsaktes, nämlich der Befürchtung, daß die Zeit des Romans zu Ende sei. Er spricht es selbst aus und fragt sich, »ob es nicht so aussähe, als käme auf dem Gebiet des Romans heute nur noch in Betracht, was kein Roman mehr sei«. Er wird noch klarer, wenn er sagt, er spüre die wachsende Neigung, »alles Leben als Kulturprodukt und in Gestalt mythischer Klischees zu sehen und das Zitat der ›selbständigen‹ Erfindung vorzuziehen«. Damit verrät uns der größte deutsche Erzähler, daß in ihm der Glauben an seine eigentliche Kunstform erschöpft ist – vorläufig wenigstens! Denn niemand wird nunmehr überzeugt sein, daß der Roman »heute« nicht mehr möglich sei. Immerhin, für Thomas Mann ist er zum Problem geworden, und diese deutliche Bewußtheit, die im »Doktor Faustus« zu ahnen war und nun in der »Entstehung« offen bekannt wird, hat etwas Schauerliches und verbreitet jene Kälte, die in seinem Roman vom Teufelsmotiv untrennbar ist. Es ist eine Einsicht, die »diese mich selbst fortwährend befremdende, ja bedenklich anmutende Montage-Technik« zur Folge hat, nämlich die Aneinanderfügung von erfundenen und lebenden (beim Namen genannten) Figuren, von eigenen Formulierungen und von Zitaten, die Verwendung von Gutachten dritter, kurz von allem, was er das »Aneignungsgeschäft« nennt.

Das sind, so sollte man denken, Handwerksgeheimnisse, die den Leser nichts angehen. Aber der Dichter spricht sie grausam und eindringlich aus, weil er damit etwas beweisen will, nämlich, daß die Romanform sich totgelaufen habe. Es ist aber unvermeidlich, daß diese ästhetische Indiskretion den Leser nachträglich verstimmt und ihm das Gefühl gibt, auf den Leim gekrochen zu sein. Ja, was als ein Opfer des Dichters an seine künstlerische Untergangsstimmung gelten soll, wird unvermeidlich als der Verlust einer schönen Illusion empfunden, so, wenn man erfährt, daß Thomas Mann bestimmte Figuren – wie die des springlebendigen Fitelberg – in der Idee fertig hat, aber noch seine Person, seine Erscheinung braucht und sie ratlos unter seinen Bekannten sucht, bis seine Gattin ihm durch Hinweis auf einen bestimmten Herrn, der als Modell zu verwenden wäre, aus der Verlegenheit hilft. Damit tut man, wie es in argloseren Tagen hieß, »einen Blick in die Künstlerwerkstatt«, was auch da mißlich ist, wo das »Ende der Romanform« behauptet wird. Niemand von uns wünscht den Ton der Verehrung, der uns gegenüber diesem großen Schriftsteller natürlich ist, zu verlieren, aber es ist unvermeidlich, daß man in seine Indiskretion, ob man will oder nicht, hineingezogen wird, sofern man der von ihm mit allen wunderbaren Raffinements seiner hohen Kunst erzählten Entstehungsgeschichte bis in die Einzelheiten folgt. Thomas Mann selbst ist es, der in seinem »Roman des Romans« immer wieder von diesen Dingen spricht, und zwar ausführlicher und massenhafter, als man es wiedergeben möchte. »Gelegenheitsarbeiten waren abzutun«, heißt es, aber man spürt wohl, daß sie die unerbittlichen Funktionen seiner politischen Rolle und ihm daher höchst wichtig sind. Es ist undenkbar, daß Mann seine ergreifende Unzulänglichkeit für diese Rolle nicht empfunden und nicht gewußt hat, daß sein Ruhm und seine Autorität, aber nicht sein Urteil in den Dienst einer überwältigenden Sache gestellt wurden, die aber gerade von einem Dichter deutscher Sprache und deutschen Gehalts ein Höchstmaß an Urteil verlangt. Betont er doch selbst, daß der Begriff des »Signalisierens«, also der Vorahnung und der prophetischen Warnung, mehr als die politische Meinung Sache des Schriftstellers sei. »Der Dichter (und auch der Philosoph) als Meldeinstrument, Seismograph,

Medium der Empfindlichkeit, ohne klares Wissen von dieser seiner organischen Funktion und darum verkehrter Urteile nebenher durchaus fähig – es scheint mir die einzig richtige Perspektive.« Damit hat Thomas Mann seine Möglichkeiten genau umschrieben, und Deutschland würde schwarzen Undank üben, wenn es vergäße, daß der Dichter nicht müde geworden ist, »die Gefahr einer barbarischen Unterwelt innerhalb der modernen deutschen Zivilisation« zu signalisieren. Das Tragische ist nur, daß schaudernde Vorahnungen eine schaudernde Bloßlegung und damit »Enthemmung« des Bösen nicht auszuschließen vermochten. Und so konnte es nicht ausbleiben, daß Thomas Manns guter und gerechter Kampf gegen den Nationalsozialismus sich immer wieder mit einem qualvollen Wüten gegen die deutsche Art schlechthin verband oder vielmehr verästelte, denn die Verbindung war subtil und mit den feinsten Instrumenten der Kulturkritik hergestellt oder zuwege gebracht.

Nirgendwo tritt dies heftiger hervor als in der »Entstehung des Doktor Faustus«, die sich ihm beständig mit den einzelnen Stationen des Krieges gegen Deutschland verknüpfte, wenngleich dabei vieles metaphorisch bleibt, so, wenn es heißt, daß der Dichter in seinem kalifornischen Heim diese oder jene Arbeit »unter dem Donnern der Kämpfe um Stalingrad« erledigt habe. Wir haben indessen kein Recht, auch nur einen Augenblick zu vergessen, daß der Dichter damals der echte und leidende Vorkämpfer einer guten Sache war. »Die fast mystische Überzeugung«, die er in einem Interview bekannte, »zum Sturz des Bösen zu meinem Teil beigetragen zu haben«, darf man ihm schon glauben. Das Verwirrende ist nur, daß er ein großer Kulturkritiker ist – vielleicht der größte, den Deutschland bisher gehabt hat – und daß es ihm daher nicht gelingt, politische Urteile zu fällen, sondern daß er dazu verurteilt ist, die Sonde stets in unser lebendes Fleisch zu stoßen – und in sein eigenes. Wenn wir nicht ahnten, *was* es ist, so würden wir sagen, daß es Haß gegen Deutschland war, der sein Leben während der Entstehung des Faust-Romans zu einem so beklemmenden Gespinst von

Selbstquälerei, Gefühlsausbrüchen, Zweifeln und öffentlicher Geschäftigkeit machte. Durch den »Roman eines Romans« werden wir gezwungen, mehr von diesen durch alle Gefühlsbereiche auf- und niedersteigenden Dingen zu wissen, als uns lieb und mit unserer Bewunderung für den Autor der »Buddenbrooks« vereinbar ist.

»Für eine dezente liberal-demokratische Republik ist dieses Land verloren«, notiert er kummervoll. Wer glaubte das auch außerhalb Kaliforniens nicht manchmal selbst, obwohl man die nicht minder kummervolle Frage hinzufügen darf, wie lange sich der Geschmack für eine solche »Dezenz« überhaupt noch in der Welt halten wird. Es würde den großen »Signalisierern« und Untergangspropheten vielleicht Ehre machen, wenn sie Vermutungen dieser düsteren Art nicht zu sehr an ein einzelnes Land knüpften. Genau wie es ein theologischer Lapsus Thomas Manns ist, zu glauben, der Teufel könne ein Land oder ein Volk holen – er kann nur Seelen holen –, so verhängnisvoll wäre es, wenn die Menschheit ihre Befürchtungen nicht zu ihrer gemeinsamen Sache machte, sondern auf einzelne Völker beschränkte. Unversehens wird der Dichter dank dieser Verengung seines Blickfeldes zu einem Parteigänger, ja zu einem Parteipolitiker, zu einem amerikanischen natürlich. Er sendet Wallace Sympathietelegramme, rügt die Anwendung der Atombombe, weil sie Rußland verhindert habe, am Sieg über Japan noch vollständig teilzunehmen, tadelt »den« Byrnes, dessen Stuttgarter Rede »an suspekter Deutschfreundlichkeit« nur von Churchills Züricher Rede übertroffen worden sei, kritisiert aus dem gleichen Grunde »unsere (das heißt, die amerikanische) Okkupationspolitik«, verleiht der Überzeugung Ausdruck, daß Eisenhowers Rücktritt vom Oberbefehl die Folge seines Eintretens für »Zusammenarbeiten mit Rußland« sei, stellt kopfschüttelnd fest, daß man in Amerika keinen Haß gegen die Deutschen finde, gibt der Regierung schuld an den Streiks, spricht vom »Mißbrauch unserer Truppen in China«, wo sie nichts zu suchen hätten, ärgert sich über den »Patriotismus der Emigration« für Deutschland und zeigt sich höchst irritiert darüber, daß allenthalben von einem »Wiederaufbau Deutschlands« gesprochen wird.

Das alles offenbart eine Zerrissenheit des Fühlens und Denkens, die die Frage, wie Deutschland wieder seinen Frieden mit seinem großen Dichter finden wird, in den Hintergrund treten läßt, weil der Dichter selbst seinen Standpunkt oder, genauer gesagt, seinen Standort verloren hat. »Hitler hatte den großen Vorzug, eine Vereinfachung der Gefühle zu bewirken, das keinen Augenblick zweifelnde Nein, den klaren und tödlichen Haß. Die Jahre des Kampfes gegen ihn waren moralisch eine gute Zeit.« Besser kann man es nicht sagen, und deutlicher kann man nicht auf die geistigen und moralischen Konflikte hinweisen, die ein Deutschland ohne Hitler dem Kämpfer Thomas Mann auferlegt. Jetzt sind moralisch schwierige Zeiten angebrochen, für ihn wie für uns. Nicht nur, daß inzwischen »über den Ofenhockern der Ofen zusammengebrochen« ist (mit diesem weltfremden Bilde ist das Schicksal der Deutschen gemeint, die während des Nationalsozialismus in Deutschland geblieben sind), sondern das ganze Haus ist hin, ja das Unglück legt langsam seine in die ganze Breite unserer Zivilisation reichenden Wurzeln bloß, und »die Gefühle« werden immer komplizierter.

Welche umstürzende Gewalt hätte von den Bußpredigten eines Thomas Mann ausgehen können, wenn es nicht gerade das Wesen seiner Genialität wäre, so namenlos an Deutschland zu leiden und einen so tiefreichenden Sinn für dessen Abgründe zu haben! Mit solch hoher Empfindlichkeit kann man keine Politik machen, geschweige denn mitmachen. Und so wird die Auseinandersetzung Deutschlands mit dem Dichter stets die Form einer deutschen Gewissenserforschung haben und von der Person des Dichters völlig abgelöst sein. Nicht aber von seinem Werke, das uns gehört und von unserer geistigen Existenz nicht zu trennen ist. Wir haben es ebenso verdient, wie der Dichter es verdient, zu uns zu gehören. Schuld und Dank sind dabei genau so wenig voneinander zu trennen, wie der Sinn einer großen Existenz vom Schicksal eines Volkes zu lösen ist, aus dem sie hervorging.

Diese Unauflösbarkeit der Verbindung besiegelt unseren Frieden mit Thomas Mann, denn wohin sollte das Rechten mit einem Geiste führen, der durch diese Verbindung in einen eigentümlichen, fast ehrwürdigen Zustand der Wehrlosigkeit versetzt ist! Der Weg von Frankfurt nach Weimar ist kurz, aber er wird für den Dichter des »Doktor Faustus« ein Kreuzweg sein, denn abermals wird er finden, daß es Deutschland bestimmt ist, auseinanderzuklaffen und doch eins zu sein. Thomas Mann hat kein Glück mit Deutschland, aber wer hätte das! Als ob es auf Glück ankäme »und nicht viel mehr auf die Wirkung, die sich aus Mißverständnissen, Kontroversen, Peinlichkeiten endlich denn doch herausklärt. Freilich ist diese Klärung etwas dem Tode sehr Nahes oder auch erst nach ihm sich Vollziehendes. Leben ist Pein, und nur so lange wir leiden, leben wir.«

Gegenwart 15. 7. 1949

Das Kriegsbuch

Die Frage, wann das Kriegsbuch komme, verrät die Ungeduld, einen Strich gezogen zu sehen. Nicht einen Abschlußstrich, da es bis zu ihm noch geraume Weile haben muß, wohl aber eine Linie, auf der sich die Geister sammeln und den ersten freien Blick nach rückwärts wagen können. Geglückte Kriegsbücher sind Befreiungstaten. Bei den Franzosen kamen sie damals schon früh. »Das Feuer« von Barbusse erscheint bereits während des ersten Krieges und meldet mit leidenschaftlicher Promptheit die kommende Problematik an. Die »Holzkreuze« von Dorgelès erschienen Anfang der zwanziger Jahre. Bei uns dauerte es länger. Erst 1928 veröffentlichte die Frankfurter Zeitung »Krieg« von Ludwig Renn und öffnete mit diesem klassischen, in seiner Art nie wieder erreichten Werk die Schleusen. Auch sein äußerer

Erfolg wurde nur noch von Remarques weltberühmtem »Im Westen nichts Neues« übertroffen, einem begabten, romantischen Roman, der den Krieg erst eigentlich in die Literatur einführte.

Was damals den Erlebniskern ausmachte, gilt heute nicht mehr, weil es sich um den naiven (wenigstens in bezug auf den Krieg naiven) Menschen handelte, der die furchtbare Überraschung durch das Material erlitt. Die politische Frage war vom Menschlichen weit getrennt und konnte nur mit einer gewissen bewußten Anstrengung herangezogen werden. Daß die Dinge diesmal auch auf dem literarischen Felde anders verlaufen, ja sich kaum im Literarischen halten lassen würden, war von vornherein klar, denn die Soldaten von 1939 waren gründlich darauf vorbereitet, daß der neue Krieg nicht nur an ihre Leidens- und Erlebnisfähigkeit, sondern auch an ihr Urteil appellieren würde. Damit war auch die Schwierigkeit für die schriftstellerische Bewältigung gegeben, denn es zeigte sich, daß die Gestaltung notwendigerweise immer von der Stellungnahme, von der Diskussion durchkreuzt werden müsse. Kein Autor des letzten Krieges hat sich dieser Schwierigkeit bisher besser gewachsen gezeigt als *Hans Werner Richter* in seinem Buch *Die Geschlagenen*.

Wic bei Barbusse, so steht auch bei Richter eine Gruppe im Mittelpunkt der Schilderung. Sie kämpft in Italien, und ihre Reste geraten am Monte Cassino in amerikanische Gefangenschaft. Damit setzt der zweite Teil des Buches ein, der das Leben im Lager in Amerika schildert und die Konflikte der Hauptfigur, eines Soldaten namens Göhler, die bisher durch die zusammenpressende Gewalt der Schlacht im Inneren geblieben waren, nun mit einem Schlage auf der Ebene des äußeren Geschehens sichtbar macht. Göhler ist ein Mensch, der zwischen seiner wilden Entschlossenheit, ein unbeugsamer Gegner des Nationalsozialismus zu bleiben, und dem ihm ganz natürlichen Trieb, ein anständiger Soldat zu sein, qualvoll seinen Weg innehält. Nicht nur, daß die Amerikaner glauben, ein Gegner Hitlers müsse auch ein

Verräter militärischer Geheimnisse sein, nein, sie leihen auch, ohne es eigentlich zu wollen, den ausgekochten Nazis unter den Gefangenen ihre Unterstützung, nur weil diese »zackig« sind und sich auf den Lagerbetrieb und militärische Disziplin verstehen. Göhler hatte an dem italienischen Berghang seine Waffe mit dem Wort niedergelegt: »Wir sind Gefangene, und wir sind frei!« Und nun muß er erfahren, daß im Lager der Terror der Partei weitergeht, daß die aus der Normandie eintreffenden Gefangenen von ihren Kameraden als Feiglinge und Verräter mißhandelt werden und daß die Gegner Hitlers hier oft noch gründlicher schweigen müssen als an der Front und zu Hause. Diese Lagererfahrungen eines Intellektuellen gewinnen ihren furchtbaren Ernst eben durch diesen Zwang zum Schweigen, der sich wie ein seelisches Sterben in Göhlers Herz schleicht. Er hat begriffen, daß er »ein dämlicher Idealist« ist und daß »doch alles keinen Zweck hat«.

Die innere Notwendigkeit dieses zweiten Teils, der kompositorisch nicht recht ins Ganze eingefügt ist, ergibt sich ohne weiteres aus dem besonderen Soldatenerlebnis dieses Krieges, der von vorneherein den Meinungsstreit herausforderte. Es spricht für die Erzählergabe des Autors, daß die Diskussion ein unablösbarer Teil der Darstellung ist, daß ihm, mit einem Wort, die Verschmelzung des Erleidens und Urteilens gelungen ist, und zwar durch das vollendet angewandte Kunstmittel des Dialogs. Wer geglaubt hatte, daß die Dialogform im deutschen Roman unrettbar als eine Nachahmung Hemingways wirken müsse, wird durch die Selbständigkeit überrascht, mit der Richter die Schilderung immer wieder in die natürliche Wechselrede auflöst und mit ihr eine unmittelbare Präzision erreicht, die in den deutschen Erzählungsversuchen der letzten Jahre so empfindlich fehlte. Es ist erlaubt und sogar notwendig, in diesem Zusammenhang noch einmal den Namen Ludwig Renns zu nennen, denn Richters Verzicht auf Kontraste, Effekte und sogenannte typische Situationen, auf die sich Remarque so gut verstand, verbirgt wahrscheinlich eine ebenso strenge Arbeit der Aussonderung und Zusammendrängung, wie man sie bei Renn spüren konnte. Mit Hoffnung begegnet man diesem ernsten und doch nicht lichtlosen Buch, in dem Kunst und Gesinnung zum Werk verbunden sind.

Hans Werner Richter, Die Geschlagenen. München 1949
Gegenwart 1. 8. 1949

Ein literarisches Schicksal

Wird *Remarque* der Mann des einen Buches bleiben? Jedenfalls nicht der des einen Erfolges, denn sein letzter Roman *Arc de Triomphe* brachte es bei seinem Erscheinen in Amerika innerhalb von sechs Monaten auf mehr als eine Million Exemplare. Diese erstaunliche Ziffer ist von seinem ersten und bekanntesten Buch »Im Westen nichts Neues« erst in einem sehr viel längeren Zeitraum erreicht worden. Allerdings begann die geradezu legendenhafte Laufbahn dieses Kriegsbuches in Europa und beruhte überwiegend auf europäischer Zustimmung, die dank der Verfolgung durch Goebbels' Horden auch bei denen wuchs, die ihm zunächst nur eine bedingte innere Wahrheit zuzusprechen vermochten.

Remarque hat Deutschland schon vor 1933 verlassen und lange Jahre in den Vereinigten Staaten gelebt, ohne politisches oder literarisches Aufsehen zu erregen. Die deutsche Ausgabe seines letzten Romans *Arc de triomphe* erlaubt uns, die Elemente und Mittel zu prüfen, mit denen er sich nun auch das amerikanische Publikum erobert hat, und dabei ahnen wir, wie sorgfältig er die Erfordernisse des amerikanischen Buchmarktes studiert hat.

Trotzdem ist der Roman in eine durch und durch europäische Atmosphäre gehüllt, ja, man darf annehmen, daß gerade sie es ist, die das internationale Publikum in dieser uns unvorstellbaren Breite mitgerissen hat. Der völlige Mangel an Optimismus, die hartnäckige Melancholie und die Einsamkeit des Helden mögen den amerikanischen Leser als eine Art von haut-goût, also als ein besonderer Reiz dieses hoffnungslosen Europa angesprochen haben. Der emigrierte deutsche Arzt, der in Paris im Schatten des Triumphbogens sein schweres und tapferes Leben lebt und sich sowohl in seinem Liebeserlebnis als auch in seinen sonstigen Verstrickungen – er tötet seinen alten Quäler aus Deutschland – die innere Freiheit bewahrt, ist in der Tat mit allen Gewichten europäischen Fühlens und Denkens beladen und wäre auch für uns eine überzeugende, fast ergreifende Gestalt, wenn der Verfasser sie nicht in eine so konventionell und wie nach dem Rezept zusammengebraute Welt gestellt hätte. Das kleine Pariser Hotel, die Cafés, das Bordell, in dem der Held den Gesundheitsdienst versieht, die russischen Nachtlokale, in denen die Geliebte als Sängerin auftritt, die unzähligen Flaschen Schnaps, die geleert werden (Saufen gilt ja in einer Welt, in der der Liebessinn verarmt, als männlich), die chirurgischen Eingriffe, die Kliniken, die Amtsstuben, der regennasse Asphalt, der die Laternen widerspiegelt, alles das ist sorgfältig zusammengetragen, um das gewünschte, trotz aller Kraßheiten romantische Bild von Paris zu ergeben, wie es auf dem Grunde jeder banalen Vorstellung ruht. So geht das Werk – wie schon »Im Westen nichts Neues« – immer hart am Kern vorbei und verfehlt schließlich, weil es auf keinen Effekt verzichtet, die künstlerische Gesamtwirkung. Man fühlt wohl, daß hier eine durchaus empfundene Schwermut gestaltet werden soll, aber man gewahrt auch sogleich, daß ein erkämpfter eigener Ausdruck nicht zur Verfügung steht, wenn man etwa folgenden Satz liest: »Doch was bleibt uns, als das? Blühende Feigenbäume in den Mondnächten, die Philosophie Senecas und Sokrates', ein Violinkonzert Schumanns und das frühere Wissen als andere um den Verlust.«

Man kann nicht umhin, sich bei solchen zugleich ungefügen und redensartlichen Wendungen nach der überquellenden

Natürlichkeit eines Thomas Wolfe zu sehnen, der auf zehntausend Seiten nur von sich spricht und schließlich doch eine ganze Welt, neu wie am siebten Schöpfungstage, erstehen läßt. Das literarische Schicksal Remarques ist einzigartig. Weit davon entfernt, ein bloßer Unterhaltungsschriftsteller zu sein, erringt er Welterfolge mit Büchern, denen die künstlerische Vollendung immer wieder versagt bleibt. Seiner Thematik freilich kann sich niemand entziehen, sie hat auch außerhalb der literarischen Form ihre unerschöpfliche Geltung. Diesem Geschehen gegenüber unbefangen zu sein, ist dem gewissenhaften Deutschen unmöglich, und so ist es denn auch nicht unsere Sache, mit ausschließlich literarischer Strenge ein Buch zu behandeln, dessen Stoff uns im Herzen brennt.

Erich Maria Remarque, Arc de Triomphe. Zürich 1946
Gegenwart 1. 10. 1949

1950

Ein Abendländer ohne Angst

Die Leute, die sich in Deutschland mit Literatur befassen, haben es fünfzehn Jahre lang glänzend ohne *Gottfried Benn* ausgehalten, ja, seine Abwesenheit nicht einmal vermerkt. Wem fiel es auf, daß ein großer Lyriker plötzlich verschwunden war, bis zur physischen Auflösung! Dieser stille und starke Strom war mit einem Schlage unter die Erde getreten, und kaum jemand fühlte sein Weltbild dadurch verarmt oder auch nur verändert. Die leere, aber laute Zeit überwucherte mit taubem Gestrüpp diese leuchtende Spur, und es wäre wohl übertrieben zu sagen, daß das geistige Deutschland suchende Klagerufe ausgestoßen hätte. Der Krieg war noch nicht ausgebrochen, als es schon schwerfiel, noch jemanden zu finden, mit dem man über diesen Dichter sprechen konnte. Man kannte ihn nicht mehr und befand sich nicht schlecht dabei. Jetzt freilich wird alles mit einem Eifer nachgeholt, aus dem die gelehrige Besorgnis spricht, es ja nicht wieder zu einer solchen Versäumnis kommen zu lassen. Daß der Fall Benn mit dem Fall Jünger einige Ähnlichkeit hat, ist klar. In beiden Fällen herrscht eine geradezu fieberhafte Betulichkeit vor, alles schnell wieder einzubringen. Aber während die Präsenz Jüngers nie ganz aufgehört hatte, war Gottfried Benn bewußt untergetaucht, er war einfach nicht mehr da und wurde weder unter den Lebenden noch den Toten gesucht. Heute kann man keine Literaturseite mehr aufschlagen, keine Nachtsendung mehr einschalten, ohne daß dieser exklusive Dichter, dessen einsames und unzugängliches Werk sich selbst in den freiesten Zeiten höchstens an eine Handvoll Menschen richtete, hervorgeholt wird.

Die Erklärung dieses seltsamen Umschwungs ist politischer Art: Benn hatte sich Anfang 1933 zum Nationalsozialismus bekannt und hatte sogar in der frisch gesäuberten Preußischen Akademie der Künste die Abteilung für Dichtkunst in einer Sitzung bei Rust vertreten. Ein unfaßlicher Vorgang, es war, wie wenn Picasso oder Kandinsky das Haus der deutschen Kunst in ihre Obhut genommen hätten. Wenige Wochen später war Benn aus der geistigen Zirkulation so gründlich verschwunden, wie wenn ihn die Erde verschluckt hätte, ohne daß dieses geradezu tellurische Versinken irgend jemanden zum Fragen gebracht hatte, – bis die »Gegenwart« mit einer Würdigung der damals nur in der Schweiz aufzutreibenden »Statischen Gedichte« die Schleusen aufzog.

Das Werk Benns ist von solcher Spannweite über die Epochen hinweg, seine Kulturkritik schwingt so mühelos von der Tertiärzeit bis in unsere Tage, daß es nicht leicht ist, für seinen »politischen Irrtum« Interesse aufzubringen. Es ist auch erstaunlich, daß dieser Mann, der absolut alles auszudrücken vermag, in seinem neuen Buch *Doppelleben* (»Zwei Selbstdarstellungen«) für diesen Abschnitt seiner Existenz nur Formeln und Begriffe zweiten Ranges drangibt. Das Feld, auf dem die Argumente für eine wirklich geistige Austragung dieser und ähnlicher Konflikte geholt werden könnten, ist noch schwer vermint. Man könnte auch sagen, es sei noch radioaktiv, ein Zustand, dessen sichere Beendigung noch nicht in der Macht des Menschen steht. Die Bedeutung dieses neuen Buches liegt wohl mehr in dem für den Leser höchst aufregenden Versuch, Privates mitzuteilen und doch die Autonomie des Kunstgebildes zu wahren.

Benn, dessen Werk verschlossener ist als ein Stück Kristall und keine Bezüge auf die Privatperson des Autors gestattet, ja sie verpönt, schreibt tatsächlich eine Selbstbiographie, die zunächst wie eine Lebensbeschreibung anmutet (und auch vieles Biographische enthält), sich aber bald als die Fortsetzung jener orphischen Pamphlete erweist, mit denen er schon früh eine neue Form der Essays geschaffen hat. Der erste Teil des Buches, den er »Lebensweg eines Intellektualisten« nennt, ist offenbar schon 1934 geschrieben, enthält aber die Bennsche Lehre von der Kunst als der einzigen Form der Realität schon in der ganzen Schärfe. »Es gibt keine Wirklichkeit, es gibt das menschliche Bewußtsein, das unaufhörlich aus seinem Schöpfungsbesitz Welten bildet, umbildet, erarbeitet, erleidet, geistig prägt ... es gibt nur den Gedanken, den großen, objektiven Gedanken, er ist die Ewigkeit, er ist die Ordnung der Welt, er lebt von Abstraktion, er ist die Formel der Kunst.«

Der zweite Teil des Buches »Doppelleben« stammt aus der letzten Zeit und enthält die Beschreibung einiger Kasernenmonate im Jahre 1944, die alles weit hinter sich läßt, was bisher über unsere jüngste Vergangenheit geschrieben worden ist. In diesen aufs äußerste abgemagerten (durch rastloses Training abgemagerten) Sätzen entsteht in klassischer Vollkommenheit »die ungeheure existentielle Leere des heutigen deutschen Mannes, dem nichts gelassen war, was den inneren Raum bei anderen Völkern füllt ...« Es ist ein Kapitel, das in der gesamten deutschen Literatur um so weniger seinesgleichen hat, als es auf geheimnisvolle Weise schon den Keim der Rettung darbietet. Aus Gift wird Heilmittel. Glücklicher als die an der verfügbaren Sprachterminologie verzweifelnden Philosophen, die mit ihrer »Geworfenheit« und ähnlichen Chiffren doch nur poetische Bilder und Vergleiche anstatt neuer Begriffe schaffen, erledigt der Dichter Benn das Problem, indem er es ausspricht. Seine Sprachgewalt ist so groß, daß er in seinen Sätzen, ja manchmal in seinen Worten eine vollkommene Identität von Bezeichnung und Deutung erreicht.

So entsteht eine Welt oberhalb unserer Gebundenheiten, eine Welt ohne Angst, etwas kostbar Abendländisches, das sich von dem Zwang der Geschichte frei weiß und den geistigen Dingen eine Vehemenz zuerkennt, »die die der physikalischen Dinge übertrifft«. Wäre die Welt, wären wir selbst Deutschland gegenüber nicht so hilflos befangen, so müßte dieses Buch dem Gesamtwerk Gottfried Benns eine Geltung verleihen, die unmittelbar in die Weltliteratur hineinführt.

Gottfried Benn, Doppelleben. Wiesbaden 1950
Gegenwart 15. 3. 1950

Flöten und Dolche

Es gibt Stunden, da ist man müde, als Deutscher mit Skorpionen gezüchtigt zu werden und gar sich selbst zu züchtigen. Auch *Heinrich Mann,* der große deutsche Schriftsteller, hat diese Müdigkeit gekannt, aber noch stärker hat er sie in uns hervorgerufen. Man ist es müde, – nicht weil die Züchtigung so gänzlich unverdient wäre, sondern weil man im Zweifel an der eigenen Art nicht gedeihen kann. »Jeder Deutsche von Rang hat unter den Deutschen gelitten«, sagt er in einem seiner letzten Bücher. Das ist wahr und gilt auch für ihn, denn er war von hohem geistigem Rang. Nur muß jeder, der so empfindet, deutlich wissen, daß es ein Leiden an sich selbst ist. Aber ein Verharren in Leiden und Zürnen geht über die menschliche Kraft. Und so ist man denn versucht, die Erinnerung an diesen Mann, der Anfang 1950 in Kalifornien – im Exil also – gestorben ist, wie eine Last von sich abzuwälzen oder doch wenigstens auf jenen Teil seines sehr umfangreichen Werkes zu beschränken, das von diesem Zanken mit Deutschland noch nicht völlig geprägt ist. Es geht jedoch nicht an, in ihm etwa nur den Verfasser der schwelgerischen »Romane der Herzogin von Assy« zu sehen. Der »Untertan« gehört zu ihm, wie sein erbitterter Schlußstrich »Ein Zeitalter wird besichtigt« zu ihm gehört.

Der alte Mann war, als der Tod kam, gewillt, wenn nicht gar im Begriff, in den von den Sowjets beherrschten Teil Deutschlands überzusiedeln. Zurückzukehren kann man nicht sagen, denn das Deutschland, das er verlassen hat, besteht nicht mehr. Hohe Ehrenstellen waren ihm von den russischen Machthabern und ihren deutschen Helfern zugedacht. Sie sind ihm erspart geblieben. Sein freiheitsliebender Geist gibt uns noch im Tode das Rätsel auf, warum es ihn lockte, sein ehrenhaftes Leben in einem Lande stummer Sklaven zu beenden. Er hat an die Sowjetunion geglaubt, ohne Kommunist zu sein. Ein »sieghaftes Lebensgefühl« hat er ihr zugesprochen, das auch die übrige Menschheit ergreifen werde. Im Kriege galt es ihm als ausgemacht, daß das Bündnis der Alliierten mit der Sowjetunion die Niederkämpfung Deutschlands überdauern werde, »weil sie mit verwandter Seele gekämpft haben«. Stalin, so glaubte er, habe dafür Sorge getragen, daß seine Untertanen »nicht nur mehr leisten, sondern auch mehr denken«.

Er glaubte es, er war ehrlich. Der Geist des Fortschrittes sprach aus ihm. Ihm kam es so vor, als ob dort noch die alten Verschwörer und Revolutionäre seiner Jugend am Werk seien, jene, die schon längst von Stalin umgebracht sind. In seinen Träumen kämpfte er für eine verlorene Sache und glaubte dabei »ein Marsch-Scherzo von Tschaikowski« zu vernehmen. So endete dieser Anbeter der Klarheit in der ausweglosesten ideologischen Wirrnis. Aber er litt nicht darunter. Wir hingegen, die trotz allem nicht müde geworden sind, sein Werk zu verehren, spüren in diesem Augenblick und an seinem Beispiel doppelt die furchtbare Dunkelheit, die über unserer Welt ruht, schwärzer als die schwärzeste Trauerfarbe.

Dies ist kein Nachruf, sondern ein Augenblick der Besinnung auf die verzweifelte Lage, in die jeder Deutsche gerät, wenn er anfängt, über das Wesen seines Volkes nachzudenken. Heinrich Manns Leben mußte in Feindschaft mit dem Lande seines Ursprungs enden, denn die Gereiztheit, die schon in seinen früheren Büchern zu spüren ist und in den Romanen »Der Untertan«, »Die Armen« und »Der Kopf« imponierend Gestalt gewann, erlaubte ihm nicht die geringste Illusion über den dunklen Weg, den Deutschland gehen werde. »Eingestanden sei, daß ich mich nicht wirklich als einen Kämpfer fühlte. Dafür durchschaute ich zu deutlich die Vergeblichkeit des Kampfes.« Aber er kämpfte trotzdem. Im Dezember 1932 veröffentlichte er in der »Neuen Rundschau« sein Bekenntnis zum »Übernationalen«, einen heftigen, ja schrillen Streitruf, dessen hohe Maßstäbe in der Tat schon die Vergeblichkeit des Kampfes vorwegnahmen. Bald darauf ging er über die Grenze, um nie wiederzukehren; erst nach Frankreich, wo er seine Schrift gegen die sich enthüllende Tyrannei in Deutschland, »Der Haß«, veröffentlichte; später, als die deutschen Panzer im »zügigen Vorgehen« auch dieses Land für ihn unbewohnbar machten, überschritt er zu Fuß die Pyrenäenberge, um über Spanien nach Amerika zu gelangen. Dort lebte er, nicht weit von der neuen Heimstätte seines Bruders Thomas Mann.

Der Bruder! Das Leben hatte die beiden, die einst erbitterte Feinde gewesen waren, schon längst wieder zusammengeführt. Über dem Grab ihrer Hoffnungen auf Deutschland hatten sie sich die Hände gereicht. Herbst war in der Luft. Wie hätten nicht Schauer der Müdigkeit und Entsagung um diese Versöhnung wehen sollen, bei so viel enttäuschter Liebe! Nun gab es nur noch abgründige Bitterkeit und Verzicht, ja auch Verzicht auf die stumme Frage: »Wer hat nun recht behalten?« Und doch ist dieser Streit der beiden Brüder um Deutschland ein sehr großer geistesgeschichtlicher Vorgang geblieben. Seine Dokumente sind Heinrichs »Geist und Macht« und die »Betrachtungen eines Unpolitischen« aus der Feder des anderen. Indessen, unpolitisch waren sie beide, denn sonst hätte ihre erbarmungslose Auseinandersetzung über Deutschlands »Recht« im ersten Weltkrieg nicht so pfeilgerade und tief in die letzten Gründe des deutschen Wesens vorstoßen können.

Damals lautete die große Weltspannung »Deutschland–Frankreich«. Wie weit liegt das zurück, heute, wo die zwei Länder wie welke Blättchen im kosmischen Wirbelsturm gemeinsam dahintanzen. (Sie wissen es bloß noch nicht.) Geist und Macht, so bequem machte Heinrich es sich damals. Aber er war konsequent und bekannte seinen Wunsch, »daß Deutschland durch die Entente geschlagen und bekehrt werde«, daß der Geist über die Macht siege. Für ihn war Thomas, der gerade beziehungsvoll über »Friedrich und die große Koalition« geschrieben hatte, nichts weiter als »ein Mitläufer, schuldiger als selbst die Machthaber«, also ein Knecht der Machtidee, dic für Heinrich die einzige Idee der deutschen Kriegführung war. Die Argumente, die Thomas gegen den »Zivilisationsliteraten« anführte (»Man ist beinahe schon Franzose, indem man Literat ist«), mögen ihren Verfasser, der für einen »deutschen Frieden« eintrat, heute stören. Uns bleiben sie ebenso bedeutsam wie die Gründe des Bruders, denn das Für und Wider ergibt genau die Summe des ewigen Problems, das Deutschland heißt. Thomas, tragischer gestimmt und weniger durch das Arioso des französischen Zivilisationsbegriffes verführt als sein Bruder, zog diese Summe mit überströmender Klarheit: »Europäische Kriege, sofern sie nun auch im Geistigen geführt werden, und das müssen sie immer, werden zugleich auch deutsche Bruderkriege sein, das bleibt das Schicksal dieses europäischen Herzvolkes, und das ist, bei aller Wucht seines Leibes, seine innere, sittliche, seine politische Schwäche – es wird vielleicht sein Verhängnis sein . . . Deutschland ist keine Nation.«

Schließlich war der »Zivilisationsliterat«, der am Kampf Zolas für die Unschuld des Hauptmanns Dreyfus den Kampf des Geistes gegen die Macht dargetan und die Niederlage der Macht – also Deutschlands – gellend gefordert hatte, zu einem Teil des deutschen Wesens geworden, in dem diese beiden Haltungen sich unaufhörlich widerstreiten. Aber der Weg zur politischen Parteinahme war von jenem Urtrieb Heinrich Manns ausgegangen, den man einfach den Durst nach Schönheit nennen könnte. Noch zu seinem sechzigsten Geburtstag, im Jahre 1931, hatte Gottfried Benn, den Spalt des Krieges gleichsam überspringend, ihn in seiner Festrede als den Dichter »ohne Ideologie«, als den Inbegriff der reinen Kunst, ja der »Artistik« gefeiert. Von ihm, so sagte er, sei Hilfe gekommen, »Hilfe gegen dies schlimme deutsche Gefühl, daß auf dem Gierigen, dem Unersättlichen, dem Mörderischen der Mensch ruht, ein Gegenzug der Ordnung, der räumlich-geistigen Ordnung, der erarbeiteten Formen, der Gestalt, der Diesseitigkeit, der Latinität«.

Leidenschaftlicher kann man es nicht sagen, aber hält es Stich? Sind die frühen Romane Heinrich Manns, die seinen gewaltigen Einfluß auf die damalige Generation begründeten, wirklich Latinität im Sinne des Verses von Mörike: »Was aber schön ist, selig scheint es in ihm selbst«? Gewiß, die Kulisse war lateinisch bis zum äußersten und ist in dem Meisterwerk »Die kleine Stadt« sogar ein Stück Wesen geworden. Aber die knabenhafte Sinnlichkeit, die unglückliche Liebe zur Arie, zum Renaissance-Menschen, zum Taumel zwischen »Flöten und Dolchen«, zu jenen schnurrbärtigen Kraftgestalten, die nackte Frauen auf ihren Armen ins schummrige Schlafzimmer tragen, diese ganze Nachfolge d'Annunzios beweist, daß dem Dichter zum vollkommenen Zivilisationsliteraten eines fehlt: Geschmack.

Vielleicht erscheint uns der Geschmack als keine sehr hohe Kategorie, aber wer »Latinität« sagt, der muß sich auch damit abfinden, daß der Gschmack ein ordnendes Prinzip, ja eine sittliche Grenze ist. In der einst berühmten Erzählung »Pippo Spano«, die heute so enttäuschend zu lesen ist, wie nur das späte Wiedersehen mit einer Jugendliebe enttäuschend sein kann, wird d'Annunzio zwar nicht genannt, aber geschildert. Da ist der Künstler, dem alle menschliche Erfahrung, selbst die Liebe nur Stoff zur Selbstbespiegelung und Vorwand zum Dichten ist. Ein »Condottiere des Lebens« möchte der Dichter sein, gefährlich leben möchte er. Aber er ist weder der Liebe noch der Tat fähig, er kann nur dichten. Da ist die Frau, die an dieser Ohnmacht zugrunde gehen wird. »Ja, sie war die große Sinnliche: durch ihre ganze üppige und jähe Welt jagte sie ihn, bis ins letzte Dickicht, so die tiefsten Lüste gefeiert wurden, die in Blut ertranken!

Rasend unter der Peitsche des Todes, trug er sie in das Schlafzimmer.« Man lächle nicht über so viel Jugend, denn die Drapierung dieser Sätze verrät, daß Geschmack ein hohes Geschenk der Reife ist. Es ist eine Reife, die Heinrich Mann sehr lange versagt geblieben ist. Die Ruhe, die Entspannung, das Ende der geistigen Pubertät, jener Zustand, zu dem fast alle seine Romanfiguren vergeblich hinstreben, dies Glück kam spät zu dem Dichter. Es kam, als »die strenge und gequälte Stimme« kaum noch zu vernehmen war.

Das schöne Gleichgewicht, das dem Künstler beschert ist, wenn er erkannt hat, daß es nicht darauf ankommt, ein »Condottiere des Lebens« zu sein, sondern im Wort seine Erfüllung zu finden, diese Harmonie ging erst mit den länger werdenden Schatten auf – als es fast schon zu spät war. Da hätte er gerne nur noch die Flöte gehalten, wenn sein Hadern mit Deutschland, das ja stets ein Hadern um den Begriff der Freiheit war, ihn nicht gezwungen hätte, den Dolch festzuhalten. »Wir hätten nicht das Leben gefeiert, wenn es uns nicht zum Ende bitter und mörderisch machte« – dieser Satz steht auf einer späten Seite, geschrieben 1944. Es ist eine Seite über Puccini, eine der schönsten, die der Dichter geschrieben hat, ganz Flöte, ganz Heimkehr zum frühen Arioso. Und doch steht jener furchtbare Satz darin ». . . bitter und mörderisch . . .« Die Welt ist seitdem nicht heller geworden.

Gegenwart, 1. 4. 1950

Männer allein

Die deutsche Ausgabe von *Norman Mailers* Kriegsroman *Die Nackten und die Toten* gibt Veranlassung, gegen das Fortissimo einzuschreiten, mit dem der Verlag die Ausgabe ankündigt, oder es doch wenigstens auf das rechte Maß zurückzuführen. Wir wissen um die Nöte des Buchgeschäftes – die ja auch die Nöte der Autoren mit einschließen – und verkennen nicht, daß man vor den heutigen Werbemethoden ein Auge zudrücken muß. Klappern gehört zum Handwerk, und wenn sich der Boden dieses Handwerks als wenig golden erweist, so ist es natürlich, daß das Klappern anschwillt. Der Verleger mag getrost drucken lassen, daß Mailers Buch »der erregendste Roman der Gegenwart« oder der »eindrucksvollste Roman über den zweiten Weltkrieg« sei. Ja, wir wollen es noch hinnehmen, daß vom »größten Kriegsroman des Jahrhunderts« gesprochen wird, obwohl jeder, der die Bücher von Renn, von Barbusse oder auch nur von Mottram gelesen hat, darüber lächelt. Der Leser wird im Laufe von 780 Seiten schon seine eigenen Erfahrungen machen und zu dem Gewinn, den ihm die Lektüre zweifellos beschert, noch die Empfindung fügen, daß die Lobpreiser denn doch ein bißchen übertrieben haben. Superlative sind ja billig geworden, niemand stellt sich unter ihnen noch die gemeinten Größenverhältnisse vor, seitdem die Politik uns an die »ungezählten Millionen« und überhaupt an die größten Maße aller Zeiten gewöhnt hat.

Es wird lange dauern, bis alle Leute eingesehen haben, daß der Lautsprecher immer noch zu stark eingestellt ist. Geduld ist freilich nicht mehr am Platze, wenn anstatt des bloßen Werbegeräusches unverkennbar literarische Begriffsverwirrung erzeugt und behauptet wird, der amerikanische Autor habe mit seinem Buch »eine eigene literarische Richtung« geprägt. Der Leser wird gebeten, davon kein Wort zu glauben, und er wird unsere Bitte um so bereitwilliger in Betracht ziehen, als ihm ja an einer »eigenen literarischen Richtung« nicht das mindeste gelegen ist. Romane von

780 Seiten, die einen Massenerfolg eindeutig anstreben, tun klug daran, nicht als künstlerische Experimente aufzutreten, sondern sich durch Eigenschaften zu empfehlen, die geeignet sind, den Leser zur Inangriffnahme eines Wälzers zu ermutigen.

Mailer ist keineswegs ein literarischer Bahnbrecher, sondern ein Nachfolger – übrigens ein würdiger Nachfolger – der guten amerikanischen Romanschriftsteller, der Dreiser und Dos Passos. Ihm ist weder eine eigene Sprache noch eine revolutionäre Technik eigen, ja, man kann nicht einmal finden, daß er die stilistischen Errungenschaften Faulkners, Wolfes oder Hemingways in seinen Dienst stellt. Das Buch ist einfach gut erzählt (stückweise sogar sehr gut), und zwar in einer direkten und wahrheitsliebenden Darstellungsweise, die man seit langem naturalistisch nennt. Gewiß, es gibt auch in der Kunst eine Art von Fortschritt, und was sich selbst ein Zola bei der Schilderung des Gefechtes von Bapaume nicht erlauben konnte, das ist einem heutigen Kriegsdarsteller durchaus natürlich.

Auch die menschlichen Antriebe haben sich vermehrt oder, genauer gesagt, manche sind an die Oberfläche getreten, mit denen ein »Naturalist« vor siebzig Jahren sich noch nicht auseinanderzusetzen brauchte. Mailers amerikanische Soldaten, die den Japanern eine Insel im Stillen Ozean abzuringen haben, erweisen sich in einem Maße als von sexuellen Dingen besessen, daß man den Eindruck gewinnt, kein Amerikaner der Gegenwart habe es fertiggebracht, seine Pubertät hinter sich zu bringen. Es ist wohl mehr als ein Eindruck, es ist vermutlich eine Tatsache, die Mailer – übrigens ein junger Mensch – hier ausspricht, und mag vieles, wenn nicht das meiste erklären, was uns an der amerikanischen Zivilisation unfaßbar erscheint. Keiner der Männer auf dieser Insel, ob jung oder alt, ist sexuell im Gleichgewicht – von dieser Seite fällt viel Licht auf das amerikanische Wesen überhaupt, und das ist zweifellos ein Verdienst des Autors. Daß die amerikanische Armee, wenn man dieser Schilderung glauben soll, Gefangene ermordet, Leichen beraubt und ähnliche Greuel betreibt, erscheint uns nicht so wichtig wie die offenbare Unfähigkeit dieser Menschen, zu Frauen andere als erniedrigende Beziehungen zu haben. Das wird durch den als normal empfundenen Zustand völliger Besoffenheit beim geringsten Anlaß noch unterstrichen. Sonst ist diesen Menschen nichts nachzusagen, weder im Guten noch im Bösen.

Ergibt sich daraus eine Lehre? Seitdem es Granaten gibt, haben die normalen Menschen vor ihnen Angst gehabt, und zu allen Zeiten haben sich Soldaten in der Einsamkeit ihres Männerlebens nach Mädchen gesehnt. Angst und Begehren, das sind Grundempfindungen. Ist es eine Umwälzung, wenn ein Autor diesen beiden Gefühlsdominanten dadurch zu Leibe geht, daß er die Leute in die Hosen machen oder sie sich in den wüstesten Zoten ergehen läßt? Es ist lediglich eine Steigerung der naturalistischen Lautstärke und eine Auslese in der Regungsskala, wie die amerikanischen Zustände sie erfordern mögen. Eine »eigene literarische Richtung« ist es keineswegs. Nicht jeder Schriftsteller, der eifrig das Wort »Scheiße« verwendet, ist ein Bahnbrecher.

Allerdings besteht kein Zweifel darüber, daß Mailer seine Figuren als typisch angesehen wissen möchte, und daß die, übrigens meisterhaft geschriebenen, Lebensläufe, die er ihnen mitgibt, in seinen Augen einfach Abkürzungen des menschlichen Lebens schlechthin sind. Es ist aber für einen europäischen Leser unmöglich, davon abzusehen, daß diese Menschenleben zu den amerikanischen Weltstädten gehören und daher auf Erfahrungen beruhen, die wir nie machen werden. Das mag auch für den seltsamen Antisemitismus gelten, dessen diese Amerikaner in Uniform sich befleißigen. Es ist ein Antisemitismus ohne Programm, ohne Rassentheorie, nur eine Art von triebhafter Gewohnheit. Wer einen – zufällig jüdischen – Kameraden ungeschickt findet, ruft ihm nicht zu: »Dummer Kerl!«, sondern: »Dummer Jud!« Es gehört nun einmal dazu und mutet zunächst gar nicht tragisch an. Das eigentliche Drama geht in der Seele des Juden vor, der diese Zurufe erleidet, ehe sie kommen, und dessen ganze Seele von der einzigen Angst vor dieser umgänglichen Form der Geringschätzung erfüllt ist. Die jüdischen Soldaten dieses Buches sind, genau besehen, die höherstehenden Wesen, denn sie verstehen wenigstens zu leiden, und sie wissen, wovor sie Furcht haben, von welchen Schatten ihr Leben bedroht ist, während ihre Kameraden das Leid nur im Fleisch, nicht in der Seele haben.

So leben alle Menschen, die diese Kriegsepisode erfüllen, im Dauerzustand der Verzweiflung, und es spricht für das Erzählertemperament des Amerikaners, daß er ungeachtet dieses monotonen psychologischen Hintergrundes zu fesseln und manchmal auch zu bewegen weiß. Der Leser mag getrost zugreifen; dieser Kriegsroman ist keine »eigene literarische Richtung«, sondern einfach ein guter Roman.

Norman Mailer, Die Nackten und die Toten. Berlin 1950
Gegenwart 15. 5. 1950

»Die sind auch nicht besser«

Erstaunlich, ja bewundernswert ist die Freiheit, mit der die Amerikaner in ihren Büchern an den eigenen Zuständen Kritik üben. Es spricht für die Festigkeit dieses Gemeinwesens, daß es die erbarmungslose Bloßlegung der eigenen Schwächen nicht nur erträgt, sondern geradezu für selbstverständlich hält. Dies ist die ernsthafte Kehrseite der uns oft naiv anmutenden Selbstgefälligkeit, mit der die Amerikaner, seitdem sie die Herren Europas geworden sind, uns gegenübertreten. Was ein Norman Mailer von der amerikanischen Kriegsführung in Ostasien und mehr noch vom Lebensinhalt der amerikanischen Soldaten berichtet, wird an Offenherzigkeit von den Schilderungen eines *Stefan Heym* in seinem Kriegsroman *Der bittere Lorbeer* noch übertroffen. Wie groß das äußere Risiko einer solchen Wahrheitsliebe heute ist, wissen wir nicht. Immerhin hat in früheren Jahren ein so erbarmungsloser sozialer Kritiker wie Upton Sinclair den Haß der Schichten, die er angriff, bis zur Gefährdung seiner Existenz zu spüren bekommen. Unser Erschrecken über einen solchen Grad der Entblößung mag größer sein als das der Betroffenen. Wir spüren dabei, wie sehr wir eingeschüchtert sind und daß uns der zweideutige Begriff des öffentlichen Interesses immer noch in seinen Fängen hält. Auch sind wir ja ein besetztes Land, und so mag es denn manchem Deutschen eine – freilich nicht sehr hochstehende – Genugtuung gewähren, wenn er liest, daß auch der Sieger Gefangene tötet, daß er gefallenen Feinden Goldzähne ausbricht, daß seine Offiziere mit dem Besiegten schmutzige Geschäfte machen, die Frauen der Verbündeten vergewaltigen und in Paris das Benzin »schwarz« verkaufen, das dann den eigenen Panzern an der Front fehlt. Es ist von jeher ein besonderes Vergnügen der Sklaven gewesen, zuzusehen, wie sich ihre Herren untereinander schlecht benehmen und sich gegenseitig ihre Schande vorwerfen.

Es ist allerdings kaum anzunehmen, daß Stefan Heym darauf aus ist, dem deutschen Leser kleinliche Befriedigungen dieser Art zu gewähren, zumal da der Deutsche in seiner Schilderung durchweg noch viel schlechter fährt. Der Sinn seines über 800 Seiten starken Buches liegt vielmehr in dem ironischen Titel der amerikanischen Ausgabe, der »Die Kreuzfahrer« lautet. Die amerikanische Armee landet in der Normandie, besetzt Paris, erfährt den Rückschlag von Bastogne, dringt in Deutschland ein und errichtet dort Militärregierungen – alles das, um die Welt von dem Alpdruck der deutschen Tyrannei zu befreien und ihr das reine Ideal der Demokratie einzupflanzen. In Wirklichkeit zerrinnt dieser Kreuzzug, bei dem die amerikanischen Soldaten ihr Bestes geben, in einem Sumpf von Bestechlichkeit, Geschäftemacherei, Eitelkeit und Eigennutz. Das ist wenigstens die Ansicht der Hauptfigur dieses Buches, des Leutnants Yates, der in einer Propagandakompanie tätig ist und daher die Aufgabe hat, den Sinn des Kreuzzuges immer wieder zu erklären und lautbar zu machen. Es ist ihm also nicht gestattet, sich einfach aufs Kämpfen mit der Waffe in der Hand zu verlegen, er muß sich und die Besiegten dauernd von dem Idealismus der amerikanischen Kriegführung überzeugen. Die Widerstände, die ihm dabei Feind und Freund bereiten, die bitteren Enttäuschungen, die er dabei nicht nur von den nach seiner Ansicht hoffnungslosen Deutschen, sondern auch von seinen Landsleuten erfährt, machen den Gehalt des Buches aus.

Den Gehalt, aber nicht den Inhalt! Denn die roh überquellende Stofflichkeit des Inhalts beweist, daß der Autor seinem großen Vorwurf durchaus nicht gewachsen ist. So sehr uns der verletzte Idealismus des Helden anspricht, so gründlich bleibt das eigentlich Romanhafte oder, genauer gesagt, die reine Erzählung hinter diesem respektablen Motiv zurück. Der Gegenstand des Buches ist ungeheuer, denn er enthält als Kern den ganzen Zwiespalt, in dem die Welt heute lebt. Aber es geht nicht an, diese gewaltige Tragödie, deren einzelne Elemente dem Autor wohl bewußt sind, in eine Räubergeschichte zu verwandeln, die in ihrer groben Anhäufung von Knalleffekten, Gangsterepisoden, erotischen Zwischenfällen, Lärm und Blut geradezu auf eine Verfilmung zweiten Ranges zu spekulieren scheint. Alles, was diese schlimmen Jahre an ungeheuerlichen Höhepunkten gebracht haben, ist auf diesen Seiten zusammengetragen, bis zur völligen Abstumpfung. Sogar die Verwendung von Menschenhaut zu kunstgewerblichen Zwecken findet ihren Platz, wenn auch nicht als Lampenschirm, so doch als Einband eines Buches, in das die SS-Bestie alle von ihr ausgeklügelten Strafen und Martern für ihre Häftlinge sauber einträgt. Düstere Kapitel unserer jüngsten Vergangenheit werden damit berührt und schlecht getroffen! Denn die Verstocktheit, die der Autor bei den Deutschen voraussetzt, klammert sich schlau an solche Verzerrungen, um sich damit den ganzen furchtbaren Komplex billig vom Halse zu schaffen. Vielleicht sind die Leser, mit denen die deutsche Ausgabe dieses zwiespältigen Buches rechnet, doch aufgeschlossener, als der Autor nach seinen Erfahrungen vermutet, und wollen sich nicht damit begnügen, schadenfroh festzustellen, daß auch in den Reihen des Gegners viele von jenen Sünden begangen wurden, die uns heute angekreidet werden. Diese genügsame Form der Gewissenserforschung ist ganz gewiß eine der größten psychologischen Schwierigkeiten bei der Neugestaltung unseres öffentlichen Lebens. Ein Buch wie »Der bittere Lorbeer« vermehrt diese Schwierigkeiten, eben weil es schlecht geschrieben ist. Wer Zeitkritik in Romanform übt, der muß einen guten Roman schreiben, wenn die Kritik überzeugen und Früchte tragen soll. Stefan Heym hat aber einen schlechten Roman geschrieben, einen Reißer ohne Zucht und ohne künstlerischen Takt. Da nimmt denn die literarische Form Rache an der Gesinnung.

Stefan Heym, Der bittere Lorbeer. München 1950.
Gegenwart 15. 6. 1950

Ein Kraftmensch

Dies ungewöhnlich klare Buch enthält nur eine Zweideutigkeit. Das ist die Bezeichnung »Roman«, die aus dem Bemühen entstanden sein mag, das Buch in eine der bei uns verbreiteten Gattungen einzuordnen. Es zeigt sich aber in diesem Falle wieder einmal, daß unsere Gattungen nichts taugen und nicht einmal für die Einordnung der natürlichsten Ausdrucksformen reichen. Das Buch von Frau *Kaschnitz* ist nämlich in der Anlage die einfachste Sache von der Welt, weder ein Roman noch eine theoretische Analyse, sondern eine Darstellung. Es ist dies eine literarische Form, die in keinem Lande der Welt eine Entschuldigung braucht, außer bei uns, wo allein schon die schöne Lesbarkeit das Mißtrauen der Fachleute hervorruft und wo der Leser die Beschreibung einer künstlerischen Erscheinung nur dann entgegennimmt, wenn sie mit der falschen Flagge des Wortes Roman versehen wird. Die Verfasserin hat nichts weiter getan als die Elemente ausgebreitet, aus denen das Phänomen Courbet bestand, seien diese Elemente nun aus den Bildern des Malers oder aus seinem Leben bezogen. Auf diese Weise ist eine schöne und gerechte Deutung zustandegekommen, deren unnachahmlicher Reiz in der deutlich fühlbaren Trauer über die Vergänglichkeit dieses riesenhaften Lebensgefühls besteht. Eben noch haben wir den Maler in seiner heimischen Juralandschaft gesehen, wie er als schmucker Jüngling, das Hündchen zur Seite, im Grase sitzt und erwartungsvoll ins Weite blickt – und schon fallen die Schatten, schon sieht man den Greis als Verbannten im Anblick des winterlichen Genfer Sees die müden Augen schließen, die soviel Leben und Natur gierig in sich getrunken haben und nun nichts mehr zu sehen begehren. Es zeugt von dem hohen Ahnungsvermögen der Verfasserin, daß sie, trotz ausführlicher Beschreibung dieses langen und erfüllten Lebens, Jugend und Tod einander so nahe rückt. Kann dieser Kraftmensch je sterben? – in dieser Frage, die man sich beim Anblick seiner fast tobenden Art, sich des Lebens zu bemächtigen, immer wieder stellt, ruht schon die ganze Melancholie des Vorgefühls. Denn Courbet wurde nie eigentlich menschlich reif, aus der Hochstimmung einer unerschöpflichen Jugend mit ihren Leistungen und Torheiten sank dies Leben jäh in den Tod ab, weil ihm die klare Harmonie der unermüdlichen Greise, an denen die französische Kunst so reich ist, nicht vergönnt war. Courbets Existenz reizt mehr zur Darstellung als das Leben eines Corot oder Renoir, weil Courbet immer auch außerhalb der Kunst etwas gewollt hat. Die Niederlage seines Lebens kam spät, sie traf ihn auf dem Gipfel seines Ruhms, aber sie traf ihn doppelt hart, weil dieser Künstler nicht darauf vorbereitet war, daß die politische oder weltanschauliche Betätigung anderen Gesetzen als die künstlerische folgt und Konsequenzen praktischer Art nach sich ziehen kann. Er, der mit Stolz von sich gesagt hatte, daß er »der hoffärtigste Mann Frankreichs« sei, mußte erleben, daß die Zeit seine Prahlereien und die Ausschläge seines Geltungsbedürfnisses beim Wort nahm und ihn für eine politische Haltung büßen ließ, die er selbst vielleicht nicht ganz ernst genommen hatte. Sehr aufschlußreich läßt die Verfasserin den Begriff der »Gesittung« anklingen, wenn sie feststellt, daß dem großen Maler – besonders in seinen Meerbildern – eine Identifizierung mit den Elementen gelungen sei, die ohne einen gewissen Grad von Ungeistigkeit nicht zu denken ist. »Das Un-menschliche des bloßen Seins«, das vielen Bildern dieses Künstlers ihre einmalige Größe gibt, ist freilich nicht ohne das höchst Menschliche seines Lebensgefühls zu verstehen. Wenn dies Lebensgefühl auch nicht zur Gestaltung einer im Goetheschen Sinne sittlichen Existenz diente, so war es doch eine Art von Liebeskraft, die freilich nicht dem Menschen, sondern der Kunst zugute kam. Sein Eintauchen in die Natur, sein Leben als Bauer und Jäger wirkt wie eine Reihe von Akten der Entsühnung, die ihn von der Banalität seiner künstlerischen und sozialen Theorien und von dem leichtfertigen Spiel mit politischem Zündstoff lossprechen. Die Koketterie des Kraftmenschen mit seiner eigenen Unbändigkeit mochte im öffentlichen und oft auch im privaten Leben fatal sein. In der Kunst war diese Form des Selbstbewußtseins, die ihm den Beinamen des »Malerviechs« eintrug, fruchtbar und darum sinnvoll. Leben und Kunst sind hier nicht zu trennen, eben weil sie bei Courbet in einem Widerstreit lagen, der wie eine ergreifende und kunstvolle Disharmonie die Darstellung der Verfasserin vibrieren läßt.

Marie-Luise Kaschnitz, Ein Kraftmensch. Baden-Baden 1949
Gegenwart 1. 8. 1950

Man darf sich nicht verachten

Daß eine auf das Moralische gerichtete Literatur wie die französische immer wieder Zeugnisse des Bösen und der Sünde hervorbringt, ist natürlich. In einer geistigen Welt, deren Maßstäbe von Moralisten bestimmt werden, hat auch der Übeltäter seinen Platz. Jean-Paul Sartre hat dem französischen Publikum einen Mann namens Genêt vorgestellt, der ein vielfach vorbestrafter Dieb und gleichzeitig ein begabter Schriftsteller ist. Er wird jedoch weniger um seines Talentes willen vorgeführt als wegen seines Bestrebens, »eine Freiheit im Bösen zu finden«. Ein anderer Übeltäter namens *Maurice Sachs* hat freilich keinen Deuter gefunden, sondern sich mit sprachlosem Entsetzen über seinen finsteren Lebensweg begnügen müssen. Das Buch ist inzwischen unter dem etwas zu deutlichen Titel *Mein Leben ist ein Ärgernis* auf deutsch erschienen.

Dabei drängt sich sogleich die Frage auf, ob ein solches entsetzliches Dokument in unserem literarischen Vorstellungsbereich überhaupt seinen Platz finden kann. Die Spannung zwischen Gut und Böse spielt in unserer Literatur eine verhältnismäßig geringe Rolle, und so fehlt denn der genießerischen Selbstdarstellung menschlicher Verworfenheit der natürliche Hintergrund sittlicher Bezüge. Ähnlich wie Genêt zieht Sachs aus seiner Ausgestoßenheit die Konsequenz, nun erst recht ein Bösewicht zu werden, aber aus diesem Vorgang ist mit dem besten Willen keine Anklage gegen die Gesellschaft zu konstruieren. Denn Sachs bezichtigt sich zahlloser Schändlichkeiten, die tiefer gehen als ein Diebstahl, gegen den die Gesellschaft sich allenfalls schützen kann. Er ist – so berichtet er – der Sohn einer alten jüdischen Familie, deren Verhältnisse so zerrüttet sind, daß sowohl Vater wie Mutter bald seinem Gesichtskreis für immer entschwinden. Er begeht Diebstähle, fälscht Wechsel, wird Trinker, gerät in die trostlosesten Abgründe der Homosexualität, läßt sich taufen, tritt in ein Priesterseminar ein, aus dem er mit Schande entfernt wird, wird Verleger, Kunsthändler, Bühnenschriftsteller, macht betrügerische Bankrotte, geht eine schwindelhafte Ehe ein und versinkt wieder in den Niederungen schmutzigsten Elends, des Alkohols und des Lasters. »Ach, könnte ich nur einen Augenblick von mir los«, jammert er und findet beim Anblick seines Bildes im Spiegel nur das eine Wort: »Sch-!« Kurzum, er führt ein so schändliches und unwürdiges Leben, daß der Leser, der diese Bekenntnisse erschrocken in sich aufnimmt, Gott selbst sein müßte, um den Sünder loszusprechen.

Die stärkste Leidenschaft dieses Schächers ist indessen die Literatur. Daß diese Passion nicht völlig unglücklich ist, beweist sein Buch, dessen Schamlosigkeit durch eine unbestreitbare Ausdruckskunst gemildert wird. Sachs ist ein typisches, wenn auch besonders unglückliches Produkt der Pariser Lebensstimmung nach 1918, deren fieberhafte Euphorie mit allen raffinierten Reizen einer farbenprächtigen Großstadtkultur gesättigt war. Drei Figuren dieser Epoche stehen denn auch wie Marksteine an seinem Weg, Maritain, der ihn zum katholischen Glauben führt, Gide, dessen unbestechliche Wahrheitsliebe ihn fast gerettet hätte, und schließlich Jean Cocteau, den er gehässig als den bestechenden und herzlosen Zauberer schildert, unter dessen Einfluß sich jeder Jüngling schließlich wie ausgeraubt vorkommt.

Die Darstellung dieser drei Figuren ist meisterhaft und läßt ein sehr ernstes Problem auftauchen, das in Deutschland seit Stefan Georges Tod nicht mehr besteht, aber in Frankreich noch seine Geltung hat, nämlich das Problem des geistigen Einflusses, der vom moralischen nicht zu trennen ist. Der Punkt, an dem der Führer zum Verführer wird, ist von Sachs mit einer Schärfe bezeichnet, aus der brennendes Erleben spricht. Cocteau tritt dabei als der reine Rattenfänger auf, Maritain erweist sich als ein Heiliger, dessen menschliche Erfahrung nicht ausreicht, Gide hingegen, »der redlichste aller Schriftsteller«, hält Stich. In der Darstellung der Einflüsse gewinnt dieser unselige Sachs so etwas wie kritische Souveränität. Die furchtbare Verantwortung geistiger Führerschaft wird von ihm klar erfaßt, freilich ohne daß er daraus die Absolution für sich ableiten könnte. Ein einziges Suchen nach Bindungen durchtobt diesen haltlosen Menschen, der von sich sagt: »Zweifellos ein Lump, aber ein halber Lump.« Seine Existenz bildet gewissermaßen die Schattenseite jener Pariser Epoche, in die auch Proust noch gerade hineinragt und die uns heute wie ein letzter genialer Karneval Europas anmutet.

Die Beichte dieses »halben Lumpen« schließt mit dem Jahre 1942 und enthält keine Andeutung der letzten Verstrickung, an der Maurice Sachs schließlich zugrunde ging. Sicher ist nur, daß dieser Sohn jüdischer Eltern in den Dienst der Gestapo trat, als ihr Angeber und Agent wirkte und während des Krieges verschwand. Es heißt, daß er in einem Hamburger Gefängnis von seinen Landsleuten als Spitzel erkannt und umgebracht wurde. »Man darf dem Menschen nicht gestatten, sich völlig zu verachten«, sagt Bossuet. Maurice Sachs nahm sich dies Recht, und so wurde sein furchtbares Ende die Vorwegnahme eines Selbstmordes, der als Lösung am Ausgang auf ihn wartete.

Maurice Sachs, Mein Leben ist ein Ärgernis. Bonn 1950
Gegenwart 1. 9. 1950

Tiefbohrung

Stefan Andres legt einen Gedichtband vor, dem er alle Zeichen der Endgültigkeit gegeben hat. Aus seinem frühen Versbuch »Die Löwenkanzel« hat er nur einige wenige Stücke, zum Teil neugeformt, ubernommen und das frühere Werk damit in das Zwischenreich jugendlicher Ungeduld verwiesen. Die Gedichte, die heute vor uns liegen, enthalten den Mann, wie er ist, und erlauben uns, ihn und seine künstlerische Leistung rundum zu gewahren. Es liegt nahe, den uns aus seinen Erzählungen Vertrauten mit dem Lyriker zu vergleichen und zu fragen, ob es derselbe ist, der auf dem Felde der Prosa so leidenschaftlich unkritisch und figurenreich fabuliert und das Epische so entschieden im Blute zu haben scheint wie nur wenige Schriftsteller der Gegenwart. Um es vorwegzunehmen: es ist durchaus derselbe, nur zeigt sich, daß der deutsche Aberglaube, die lyrische Form lasse den Seelenkern unter allen Umständen klarer hervortreten, auch hier nicht zutrifft. Daß Lyrik im Bereich der Wortkunst die zentralere Ausdrucksform sei, ist auch diesmal nicht erwiesen worden – weil es nicht zu erweisen ist. Stefan Andres' Kunst macht indessen deutlich, daß die lyrische Form ein Bohren in tieferen, wenn auch ungefügeren Schichten gestattet und seelische Zustände ans Licht fördert, die noch schwer mit Erde vermischt sind und dadurch den Menschen an seinen dunklen Ursprung erinnern. Diese Gedichtsammlung zeigt den Menschen wie eine zähe Pflanze durch seine dunklen elementarischen Schichten nach oben wachsend, wo Gesittung und kritisches Licht herrschen. Aber die Pflanze behält ihr Heimweh nach der erdigen Dunkelheit. Dieser Zustand, der dem Leser vielleicht nicht so deutlich würde, wenn ihn der Gedanke an Andres' Romankunst nicht stets unbewußt wie ein Wolkenzug begleitete, hat einen sprachlichen Ausdruck gefunden, der in der heutigen Dichtung einzig dasteht. Es sind Gedichte zustandegekommen, die fast ohne Ausnahme einen unverwechselbaren Klang aufweisen und, was noch mehr ist, eine so originale Sprachkraft zeigen, als habe der Dichter gleichsam bei Null angefangen.Dabei hilft ihm freilich die völlige sprachliche Voraussetzungslosigkeit, in der wir nun schon fast zwanzig Jahre leben. Das Sprachniveau, das George uns hinterlassen hat, wurde von uns freiwillig preisgegeben; wer heute dichtet, ist im besten Fall ein Epigone Rilkes, der sich mehr und mehr als die große Lähmung des lyrischen Ausdruckes der deutschen Sprache erweist. Oh, wir haben auch heute noch Lyriker, allen voran Gottfried Benn, aber auch Wilhelm Lehmann, Georg von der Vring, Walter Schmiele, um nur diese zu nennen. Aber ihr Wort – wenn es nicht völlig selbstgeschaffen ist wie bei Gottfried Benn – bezieht seinen Reiz in dem unermüdlichen Versuch, seine Ursprünge zu überwinden. Das gibt ihren Dichtungen, um einen Ausdruck von Thomas Mann zu gebrauchen, den leicht parodistischen Zauber. Stefan Andres nun versucht alles zu vergessen oder zu verdrängen, was in der deutschen Sprache unserer Tage gedichtet worden ist und stößt dabei auf eine erstaunliche Quelle, aus der sich fortan sein Ansehen als lyrischer Dichter speisen wird. Seine sprachliche Bindungslosigkeit erfährt freilich da eine Einschränkung, wo er zur Form der freien Rhythmen greift, die einen erheblichen Teil des Bandes füllen. Zwar finden wir gerade hier die größte Sprachkühnheit, doch stückweise und zu Bildern gehäuft, also nicht als Element des unmittelbaren Sagens. Welchem Gesetz gehorchen die freien Rhythmen? Man stellt sich diese Frage bei Hölderlin nicht, wohl aber hier, wo das Apostrophische (etwa »Wehe!« oder »wo seid ihr, Freunde?«) sich als die eigentliche Gefahr dieser Form offenbart. Es ist wohl auch kein Zufall, daß diese Form für diejenigen Gedichte gewählt wurde, die zur Zeit sprechen, also, etwas abgekürzt ausgedrückt, politisch sind. Zeitgedichte bergen immer die unheimliche Tendenz zur Mythologisierung von Zuständen, denen man in erster Linie polemisch-kritisch zu Leibe gehen sollte. Immerhin bedarf es eines Dichters, um uns gewisse Erkenntnisse durch die Unentrinnbarkeit der Formulierung aufzuzwingen, so:

»Unser Name – bitter schmeckt er
Auf den Zungen der Völker.«

Der Reichtum dieses lyrischen Dichters ist aus allen Lagen und Schichten an den Tag gefördert. Einem brünstigen, aber doch auch mißtrauischen Naturgefühl entspricht eine Einsamkeit, die dem Dichter ein besonderes Verhältnis zum Begriff der »Insel« gibt und ihn vor jeder Form der Erfüllung warnt, es sei denn die durch den Tod. Daher ist denn auch sein großer Zyklus »Requiem für ein Kind« so eindrucksvoll. Man weiß, wie nachtwandlerisch sicher sowohl Eichendorff wie Rückert die Klippe des Privaten, die in diesem tragischen Thema liegt, umschifft haben. Auch Andres ist dies gelungen. Sein Staunen darüber,

»... daß sich mein Vers erkühnt,
dir wie auf Flügelschuhen nachzuschreiten«,

gibt diesen Trauergedichten eine unvergleichliche Haltung und führt uns in den innersten Raum seines lyrischen Wesens, in dem unersättliches Staunen und nicht minder unersättliches Leiden dicht nebeneinander wohnen.

Stefan Andres, Der Granatapfel. München 1950
Gegenwart 15. 9. 1950

1951

Demokratie als Schimpfwort

Wenn ein Buch, also ein literarisches Werk, als eine politische Gefährdung oder sonstwie als ein Anschlag auf unsere Grundsätze angesehen wird, so kann man dieser Gefahr eigentlich nur dadurch wirksam begegnen, daß man möglichst wenig von dem Buch spricht. Laut und stürmisch zu protestieren, ist zwar natürlich und macht unserem Gefühl für Schicklichkeit alle Ehre, aber es bedeutet – darüber müssen wir uns klar sein – eine Werbung. Bei früherer Gelegenheit habe ich Ihnen erzählt, wie ich einmal meinem Unmut gegen den italienischen Schriftsteller Malaparte freien Lauf ließ. Ich konnte und kann ihm die Unflätigkeiten nicht verzeihen, die er gegen das deutsche Volk mit so großem Erfolg in seinem Buch »Kaputt« verbreitet hat, und beschwor nun das Publikum, ihn wegen seines neuen Buches »Die Haut« nicht auf den literarischen Thron zu erheben, – mit der Wirkung, daß meine Beschwörungen nicht unwesentlich zum Erfolg dieses Buches in Deutschland beigetragen haben. Sie werden zugeben, das ist niederschmetternd. Es ist eben so, daß gerade die scharfe Ablehnung fast immer Neugier erregt und im Publikum den nicht unverständlichen Wunsch erweckt, sich selbst ein Bild zu machen. Ja, wenn ich behauptet hätte, daß das Buch, sagen wir, das Flüchtlingsproblem behandele, dann hätte ich ihm wohl den Todesstoß versetzt. Aber so!

Ich frage mich, ob wir nicht im Begriff sind, mit dem Buch

von *Ernst von Salomon Der Fragebogen* den gleichen Fehler zu begehen. Kaum war das Buch da, als sich auch schon ein Sturm der Ablehnung erhob, von einer solchen Stimmstärke, daß auch der schläfrigste Mitmensch aufmerksam werden mußte. Gewiß, so hieß es, das Werk sei interessant, witzig, blendend geschrieben, fabelhaft unterhaltend und ich weiß nicht, was noch alles, – aber, aber!

Aber hätte man nicht wissen müssen, daß die »Aber« niemals einen solchen Eindruck machen können wie das bestechende Prädikat »interessant«! Nun ist es glücklich so weit, daß das Buch in aller Leute Munde ist und daß der tüchtige Verleger sich die Hände reibt. Es ist jetzt zu spät, Schweigen und Zurückhaltung zu üben, und darum ist es wohl besser, den Stier bei den Hörnern zu packen. Sie alle wissen, wer Salomon ist. Er wurde im Jahre 1922 wegen Beihilfe zur Ermordung Rathenaus zu 5 Jahren Zuchthaus verurteilt und büßte sie auch ab. Er war im Augenblick der Tat ganze 19 Jahre alt, ein verhetzter Knabe, der einem falschen Begriff von nationaler Ehre erlegen war. Ich war in jenen Tagen in Berlin und wanderte auf den sommerlichen Straßen dieser geliebten Stadt dahin, jenes Berlin, das damals die Straßen in würdigen Umzügen des Protestes und der Frauen erfüllte. Die Bewegung der Bevölkerung, die den ganzen Tag auf den Beinen war, war so tief und so eindrucksvoll, so erregt und feierlich, daß ich mir damals sagte, und ich stand nicht allein mit dieser Ansicht: die Republik ist gerettet. Mit dem heutigen Tag hat dieser aus den Trümmern entstandene demokratische Staat wirkliches Leben gewonnen. Er hat in den Herzen seiner Menschen gesiegt. Ja, es war der Ermordete, der mit seinem Blut diesen Sieg erkämpft hatte. So erschien es mir damals. Ich werde diesen Sommertag in Berlin nie vergessen. Die Erinnerung an ihn konnte für mich die Bitterkeit dessen, was später an furchtbaren Enttäuschungen über uns hereinbrach, nur vermehren. Wir haben seitdem erfahren müssen, wie furchtbar schwer es ist, in unserem Lande zu einem wirklich demokratischen Leben zu gelangen und eines freiheitlichen Staatswesens froh zu werden.

Wir sind verbittert, voller Groll, sind gedemütigt, gedemütigt nicht nur durch die Art und Weise, wie der Sieger uns mitgespielt hat, sondern noch mehr gedemütigt durch das mehr oder weniger uneingestandene Gefühl, daß wir moralisch versagt haben und daß uns bei der Verteidigung unserer nationalen Ehre doch immer wieder das letzte entscheidende Argument aus der Hand geschlagen wird. Es ist zuviel geschehen. Wir möchten so brennend gerne auf dieses arme, zerfetzte Deutschland wieder mit dem alten Stolz und der alten Liebe blicken können, aber es wird uns verdammt schwer gemacht, wir machen es uns selbst schwer. Niemand hilft uns, diesen gebrechlichen Staat mit echtem Leben zu erfüllen, weil wir selbst so wenig dazu tun. Jeder steckt voll Groll und Gereiztheit, Groll gegen die Alliierten, Groll gegen die Entnazifizierung, Groll gegen die Demokratie, Groll gegen diese wahrlich nicht beneidenswerte Bundesregierung, Groll gegen die Parteien, Groll gegen uns selbst. Die Seelen sind wie wundgerieben, die Herzen sind mit Bitterkeit und Mißtrauen erfüllt und alles ist fest entschlossen »auf den ganzen Schwindel nicht mehr hereinzufallen«, wie es so schön heißt, ohne daß gesagt wird, was für ein Schwindel eigentlich gemeint ist. Und da kommt nun so ein Buch daher, in schwarzweißrotem Umschlag, und heißt auch obendrein noch *Der Fragebogen.* Sofort schießt das Ressentiment hoch, denn jeder hat den Fragebogen gehaßt, ja er ist eigentlich die Quintessenz dieses ganzen Knäuls von Bitterkeit, Wurschtigkeit und Gereiztheit, aus dem heute unser Verhältnis zur Politik besteht.

»Na, der gibt es ihnen aber ordentlich« sagen die vielen Leser, und die, die eben dabei waren, aus dem trostlosen Loch der Ressentiments herauszuklettern, lassen sich mit Wonne wieder hineinplumpsen. Es ist allerdings nicht wahr, daß das fragliche Buch den Nationalsozialismus verherrliche, der Verfasser ist absolut das Gegenteil eines Nationalsozialisten vom Schlage Remer, aber er gehört zu jenen Geistern, die das nötige Vakuum geschaffen haben, das Hitler brauchte, um sich durchzusetzen. Es wäre um unsere junge gebrechliche Freiheit schlecht bestellt, wenn wir eine abweichende Meinung nicht ertragen könnten und wenn wir die Stimme eines politischen Gegners nicht dulden wollten. Es wäre noch schlimmer, wenn wir einen Geist ausschalten und wieder knüppeln wollten, der vor dreißig Jahren an einer politischen Bluttat mitgewirkt hat, die er heute ausdrücklich als ein sinnloses Verbrechen erkennt. Aber hier ist kein Gegner, hier ist keine Meinung, hier ist nur die humoristische Ablehnung aller Möglichkeiten, überhaupt noch zu einem anständigen politischen Zusammenleben zu kommen. Alles ist ja doch nur Narrheit, Schwindel und Selbstbetrug, was wir auch unternehmen, um wieder auf die Beine zu gelangen. Der Deutsche soll sehen, wie er sich durchschlängelt, sonst hat er keine Aufgaben mehr. In diesem Sinne ungefähr breitet der skeptisch und müde gewordene Putschist die Bilanz seines Lebens aus. Das kann literarisch sehr reizvoll sein, aber es ist ja nun leider einmal so, daß wir uns den Genuß dieser Reize nicht leisten können, wenn es um unser staatliches Leben geht. Salomon erklärt uns mit viel Witz, daß er nicht wisse, was Demokratie sei, und daß es ihm auch noch niemand habe erklären können, ja, er entwickelt uns auf eine wirklich sehr amüsante Art, daß Hitler eigentlich im Grunde mit der Art seines Aufstiegs zur Macht die Konzeption der Demokratie am reinsten erfüllt habe. Ja, ja wirklich sehr amüsant, – aber wir können uns dieses Amüsement im Augenblick nicht leisten, wir müssen es sogar entschieden ablehnen, wenn die Verwirrung der Geister in Deutschland sich nicht zur Katastrophe auswachsen soll. Die deutschen Menschen sind ja politisch allmählich völlig durcheinander gebracht, und die Geister, die diese Verwirrung stiften und vermehren und den Begriff der Demokratie zum Sündenbock machen, treiben ein sehr gefährliches Spiel. Gewiß ist es unterhaltender und effektvoller, zu erzählen, wie schlecht sich die Besatzung im Anfang bei uns benommen hat und zu sagen »Die sind auch nicht besser.« Und dann wird Unrecht gegen Unrecht aufgerechnet, als ob uns das auch nur einen Schritt weiterbrächte. Und dann lösen sich aus der Zahl der Leser die Dummen heraus und sagen »da kann man mal sehen, was an der Demokratie dran ist.« Aber Salomon sagt ja, es habe ihm noch niemals jemand erklären können, was Demokratie ist. Nun, wir sind gerne bereit, es ihm zu erklären. Aber will er es wirklich wissen? Wer auf Verwirrung der Geister und der Herzen aus ist, dem ist jedes Mittel recht. Aber eigentlich ist ja die Literatur zu schade dazu, aus der Demokratie ein Schimpfwort zu machen.

Ernst von Salomon, Der Fragebogen. Hamburg 1951
Rundfunkvortrag Frühjahr 1951

Ein kluger Narr

Wenn wir an den verstorbenen *Schickele* denken, so haben wir immer das Gefühl, als sei er von uns gegangen, ohne das letzte Wort, das ihm schon auf den Lippen lag, noch sagen zu können. Wir sind, so spüren wir, um eine Botschaft gekommen, zu der er den Mund bereits geöffnet hatte. Nun erreicht uns, wie eine Flaschenpost, die nach Jahren an den irdischen Strand getrieben wird, sein letztes Buch, das selbst den Titel *Die Flaschenpost* führt. Wenn es uns auch nicht von dem Gefühl der Erwartung befreit – es ist unsere Form der Trauer um ihn –, so belehrt es uns doch endgültig darüber, daß die letzten Weltbetrachtungen des Dichters pessimistisch, aber nicht bitter gewesen sind. Der nachgelassene Roman ist die Geschichte eines Menschen, der sich in den Irrsinn zurückzieht, weil dieser sich ihm als der einzige Zustand erweist, in dem der Mensch noch in Freiheit und ohne Angst leben kann. Die Schilderung, die dieser Mensch von seinem Weg in die Freiheit gibt, erscheint ihm als Flaschenpost, die er den Wogen der menschlichen Unzulänglichkeit, die lange genug seine Einsamkeit bestürmt haben, anvertraut. Wird die Nachricht ans Ziel kommen? Sie hat kein Ziel, sie soll dahintreiben und der Zufall mag sehen, in welche Hände er sie spielen will.

Richard Wolke heißt der Mann, der diesen Weg macht. Er lebt an der französischen Mittelmeerküste, ungefähr dort, wo Schickele seine letzten Jahre verbracht hat, und es fängt damit an, daß seine Überzeugung, sein Nachbar, der Anarchist Castro, sei der König von Spanien, nicht mehr zu erschüttern ist. Für den Leser bedeutet es allerdings eine Schwierigkeit, daß Wolke von vornherein alle klinischen Merkmale des Irrsinns aufweist, denn ein Geisteskranker eignet sich wenig zur Hauptfigur einer epischen Darstellung, weil seine Willensfreiheit eingeschränkt ist. Ein trauriger Fall ergibt selten eine tragische Figur. Hier liegen die Dinge jedoch anders, denn es zeigt sich, daß man in der heutigen Welt nicht mehr normal ist, wenn man so konsequent um seine Persönlichkeit kämpft, wie Wolke dies tut. »Wie läßt sich die Freiheit der Persönlichkeit mit dem geordneten Gang der Geschäfte vereinigen, der nötig ist, um der geringsten Gemeinschaft die Befriedigung ihrer leiblichen und geistigen Bedürfnisse zu sichern?« Wolke stellte sich immer wieder diese Frage und beantwortete sie mit steigender Kraft der Argumente stets negativ. Da gibt es denn keinen Ausweg als die zugespitzteste Form der Einsamkeit. »Es ist schon so, daß jeder fürchtet, zum Weltuntergang zu spät zu kommen. Alles sucht heute die Vernichtung.« Aber dieser Richard Wolke will nicht untergehen und so rückt dieser grausam witzige Zeitkritiker ins Irrenhaus wie in ein Kloster ein. Schickele, der seit je von düsteren Vorgefühlen heimgesucht war, hat nie ein klareres und furchtloseres Urteil über seine Zeit gefällt als in diesem Buche. Es liegt etwas herzzerreißendes in dieser Erzählung, die sich mit ihrer geistvoll poetischen Spiegelhaftigkeit manchmal wie ein Gemälde von Salvador Dali ausnimmt. Man lacht Tränen über Wolkes unbestechliche Kommentare zu dem Leben, das um ihn vor sich geht, aber man bricht diese Heiterkeit erschrocken ab, als habe man sich plötzlich wieder daran erinnert, daß man in einem Trauerhause sei. Doch ist es nicht der Narr, über den zu trauern sich ziemt, sondern wir selbst, die wir im Vollbesitz unserer Vernunft Ketten tragen, ohne sie noch zu fühlen.

René Schickele, Die Flaschenpost. Hamburg 1950
Gegenwart 1. 3. 1951

In der Sackgasse

Da ist er nun, *Thomas Manns* neuester Roman, *Der Erwählte.* Mit Begehren erwartet, mit Hingabe gelesen, achtungsvoll, ja fromm in das Ganze dieses großen Schriftstellers eingeordnet – was kann der Leser sonst noch tun? –, erweist sich das Werk als eine Sackgasse. Aber man wünscht, alle Wege des dichterischen Ausdruckes würden so frei beschritten und führten so entschieden in die Meisterschaft wie dieses Gehen ins Ausweglose.

Wir sind auf das Buch von weither vorbereitet worden. Im »Doktor Faustus« stößt Adrian beim Stöbern in der lateinischen Chronik »Gesta Romanorum« auf diese »überschwenglich sündhafte, einfältige und gnadenvolle Geschichte«. In dem autobiographischen Buch »Die Entstehung des Doktor Faustus« berichtet Thomas Mann von seiner mannigfachen Lektüre, die ihn zu der Geschichte »von der Geburt des Heiligen Papstes Gregor« führt, und kündigt seine Neigung an, eines Tages »einen kleinen archaischen Roman daraus zu machen«. Er vermerkt dazu: »Extreme Sündhaftigkeit, extreme Buße, nur diese Abfolge schafft Heiligkeit.« Wenn dies wahr ist, so ist dieser legendenhafte Gregor der größte aller Heiligen gewesen, denn er häuft Sünde wie Buße in einem ausschweifenden Maße auf sich. Ein altfranzösisches Gedicht hat sich der tiefsinnigen Ungeheuerlichkeit zuerst bemächtigt, aus ihm bezogen Hartmann von Aue und die erwähnte lateinische Chronik den Stoff. Thomas Mann legt die Geschichte dem Mönch Clemens zu St. Gallen in den

Mund, der sich zugleich als »der Geist der Erzählung« erweist und als solcher kein Verlangen trägt, Gewißheit darüber zu gewinnen, in welcher Sprache er schreibt – »und es ist auch das gleiche«.

Gregor ist der Sproß einer erlauchten Geschwisterehe. Die Frucht der Blutschande wird in einem Fäßlein ausgesetzt und auf einer Klosterinsel geborgen, deren Abt ihn zwar bei Fischersleuten aufwachsen läßt, aber gelehrt erzieht. Doch seine zugleich höllische und hohe Geburt hat ihn zu einem erlesenen Geschöpf geprägt. Es duldet ihn nicht auf der engen Insel, und so zieht er auf ritterliche Fahrt, um eine bedrängte Fürstin zu befreien und zu heiraten, von der er nicht weiß, daß sie seine Mutter ist. Er zeugt mit ihr zwei Töchter, aber als er eines Tages die greuliche Verstrickung entdeckt, verläßt er sie und lebt siebzehn Jahre freiwillig auf einem einsamen Felsen, bis er, durch Visionen frommer Römer als Retter aus päpstlichen Wirren bezeichnet, auf den Stuhl Petri geholt wird.

Das ist in kurzen Zügen das Gerippe der Geschichte, die in der Gestaltung durch Thomas Mann durchaus den legendenhaften Kern bewahrt, so daß wir nicht ohne weiteres – etwa durch modernisierten Hintersinn – erfahren, was er hat sagen wollen. Das Thema der Blutschande als subtilste Form der Sündhaftigkeit hat ihn viel beschäftigt. Allerdings ist die indiskrete Erzählung »Wälsungenblut« in der Reihe seiner Werke heute nicht mehr zu finden. Der Bedeutung extremer Ausnahmezustände ist er stets nachgegangen, im Bereich des Genialen, in der Welt der Krankheit und auch auf dem Feld der Sünde. Gregor erweist sich bereit, »eine gemeine Richtigkeit hinzugeben für eine edle Unrichtigkeit«. Der wahrhaft Erwählte sträubt sich gegen Regel wie gegen Natur. Die Natur »ist des Teufels, denn ihr Gleichmut ist bodenlos«. In der Krankheit liegt für den Menschen die Möglichkeit, zu den Erwählten zu treten, aber auch in der Kunst, besonders wenn diese sich gar mit der Krankheit vermählt.

Schon im »Doktor Faustus« klang die Sünde als Instrument der Erwählung an. In diesem Buch nun wird sie der eigentliche

Weg zur Erhöhung. Damit sind die Motive Thomas Manns durch stete Steigerung erschöpft. Ist es nötig, zu wiederholen, mit welcher Kunst wir an die versperrende Mauer herangeführt werden? Das ist wahrlich der Geist der Erzählung, der sich hier entfaltet und mit einer Freiheit ohnegleichen den schwindelnden Pfad zieht. Er ist ausdauernd, doch nicht eigensinnig genug, um den Gang des Erzählten vor einem entscheidenden Bruch zu retten. Denn zunächst wird alles »vernünftig« erklärt, aber plötzlich rückt alles ins Märchenhafte. Eben wurde sogar eine handfeste Begründung dafür gegeben, daß der Büßende sich siebzehn Jahre lang auf der öden Inselklippe hat am Leben erhalten können, dann, mit einem Male, spricht ein Lamm zu frommen Römern, und nun ist des Willkürlichen kein Ende mehr. So bricht der trocken-humoristische Freimut, mit dem das Ungeheuerliche auf den Weg gebracht wurde, ab, und die Welt der Wunder, in der Thomas Mann nie zu Hause war, wird verwirrend aufgetan.

Damit ist ein ernster Einwand ausgesprochen, aber wie lange ist er gültig gegenüber einer Darstellungsweise, die dem Leser alle Maßstäbe aus der Hand schlägt? Denn um den Fall weiter zu verwickeln, erweist sich der Roman als eine humoristische Leistung so hohen Grades, daß wir an diesem Punkte die eigentliche künstlerische Absicht des großen Schriftstellers zu gewahren glauben. Der Streit der beiden Römer darüber, wessen Vision den Vorzug verdient, und das letzte Gespräch des Papstes mit seiner Mutter (und früheren Gattin), in dessen Verlauf sich die beiden beglückwünschen, daß Gregor nicht auch noch zu den beiden Töchtern »in ein Verhältnis geriet und etwa gar Kinder von ihnen hatte, wodurch die Verwandtschaft ein völliger Abgrund geworden wäre«, dieses und vieles andere zeigen Thomas Mann wieder einmal als einen der wenigen großen Humoristen unserer Literatur. Doch ist auch hierin diesmal das Äußerste in einer Art gewagt, die ohne Ausweg ist. Die Parodie, die den Autor von jeher als hohes Kunstprinzip beschäftigt, wird in dieser Erzählung bis zur letzten Maßlosigkeit gesteigert.

Immerhin hat der Leser einige Mühe, das Kunstprinzip der Parodie, an dessen Ernsthaftigkeit nicht gezweifelt werden kann, voll zu begreifen. Am ehesten wird es noch klar, wenn Thomas Mann es an der »Klassischen Walpurgisnacht« rühmt. Nicht selbst sprechen: die Figuren, die Epochen und Milieus sprechen lassen, und zwar so eigen sprechen lassen, daß sie sich selbst zu verspotten und alle ihre Schwere zu verlieren scheinen (die ganze »Lotte in Weimar« ist also eine Goethe-Parodie!) – nun, in dem Roman »Der Erwählte« wird diese romantische Regel zur zügellosesten Spielerei gesteigert. Jenes anfechtbare Legendendeutsch, das uns im »Doktor Faustus« schon Kopfzerbrechen machte, mischt sich hier mit altfranzösischen Worten, ja mit Geschäftsausdrücken und neuamerikanischem Jargon, zu einem Gallimathias, der weit über die parodistische Funktion hinausgeht, weil er sie nicht mehr erkennen läßt. Warum der Abt, der plötzlich das Fäßlein gewahrt, sagt: »Halt! jetzt bleibe ich wie angewurzelt stehen«, ist vollkommen deutlich, aber der Spaß oder – wie Mann sagen würde – der Jux hört auf, wenn die armen Fischer den Fund für sich behalten wollen und ihn als »Puhr Piepels Stoff« verkleinernd bezeichnen. Hier zeigt die Parodie ihren Pferdefuß, auf dem sich schlecht marschieren läßt. Es geht von dieser Kunstsprache ein kalter Hauch aus, wie er am Ende der Welt wehen mag, wo sie mit Brettern vernagelt ist. Schon die gewaltigen Joseph-Romane ließen dies entschlossene, ja mutige Streben ahnen, die epische Form vom Sprachlichen her ad absurdum zu führen. »Alles Leben als Kulturprodukt und in Gestalt mythischer Klischees zu sehen«, diese Neigung wurde vom Dichter schon in der »Entstehung des Doktor Faustus« bekannt und mit Zweifeln an der weiteren Existenzberechtigung der Romanform verbunden. Diese Zweifel haben sich als ergiebig erwiesen, wenigstens für diese Erzählung Thomas Manns. Er schreitet in die Sackgasse, als ginge er in die Freiheit. Und das dürfte der Fall sein.

Thomas Mann, Der Erwählte. Frankfurt a. M. 1951
Gegenwart 15. 3. 1951

André Maurois, Die Geschichte Frankreichs

Es gibt in der französischen Literatur etwas, was ich die Schule der Geläufigkeit nennen möchte, eine bestimmte Art, faßlich, klar und, wenn es sich nicht vermeiden läßt, auch ein wenig oberflächlich zu schreiben, um auf diese Weise den Leser, der sich gern ablenken läßt, bei der Stange zu halten. Diese Schule der Geläufigkeit ist in Frankreich aber keineswegs mit dem Makel der Leichtfertigkeit behaftet, sondern wird als nützliche Dienerin am Geist angesehen. Ich halte diese Einschätzung für durchaus berechtigt, denn je mehr Themen und Probleme in den Bereich der sogenannten allgemeinen Bildung hineingezogen werden, um so weiter wird das Weltbild des Einzelnen, des Publikums. Das ist aber nur möglich, wenn man diesem Publikum entgegenkommt und dem Wunsch nach Einfachheit und Klarheit Opfer zu bringen versteht. Die französische Literatur verdankt dieser Geläufigkeit ihre Lesbarkeit und praktische Lebensnähe. Aus diesem Grund werden in Frankreich mehr Bücher gelesen als in anderen Ländern und aus diesem Grund auch ist das französische Buch eine wichtige Exportware geworden. Einzig und allein das französische Buch kann sich rühmen, auch in Ländern anderer Sprache massenhaft gelesen zu werden und so am geistigen Prestige Frankreichs in der Welt mitzuwirken. Die Schule der Geläufigkeit verdient also einen gewissen Respekt, wie sehr gerade *wir* auch genötigt sein mögen, ihr den notwendigen Mangel an Gründlichkeit anzukreiden. Wir müssen uns jedoch in Deutschland darüber klar sein, daß langweilige Darstellung und lebloser Stil nicht unter allen Umständen die letzte Garantie für den Ernst und die Bedeutsamkeit des Inhalts sind.

Der unbestrittene Meister der Geläufigkeit ist *André Maurois,* der Verfasser des Buches *Die Geschichte Frankreichs,* das kürzlich auf Deutsch erschienen ist. Maurois, der heute Mitglied der französischen Akademie ist, schreibt unermüdlich Bücher über nahezu jeden Gegenstand, psychologische Romane, Reisebeschreibungen, ein hervorragendes Buch über Marcel Proust, vielleicht seine beste Arbeit, Biographien von Byron, Shelley, Disraeli, bemerkenswerte Studien über die Zeit Eduards VII, über Chateaubriand, ja er hat sogar ein für Kinder bestimmtes Buch über Eisenhower verfaßt. Als Spezialist für angelsächsische Themen ist er viel in England und Amerika gereist und verbrachte dort auch den Krieg, und zwar in einem Zustand, der sich zwischen Emigration und Vortragsreihe hielt. Wenn ich noch hinzufüge, daß er Sachverständiger für Eheprobleme, Lebenskunst, Frauen, Tischsitten und die Technik des Reisens ist und obendrein noch als Autorität für den Film und das Theater angerufen wird, und wenn man weiß, daß er dies alles mit Geist, Geschmack und Sachkenntnis betreibt, so erhält man einen ungefähren Eindruck von der Breite seiner literarischen Tätigkeit, für die als Auffangbecken Frankreich gar nicht mehr ausreicht. Amerika mußte dazu kommen. Das weite Amerika stellte dem unermüdlichen Franzosen eine weitere Leserschaft, was er dankbar mit Werken über Amerika quittierte, bis er dann schließlich dazu überging, für sein Publikum in den Vereinigten Staaten besonders zu schreiben, also die speziellen amerikanischen Bedürfnisse zu befriedigen und die so entstandenen Werke den französischen Lesern erst in zweiter Linie anzubieten. So ist seine »Geschichte Frankreichs« entstanden, von der ich heute spreche. Sie wurde für den amerikanischen Bedarf verfaßt, wo sie denn auch einen großen Erfolg hatte, und erst dann dem französischen Publikum präsentiert, das sie zunächst mit einiger Reserve aufnahm. Die Frage ist nun, wie das Buch jetzt den Lesern *deutscher* Sprache gefallen wird. Wenn die Franzosen nicht so begeistert waren, so wohl deshalb, weil sie mehr von ihrer eigenen Geschichte wissen und verstehen als die Amerikaner. Nun, wir verstehen vielleicht von Frankreichs Geschichte ein *klein* wenig mehr als das große Volk der USA. Wenn wir auch nicht *viel* darüber wissen, so ahnen wir doch, daß die Geschichte unserer Nachbarn bis zu einem gewissen Grade auch *unsere* oder doch wenigstens ein Stück abendländischer Geschichte ist.

André Maurois hat dieser *Geschichte Frankreichs* eine »Geschichte Englands« und eine Amerikas voraufgehen lassen, alles drei dicke Bände, aber klar, wohlgeschrieben und leicht zu lesen. Wie in seinen anderen Büchern kommt es ihm auch hier nicht in den Sinn, dem gebildeten Publikum zu ernsthaft zu widersprechen. Damit dient er der Gegenwärtigkeit oder, wenn Sie so wollen, der Brauchbarkeit des geschriebenen Worts, das in seiner formsicheren Hand stets der Gesittung, oder sagen wir ruhig der Konvention zugute kommt. Eine solche Schreibweise verzichtet bewußt darauf, zu den Abründen und Tiefen der Idee, oder, wie Mephisto sagen würde, zu den Müttern hinabzusteigen, und er schreckt vor dem Sprengstoff zurück, der nun einmal so leicht in der übermäßig zugespitzten Wahrheit liegt. Nun ja, dagegen ist nichts zu sagen, denn Sprengstoff gehört ja auch nicht in ein zivilisiertes Heim. Immerhin bietet diese Verfahrensweise einige Schwierigkeiten, wenn es sich um eine historische Darstellung handelt. Mit den menschlichen Vorurteilen schonend umzugehen, ist gewiß sehr menschenfreundlich, aber die Vorurteile haben im historischen Bereich bekanntlich eine verhängnisvolle Virulenz. Vorsichtiges Ausweichen von den erstarrten geschichtlichen Vorstellungen wird zwar den Leser nicht schockieren, aber es wird ihn auch nicht von seinen Vorurteilen und Denkfaulheiten abbringen, aus denen das Geschichtsbild der meisten Leute nun leider einmal besteht. Kurz und gut, Maurois' Buch ist eine ungewöhnlich klar und faßlich geschriebene Gesamtdarstellung, und ich möchte uns allen wünschen, daß wir eine so lesbare und zugängliche Darstellung unserer eigenen Geschichte hätten, – aber ein tiefes oder kühnes oder auch nur originelles Buch ist es *nicht*. Mein Urteil ist allerdings relativ insofern, als ich die vorzüglichen französischen Eigenschaften, die das Buch auszeichnen, als selbstverständlich betrachte. Es ist für den Franzosen natürlich nichts, gelehrt aufzutrumpfen, die Schilderung der äußeren Ereignisse mit einer

Darlegung der Wesensströmungen zu verbinden und die sozialen und geistigen Antriebe genau so zu berücksichtigen wie die politisch-militärischen. Ein Stückchen Universalität steckt eben auch heute noch in jedem schreibenden Franzosen. Dazu kommt eine wirkliche Verliebtheit in die eigene Geschichte, die den Franzosen dazu treibt, die Geschichte seines Landes mit der der Menschheit gleichzusetzen. Das gibt der französischen Geschichtsschreibung einen gewissen Enthusiasmus, den man nicht mit dem Wort Chauvinismus abtun kann, weil er Ideale feiert, die dem Abendland gemeinsam sind. Maurois versichert uns, daß die Geschichte seines Landes »ein immerwährendes Wunder« sei. Daran ist tatsächlich etwas Wahres, denn die Geschichte unseres Nachbarlandes hat in seinem organischen Ablauf, in seinem zuverlässigen Wechsel von Niederbrüchen und Aufschwüngen etwas von einem Kunstwerk, zumal da die Höhepunkte der politischen Macht immer auch von geistigen Höhepunkten begleitet sind. Die gesamte französische Geschichtsschreibung wirkt an dieser Harmonie gleichsam polierend mit, und Maurois ist nicht der Mann, da kritische Zweifel hineinzutragen. Es ist daher natürlich, daß – sagen wir – die Religionskriege weniger seine Beredsamkeit in Gang setzen als etwa die Herrschaft Ludwigs XIV, deren Schilderung ihm besonders gut gelungen ist. Je mehr der Gang der Dinge sich dem modernen Zustand Frankreichs nähert, umso fühlbarer wächst die Unbefangenheit des Autors. Da steuert er mit zunehmender Erleichterung festem Grund zu. Der Leser hat noch nicht die Hälfte des Buches hinter sich, als er schon in den von der Revolution bis zur Gegenwart reichenden Abschnitt eintritt. Hier ist Maurois als Franzose richtig zu Hause, weil in diesem Zeitraum das Talent Frankreichs, recht zu haben, Gehör zu erlangen und Gefallen zu erregen, sich erst richtig entfaltet. Mit leichter Hand werden die Ereignisse, besonders die zur Revolution führende Entwicklung, so zurecht gerückt, daß sie den amerikanischen Vorstellungen entgegenkommen, ohne aber die historischen Denkgewohnheiten der Franzosen zu gefährden. Dazu gehört alles, was mit der wahrhaft imposanten Zahl der von Frankreich geführten Kriege und erst recht alles, was mit dem Verhältnis zu Deutschland zusammenhängt. In diesem heiklen Punkt spürt man am deutlichsten, daß Maurois' Muse nicht den mühevollen Griffel führt, sondern geläufig Maschine schreibt. Nicht, als ob der Verfasser mit diesem Teil seines Themas polemisch oder auch nur gereizt verführe, aber das, was er über Friedrich den Großen, die sogenannte Emser Depesche oder die Entstehung des ersten Weltkriegs sagt, ist nicht darauf angelegt, an den »Schlaf der Welt« zu rühren, der ja in diesen und verwandten Fragen nach wie vor tief und fest ist. Da es kaum einen französischen Geschichtsschreiber gibt, der die blitzgescheite Liselotte von der Pfalz nicht »eine dicke Deutsche« nennt, macht auch Maurois keine Ausnahme, – er ist nun mal kein Umstürzler! Aber der Himmel mag wissen, warum er diese scharfblickende Chronistin des französischen Hofes als »einfältiges Zwitterwesen« bezeichnet. Nun, kleine Anstößigkeiten dieser Art sind in dem deutlichen Bestreben hingeschrieben, nicht aus der Reihe zu tanzen. Sie fallen kaum ins Gewicht gegenüber der klaren und angenehm lesbaren Verständlichkeit, mit der ein ungeheurer Stoff ausgebreitet und wieder zusammengefaßt wird. Gewiß kann sich das Buch nicht mit den entsprechenden Werken von Bainville oder Seignobos vergleichen, die beide ebenfalls einbändige Gesamtdarstellungen sind und beide einen geradezu überwältigenden Publikumserfolg errungen haben, obwohl sie um vieles anspruchsvoller sind als Maurois' Buch. Aber inzwischen mag das Vergnügen an so strenger oder doch jedenfalls pädagogisch bemühter Geschichtsbetrachtung, wie die beiden genannten Historiker, die übrigens tot sind, sie betrieben haben, auch in Frankreich geringer geworden sein, und so ist das bequemere Buch Maurois' durchaus an seinem Platze und wird auch bei uns seine Leser finden, obwohl in Deutschland eine so gefällige und einfache Schreibweise nicht zu Hause ist und wohl gar als verdächtig gilt.

Das Werk, das bei uns willkommen zu heißen ich trotz der

genannten Einschränkungen keine Bedenken habe, hat einen Umfang von fast 700 Seiten, und das allein schon zwingt uns zur Bewunderung für die Arbeit der Übersetzerin, Frau Christine Fritzsche-Dolgner. Wir machen uns vielleicht nicht genügend klar, was für ein entsagungsvolles Geschäft es ist, solche Wälzer zu übertragen. Der Leser nimmt die Mühe ja gar nicht richtig wahr, und je besser die Übersetzung ist, um so weniger nimmt er sie wahr. In diesem Falle handelt es sich vor allem darum, die fast geplauderte Klarheit des französischen Textes nicht preiszugeben und sie auf der deutschen Sprachebene zu wiederholen. Das ist aber gar nicht so einfach, denn das Deutsche ist nun eben einmal keine Plaudersprache, und es gehört nicht wenig Kunst dazu, dem Original treu zu bleiben, ohne daß ein allzu beiläufiges und allzu lockeres Deutsch entsteht. Das ist der Übersetzerin durchaus gelungen. Wenn ich mir trotzdem erlaube, ihr etwas anzukreiden, so geschieht dies nicht aus Besserwisserei, sondern um zu zeigen, daß man zum Übersetzen nicht nur die beiden Sprachen, sondern auch den Stoff beherrschen muß, sonst entstehen aus sprachlichen leicht historische Irrtümer. Da heißt es bei der Schilderung der Fronde, die eine Art Revolutionsversuch von oben war und sich gegen die Allmacht Mazarins richtete: »Que les mazarinades donnaient un avant-goût du Père Dukkesne.« Das wird nun folgendermaßen übersetzt ». . . daß die Rolle Mazarins auf diejenige des Paters Duckesne hingewiesen habe.« Wer war der Pater Duckesne? Niemand weiß es, denn es hat ihn nie gegeben. Gemeint ist vielmehr eine volkstümliche Zeitung der französischen Revolution, der »Père Duckesne«, der eine Art Vorläufer des »Stürmer« war und an Beschimpfungen politischer Gegner alles bisher Gewohnte in den Schatten stellte. Die »Mazarinades« andererseits waren eine ganz bestimmte Art von Schmähschriften gegen den allmächtigen Kardinal, deren wüster Ton in der Tat einen kleinen Vorgeschmack von dem boten, was das genannte Straßenblatt mehr als hundert Jahre später leistete. In einem einzigen Nebensatz sind also zwei historische und nicht nur sprachliche Irrtümer enthalten, die den

Leser irreführen müssen. Ich habe meine Weisheit aus dem Geschichtsbuch der französischen Gymnasien, habe also aus keiner besonders gelehrten Quelle geschöpft. Schade, daß die Übersetzerin dieses nützliche Buch nicht ebenfalls zur Hand hatte. Sie hätte uns sonst in die angenehme Lage versetzt, sie uneingeschränkt zu loben.

André Maurois, Die Geschichte Frankreichs. Zürich 1951
Rundfunkvortrag 24. 6. 1951

Umgekehrt wie Kafka

Literarische Anfänger gibt es bei uns nicht mehr. Die frühesten stammelnden Laute werden von den Aufnahmewagen registriert, die auf der Spur der jüngeren Talente durchs Land fahren. Über die Windeln beugen sich erwartungsvoll die Verlagslektoren. Die Kommenden rufen mit ihren ersten lallenden Lauten Pressekonferenzen ein, die stark besucht werden. Nach jeder Zeitkatastrophe setzt eine Art von schlechtem Gewissen gegen die junge Generation ein, das der letzteren zu starker Publizität verhilft. Die Angst, wichtige Symptome zu verpassen, beherrscht das geistige Leben. Zum Abwarten ist keine Zeit, und so werden die Erstlinge, die sich vielversprechend durch die Scholle drängen, herausgerupft und ans Licht gezogen, dem sie vielleicht gerne still und organisch entgegengereift wären.

Den ehrenhaften und fruchtbaren Zustand des Anfängers wiederherzustellen, erscheint nach der heutigen Lage ziemlich aussichtslos. Zwar sinkt die Zahl der Menschen, die literarische Bücher lesen, dafür aber wächst die Menge jener, die sich und uns fragen, ob wir noch (oder schon) eine Literatur haben. Und um eine bejahende Antwort, die sich offenbar nicht von selbst einstellt, zu finden, wird an den zarten Pflänzchen gezerrt, bis sie fast aus der Krume geraten. Es ist zu hoffen, daß *Ilse Aichinger,* um deren Roman *Die größere Hoffnung* es sich hier handelt, dabei keinen Schaden nehmen wird. Ihre Begabung ist des Schutzes wert und braucht Schutz, weil hier ein höchst poetischer Sinn eine ihm ungemäße Aufgabe zu lösen versucht. Die Autorin schildert eine Gruppe von Kindern im letzten Kriegsjahr, und diese Kinder stehen gegen die Welt. Sie sind wegen ihrer Abstammung zur Ausrottung und zum Untergang bestimmt, vor allem Ellen, die diesen Untergang sucht, die mitleiden will, da sie nach dem Scheitern ihrer Hoffnung auf Auswanderung die größere Hoffnung der Menschenliebe entdeckt. Aber sie wird sich dieser Hoffnung erst völlig bewußt, als das Geschoß, das sie zerreißt, schon auf sie zugeflogen kommt.

Judenstern, Grenze, Visum, Verhaftung, Verhör, Mißhandlung, Bomben und schließlich die Schlacht, – das sind die trostlosen Stichworte dieses Kinderdaseins, das erst mit dem Tod aus der Welt des Spielens tritt. Aber dieses Spielen, so will die Verfasserin, entlarvt »den immer währenden Irrtum der Welt, vor allem zu tun und nur nebenher zu sein«. So wird das Spielen, dem die Kinder sich in tausend Formen hingeben, zur eigentlich echten Existenz. Dieser Gedanke ist uns heute nicht fremd, aber wir sind nicht sicher, ob Ilse Aichinger ihn wirklich zu Ende gedacht und völlig gestaltet hat. Denn es ist ja wohl von keinem Standpunkt aus ergiebig, dem Spiel einen gleichsam »erwachsenen Sinn« zu unterschieben und den Kindern bedeutungsvolle Antworten in den Mund zu legen, etwa der Art, daß eines von ihnen auf die Frage, ob an diesem Hause ein Blitzableiter sei, erwidert: »Jeder von uns ist ein Blitzableiter.« Ist von fremden Sendern die Rede, so wird den Kindern gesagt: »Es gibt unzählige! Jeder von euch trägt ihn in sich.« Wenn die Kinder gefragt werden, warum sie im Dunkeln spielen, antworten sie: »Damit man besser sieht.« Wenn Ellen ihr Profil im Spiegel zu sehen sucht, heißt es: »Auch die Welt ist auf der Suche nach ihrem Profil.«

Wie unter solchen Umständen Ellens Vernehmung durch die Polizei verläuft, ist leicht auszudenken. Nach ihrer Adresse befragt, sagt sie: »Dort, wo man wohnt, ist man fast nie zu Hause.« Das leuchtet dem Schreiber ein, und er erklärt seinem Vorgesetzten: »Wie heiße ich? Franz. Aber was heiße ich? Wer bin ich? Was soll ich bedeuten?« Die Absicht ist klar, der Schreiber ist ein Erwachsener und fragt wie ein Kind, aber die Kinder wissen den Sinn von allein, weil sie spielen, und antworten wie Erwachsene. Sie sagen: »Was wir tragen, trägt uns« oder: »Bleibt, um zu gehen, und geht, um zu bleiben« oder gar: »Je mehr wir weggehen, desto mehr sind wir hier.« Das gleiche Symbolspiel wird mit den Dingen vorgenommen, mit den Wolken, mit den englischen Vokalen, die »nach einem Fährmann« rufen: »Übersetzt mich! Übersetzt mich!«, mit dem Kirschbaum, der Geburtstagstorte.

Wenn schließlich auch der Judenstern dieser Art von Verwandlung ausgesetzt wird, macht sich ihr Widersinn fühlbar, denn dieses Schreckenszeichen spottet der Poetisierung und wird durch die Spielerei sogar von seiner verruchten Bedeutung befreit. Es ist bezeichnend, daß zwei Szenen, nämlich die Kinderjause und der Selbstmord der Großmutter, die besten Stücke des Buches sind, eben weil sie schlechthin erzählt sind, ohne nach der angedeuteten, sprichwörterartigen Doppeldeutigkeit zu streben. In allen Fällen jedoch steht die echte Ergriffenheit der Verfasserin außer Frage.

Man hat ihr eine gewisse Abhängigkeit von Kafka nachgesagt, – ganz zu Unrecht, wie denn überhaupt die jüngere Generation trotz aller nachahmenden Anstrengung von ihm nichts gelernt hat. Kafkas Darstellungsweise ist völlig real, fast naturalistisch, und von höchster Einfachheit. Bei ihm gibt es keinen Unterschied zwischen Vordergrund und Hintergrund. Nichts wäre abwegiger, als wenn man seine Erzählungen phantastisch nennen wollte. Ihr Tiefgang entsteht durch das fast eigensinnige Festhalten an der Alltäglichkeit. Auch die schönen Anfangskapitel von Kasacks Roman »Die Stadt hinter dem Strom« sind nicht phantastisch, sonst würden sie uns nicht so stark in ihren Bann ziehen. Ilse Aichinger hingegen geht genau den umgekehrten Weg. Sie nimmt eine gründliche und vollständige Poetisierung der Welt vor und raubt dieser Welt dadurch ihre Schrecken, ja ihr Geheimnis, ohne ihr das Licht der Versöhnung mitteilen zu können. Wenn überhaupt eine literarische Abhängigkeit zu spüren ist, dann weist sie allenfalls auf Wiechert, dessen Bemühungen, aus jedem Wort und Ding ein Symbol zu machen, sich hier wiederholen, allerdings in einem heftigeren und ungeduldigeren Tempo. Man spürt, daß die Verfasserin von der Fülle ihres Gefühls fast bedrängt wird und ihren Stoff oft geradezu als ein Hindernis empfindet. Dem Willen, Zeugnis von unserer Zeit abzulegen, steht ein dichterischer Drang gegenüber, der sich um jeden Preis Bahn zu brechen sucht und dadurch dieser bösen Zeit eine Relativität verleiht, die ihr nicht zukommt.

Ilse Aichinger, Die größere Hoffnung. Frankfurt a. M. 1948
Gegenwart 15. 7. 1951

Wenn der Spiegel fleckig ist

Ressentiment

Europa ist gewiß ein unausstehlicher Erdteil, aber seinen Völkern, so zänkisch und borniert sie sich auch betragen mögen, ist doch etwas gemeinsam, nämlich die Ablehnung des Leidens. Sie leiden alle, sie leiden in verschiedenen Graden, aber ihnen allen ist die Regung eigentümlich, das Leiden nicht als etwas hinzunehmen, was unabänderlich zur Menschennatur gehört. Der Europäer sträubt sich ruhelos gegen die Vorstellung, daß es ein nicht loszulösender Bestandteil des Menschenloses sei, wehrlos zu leiden. Der Geist der Auflehnung, den wir der neuen Welt mit auf die Reise gegeben haben, ist das eigentliche Kennzeichen Europas. Es gelingt uns nur unvollkommen und unter schrecklichen Rückschlägen, die Quellen des Leidens zu bekämpfen, aber stets ist in uns die Ahnung wach, daß wir nicht jede Menge von

Pein und Lasten hinnehmen müssen. Es ist oft nicht viel mehr als eine Regung des Bewußtseins; aber solange diese lebendig ist, gibt es noch eine westliche Gesittung.

Sich nicht zur Ergebung zwingen oder überreden lassen, ist also Sache unserer Welt. Bernanos glaubte zwar, daß der Mensch seiner Natur nach recht resigniert sei, aber, so fügte er hinzu, »wir dürfen nicht glauben, daß diese Resignation ihn zu einem harmlosen Wesen macht. Sie konzentriert Gifte in ihm, die ihn im gegebenen Augenblick für jede Art von Gewalt verfügbar machen.« Man kann von dem großen Streiter, der weder sich noch sein Land je geschont hat, die Wahrheit übernehmen, daß wir da, wo wir uns in Leid und Unrecht ergeben, einiges Mißtrauen verdienen, eben weil es kein echtes, christliches Sichschicken, sondern ein Gefühl der Ohnmacht ist, das auf den Augenblick lauert, wo es zur Gewalt greifen kann. Dieser Zustand ist indessen keine wahre Resignation, sondern vielmehr ein Verharren im Ressentiment, das auf seine Stunde wartet. Das Wort Ressentiment ist kaum durch ein gleichwertiges deutsches zu übersetzen. Man könnte Groll sagen, wenn das Gefühl an ein bestimmtes Objekt geknüpft wäre. Seine Unbestimmtheit nimmt indessen in dem Maße zu, wie die Ausgangspunkte undeutlich werden. Die Kränkungen verlieren an Gegenwärtigkeit oder werden hinwegargumentiert, die Einzelfälle lösen sich auf, das erfahrene Unrecht hat sich sogar als berechtigt oder als natürlich erwiesen, und doch bleibt eine Gereiztheit zurück, die sich nicht mehr äußern kann und daher fast wie Resignation aussieht. Es ist, mit einem Wort, unser nationaler Zustand seit fast zehn Jahren. Wahrscheinlich dauert er sogar schon länger an. Derselbe Bernanos malt das gegen Versailles aufstehende Deutschland von 1936 (in den »Großen Friedhöfen unter dem Mond«) mit einem Gemisch aus Abscheu und Bewunderung als »einen gnadenlosen Erzengel, der nicht geruht, sich den Speichel vom Gesicht zu wischen«. Der Angespieene trägt das ihm zugefügte Merkmal der Beleidigung mit drohendem Stolz auf seiner verfinsterten Stirn.

Das Leben der Völker ist eine einzige Gewissenserforschung, die nie zum Schluß kommt. Was die Geschichte vorwärts treibt, ist die Schuld, für die es keinen irdischen Richterstuhl gibt. Was half der französischen Revolution aus ihrer Befleckung? Daß ihre Schuldigen vernichtet und ihre Wahrheiten erkannt wurden. Es war ein langer und blutiger Weg, der heute noch nicht zu Ende gegangen ist. Wie aber, wenn es in ihr keine Wahrheiten gegeben hätte? Der Haß gegen den Überwinder funkelt in den Augen derer, die am Boden liegen und sich ducken müssen. Die Trennung von der Vergangenheit wird durch die Erkenntnis, daß die Vergangenheit ein Irrtum war, nicht ohne weiteres bewerkstelligt. Die Menschen, in welchem Lager sie auch stehen mögen, sind zu schwach, um sich gegenseitig zu helfen. Sie wollen auf den politischen Vorteil, den sie errungen haben, nicht verzichten. Doch kein Volk, bemerkt Sartre anläßlich der »Fliegen«, kann im Gefühl der Schuld weiterleben. Da aber die Selbstvorwürfe nicht schweigen wollen, entsteht das Ressentiment, das uns und die Welt lähmt. Wer führt uns aus dieser Sackgasse? Wem ist es gegeben, zugleich Züchtiger und Wegweiser zu sein? Sicher nicht dem Italiener *Curzio Malaparte,* der mit seinem Buch *Kaputt* zum Schlage gegen Deutschland ausgeholt hat.

Das Buch wird bald vergessen sein, aber es hat seine Wirkung getan und kann, recht besehen, noch heute dazu dienen, unser Grübeln über Deutschlands schwer lastenden Anteil an der Verwirrung der heutigen Welt zu fördern. Aber es kann keine Klarheit schaffen und niemandem bei der Gewissenserforschung helfen, denn seine Unwahrhaftigkeit verwirrt den inneren Dialog, den wir seit Jahren mit uns selbst führen, ja sie rückt die ganze Welt des Grauens, in der wir gelebt haben und die vielleicht noch nicht für immer abgetan ist, in einen trügerischen Schein der Lüge, der jenen zugute kommt, die noch Blut an ihren Händen tragen. Es handelt sich hier nicht um die literarische Bewertung eines höchst erfolgreichen Buches. Daß dem italienischen Schriftsteller ein großes Talent und eine aufregende Persönlichkeit zu eigen sind, wird von niemandem ernstlich bestritten.

Allerdings bleibt die Frage offen, ob sein Schreiben als Kunstwerk so zwingend ist, daß man sich ihm nicht entziehen kann. Es gibt Geister, die auf eine geradezu schauerliche Art gegen das deutsche Wesen gewütet haben und denen man sich stellen muß, weil ihre Kunst (oder wie man es nennen mag) einfach nicht entbehrlich ist. Soll man auf Léon Bloy oder auf Nietzsche verzichten, weil sie versucht haben, uns tödlich zu treffen? Soll man den »Hyperion« nicht mehr öffnen, weil er herzzerreißende Anklagen gegen unser Volk enthält? Man muß ihre Richtersprüche hinnehmen, weil sie mit ihrem Kern Mehrer unserer Humanität sind und weil man sie im europäischen Bilde nicht missen kann. Ihren Verdammungen ist schon das Element der Erlösung beigemischt: das ist das Geheimnis ihrer hohen Kunst. Wo aber der Weltuntergang zu einer Art von journalistischem Jux wird, der sich an seinen eigenen Wirkungen und Reizen zu immer neuen Pointen steigert, da läuft selbst der Jüngste Tag Gefahr, sein Prestige zu verlieren.

Die Angst vor dem Wehrlosen

Eine Warnung an das Publikum ist weder am Platze, noch verspricht sie Erfolg. Der Verfasser der »Haut« ist seiner Gefolgschaft sicher. Jede Aufforderung an die Leute, sich doch wenigstens nicht gradezu in drängelnden Reihen anzustellen, wenn man ihnen ins Gesicht speien will, ist vergeblich und hat erfahrungsgemäß die gegenteilige Wirkung. Man tue, was man nicht lassen kann. Immerhin ist es ein Rätsel, daß eine so bitterernste und tiefgründige Auseinandersetzung mit dem deutschen Wesen wie der »Doktor Faustus« von Thomas Mann in unserem Land auf erbitterte Ablehnung stoßen konnte, während Malapartes blumige Greuelprosa sich großer Beliebtheit erfreut. Oder vielmehr, es ist kein Rätsel, denn was Thomas Mann zu sagen hatte, sitzt uns wie ein Stachel im Fleisch und ist, ob wir es wollen oder nicht, zu einem Teil unserer inneren Auseinandersetzung geworden, während die italienische Mischung aus Blut, Parfüm und Pornographie selbst das schlechteste Gewissen auch da nicht berührt, wo sie ein Stück Wahrheit enthält. Die Neigung, Richter über uns zu dulden, ist in unserem Lande nicht grade im Wachsen begriffen. Aber auch diejenigen, die mit ihrer Zeit und mit sich noch nicht im Reinen sind, müssen sagen: wir wollen diesen Richter nicht, nein, nicht diesen!

Das Buch *Kaputt* hat den Weg um die Welt gemacht, seitdem es 1944 im Italienischen und bald darauf in den meisten Sprachen der Welt erschien. Es hat wesentlich dazu beigetragen, jene Morgenthau-Atmosphäre zu schaffen, die auch heute, bei veränderten Machtverhältnissen, noch nicht ganz aus der Welt verschwunden ist. Das Buch war denen, die mit dem Deutschland Adolf Hitlers fertig werden mußten, eine willkommene Hilfeleistung. Niemand wird die Alliierten wegen eines solchen Bundesgenossen tadeln können. Für sie handelt es sich darum, »d'abattre la bête«, und zur Erreichung dieses Ziels war ihnen, nach Churchills Wort, als Helfer selbst der Teufel in der Hölle recht. Es ist auch unbestreitbar, daß Malaparte die Schinderwelt der nationalsozialistischen Kriegführung, wie er sie in Rußland, Polen und Rumänien beobachtet hatte, mit einer bislang nicht dagewesenen Beredsamkeit und Anschaulichkeit malte. Ja, man darf sogar noch weiter gehen und feststellen, daß der Italiener einige psychologische Züge, die das deutsche Unglück ausmachen, mit Sicherheit getroffen hat. Wenn er sagt, daß es die Angst vor dem Wehrlosen sei, die den Deutschen zu »wissenschaftlich grausamen Handlungen« verleitet habe, so ist das nicht völlig falsch. Völlig richtig wäre es allerdings erst, wenn er festgestellt hätte, daß die auf Menschenverachtung beruhende Grausamkeit überhaupt – und nicht nur bei den Deutschen – aus der Angst kommt. Es ist ein furchtbares Paradox unserer Epoche, daß nur diejenigen den Menschen verachten und ihn als Sache behandeln, die seinen göttlichen Kern fürchten. Das eigentliche Haßobjekt der Schinder ist die unauslöschliche Fähigkeit der Menschennatur, zu lieben und zu leiden.

Kann man mehr tun, als dem Verfasser von *Kaputt* einigen Sinn für diese Zusammenhänge zuzuerkennen? Die Ahnung fehlt ihm nicht. O, er weiß schon, mit welchen Mitteln sich dies Europa zugrunde richtet und welchen zündenden Beitrag wir, das Kern- und Herzvolk dieses Erdteils, zu seiner Selbstzerstörung geleistet haben, Pioniere im Guten wie im Bösen, den Weg freisprengend für die apokalyptischen Reiter. Er hat sie gesehen, die Landschaften der Ausrottung, deren Luft erfüllt ist von dem Seufzen jeglicher Kreatur. Er hat Bekanntschaft mit den Henkern gemacht und sich über die Opfer gebeugt, von Helsinki und Kischinew bis nach Neapel hinunter, er hat also mehr gesehen als die meisten von uns. Die Lust Europas am Tod und Vergehen, die Fähigkeit Deutschlands, das in ein System zu bringen, was aus den dunkelsten Tiefen der menschlichen Natur gegen die Vernunft anstürmt, alles das hat ihn angeweht, und er hat davon gesprochen.

Dann wäre also alles in Ordnung, und uns bliebe nichts, als den Richterspruch schweigend hinzunehmen? »Ein Maul ward ihm gegeben, große Dinge zu reden« heißt es in der Schrift. Wir haben unser Teil. Denken wir darüber nach und sträuben wir uns nicht gegen Feststellungen, aus welchem Munde sie auch kommen mögen: sollen wir so denken? Ob wir sollen oder nicht, – wir können es nicht. Etwas Schlimmes ist geschehen, jemand hat uns den Spiegel vorgehalten, und als wir uns gerade darin erkennen wollten, hat er mit hineingeschaut und Grimassen geschnitten. Vielleicht wird hier von der Prosa eines apokalyptisch auftretenden Reporters zu viel Aufhebens gemacht. Aber ist es möglich, an seinem Befund, der mit so viel Witterung und so wenig Erkenntnis zustande gekommen ist, vorüber zu gehen, ohne dem Schlagwort vom Gericht über Deutschland einiges Nachdenken zu widmen? Der Deutsche ist mit sich selbst nie im Gleichgewicht, entweder schwelgt er in Selbstgeißelung oder im Wahn, auserwählt und über die anderen gesetzt zu sein. Die deutschen Selbstzeugnisse durchlaufen alle Stadien von der grauenvollen Erniedrigung des eigenen Wesens bis zum einwandfreien nationalen Größenwahn. Das gelassene unproblematische Verhältnis zur eigenen Art ist nicht unsere Sache. Was die schon genannten Bloy und Bernanos, was ein Montherlant über Frankreich gesagt hat, übertrifft an vernichtender Schärfe alles, was wir von Zeit zu Zeit über uns selbst zu hören bekommen. Und doch vermag es die Harmonie, in der Frankreich – wenn es ans Letzte geht – mit sich selbst lebt, nicht zu stören. Eine Harmonie dieser Art ist uns nicht vergönnt, sie wird nie unser Teil sein, immer werden wir zwischen Zerknirschung und Hoffart schwanken. Bei uns ist die alberne Redewendung von der Beschmutzung des eigenen Nestes entstanden, obwohl wir nie ganz sicher sind, ob das Nest rein war. Wie aber, wenn ein anderer es beschmutzt oder der Welt zu beweisen versucht, daß es von Natur schmutzig sei!

Nietzsches eitler Affe

Vorhin wurde von der großen Kunst und ihrer erlösenden Kraft gesprochen. Hölderlin hat uns mit Skorpionen gezüchtigt, aber sein Genius hat uns die helfende Hand gereicht. So ist das Vermögen der Kunst. Was aber ist mit dem Künstler und seinen spielerischen Verruchtheiten? Was mit seiner ordnungswidrigen Neigung, im ungeeigneten Augenblick Musik zu machen und selbst an der Verwesung noch die Farben zu gewahren? »Siehst du nun wohl, daß wir Dichter nicht weise noch würdig sein können? Daß wir notwendig in die Irre gehen, notwendig liederlich und Abenteurer des Gefühls bleiben?« heißt es im »Tod in Venedig«. Da hat einmal einer, der Bescheid weiß, für alle Zeiten ausgesprochen, daß das Künstlertum sich mühsam zwei Finger breit von der Verworfenheit fernhält. Reiz, Erregung und Rausch werden vom Künstler mit einer Hingabe erstrebt, die ihn an den Abgrund führt. Malaparte ist ein Künstler (ohne daß sein Buch ein Kunstwerk ist), und nie ist die »Liederlichkeit« des Künstlers deutlicher geworden als bei seinem Versuch, dem Weltuntergang eine Höchstzahl impressionistischer Tupfer abzugewinnen, die Hölle nach seinem Geschmack zu möblieren und den Selbstmordversuch unseres Sterns als Feuerwerk zu behandeln. Nietzsches gereizte Feststellung, daß der Künstler ein »über alle Maßen sinnlicher und eitler Affe« sei, gesellt sich zu Thomas Manns Erkenntnis, daß es ein Künstlertum »ohne jeden Einschlag von Scharlatanerie, ohne jede Neigung zu femininer Lüge« vielleicht nie gegeben habe. Es ist nicht notwendig, Malaparte erst vom Reporter zum Künstler zu befördern, damit er in diese Definition hineinpasse, denn er ist ein Künstler, wenn auch seine Kunstmittel von etwas altmodischer Art sind und aus der gebauschten Prachtwelt d'Annunzios, ja Richard Wagners stammen. Das Arge und verrucht Spielende, das die Gefahr jedes künstlerischen Temperaments bildet, darf man nicht nur ihm anrechnen, wir müssen alle unser kleines Teil davon auf uns nehmen. Der dionysische Spaß hört jedoch in dem Augenblick auf, wo er sich an den Kern eines Volkes heranwagt und durch den Mund der Geschichte zu reden versucht. Gewiß sind der Kunst keine Grenzen gesetzt, wohl aber dem Künstler, denn er muß sich von besagter Liederlichkeit wahrhaftig frei wissen, ehe er sich in Gottes Strafgericht einmischt. Von Malaparte bleibt nur die Liederlichkeit.

Jammers genug, so sollte man denken, aber der Künstler im Reporter ist unersättlich. Wie kam man in die Leibstandarte? »Die Anwärter müssen eine lebende Katze mit der linken Hand am Rückenfell packen, und zwar so, daß sie die Krallen ungehindert zur Verteidigung gebrauchen kann, und mit der Rechten mit einem kleinen Messer der Katze die Augen aushöhlen. Voilà comment on apprend à tuer les juifs.« Nun, da ist die Leibstandarte, gegen deren Kriegführung vielleicht einiges zu sagen gewesen wäre, noch einmal mit dem Schrecken davon gekommen, und nun schlägt sie sich lachend auf die Schenkel. Was zeigt Ante Pavelic unserem Helden? Einen Korb mit zwanzig Kilo Menschenaugen, »es ist ein Geschenk meiner treuen Ustaschas«. Schade, gegen den »Poglavnic« wäre manche furchtbare Anklage vorzubringen gewesen, aber das geht nun jetzt leider nicht mehr, denn seine Verteidiger werden uns antworten: »Haha, zwanzig Kilo Menschenaugen!« Wirklich schade, denn er war schon eine rechte Bestie. War der Generalgouverneur von Polen, Frank, besser? Vielleicht nicht. Er ist tot, er hat sicher fürchterliche Dinge getan und zugelassen. Aber er hat bestimmt nicht seine Soupergäste zum Scheibenschießen auf Judenkinder geführt, wie Malaparte es – als angeblicher Augenzeuge – farbenprächtig und mit ausschweifender Künstlerschaft beschreibt. Es ist möglich, daß er Schlimmeres getrieben hat, aber das fällt ja nun nicht mehr ins Gewicht, wo doch sein Musterverbrechen, eben das Scheibenschießen, von Malaparte erfunden ist.

Man kann auch mit dem Bösen sein künstlerisches Spiel treiben. Dostojewskij hat es uns bis zur Qual vorgemacht. Aber spielt Malaparte oder berichtet er? Er nennt Personen, Orte, Umstände und Zeitpunkte; unaufhörlich stoßen wir auf Dinge, die er gesehen zu haben versichert und die auch tatsächlich geschehen sind. Aber diejenigen, die nicht geschehen sind, machen ihm doch am meisten Spaß. Als *Kaputt* 1944 die uns entgegenstehende Welt literarisch eroberte, da trat das Buch als eine Sammlung von Dokumenten auf. Es wurden Tatsachen berichtet, an denen zu zweifeln damals nicht zweckmäßig war, und Malaparte war bei alledem dabei gewesen, hatte am Tisch aller Großen des dritten Reichs gesessen und ihnen seine Meinung gesagt, hatte alles mit angesehen und überall rettend eingegriffen. Ein Teufelsjunge, und nützlich! In der deutschen Übersetzung ist *Kaputt* plötzlich ein »Roman«, man traut seinen Augen nicht, das Wort steht groß und deutlich unter dem Titel. Vom Dokument zum Roman, – ein langer Weg von 1944 bis ins Zeitalter der deutschen Integration. Schade, all die guten Witze, grausigen Erlebnisse, zum Himmel schreienden Zustände, die glänzenden gesellschaftlichen Beziehungen des Autors, seine Bonmots, seine haarscharfen Beobachtungen und seine verstohlenen Tränen, ist alles dies heute noch dasselbe, was es 1944 war? Reportage, Dichtung, Vision, Anklage, Bericht, Dokument, Roman? Soll plötzlich »nur« Künstlerschaft engagiert sein, wo vorher politische und historische Verantwortung im Spiel war? Uns kann es ja kein Trost sein, denn eine äußere Unwahrheit könnte auf dem Weg über die Erzählungskunst leicht zu einer inneren Wahrheit werden, und in der Welt des Romans ist es lediglich eine Frage der psychologischen Technik, ob eine Bestie von Tyrann nur *einem* Opfer die Augen ausstechen oder sich zwanzig Kilo davon als Präsent verehren läßt. Aber von den zahllosen Lesern, die *Kaputt* gefunden hat, konnte kein einziger auf den Gedanken kommen, daß das Buch eines Tages ein Roman sein werde. Niemand hat es als solchen gelesen. Erst uns Deutschen, die wir der eigentliche Gegenstand des Buches sind, soll es zugemutet werden. Es ist jedoch nicht so, daß das, was in einem Bericht Lüge war, durch die Heranziehung der Bezeichnung Roman von dem Makel der Unwahrhaftigkeit befreit werden kann.

Jesaia und die Reporter

Wir alle haben uns während des Krieges – auf eine kümmerliche Weise, das sei zugegeben – das Herz durch Witze zu erleichtern versucht. Einer der geläufigsten war die trübselige Geschichte mit dem Glasauge. Ein armer polnischer Jude wird von einem Obersturmbannführer bei irgend etwas erwischt. Ihm wird Straffreiheit versprochen, wenn er rät, welches der beiden Augen seines Zwingherrn aus Glas ist. Sogleich rät er richtig. Warum? Das Glasauge »blickt so gütig«. Dieser Witz wird für Malaparte zum Gegenstand einer langen Geschichte, die er natürlich selbst erlebt hat. (»Im Herbst 1941 befand ich mich in der Ukraine, in der Nähe von Poltawa«, beginnt er.) In der französischen Ausgabe schließt er die Schilderung mit dem Satz: »Alle Deutschen haben ein Glasauge«, bei der deutschen, die ja ein Roman ist, fällt dieser Satz weg. Die Verwendung alter Scherze als eigene Erlebnisse gipfelt in dem Buche »Die Haut« in der berühmten Geschichte der amerikanischen Soldaten, die die

Ruinen des Kolosseums betrachten und glauben, ihre Luftwaffe hätte es zerstört. Natürlich war Malaparte dabei, er hat es selbst erlebt und getreulich aufgezeichnet. Es hält ihn nicht, er setzt sich an die Spitze jedes Zuges, und sei es auch nur ein Charakterzug. Was die kriegerische Selbstzerfleischung Europas und das Wüten der nationalsozialistischen Vernichtungsstrategie auch an greifbaren Vorkommnissen absondern mag, Malaparte ist zur Stelle, als ob die Henker nur sein Eintreffen abgewartet hätten, um mit ihrem Wüten zu beginnen. Hier erreicht die »Liederlichkeit« des Künstlers, der sich in jeder Blutpfütze spiegelt und jede Weltgerichtsposaune nötigt, nach seinen Noten zu spielen, einen Höhepunkt, der dem Versuch gleichkommt, das vergangene ästhetische Zeitalter in der SS-Welt heimisch zu machen. Auf dem Berg der Schmach häuft der blendende Stilist und Schilderer die zweideutigen Erzeugnisse seines Narzißmus und gibt damit nachträglich allen jenen Tyrannen recht, die jeden künstlerischen Menschen an die Kette legen wollen.

Wir wollen die Wahrheit hören, und wenn niemand sie ausspricht, dann spricht sie eben für sich selber. Eine Abrechnung mit den Schrecken der Hitler'schen Ausrottungspolitik mußte auch in literarischer Form einmal erfolgen, wir waren darauf gefaßt. Wir sind es immer noch, denn Malapartes Buch ist diese Abrechnung nicht. Lockt den Fuchs aus seinem verschlungenen Satzbau und ihr werdet einen Menschen finden, dem nicht einmal das ganze unter Blutnebeln ächzende Europa als Rahmen für eine Selbstdarstellung reicht. Wenn es schon in der Vergangenheit eine Zeitspanne der Schande gibt, dann soll uns ein Jesaia von ihr sprechen und nicht ein Malaparte. Der Italiener bestreitet in seinem unglückseligen Vorwort zur deutschen Ausgabe, daß er ein deutschfeindliches Buch geschrieben habe; es sei lediglich ein nazifeindliches Buch. Auf diese Deutung läßt sich der anonyme Verfasser des Nachwortes, das im Namen des Verlages auftritt, mit Recht nicht ein und stellt fest, daß Malaparte für die »kritische Disposition des deutschen Gemeinkörpers« Deutungen gibt. Jawohl, so ist es, und Malapartes Deutungen sind sogar aufschlußreich, aber sie stammen eben von jemandem, der mit all seinem blutigen Ernst nur Spaß gemacht hat und, wie wir verblüfft erfahren, nur einen Roman hat schreiben wollen. April, April!

Doch genug von diesen Versuchen, dem gewandten Italiener auf den Pfaden seiner Argumente zu folgen. Die grausige Welt, die dem Buche *Kaputt* seinen Stoff geliefert hat, soll nicht die Chance haben, mit den Aufschneidereien eines Hofnarren der Totenrichter ins Unwirkliche zu rücken. Malaparte meinte vor kurzem einmal, die Deutschen seien nicht dumm, sondern nur feige, und er wollte das besonders auf unsere Schriftsteller angewandt wissen. Als er sich vor einiger Zeit nach Deutschland begab, erklärte er der Pariser Zeitung »Le Monde«: »Jenseits des Rheins liebt man weder Gewissensbisse noch böse Erinnerungen.« Dieser Draufgänger, der so oft geschildert hat, wie Menschen draufgehen, kann nun einmal nicht aufhören, uns die Meinung zu sagen. Er ist durchdrungen von der Unabsetzbarkeit des Richters, den er gespielt hat. Vielleicht rechnet er auf unsere Resignation, auf jene Resignation, in deren geducktem Schweigen sich neue Gifte bilden, die den alten verzweifelt ähnlich sehen. Wie Salomons »Fragebogen« trägt auch *Kaputt* dazu bei, das Ressentiment zu steigern, das uns die Kraft raubt, einen Ausweg aus unseren Verwirrungen zu finden. Mögen zornige Engel herniedersteigen, die uns unerbittliche, aber reine Spiegel vorhalten, – keine Malapartes! Die Wahrheit – und nicht das Buch *Kaputt* – wird uns freimachen.

Curzio Malaparte, Kaputt. Karlsruhe 1951
Gegenwart 15. 10. 1951

Die Diktatur der Tatsachen

Der neue Roman von *Hans Werner Richter Sie fielen aus Gottes Hand* stellt einen so unerhörten Anspruch, daß der Leser kaum dazu kommt, das rein erzählerische Element des umfangreichen Buches auf sich wirken zu lassen. Ihm soll nichts Geringeres vorgeführt werden als Unfreiheit und Elend der Menschennatur in der Zeitspanne von 1939 bis 1950. Ein äußerstes Thema wird in einen äußersten Rahmen gesetzt, in den des Krieges und der Lager. Was der Mensch dem Menschen anzutun vermag, hier wird ihm bis in die letzten Möglichkeiten nachgegangen. Es gibt in diesem Bild einer sich überschlagenden Welt fast nur Henker oder Opfer. Es gibt den Verrat an den kleinen Völkern, es gibt den Krieg in allen seinen Formen, es gibt den Aufstand des Warschauer Ghettos, Bombenangriffe auf Gerechte und Ungerechte, Luftkämpfe, Schlachten, Erschießungen, Konzentrationslager für groß und klein, für Sieger und Besiegte, Auspeitschungen von SS-Leuten und durch sie, Blasrohrkrieg in Indochina, Vergewaltigungen aller Art und mit tödlichem, klinischem oder lustvollem Ausgang, Fahnenflucht aus Überzeugung oder wider Willen, es gibt Schokolade in Buchenwald und Kokain in Marseille, es gibt die Armee Wlassow und die Fremdenlegion, es gibt Colorado und die Möhlstraße, Tel Aviv und die Libysche Wüste, es gibt Sieg und Niederlage, und es gibt schließlich außer gewaltsamen auch natürliche Tode. Ein großes Rad geht über die Sterblichen hinweg, zerquetscht sie oder drängt sie beiseite. Wer bewegt dies Rad, ja, wer bewegt es? Treibt der Verfasser des Romans sein Vorhaben so weit, auch hierauf eine Antwort geben zu wollen? Oder erzählt er nur, damit wir selbst die Antwort finden können?

Es erhebt sich nun die Frage: soll man dies Buch als Erzählung, als episches Unterfangen auf sich wirken lassen oder sich an die moralische Zerschmetterung halten, der jeder normale Mensch unterliegt, wenn ihm Material für die Erkenntnis vorgelegt wird, wie furchtbar der homo sapiens (oder das Ebenbild Gottes) mit seinesgleichen umzuspringen vermag? Selbst der sozial empfindliche Leser verwandelt sich allzu leicht in einen Genießer, wenn er sich in ein umfangreiches, spannend aufgebautes Buch einzulesen beginnt. Es ist Sache des Autors, sich dieses vielleicht beklagenswerten Umstandes mit List zu bedienen und den Leser, der sich eben noch eine interessante Stunde machen wollte, vor der Menschheitsschande auf die Knie zu zwingen. Es fragt sich nur, ob der Autor einen Roman schreiben oder sich einer hohen sittlichen Pflicht entledigen wollte. Das eine schließt das andere wahrlich nicht aus. Aber es ist doch so, daß der episch vorwärtsgetriebene Ansturm von Tatsachen, die noch in jedem Menschen als fast persönlicher Konflikt lebendig sind, im Leser einen jähen Überdruß gegen jegliche Kunstform erzeugt.

Man verzweifelt an der Aufgabe des Romans, einen Weltzustand zu bewältigen, in den wir uns nach wie vor tief verstrickt fühlen. »Die Zeit des Beschreibens oder des Erzählens ist vorbei«, sagt Sartre, – »Beschreibung ist, wäre sie auch psychologisch, ein rein kontemplatives Vergnügen.« Dieser Satz ist höchst anfechtbar, aber man erinnert sich jäh an ihn, wenn man sich der Ratlosigkeit bewußt wird, die Richters enormes Romanunternehmen hervorrufen muß. Richter vertraut sich der Diktatur der Tatsachen an, aber es zeigt sich, daß die letzteren nicht ausreichen. Sie können den Menschen wohl lähmen, aber sie können ihn nicht zur Aktivität aufrufen. Die Tatsachen, die uns hier auf fast siebenhundert Seiten terrorisieren, zeigen den Menschen in einem solchen Umfang seiner Freiheit beraubt, daß auch wir uns in unserer Freiheit, die Dinge zu ändern, hoffnungslos beschränkt fühlen.

Zwischen den Menschen von heute, zwischen jenen, die in den letzten zwanzig Jahren gelebt haben, herrscht Einverständnis, nicht immer ein Einverständnis der Gesinnung und Absichten, wohl aber eine Verbindung durch das Geheimnisvolle, das den Schrecknissen der zwei Jahrzehnte innewohnt. Nicht alle diese Menschen waren in Buchenwald oder in russischer Gefangenschaft, aber sie waren alle in der Welt und sind es heute noch. Sie verstehen die Abkürzungen und Andeutungen, mit denen man den gesamten Inhalt dieser Welt zu beschwören vermag. Dies Einverständnis gilt für alle, auch für diejenigen, die den Kopf in den Sand stecken und »nichts mehr hören wollen«. Wenn Richters epische Unersättlichkeit auf Überdruß stoßen sollte, so braucht das nicht nur an der seelischen Bequemlichkeit der Leute zu liegen, sondern kann auch dadurch erklärt werden, daß die Schreckenswelt der letzten zwanzig Jahre eine Art von Totalität hat und sich durch ein einziges Schlüsselwort oft vollständiger beschwören läßt, als durch das Bestreben, nichts auszulassen und jedem seinen Teil zu geben. Wer alles sagen will, läuft Gefahr, nicht genug zu sagen, und wer sich an alle wendet, erreicht am Ende diejenigen nicht, die gemeint sind.

Der Autor unternimmt es, eine Reihe von Figuren, die sich alle in das blutige Weltdrama verstricken, von weit getrennten Orten aus gleichsam aufeinander zugehen zu lassen, bis sie sich schließlich im Jahre 1950 in einem DP-Lager bei Nürnberg zusammenfinden. Da ist der estnische Hauptmann, der in die Rote Armee und dann in die Waffen-SS gerät, da ist der jungkommunistische Flieger, der abgeschossen wird und sich plötzlich bei Wlassow befindet, da ist die polnische Studentin, die erst gegen die Deutschen und dann gegen die Russen kämpft. Der jüdische Schusterjunge Slomon entkommt den Trümmern des Warschauer Ghettos und gerät nach Palästina, das er fahnenflüchtig verläßt, weil seine unschuldige Seele das Übermaß des Hasses und Kämpfens nicht mehr erträgt. Der Dachdecker Krause schließlich teert unter wechselnden Zwingherren die Dächer der Lagerbaracken und entdeckt dabei, daß der Geist der Unterdrückung nicht nur in Menschen, sondern auch in Einrichtungen stecken kann. Der luxemburgische Küchenjunge Sturm wird Zögling einer Ordensburg, Menschenschinder in jugendlicher Frische, wird als Häftling selbst geschunden, kommt mit der Fremdenlegion nach Indochina und als heimlicher Deserteur nach Deutschland, in das damals »freieste und unfreieste Land der Erde«. Da gibt es Leute des spanischen Bürgerkrieges, Wehrmachtshelferinnen, Bardamen, jugoslawische Partisanen, kurz, eine Staubwolke aufgewirbelter Menschheit, Wesen, die überall das gleiche erleiden, wofern sie das Leiden hinnehmen, und überall die gleichen verstockten Schlagworte von sich geben, in welche Lage und welches Lager sie auch geraten. Alle diese Figuren werden ihren dunklen Weg geführt, in einer Technik der Gleichzeitigkeit, die einmal in Amerika ihren Ursprung genommen hat und nun allgemein praktiziert wird. Was ist ihnen gemeinsam? »Die Zeit hat sie auf dem Gewissen«, sagt der Rabbiner, der im Nürnberger Lager Slomons Leiche einsegnet, worauf ihm der ehemalige Hauptfeldwebel, der dort für Zucht und Ordnung sorgt, höchst zutreffend erwidert: »Die Zeit hat kein Gewissen.« Der Rabbiner rät zur Nachsicht mit diesem Menschenstaub, »denn sie fielen aus Gottes Hand«.

Sie fielen aus Gottes Hand, – das klingt so einleuchtend. Aber das Wort kommt zu spät, denn wir wußten nicht, daß sie je in Gottes Hand waren. Wenn das Wort mehr als ein dichterisches Bild sein und eine religiöse Realität haben soll, dann hätten wir den Griff der göttlichen Gewalt vorher spüren müssen. Wir haben aber nur das Schicksal, wenn nicht gar den Zufall am Werke gesehen und wieder einmal erfahren – was wir schon längst wußten –, daß die Menschen die Herrschaft über ihr eigenes Schicksal verloren haben. Der Schlußstrich wird nicht gezogen, alles wird ewig so weiter gehen, erst stäupen die Bösen den wehrlosen Teil der Menschheit, dann werden die Guten böse und treiben es kaum besser.

Nur zwei Figuren dieses Buches entziehen sich dem blinden Auf und Ab, der jüdische Schusterjunge, der mit der Gewalt ein Ende macht, ehe er ihr fast freudig erliegt, und der Dachdecker Krause, der nie ganz in die Maschine gerät und ihr daher denn auch entrinnen kann. Krause kämpft nicht mit Mächten, sondern mit seinem Gewissen, ohne daraus radikale Konsequenzen zu ziehen. Aber gerade dadurch wird er die wichtigste Figur des

Buches, dem es ohne ihn an einem »normalen« Schicksal völlig fehlen würde. Selbst im Zeichen uneingeschränktester Gewalt leben Menschen, die sich durchschmuggeln und sich den tyrannischen Vernichtungsinstrumenten zu entziehen verstehen. Sie stellen das eigentliche Leben und Überleben dar, wie eben Krause. Gäbe es ihn nicht, wäre das Buch eine Sammlung äußerster Fälle. Das flüchtige Erscheinen dieses Dachdeckermeisters verhindert, daß der Roman wie eine Kapitulation vor der Gewalt wirkt.

Das erste Buch des Autors, »Die Geschlagenen«, ist von uns begrüßt worden, weil der Held seine innere Freiheit behauptet und somit für die Unverletzlichkeit des Menschenkerns wirbt. Diese Festigkeit gab der angewandten Kunstform ihre sparsame Nüchternheit. Diesmal hat Richter seine Absicht weiter gespannt, ja so weit, daß die epische Form gefährdet ist. Er schreibt nicht mehr, er spricht mit der detailfreudigen Beredsamkeit eines Erzählers, der sich vor der Kunst wie vor einem Spiel fürchtet, das des grausigen Ernstes seines unermeßlichen Themas nicht würdig sei. Dadurch bildet sich eine Ausdrucksweise, die aus der Welt der sogenannten Tatsachenberichte stammt. Er scheint zu sagen: »Ich gebe euch die Fakten, fangt damit an, was ihr wollt.« Die Fakten sind indessen ausgewählt und zusammengestellt, weil es einfach nicht möglich ist, sie vollständig zu geben. Der Erzähler in ihm überwältigt immer wieder den Berichterstatter, ist aber nicht entschlossen genug, die Führung an sich zu reißen. Die Diktatur der Tatsachen bedroht die künstlerische Persönlichkeit, ohne deren Vorherrschen der Roman seine gesellschaftskritische Funktion nicht ausüben kann. Denn wir sind uns doch darüber einig, daß Bücher dieser Art dazu da sind, »der Gesellschaft ein schlechtes Gewissen zu verschaffen«, und nicht, um die Schuld einem Gott zuzuschieben, der seine Geschöpfe nicht festzuhalten wußte.

Hans Werner Richter, Sie fielen aus Gottes Hand. München 1951
Gegenwart 1. 11. 1951

Labyrinth

Der Schriftsteller *Frank Thiess* kann sich auf ein stattliches Lebenswerk berufen, das von einem starken pädagogischen Idealismus getragen ist, ob es uns nun in Erzählungen oder Essays entgegentritt. Jedes neue Buch von ihm verdient mit Ernst und mit Achtung vor seiner literarischen Präsenz aufgenommen zu werden. Aber man muß die langen Jahrzehnte seiner geistigen Bemühungen zu Hilfe rufen, um mit seinem jüngsten Werk nicht die Geduld zu verlieren. Die Furcht, sie könnten nicht »zeitnah« genug sein und der Aktualität etwas schuldig bleiben, gibt den Büchern der jüngeren Autoren oft etwas merkwürdig Konventionelles. Wenn sie nun auch die Älteren ergreift und ihr wohl durchdachtes Weltbild durchlöchert, kommt eine Spaltung zwischen den epischen Mitteln und den kulturkritischen Reflexionen zustande, die zur reinen Charade, wenn nicht gar zum Vexierbild führt. Sorgsamstes Studium dieser sehr zahlreichen Seiten ergibt keine eindeutige Vorstellung von dem, was der Autor uns sichtbar machen und damit lehren wollte. Glaubt man einmal die Deutung zu haben, so gerät diese bald zu neuen Symptomen, die auf den Kern der Sache hinzudeuten scheinen, in Widerspruch. Es sei denn, man wolle sich mit der Erkenntnis begnügen, daß Gut und Böse ein verzwicktes Paar und das Leben eine höchst verschlungene Sache ist. Doch würde man mit solcher Bescheidung weder dem Rang des Autors noch dem Anspruch, den er mit diesem Buch stellt, gerecht.

Was geschieht? Nun, auf jeden Fall weiß man, wann und wo es geschieht, nämlich in einem österreichischen Marktflecken nach 1945. Ein Mann namens Paulus, der nach langen Jahren aus Amerika in den Ort zurückkommt, um einen dort deponierten Goldschmuck abzuholen, verstrickt sich in die aus echten Untaten und übler Nachrede gemischte Kriminalität dieses Ortes. Er deckt ein Verbrechen auf, nämlich die Ermordung eines Übermenschen, der das Dorf mit den tausend Mitteln seiner Menschenverachtung in seinen Klauen gehalten hat. Es ist ein dämonischer Forstrat, der Kinder schändet, aber auch auf Pfänder leiht und über alles ein Tagebuch führt. Paulus tastet sich mühsam durch ein Gestrüpp zeitkritischer Gespräche von Figur zu Figur, bis er den zwölfjährigen Sohn seiner besten Freunde (es sind dieselben, denen er einst den Goldschmuck anvertraut hat) als den Mörder erkennt. Der Forstrat, der Seraphim heißt, hat an den Eltern des Knaben übel gehandelt und schließlich auch nach ihm selbst die Raubtierhände ausgestreckt. Die Lösung ist jedoch gnädig; der Knabe, der nicht so sehr Mörder ist, wie man zunächst annahm, reist mit Paulus nach Amerika. Diese flüchtigen Andeutungen der pflanzenhaften verschlungenen Handlung können freilich dem Bemühen des Autors, jeder Figur ihren Platz in seiner Lebensdeutung zu geben, nicht gerecht werden. Es erscheinen zahllose, zum Teil scharf gezeichnete Menschen, die fast alle eine Ansicht über die Zeit haben und ihr die Form des besten Thiess'schen Essaystils zu geben verstehen. Es ist schließlich so, daß man verzagt den Faden fahren läßt, der ja ein Ariadnefaden ist, und zu der Überzeugung kommt, daß ein Labyrinth, dessen Minotaurus schon lange umgebracht ist, weder sinnvoll noch besonders aufregend ist.

Was wir die Fabel eines Buches nennen, das bezeichnet der Franzose mit »intrigue« und der Engländer mit »plot«, worunter auch eine Verschwörung verstanden werden kann. In Thiess' Buch ist von all diesen Elementen etwas, besonders im negativen Sinn, nämlich das Ausgedachte, Doppelsinnige und Eingefädelte. Eine altväterliche Lust an Verwicklungen geht mit dem heute allgemein üblichen zeitkritischen Jargon einen widernatürlichen Bund ein. Ein Kriminalkommissar handelt als Polizeimann, »er konnte gar nicht anders, weil es ihm im letzten Verstande gar nicht um den Triumph des Sittlichen ging und die auf das Ethische bezogene Wertvorstellung, welche er von seinem Beruf hatte, nicht wie die des Priesters an ein Absolutes gebunden war, sondern mit dem Sicherungsstreben der Gesellschaft zusammenfiel«. Oder jemand hat einen ganz guten Ausdruck gefunden und trifft »damit definitionsmäßig nahezu ins Schwarze.« Diese Ausdrucksweise, die im Dialog allenfalls durch die Eigenart der redenden Person erklärt werden kann, ist im Gang der Erzählung ein fast unübersteigbares Hindernis. Zweifellos ist der Autor im Grundgedanken seines Werkes um eine Definition des Bösen bemüht, aber sein Drang, zu fabulieren, gerät mit seiner ungehemmten Lust, kritisch zu formulieren, in einen so anstrengenden Widerstreit, daß man bei jedem neuen Motiv immer nur (mit den Worten des Autors) seufzen kann: »Abermals eine labyrinthische Schleife ins Verworrene führend.«

Es ist wahrlich kein Vergnügen, kritische Feststellungen dieser Art machen zu müssen, wenn man nicht nur das Gewicht des Autors, sondern auch die Kunstfertigkeit bedenkt, die er angewandt hat, um seine »labyrinthischen Schleifen« herzustellen. Daß der Träger (wenn auch nicht Held) der Geschichte, Paulus, so gar kein Profil hat, mag nicht ungewollt sein. Man kann gelten lassen, daß er als leerer Fleck gedacht ist, der in der krausen und überhäuften Zeichnung der übrigen Figuren und Begebenheiten ausgespart wird. Diese Erklärung gilt jedoch nicht für den eigentlichen Herrn des Labyrinths, den dämonischen Forstrat. Ihm hat der Autor – in einer sehr raffinierten Technik der posthumen Spiegelung – Fleisch und Blut geben wollen. Aber das Tagebuch des bösen Mannes beweist, daß dies nicht gelungen ist. Ihm wird zugeschoben, daß er die »Realitätswidrigkeit« dieser Welt, die sich eine gesellige Ordnung vorspielt, durchschaue. Aber seine Aufzeichnungen erweisen ihn als einen Nestroy'schen Holofernes, der vom Reiz der Lebensgefahr, vom idealistischen Schwindel und von aufrecht laufenden Vierbeinern spricht und seine Liebesstunden mit derselben Sachlichkeit zu analysieren versucht, mit der etwa Ernst Jünger ein Insekt durchs Mikroskop betrachtet. Dieser Seraphim ist eine Figur aus dem Jahre 1900, und von diesem Umstand geht eine Lähmung aus, die auch die übrigen Personen des Buches zu einer Art von Zeitlosigkeit erstarren läßt. Es ist ein schöner Gedanke, daß ein Kind den Minotaurus zu Fall bringt. Aber wenn das Ungeheuer erlegt ist, gewahrt man mit Enttäuschung, daß es nur ein literarischer Dorfschreck war.

Frank Thiess, Die Straßen des Labyrinths. Hamburg 1951
Gegenwart 1. 12. 1951

1952

Das Ende der Affäre

Ein schmerzhaftes Buch, von dem doch tiefster Frieden ausgeht, eine qualvolle Geschichte, die trotz ihrer fast ungeheuerlichen Dramatik eine erlösende Windstille in das Herz des Lesers zaubert, – was könnte man mehr zum Lobe dieses neuen Romanes, *Der Ausgangspunkt*, sagen? Unter den Erzählern der Gegenwart bringt nur der Engländer *Graham Greene* eine solche Versöhnung äußerster Gegensätze zustande. Mit der erbarmungslosen Technik eines Kriminalromans treibt er eine Handlung vorwärts, die unversehens in den Kern des christlichen Glaubens führt. Es ist die Geschichte eines Mannes namens Bendrix, der mit der Gattin eines Ministerialbeamten eine Liebesaffäre gehabt hat und von ihr verlassen worden ist, weil sie bei einem Bombenangriff das Gelübde abgelegt hat, den geliebten Mann nie wiederzusehen, wenn er lebendig aus den Trümmern entkäme. Nach Jahren geht ihn der Gatte um Rat an, was er tun solle, um seine Gattin aus dem Labyrinth einer Leidenschaft zu retten, deren Gegenstand er nicht kenne. Bendrix beginnt zu forschen und erlebt dabei noch einmal im Geiste die alte Liebesgeschichte mit ihren Qualen und Rätseln. Er treibt die Selbstpeinigung so weit, einen Detektiv auf die Spuren der Frau zu setzen, und langsam fördert er so aus dem Dunkel das Bild dieser geheimnisvollen Leidenschaft, das sich Stück für Stück zusammenfügt. Und nun gewahrt er, daß die schonungslos ans Tageslicht gezerrte neue Liebe der Frau nicht einem Manne gilt, sondern Gott.

Die volle Gewißheit erhält Bendrix aus dem Tagebuch, das der Detektiv erbeutet hat. Da erfährt er denn mit voller Wucht, wer dieser mächtige Rivale ist, und wirft den ganzen Haß, den er für den vermeintlichen Nebenbuhler angesammelt hat, auf diesen Gott, der es verstanden hat, aus der geliebten und verlorenen Frau eine Heilige zu machen. Das ist das Ende der Affäre, aber es enthält mit unwiderstehlicher Wachstumskraft den Beginn einer neuen »Affäre«, denn es ist besser, Gott zu hassen, als ihn überhaupt nicht zu kennen. »O Gott, du hast genug getan, du hast mir genug geraubt. Ich bin zu müde und zu alt, als daß ich mit der Liebe von neuem beginnen könnte. Darum laß mich, bitte, für immer allein.« So schließt Bendrix seinen Bericht, so endet das Buch. Aber in die scheinbare Leere – das ist die Gewißheit dieses Endes – wird Gott einströmen und das Gift des Schmerzes in den Heiltrank der Liebe verwandeln.

Wir sehen nur die Wunde, aber aus jeder Phase dieser schonungslosen Liebesgeschichte, die uns nichts von den Erniedrigungen und Aufschwüngen einer solchen heimlichen Affäre zwischen Mann und Frau vorenthält, empfangen wir die Gewißheit, daß die Wunde sich schließen wird. Nur in Gott ist Sicherheit, aber der Weg bis dahin ist lang. Und Greene erspart uns nichts von diesem Wege. Es ist, als ob ein Verbrechen aufgeklärt werden sollte. Jede neue Entdeckung, mit der das Geheimnis der Frau bedrängt wird, ist wie ein Schock. Aber wir empfinden diese kriminalistischen Methoden nicht als Blasphemie, nicht einmal als Brutalität. Denn mit wachsender Ergriffenheit beginnen wir zu verstehen, welches Wunder des Glaubens sich hinter der Tür verbirgt, die sich gleich öffnen wird.

Der innere Anstand, mit dem dieses Dahinwandeln auf schmalem Grat zwischen Sensation und Heilserkenntnis sich vollzieht, hat in der heutigen Literatur nicht seinesgleichen. Da bleibt kein Seelenwinkel unerleuchtet, da wird keine menschliche Hinfälligkeit verschwiegen, und doch ist es eine ruhige

Stimme, die spricht, eine Stimme, die sich kaum hebt und doch all das amerikanische Gebrüll, das uns aus anderen Büchern dieser Tage entgegenschlägt, machtvoll übertönt. Dieser Greene findet keine Nachahmer, denn er ist ohne Manier. Er beteiligt sich nicht am »Zeitgespräch«, aber unsere Zeit erscheint uneingeladen auf dem Hintergrund dieser Geschichte und zeigt ein Gesicht, das mit ewigen, von keiner Bewußtseinskrankheit entstellten Zügen behaftet ist. Solange der Mensch auf eine echte Art leidet und seine Leiden als einen Teil seiner Auseinandersetzung mit Gott begreift, ist er moralisch gesund, wie furchtbar seine Verirrungen auch sein mögen. Das Buch beschert dem Leser eine Erleichterung ohnegleichen, erspart es ihm doch die Lust an Neurosen und Hysterien und führt ihn in den Bereich wirklicher Tragik, wie sie nur im Gewissen eines liebesfähigen Menschen sich bilden kann.

(Der englische Titel des Buches lautet: »The end of the affair«. Es ist unerfindlich, warum die – im übrigen schöne – Übersetzung den Titel »Der Ausgangspunkt« trägt und damit den ursprünglichen Sinn völlig verkehrt. Die Neigung, ausländische Titel unnötig zu ändern, wird in unserer Übersetzungsliteratur zur schlechten Gewohnheit.)

Graham Greene, Der Ausgangspunkt. Wien 1951
Gegenwart 1. 1. 1952

Ein Tod in Venedig

Über jeden normalen Leser unserer Tage kommt in steigendem Maße der Überdruß gegen amerikanische Bücher. Man mutet uns zuviel Zeugnisse einer Zivilisation zu, gegen die wir uns schließlich wie gegen eine körperliche Zudringlichkeit zu wehren beginnen. Wir täten indessen Unrecht daran, die Abwehr auf Hemingways neuen Roman, *Über den Fluß und in die Wälder*, der jetzt auf deutsch erschienen ist, ausdehnen zu wollen, weil der Autor selbst von einem verwandten Überdruß bis zur tödlichen Bitterkeit durchtränkt ist. Schon der Umstand, daß das Buch in Venedig spielt, offenbart das Streben nach einem Standort, der gleichsam das verkörperte Gegenteil von Amerika ist. Eine Liebesgeschichte in Venedig und ein Tod in Venedig –, denn der amerikanische Oberst Cantwell, der den Höhepunkt seines Lebens überschritten hat und Schritt für Schritt von seinem Körper im Stich gelassen wird, liebt die neunzehnjährige Gräfin Renata, spricht sich in ihren Armen seine ganze Bitterkeit von der Seele und gleitet schließlich vom Abschied in den Tod.

Diese Bitterkeit, die das Sterben süß macht, umschließt nicht nur die Einsamkeit des alten Soldaten, der in seinen Träumen immer wieder zu den Kämpfen seiner Jugend in den Alpen und an der Piave zurückkehrt, sondern richtet sich auch gegen den menschenverachtenden Ehrgeiz der Mächtigen dieser Erde, gegen die Generale und Politiker des letzten Krieges und gegen die amerikanische Zivilisation, die auf dem Strom dieser Melancholie wie eine Handvoll welker Blätter ins Nichts entführt wird. An der Seite der Geliebten auf dem Bett liegend, einen versagenden Herzmuskel in der Brust, spricht der Fünfzigjährige den Bericht seines Lebens ins Dunkel hinein. Es ist das Leben eines Offiziers, der mehr Kämpfer als Soldat war, und dazu gehört auch die Schilderung der Landung in der Normandie. Nie ist ein seltsameres Liebesgespräch in Venedig, das soviel verliebte Worte gehört hat, geführt worden. Aber wir verstehen, daß der Mann so sprechen muß und daß die junge Frau ihm zuhört. Es ist ein Augenblick von herzzerreißender Traurigkeit. Hemingway hat nie etwas Schöneres geschrieben als dies letzte Gespräch, in dessen schattenhaftem Verlauf ein müder Mann mutig das Band der Liebe löst und allein den Weg ins Dunkel antritt.

Der Anstieg zu diesem Höhepunkt ist freilich mühsam, so mühsam und steinig, daß man wünscht, der Schriftsteller hätte das, was er sagen wollte, nicht zu einem Roman ausgebreitet. Hemingways muskulöse Kunst ist zum Skelett ausgedörrt, sie ist nicht verlorengegangen, aber sie ist zusammengeschrumpft. Man ahnt noch die Umrisse, in denen einst das lebendige Fleisch sich entfaltete, man erkennt auch die meisterliche Technik des Verschweigens und des Weglassens wieder, aber man weiß, daß hier keine Fülle mehr verborgen gehalten wird. »Er küßte sie, bis von dem Kuß nur Verzweiflung übrig blieb«, – einen solchen psychologischen Tatbestand hätte der Autor früher nie ausgesprochen; er hätte sich lieber die Hand abgehackt, als diesen Vorgang direkt zu nennen. Man braucht nur eine frühere Geschichte, etwa »Berge wie weiße Elefanten«, wieder zu lesen, um zu verstehen, welcher Gewalt der Mitteilung zwischen den Zeilen er einst fähig war.

Immer noch beherrscht ihn die Abneigung gegen die unmittelbare Äußerung des Gefühls, doch die Kunstmittel versagen sich ihm, und die Scheu nimmt dann etwa diese Form an: »Du bist so verdammt schön, daß es stinkt.« Es wäre leicht, zu behaupten, daß der Stil eines Autors, der die moderne Prosa umgewälzt hat, hier zur Manier geworden ist, aber der Schaden sitzt tiefer. Die ganze Welt ist in Hemingways Linie eingeschwenkt, ohne daß es dem Künstler gelungen wäre, eine neue Form der männlichen Einsamkeit zu schaffen. Das Gedränge hat ihn eingeholt. War es ihm früher vergönnt, die Dinge auszusparen, indem er sie mit der Kunst seines Dialogs umkreiste, wie ein Löwe seine Beute umkreist, so redet er heute um die Dinge herum. Es kommt der Augenblick, an dem man die berühmten

Hemingwayschen Gespräche mit Kellnern und Barmixern einfach nicht mehr erträgt. Die Monotonie der »Drinks« verbirgt nichts mehr. Auch die achtungsvollste Ausschau nach Symptomen vermag dem Problem, ob der Held einen Martini oder einen leichten Weißwein oder einfach einen puren Whisky zu sich nehmen soll, keine tiefere Bedeutung abzugewinnen. Erörterungen dieser und verwandter Art füllen viele Seiten, aber das Leben wird darum nicht dichter. Hätte Hemingway die kurze Geschichte des Schlußgespräches mit Renata geschrieben, so hätte er ein Meisterwerk geschaffen.

Die Übersetzung des Buches stammt auch diesmal von Annemarie Horschitz, deren Verdienste groß sind. Die deutsche Generation, die sich vor zwanzig Jahren an Hemingway schulte, war ja im wesentlichen auf die deutsche Wiedergabe durch diese Übersetzerin angewiesen und ist dabei nicht schlecht gefahren. Manches, was bei den Epigonen wie Hemingway anmutete, war in Wirklichkeit Horschitz, – ein starker Beweis dafür, welche stilbildende Rolle auch Übersetzungen spielen können. Doch ist es diesmal, als sei die übertragende Feder mehr als einmal vor dem Original erlahmt. Die bis zum Überdruß benutzte Wendung »whatever it means« und verwandte Bildungen mögen sich vielleicht der vollen sprachlichen Auflösung in eine deutsche Entsprechung entziehen, aber Sätze wie dieser sind kaum noch lesbar: »Er wußte, als er unter der Decke im Wind lag, daß nur das einem Mann bleibt, was er für eine Frau tut, außer das, was er für sein Vater- oder Mutterland tut, wie immer die Lesart ist.« Man kann in einem solchen Ungefüge die Ratlosigkeit eines getreuen und kunstvollen Übersetzers gegenüber einem Stil erblicken, der sich selbst ad absurdum führt.

Was gesagt werden soll, ist klar; aber es soll – so will es der Autor – auf eine beiläufige und bittere Art gesagt werden. Das mühevolle und oft unglaubwürdige Ausweichen vor dem schlichten und spontanen Ausdruck der Leidenschaft mutet manchmal fast wie Feigheit oder doch jedenfalls wie konventionelle Rücksicht auf sportliche Vorurteile an. Am Ende suchen wir hinter der Ungerührtheit der Wendungen zu Unrecht nach einer Gefühlsspannung, die sich einst so meisterhaft in der nur scheinbaren Banalität der Wechselreden versteckte. Die Teilnahme an der Prozedur drängt sich an die Stelle des Mitleidens. So würde auch das abschließende Urteil über diesen Roman lauten müssen, wenn er eben nicht jene wenigen Seiten enthielte, jene Seiten voller Schatten, in denen ein Mann aus den Armen der Liebe in die Arme des Todes gleitet.

Ernest Hemingway, Über den Fluß und in die Wälder. Hamburg 1951
Gegenwart 1. 1. 1952

Ihr müßt's nicht lesen

Der bekannte Verlag hat der deutschen Leserschaft ein reizendes Weihnachtsgeschenk auf den Gabentisch gelegt und mit ihm der behaglichen Feststimmung Rechnung getragen, die den Leuten am Ende eines harten Jahres gar wohl zu gönnen ist. Schon der Titel ist so recht festlich und geeignet, die Gemüter zu erheben; das Buch heißt *Verdammt in alle Ewigkeit* und ist von *James Jones* verfaßt. Nun, es ist vielleicht besser, ernsthaft über die Angelegenheit zu sprechen. Die Literatur geht ihren Gang, und wohin kämen wir, wenn der Buchhandel uns zu den Festtagen lauter Dickenssche »Weihnachtsglocken« anbieten wollte! Kein Anlaß der Welt darf uns dazu verführen, den furchtbaren Ernst des Menschenloses aus dem Auge zu verlieren, und sei es auch nur das Los eines Hornisten in der Armee der Vereinigten Staaten. Auch er trägt ein menschliches Antlitz, und was ihm geschieht, das geschieht an beseeltem Fleisch und Blut.

Diese Feststellung ist notwendig, damit der Leser vor dem Eindruck gewarnt werde, die Figuren dieses umfangreichen Romans, der in Amerika einen ungeheuren Erfolg errungen hat, seien lauter kranke Tiere. Nein, die zügellose Schilderung bemüht sich um einen durchaus ernsten Kern. Nur ist dieser in so besondere und abseitige Verhältnisse eingebettet, daß dem Einwand, was uns das Buch angehe, nicht gerade leicht auszuweichen ist. Dazu gesellt sich der sehr ernste Umstand, daß der natürlichen Fähigkeit, Roheiten und Hemmungslosigkeiten zu ertragen, Grenzen gesetzt sind, Grenzen, die nicht durch Bequemlichkeit, sondern durch den Selbsterhaltungstrieb der menschlichen Gesellschaft bestimmt werden. Kommt man der Wahrheit dadurch näher, daß man alles ausspricht und keinen Bezirk mehr gelten läßt, den das Schamgefühl versperrt? Sind alle Tabu-Vorstellungen nur Symptome der Feigheit und der bürgerlichen Verschwörung? Wenn ja, dann gäbe es also beim Abbau dieser Grenzen noch so eine Art von Fortschritt, wie wir ihn sonst nur noch der Technik zuerkennen.

Als Zola im »Germinal« beschrieb, wie ein Mädchen zum erstenmal die Menstruation erlebt, war dies eine Tat, denn es wurde ein Vorgang ans Licht gehoben, der das Leben jeder Frau elementar bestimmt. Ein unabweisbarer Bestandteil der Existenz drängte gebieterisch an die Oberfläche. Der Gesellschaft wurde das Recht abgesprochen, noch länger so zu tun, als ob es absolut entscheidende Erlebnisse dieser Art nicht gäbe. Sind die Sexualnöte der amerikanischen Garnison auf Hawai von derselben inneren Notwendigkeit geprägt? Das muß bezweifelt werden, denn gegen die Menstruation ist kein Kraut gewachsen, wogegen dem geschlechtlichen Bedürfnis mindestens die theoretische Möglichkeit, es im Zaume zu halten, gegenübersteht. Wo eine solche Möglichkeit nicht anerkannt oder nicht gewünscht wird, da sind die natürlichen Verabredungen bedroht, auf denen das menschliche Zusammenleben beruht.

Das Buch von Jones verrät denn auch das Bedürfnis, alles kurz und klein zu schlagen. Dem amerikanischen Publikum mag dieser Drang natürlich oder unterhaltend erscheinen; wir teilen ihn nicht. Vielleicht sind wir gebrechlicher und sparsamer, vielleicht auch haben wir mehr zu verlieren. Selbst wenn wir den

Wunsch, ein aufsehenerregendes literarisches Werk kennenzulernen, gelten lassen, so ist es doch unser Recht, uns gegen das Lebensgefühl, das in diesem Buch zum Ausdruck kommt, zu sträuben. Zum mindesten ist es nötig, den deutschen Leser darauf hinzuweisen, daß niemand ihm verbieten kann, sich zu sträuben. Aber wer wüßte nicht, daß dieser Hinweis vergeblich ist! Das bücherlesende Deutschland ist – genau wie das politische – immer noch so apathisch und unsicher, daß es alles, was ihm zugeschoben wird, aufsaugt wie ein Schwamm. Von irgendwelchem Widerstand gegen die Überschwemmung der eigenen geistigen Substanz ist keine Rede. Was da versagt, ist mehr als die Urteilsfähigkeit; es ist die Lebenskraft selbst, die zu schwach ist, Widerstand zu erzeugen. Die Rückkehr in die Barbarei, die in dem von seiner puritanischen Herkunft noch nicht gänzlich befreiten Amerika seinen Sinn haben mag, wird von uns aus Gleichgültigkeit und Hinfälligkeit mitgemacht. Der Baumriese, der von amerikanischer Axt gefällt wird, kann uns überhaupt nicht umwerfen, weil wir schon lange am Boden kriechen. Darum ist dem Roman-Ungeheuer von James Jones auch bei uns ein großer Erfolg vorauszusagen.

Man kann Amerika darum beneiden, daß es einen solchen ungeheuerlichen Zerstörungsakt gegen seine Menschen und Einrichtungen erträgt, ohne sich in seinem Kern angetastet zu fühlen. Wir selbst brächten diese Kraft nicht auf, ja, ein tiefes Unbehagen überkommt uns bei der Vorstellung, daß einer Armee, wie Jones sie schildert, die Verteidigung der »freien Welt« zur Stunde fast allein obliegt. Andererseits ahnen wir in diesen Soldaten eine Härte, die sie zwar unter die menschliche Stufe herabdrückt, sie aber auch über sie hinauszuheben vermag. Der Berufssoldat Prewitt, ein ehemaliger Landstreicher, will der Sportabteilung seiner Kompanie nicht mehr seine Künste als Boxer zur Verfügung stellen, weil er einmal einen Kameraden beim Boxen um sein Augenlicht gebracht hat. Die Kompanie, die auf den Sporterfolg nicht verzichten will, sucht den Mann zu brechen. Prewitts Widerstand gegen diesen Versuch bildet den eigentlichen Stoff des Romans. Was dabei an Gemeinheit, Korruption und Menschenschinderei geleistet wird, übersteigt alle heutigen Vorstellungen. Aber Prewitt ist durch nichts zu zwingen, auch nicht durch das Militärgefängnis, bei dessen Methoden selbst der tüchtigsten SS-Mannschaft in einem KZ das Wasser im Munde zusammenlaufen müßte. Er desertiert schließlich und lebt mit der Insassin eines Militärbordells, bis der Angriff der Japaner auf Pearl Harbour ihm den Weg in die Armee wieder zu öffnen scheint. Bei dem Versuch, zu seinem kämpfenden Truppenteil zu gelangen, wird er von der Militärpolizei erschossen. Prewitt hat sich stets als ein Ausgestoßener betrachtet, der Aufenthalt im Gefängnis hat ihm »eine Ekstase des Märtyrers« verliehen und ihm bestätigt, daß er und seine ungebrochenen Leidensgenossen die eigentliche Kraft Amerikas bilden, wie es einst die Trapper und Pioniere waren. In dieser Überzeugung steht er gegen den »gottverdammten Mittelstand«, zu dem auch die Offiziere und die ganze Welt der Vorgesetzten gehören. Disziplinbruch und Kameradschaft sind ebenso ein Teil der Rebellion wie diese ewige und wahrhaft langweilige Betrunkenheit und das Toben in den Bordellen.

Von diesen Soldaten heißt es: »Eine Art umgekehrter Sentimentalität beherrschte sie, eine umgekehrte Romantik.« Damit ist wohl der eigentliche »Komplex« des Buches angedeutet, denn es steckt in der Tat ein Stück knabenhafter Romantik in dem Bestreben, den Sträfling als den einzigen echten Kerl anzusehen und die brüllende Schweinerei für eine Form des Aufruhrs gegen die Gesellschaft zu halten. Die Welt ist in dem Buch auf altmodische Weise geteilt in eine »bürgerliche« Übermacht und in eine revoltierende Elite, die in der Unterwelt verharrt und von dort ihre eigentliche Kraft bezieht. Es ist das Ende der amerikanischen Legende von »jedem Zeitungsjungen, der Millionär werden kann«. Auf das geputzte Märchen vom Aufstieg ist das düstere Märchen der Ausgestoßenheit gefolgt. Karl Moor schlägt sich mit den Seinen in die böhmischen Wälder. An die Stelle der sozialen Revolution tritt eine moderne Spielart der

Räuberromantik. Was Natur hätte sein sollen, wird zur Roheit. Noch nie waren in einem Buch soviel Obszönitäten, Grausamkeiten, pornographische und animalische Details vereinigt wie in diesem Werk, das sich im Grunde um die Schilderung eines guten Menschen bemüht.

Die Übersetzung von Otto Schrag ist eine gewaltige Leistung, da es ihr gelingt, für den stammelnden, fast röchelnden Soldatenjargon ein deutsches Äquivalent zu finden. Man spürt im deutschen Text auch den Hauch des Dichterischen, der immer wieder durch das barbarische Toben der Schilderung dringt. Manchmal setzt bei der Beschreibung amerikanischer Gesichter, Landschaften und Schicksale ein fast rhapsodisches Strömen ein, in dem Thomas Wolfes machtvolle Stimme anklingt. Aber hat es Sinn, den literarischen Qualitäten eines Buches gerecht werden zu wollen, das in qualvoller Breite, ja Pedanterie menschliche Zustände ausbreitet, die zwar möglich, aber nicht notwendig sind und denen eine fast spielerische Willkür anhaftet? Noch ist die Schöpfung kostbar, und bei jedem Schlage, der gegen sie geführt wird, sollte sich ein Stück von uns selbst getroffen fühlen. Jones' Botschaft von der Rebellion der Ausgestoßenen, die um jeden Preis ausgestoßen bleiben wollen (jedoch ohne jedes Klassenbewußtsein im alten Sinne), ist eine riesenhafte Kuriosität, die mit unserer Problematik kaum eine Berührung hat. Hätten wir in uns ein Maß, würden wir sie ablehnen und gegen ihr Unmaß empfindlich bleiben. Aber sind wir sicher, daß uns im Grunde nicht alles gleichgültig geworden ist?

James Jones, Verdammt in alle Ewigkeit. Frankfurt a. M. 1951
Gegenwart 15. 1. 1952

Mann und Frau

Zum Lobe des Buches von *Simone de Beauvoir Das andere Geschlecht. Sitte und Sexus der Frau,* das in Frankreich viel Aufsehen erregt hat, ist bei seinem Erscheinen in deutscher Sprache manches gesagt worden, was seinem Sinn abträglich ist. So wurde uns versichert, die Verfasserin sei keineswegs eine »Feministin« oder »Frauenrechtlerin«. Sie ist es indessen im höchsten Grade. Warum auch nicht? Entweder besteht das von ihr behandelte Problem wirklich, dann sind Feministinnen – besonders wenn sie so klug sind wie diese Französin – dringend erwünscht, oder es besteht nicht, dann verliert das Buch an Bedeutung oder doch wenigstens an Notwendigkeit.

Man hat auch verlautbart, daß »eine schöne und reizvolle Frau« das Buch geschrieben habe. Wen zum Teufel geht das etwas an? Muß denn eine Frau, die mit reformatorischem Eifer die Stellung ihres Geschlechtes in der Gesellschaft behandelt, von der Natur benachteiligt sein und die Spuren der Verbitterung im Antlitz tragen? Das klingt ja fast so, als habe die Verfasserin es auf Grund ihrer körperlichen Vorzüge »nicht nötig«, die ganze Frage überhaupt zu stellen. Das hieße freilich, Bedeutung und Absicht dieses Buches gründlich verkennen. Wenn ein Ressentiment vorliegt, so muß man seine Ursprünge in sehr hohen geistigen Sphären suchen, in der uneingestandenen Vorstellung etwa, daß es ein männliches Lebensideal gibt, das der vollen geistigen Entfaltung größere Möglichkeiten gibt als selbst die freiheitlichste weibliche Lebensform.

Das ungeheure Thema ist von vornherein dadurch eingeschränkt, aber auch verengt, daß die sexuellen Beziehungen zum Mann in den Mittelpunkt gestellt werden. Wahrscheinlich ist diese Verengung notwendig, keineswegs nur als Hilfe gegen die Uferlosigkeit der Autorin, sondern auch wegen des Umstandes, daß der Zeitkritiker heute immer wieder auf die gestörten Geschlechtsbeziehungen als auf die geheime Quelle öffentlicher

Schäden stößt. Auch läßt sich durchaus die Ansicht verteidigen, daß den Mann die eigentliche »Schuld« an diesen Störungen trifft. Das setzt voraus, daß dem Weiblichen – mit allen Eigentümlichkeiten dieses Geschlechts – eine Autonomie zukommt, die das Verharren im Weiblichen erstrebenswert macht. Damit würde aber der Kampf der Autorin gegen die ihrer Ansicht nach heute geltende These, daß die Frau »das Andere« sei, den Gegenstand einbüßen. Genau das ist der Fall. Das Buch ist mehr als eine kritische Darstellung, es ist durch und durch eine Streitschrift. Aber die stürmische und manchmal blinde Aggressivität der Schrift beruht auf der ganz willkürlichen Voraussetzung, daß die Zugehörigkeit der Frau zum »zweiten Geschlecht« für sie persönlich nachteilig oder unangenehm und für die Gesellschaft schädlich sei. Wenn es richtig ist, daß die Frau »das Andere« darstellt, so ist damit keineswegs bewiesen, daß dies ein Übelstand, eine Unmenschlichkeit oder eine Störungsquelle bilde.

Die französische Forscherin trägt ihre These mit einer gewissen Gereiztheit vor. Wenn sie sagt, daß »die Männer« es seit den ältesten Zeiten »für nützlich befunden« hätten, die Frau »in einem Zustand der Abhängigkeit zu halten«, so klingt das, als ob die – zweifellos ständig verbesserungsbedürftige – Stellung der Frau das Ergebnis einer bewußten und straff organisierten männlichen Verschwörung sei. Das erinnert geradezu an die Weisen von Zion! Selbstverständlich ist die Geschichte der menschlichen Gesellschaft voller Vorkehrungen zur Niederhaltung der Frau, aber von ihnen besteht heute so gut wie keine mehr. Trotzdem ist noch nicht alles in Ordnung. Aber Simone de Beauvoir wird ja selbst nicht müde, immer neue Beweise dafür zu erbringen, daß das »Anderssein« der Frau mehr ist als das Ergebnis eines uralten Unterdrückungsprozesses. Sie deutet heikle, aber wichtige Zusammenhänge an, wenn sie sagt: »Die Befruchtung kann stattfinden, ohne daß die Frau irgendeine Lust empfindet.« Der Abgrund zwischen Mann und Frau tut sich im Zeugungsakt auf, aber es ist ein Abgrund, aus dem himmlisches Feuer schlagen kann. Entweder ist der Akt für die Frau eine

Demütigung, weil sie nichts empfindet, oder sie empfindet etwas, und dann gibt sie in diesem hohen Augenblick freiwillig ihre Freiheit preis. Im Niedrigen wie im Hohen bleibt sie »das Andere«, weil sie anderen Geschlechtes ist. Das ist ein Anlaß für Selbstgefühl und nicht für Ressentiment. Die Frauen nicht mehr fühlen lassen, daß sie »das Andere« sind, bedeutet eine Verödung des Lebens und eine »Vermännlichung« des Zeitalters, mit allem Unfug, der damit verbunden ist.

Man kann in dem Buch der Französin, ohne ihm Gewalt anzutun, ein unausgesprochenes Bekenntnis zum männlichen Lebensideal und sogar eine indirekte Vergötzung des Mannes sehen. Daran ändert der polemische Ton und die Anhäufung anklagender Einzelheiten nur wenig. So ist es denn zu erklären, daß dem ganzen Werk etwas Altmodisches anhaftet, das allerdings zum Teil aus den besonderen französischen Verhältnissen verstanden werden muß. Dem fügt auch die etwas aufschneiderische Selbstgefälligkeit, mit der die Autorin kein Feigenblatt vor den Mund nimmt, nichts hinzu. Gelehrte Pedanterie ist mit sexueller Kraßheit einen Bund eingegangen, der seit jeher einen leicht komischen Beigeschmack hat. Sätze wie: »Der Kothaufen spielt hier die Rolle des Penis«, oder die Entdeckung: »Der Penis läßt sich in die Hand nehmen«, haben gerade unter der Feder einer Frau etwas Prahlerisches, was den Leser entweder zum Lachen oder zum Fortblicken reizt. Mit Tapferkeit hat dieses Auftrumpfen, das der weiblichen Befangenheit ein Dementi erteilen soll, nichts zu tun.

Der Wunsch, nichts auszulassen und dem Leser (vor allem dem männlichen!) nichts zu ersparen, führt zu einer fessellosen Breite, die etwas an das hochstehende Geschwätz einer gelehrten Frau aus dem Barock mit ihrem achtbändigen Gallimathias über das himmliche Jerusalem erinnert. Vom Fettsteiß der Hottentottenweiber über die psychoanalytische Bedeutung des Gartenschlauches bis zum Streit um den »Rosenroman« zieht in gelehrtpedantischer Vollständigkeit alles an uns vorüber, was die »Stellung der Frau« angeht. Es ist klar, daß es dabei praktisch überhaupt keine Grenzen gibt. Dem deutschen Leser wäre mit einer weniger vollständigen Ausgabe besser gedient gewesen. Die literarischen Kapitel sind weitgehend unerheblich, weder Claudel noch Montherlant sind uns in dieser Sache unentbehrliche Kronzeugen. Wenn es pedantische Zügellosigkeit gäbe, wäre sie mit diesem Buche geleistet. Daß der Leser sich trotzdem gern die Mühe macht, aus dem Wust die wirklich wichtigen und anregenden Gedankengänge herauszulösen, spricht nicht nur für die Bedeutung des Themas, sondern auch für die Autorität, die die Verfasserin sich im Laufe ihrer Darstellung trotz allem zu erzwingen versteht.

Der ruhmlosen Leistung der beiden Übersetzer, Eva Rechel und Fritz Montfort, ist ausdrücklich zu gedenken. Ihre Plage muß unvorstellbar gewesen sein, besonders wenn man die vielen Bezüge auf ausländische Autoren bedenkt. Es ist ein mustergültiger deutscher Text entstanden.

Simone de Beauvoir, Das andere Geschlecht. Sitte und Sexus der Frau. Hamburg 1951
Gegenwart 1. 4. 1952

Dior und Sartre

Jeden Nachmittag strömt das Pariser Publikum in die zierlichen und doch weitläufigen Räume des Modehauses Dior, um die Vorführung der Sommerkollektion zu betrachten. Es ist nicht leicht, zu diesem Publikum zu gehören, die Vorführung einer Kollektion wird mit so viel Sicherheitsveranstaltungen und Geheimnis umgeben, als ob es sich um die Eleusinischen Mysterien handle. Der endlich zugelassene Zuschauer fühlt sich erwählt und ausgezeichnet. Er hegt daher von vornherein gesteigerte Empfindungen. Diese werden schnell bestätigt durch das

Entzücken, das ihm der Schönheitssinn und die künstlerische Einbildungskraft dieses Christian Dior einflößen. Hier sind die praktischen Erfordernisse und der reine Gestaltungsdrang einen Bund eingegangen, dessen Früchte von absoluter Vollkommenheit sind und daher beim Zuschauer jenes Glück hervorrufen, wie es sonst nur das Kunstwerk geben kann.

Die Grenzen der Anwendbarkeit werden dabei freilich überschritten. Es kommt der Augenblick, wo die tragbaren Kleider und Kostüme durch Gebilde abgelöst werden, die man in der Literatur als »poésie pure« bezeichnen würde, nämlich durch gewisse Abendkleider. Diese völlig in den Bereich des Phantastischen vordringenden Schöpfungen aus hauchfeinen oder schwerprunkenden Stoffmengen, die entweder so einfach oder so mit Zier beladen sind, daß keine Gelegenheit, zu der sie heute noch getragen werden können, erdenklich ist, diese Farbenkompositionen, in denen die großen Impressionisten ihre Wiederkunft feiern, kurzum diese ganz stoffgewordene Hymne auf das Weibliche ist das eigentliche Tummelfeld Diors, der sich hier von allen Verkaufserwägungen befreit und schneidert, »wie der Vogel singt«.

Dieser bedeutsame Vorgang ist ein Stück Zivilisation und tritt dadurch bewußt als solches auf, daß diese kostbaren Gebilde samt und sonders nach modernen französischen Schriftstellern benannt sind. Der Fremde traut seinen Ohren nicht, wenn ein weißes, mit nußgroßen Perlen überesticktes Abendkleid als »Albert Camus« angesagt wird. Ein rosa Gewand mit weitem Dekolleté, ganz Duft und Schaum, wird mit dem Namen »Jean Paul Sartre« vorgestellt, ein anderes heißt »Marcel Aymé«, und so geht es die ganze zeitgenössische Literatur durch. Keines dieser Kleider ist darauf angelegt, in seiner Farbe und Art das Wesen des Schriftstellers anzudeuten, dessen Namen es trägt. Mancher von ihnen hat fast nur düstere und zweifelnde Werke geschaffen, die nichts enthalten, was diese lebensbejahende Pracht rechtfertigen könnte. Der Sinn dieser Namensgebung ist rein repräsentativ. Ein Höhepunkt nationalen Kunsthandwerks bezieht sich auf andere Höhepunkte. Die Einheit der Zivilisation wird auf eine einprägsame und, wie man wohl sagen kann, in keinem anderen Land mögliche Art verkündet. Sartre ist gefragt worden, wie er sich zu dieser Verbindung seines programmatischen Namens mit diesen Erzeugnissen des höchsten Luxus stelle. Seine Antwort war: »Ich fühle mich tief geehrt.«

Gemeinsame Erlebnisse, Höhepunkte und Leiden machen eine Nation aus. Wenn nun zu diesem Gemeinsamen auch das literarische Erlebnis gehört, so hat die Nation eine von ihr nicht zu trennende Literatur, die mitgenannt wird, wenn ihr Name genannt wird. Damit ist nicht gesagt, daß jeder Franzose so anspruchsvolle Schriftsteller wie Sartre, Camus oder Paul Claudel liest (das nach ihm benannte Kleid ist tiefschwarz und wie angegossen), es ist nicht einmal anzunehmen, daß alle Zuschauer eine klare Vorstellung vom Wirken dieses Geistes haben. Aber jeder empfindet das Prestige dieser Namen als einen Bestandteil seines Stolzes auf die Zivilisation, in der er lebt und achtet sich selbst, indem er diese Schriftsteller achtet. Die eigene Existenz erhöht sich durch die Teilnahme an der Literatur, die kein abseitiges und den Kennern vorbehaltenes Dasein führt, sondern auch da, wo sie nicht gelesen wird, eine öffentliche Einrichtung darstellt, von der sich niemand ausschließen will.

Wahrlich ein beneidenswerter Zustand, zum mindesten beneidenswert für den, der die Literatur als ein unabtrennbares Element des nationalen Zustandes sehen möchte. Man braucht sich nur vorzustellen, was in den Köpfen der Zuschauer vor sich ginge, wenn ein deutsches Modehaus ein Abendkleid unter der Bezeichnung »Hermann Hesse« oder »Gottfried Benn« vorstellte. Es würde als Dissonanz empfunden und wäre auch eine, denn zwei völlig verschiedene Welten, die nichts voneinander wissen und wissen wollen, würden damit durcheinander gebracht. Diese Unvereinbarkeit ist eine Tatsache und kann durch kein Kunststück aus der Welt geschafft werden. Sie deutet auf eine konstitutionelle Schwierigkeit der deutschen Literatur, deren Höchstleistungen einsame Gipfel bleiben und nicht an der geistigen Gesamtlandschaft mitwirken. Der weit glücklichere, wenn auch oft durchschnittlichere Zustand in Frankreich kommt dadurch zustande, daß Bildung und Literatur untrennbar sind. »Literarische Kenntnisse«, sagt Curtius, »gelten in Frankreich als die guten Manieren des Geistes.« Man könnte sogar sagen: als gute Manieren schlechthin. Die Gesittung ist unteilbar.

Die Kehrseite dieser Unteilbarkeit besteht in der Neigung, mitzureden. Die Umgangsformen sind nicht vollkommen, wenn die Literatur nicht zu den alltäglichen Gesprächsgegenständen gehört. Dadurch ist der Schriftsteller in aller Munde, aber häufig eben nur als Thema der Unterhaltung, die ein tieferes Eindringen nicht erlaubt. Das Bedürfnis des Franzosen, mitzureden, ist unbegrenzt. Er spricht von der Literatur genau so, wie er etwa von der Politik seines Landes redet. Er kennt den Gegenstand oft nur obenhin, aber er würde sich für teilnahmslos halten, wenn er sich zu Sartre nicht ebenso unbefangen äußerte wie zur Finanzpolitik Pinays. In beiden Fällen steht das öffentliche Leben zur Diskussion. Der natürliche Bürgersinn erfordert, daß man seine Meinung sagt. Die Frage ist nun, ob es für die Literatur besser ist, daß über sie nur mitgeredet wird oder im allgemeinen Bewußtsein überhaupt keine Rolle spielt.

Aber ist es wirklich eine Frage? Denn selbst da, wo das Interesse an Büchern eher gesellschaftlich als geistig ist, tritt der kritische Sinn in Tätigkeit und prüft die Literatur, wenn auch nicht auf ihren Wert, so doch auf ihren Beitrag zum Gesamtleben. Der nationale Zusammenhalt wird auf diese Weise gefestigt, und der teilnehmende Mensch bestätigt sich selbst, indem er die Zivilisation, zu der er gehört, literarisch bestätigt findet. In diesem Rahmen bilden Dior und Sartre ein Paar, so wenig ihnen auch sonst gemeinsam sein mag. Das Abendkleid Diors ist ebensowenig ein Gegenstand des täglichen Gebrauchs wie das Buch »Das Sein und das Nichts«, aber beides sind Erscheinungen, die an dem gemeinsamen Lebensgefühl eines Volkes mitwirken.

Gegenwart 26. 4. 1952

Das Buch der Bücher

Die unerschrockene, ja großartige Unternehmung *Beheim-Schwarzbachs,* die Heilige Schrift nachzuerzählen und sie als *Geschichten aus der Bibel* dem natürlichen Lesebedürfnis eines laisierten Publikums anzubieten, löst eine wahre Sturzflut von Überlegungen aus. Zunächst und überwiegend meldet sich Zustimmung zu einer Operation, die den Organismus zwar vermindert, ihm dafür aber das Weiterleben sichert. In den letzten dreißig Jahren ist die Kenntnis der Heiligen Schrift in Deutschland nahezu ausgestorben. Das »Buch der Bücher« wird weder als fromme Heilsquelle noch als Dokument noch als Dichtung mehr gelesen. Die Abwendung mag mit dem Absterben des religiösen Lebens oder mit dem um sich greifenden höheren Analphabetentum, von dem auch Deutschland ergriffen wird, zusammenhängen. Sie hat aber auch soziologische Gründe insofern, als zum Lesen der Bibel eine bestimmte Lebensform gehört, die nicht mehr besteht. Die Erbauung, ob sie sich nun im Kreis der Familie abspielt oder Sache des Einzelnen ist, hat ihre wesentlichen Voraussetzungen verloren: Stille und freiwillige Begrenzung der äußeren Eindrücke. Man braucht durchaus nicht den religiösen Standpunkt einzunehmen, um zu ahnen, daß das Sterben der Bibel zur Verpöbelung unseres Zeitalters gehört.

Der Verlust ist ungeheuer. Selbst das leerste und schlaffste Menschenwesen heute denkt und spricht in Formen oder Sprachvorstellungen, die, ohne daß es ihm auch nur im mindesten klar wäre, aus der Bibel stammen. Selbst wenn der letzte Rest religiösen Gedankengutes ausgemerzt würde, bliebe die Luthersche Bibel immer noch die größte Form, in die das Denken und Sprechen des Deutschen je gegossen worden ist. Goethe unterschätzte den Einfluß der biblischen Vorstellungen keineswegs. »Beim erneuerten Studium Homers empfinde ich erst ganz, welches unnennbare Unheil der jüdische Praß uns zugefügt hat«, sagte er zu Bötticher. »Hätten wir die Sodomitereien und ägyptisch-babylonischen Grillen nie kennengelernt und wäre Homer unsere Bibel geblieben, welch eine ganz andere Gestalt würde die Menschheit dadurch gewonnen haben!« Hier begehrt der streitbare Humanist auf, der noch glaubt, daß die Menschheit die falsche Wahl getroffen habe. Inzwischen hat sie aber auch den »jüdischen Praß« vergessen, ohne daß damit die Chancen für Homer auch nur im geringsten gestiegen wären. Beheim-Schwarzbach konnte also gleichsam bei Null anfangen, und es ist natürlich, daß er sich bei diesem Erneuerungsversuch auf das epische Element beschränkt, alles Rituelle, Visionäre und Lehrhafte ausgeschieden hat und nur die »Geschichten« wiedergibt. Damit mußte denn auch auf etwas sehr Wesentliches verzichtet werden, worin sich die Sprachgewalt des lutherischen Deutsch am stärksten – wenn auch oft am dunkelsten – entfaltet, nämlich auf die Verfluchung, die Klage, das Frohlocken, die Zauberformeln und die Beschwörung, kurz auf das eigentlich Unchristliche, um nicht zu sagen Heidnische des alten Testamentes. So kann es nicht ausbleiben, daß der regelmäßige Bibelleser, von denen immerhin noch einige Exemplare erhalten sind, den Propheten Jesaia, der ihm besonders am Herzen liegt, in der Nacherzählung am undeutlichsten wiederfindet, während die neue Wiedergabe den Makkabäern, den Büchern von den Königen, aber auch der Schöpfungsgeschichte zu schärferen Umrissen verhilft. Man kann getrost von einer Nachdichtung sprechen, denn es ist epische Dichtung, was hier für uns erweckt wird, und zwar durch einen Autor, dem nicht nur die Welt der Bibel, sondern auch der beste Tonfall deutschen Erzählens vertraut ist. Mancher, der die Bibel in das Halbdunkel abgelebter Jugendzeiten zurückgedrängt hat, wird feststellen, daß der »jüdische Praß«, von dem Goethe spricht, voll großartiger Spannung ist.

Damit ist freilich die Frage nicht geklärt, ob die Nacherzählung am Ende nicht doch die Heiligkeit der Urkunde antastet. Zum mindesten ist diese Frage gegenüber dem neuen Testament erlaubt, das von Beheim-Schwarzbach ja ebenfalls in seine Neugestaltung einbezogen wird. Einem theologischen Maßstab, so scheint uns, ist selbst dieser originelle und tief achtungsvolle Wiederbelebungsakt nicht gewachsen. Aber der Kreis derjenigen, für die ein solcher Maßstab verbindlich ist, braucht nicht erst für die Lektüre der Bibel gewonnen zu werden. Andererseits ist es unbestreitbar, daß der geisteswissenschaftliche Ehrgeiz, in den die moderne Theologie mehr und mehr hineingerät, viel dazu beigetragen hat, der Bibel die Rolle eines frommen Hausbuches zu rauben. Die Lesbarkeit der biblischen Geschichte wiederherzustellen heißt gleichzeitig auch, sie ein wenig gegen die Theologen verteidigen. Die Hoffnung, daß der eine oder andere Leser durch Beheim-Schwarzbachs schönen Text wieder zur Heilsbotschaft geführt werde, ist wahrscheinlich vermessen und wird vom Autor, der tief in den Sinn seines Stoffes eingedrungen ist, auch nicht gehegt. Aber die Anteilnahme wird neu geweckt, und wir sind bescheiden genug, zu wissen, daß damit etwas Großes geleistet ist. So viele Paradiese sind verlorengegangen, so viele Schlüsselworte sind für immer vergessen, daß wir glücklich sein müssen, wenn ein wenig Licht auf die verdunkelten Ursprünge des Namens Gottes gelenkt wird.

Martin Beheim-Schwarzbach, Die Geschichten der Bibel.
Hamburg 1952. Gegenwart 24. 5. 1952

Der Freiheit überdrüssig

Es ist vielleicht gewagt, die Erfahrungen, die der Sohn eines großen Schriftstellers deutscher Zunge mit dem Lande seiner Herkunft gemacht hat, zur Erhellung der deutschen Problematik heranzuziehen. Mag es schon ein besonderer Umstand sein, Thomas Mann zum Vater zu haben, so geraten die Lebensgrundlagen erst recht ins Wanken, wenn der Sohn ebenfalls Bücher verfaßt, ja sein Dasein mit Leidenschaft der Literatur verschreibt. *Klaus Mann* ist im Jahre 1949 freiwillig aus dem Leben geschieden. Da die Summe seiner Existenz als Buch vorliegt, dem er den Titel *Der Wendepunkt* gegeben hat, ist es erlaubt, nach den Gründen für diesen Untergang zu fragen. Der Bericht, den er uns hinterläßt, will ein Bekenntnis, eine Beichte sein. Man drängt sich also nicht in private Bereiche, wenn man sich von dieser Beichte ergreifen läßt und da zu antworten versucht, wo der Bekennende in schmerzlichen Fragen befangen bleibt.

Jedes Buch führt sein eigenes Leben, der Verfasser hat keine Macht mehr über die Dinge, die er schreibend auf den Weg gebracht hat. Was zwischen beiden Buchdeckeln eingeschlossen ist, gehört dem, der es liest. Das gilt doppelt, wenn der Beichtende qualvoll an der Kette zerrt, die ihn an Deutschland bindet. Wo ein Deutscher mit seinem Lande nicht fertig wird, da sind wir alle aufgerufen, uns zu prüfen, in unser Inneres zu tauchen und nach dem Maß unserer Mitschuld zu fragen. Denn wir können nicht an dem Guten, das unsere Zugehörigkeit zu Deutschland uns spendet, teilnehmen, ohne uns zu dem Dunklen zu bekennen. Das deutsche Wesen ist unteilbar.

Einen kurzen Augenblick freilich – er dauerte gar zu lange – schien es teilbar zu sein. Das war in den Jahren, als Klaus Mann zu einem Sprecher der deutschen Emigration wurde. Schlagender, als er es gekonnt hätte, faßte sein Vater die Situation zusammen: »Hitler hatte den großen Vorzug, eine Vereinfachung der Gefühle zu bewirken, das keinen Augenblick zweifelnde Nein, den klaren und tödlichen Haß. Die Jahre des Kampfes gegen ihn waren moralisch gute Jahre.« Das ist deutlich; es zeigt, in welchem Maße der Kampf gegen die Tyrannei die persönlichen Lebenskonflikte des einzelnen hinauszuschieben vermochte. Was aber, als dieser Kampf gewonnen war? Eine böse Gewalt hatte sich der Welt bemächtigt. Sie durfte nicht Herr über das souveräne Leben des einzelnen werden. Daraus ergab sich die Forderung an jeden, selber diese Herrschaft auszuüben und sie zum guten Ende zu führen.

Klaus Mann hat dies gewußt, und seine Verzweiflung mag da zum tödlichen Ausgang gestrebt haben, wo er sah, daß der Wendepunkt, nämlich der Sturz der Gewaltherrschaft, ihm die Verfügung über das Leben zurückgab, mit dem er nichts mehr zu beginnen wußte. Die »moralisch guten Jahre« waren vorüber. Wer gekämpft hatte, war nun seinem eigenen Gesetz ausgeliefert. Die Politik, die den Lebensmaßstab geliefert hatte, war zu Ende. Die Sittlichkeit, die nur im eigenen Inneren gefunden werden kann, erhob ihre heischende Stimme. Die Form der Bewährung war eine andere geworden. Über den Dreiundvierzigjährigen kamen wieder die alten Gespenster und Dämonen, die der politische Kampf zurückgedrängt hatte. Der Todeswunsch hatte wieder volle Gewalt.

Die Beichte des unglücklichen Mannes ist aus dem Entschluß entstanden: »Ich will nicht mehr lügen. Ich will nicht mehr spielen. Ich will bekennen.« Es hat indessen mit Bekenntnissen eine seltsame Bewandtnis. Warum ist die Konfession des heiligen Augustinus eine sittliche Tat ohnegleichen, und warum fehlt dem gleichen Unternehmen Rousseaus die läuternde Kaft? Nicht, weil dieser mehr vor der Öffentlichkeit ausbreitet als jener. Auch Augustinus würde, wenn er in der Neuzeit gelebt hätte, aus der Verfeinerung der psychologischen Instrumente Nutzen gezogen und mehr gesagt haben. Aber er hätte der Sühne ihre volle Realität belassen und sie nicht zum Färbemittel »sublimiert«. Rousseau fühlte sein Leben stärker im Gedanken an seine Irrungen als in der Tat des Bekennens, während bei Augustinus die Flamme in dem Maße stärker brennt, wie sie reiner wird. Die Beichte, die mit absterbender Daseinskraft Hand in Hand geht, bringt den Sünder um die letzte Entlastung. Klaus Mann wird vom wachsenden Todesverlangen an den Rand der Wahrheit gedrängt. Aber die Wahrheit ist kein Abgrund. Er beschreibt sich selbst als einen Menschen, »dessen primäre Interessen in der ästhetisch-religiös-erotischen Sphäre liegen, der aber unter dem Druck der Verhältnisse zu einer politisch verantwortungsbewußten, sogar kämpferischen Position gelangt«. Was ist das für eine Sphäre, von der er spricht? Ästhetisch, religiös-erotisch? »Ça, c'est bien allemand, par exemple!« würde sein Vater eine seiner Figuren ausrufen lassen.

Daß hier jemand einen echten Kampf gekämpft hat, wer wollte es leugnen! Alle diese Anläufe, die deutsche Problematik abzuschütteln, »mit Deutschland endgültig Schluß zu machen«, ein amerikanischer Schriftsteller zu werden, nur noch der Welt als einem Ganzen zu gehören, alles das ist von vielen Verzweifelten vorher versucht worden. Aber die Kette hielt. Meist war sie als Kette fühlbar, oft auch als sanftes Band. Seine Geschichte sollte die eines Deutschen sein, »der zum Europäer, eines Europäers, der zum Weltbürger werden wollte«. Dieses »wollte« ist herzzerreißend, denn es deutet auf die Not jedes Deutschen, der – eben als Deutscher – zum Weltbürgertum berufen ist und doch immer wieder in seine nationale Problematik wie in einen Brunnenschacht zurückfällt.

Klaus Mann hat um Humanität gerungen und uns vorgeworfen, wir seien ihrer nicht fähig. Aber dieses Ringen war eng verschlungen mit eifriger Pflege dessen, was mit Humanität nicht vereinbar ist, nämlich der Anarchie, der Selbstzerstörung und vor allem des Todes. Clemenceau hat einmal in seinem Zorn den Deutschen dahin definiert, daß er das Leben nicht liebe. Wenn an seinem Wort auch nur ein Fünkchen Wahrheit ist, dann ist Klaus Mann unendlich deutsch gewesen. Während er auf seine Einberufung zur amerikanischen Armee wartete, schrieb er in sein Tagebuch: »Ich wünsche mir den Tod. Der Tod wäre mir sehr erwünscht. Ich möchte gerne sterben. Das Leben ist mir unangenehm. Ich mag nicht mehr leben. Es wäre mir äußerst lieb, nicht mehr leben zu müssen. Der Tod wäre mir entschieden angenehm . . .« Genug, es ist gar zu qualvoll!

Und doch schien es ein so leichtes Leben zu sein. Dem hochbegabten Jüngling, von dem man freilich nicht mit Entschiedenheit sagen konnte, zu was er nun eigentlich begabt war, standen von Anfang an alle Türen offen. Er kannte jeden Menschen, den er kennen wollte, er reiste, wohin es ihm beliebte, er verschaffte sich mühelos jeden guten und schlechten Genuß, er pflückte jede Frucht, und wenn sie zu hoch hing, stand immer einer bereit, ihm den Zweig herunterzubiegen. Seine Sphäre war die Prominenz, »guter, alter Stefan Zweig«, Max Reinhardt, »wie begabt, was für ein netter Mensch«, Sinclair Lewis, Einstein, Greta Garbo, Cocteau, André Gide, dieser ganze Zug von großen Zeitgenossen war sein selbstverständlicher Umgang. Der Name des Vaters war das Zauberwort, das ihm allenthalben den leichtesten Eingang verschaffte. Und er schrieb, er schrieb »mit großer Leichtigkeit«, die Arbeit »ging ihm flink von der Hand«. Theaterstücke, Romane, Aufsätze, Essays entstanden ohne Mühe, ohne freilich je ein originales Gesicht zu gewinnen, und fanden sofort die besten Verleger.

Aber die wahren Freunde gingen ihm voran. »Ich habe mehr Freunde«, so schreibt er, »durch Selbstmord verloren (womit hier auch die indirekten Formen der Selbstzerstörung gemeint sein mögen) als durch Krankheit, Verbrechen oder Unglücksfälle.« Daran und an den Anstößlichkeiten seiner Lebensführung, von denen er aufrichtig und sehr ausführlich erzählt, war »die überaltete Pseudomoral« schuld. »Trieben wir es besonders liederlich und zügellos?« fragte er sich und antwortete: »Wir konnten nicht von einer sittlichen Norm abweichen: es gab keine solche Norm.« Mein Gott, wie infernalisch und wie bequem! Und doch strebte er zu dieser Norm zurück; denn welchen Sinn hätte sonst der verzweifelte Entschluß gehabt, eine Beichte seines Lebens abzulegen! Es gibt keine Beichte ins Leere, sie erfolgt immer vor einer Instanz.

Oh, es war diesem Manne »entre deux guerres« schon ernst mit seinem Wunsch, zu bekennen und dem Spiel mit der Lüge ein Ende zu machen. Aber die Stimme ging ins Nichts. Kein lossprechendes Wort kam ihm als Echo zurück, nur der Todeswunsch gab den Widerhall. »Überdrüssig der Freiheit; überdrüssig der Einsamkeit. Sehnsucht nach Gemeinschaft. Der Wunsch, mich einzuordnen, zu dienen!« heißt es in einer Tagebucheintragung. Ist das die Summe eines Lebens, dem von außen her nichts versagt wurde und das von keiner »Norm« zu wissen glaubte? Oder ist es nur der übermäßige Gebrauch einer Freiheit, die mit der so tapfer verteidigten politischen Freiheit durchaus nicht identisch sein will? Täuschen wir uns nicht, der Wunsch nach Einordnung ist mit dem Kampf gegen die Unterdrückung sehr wohl vereinbar.

Aber hier leidet ein Mensch, der zum Kämpfen nicht geboren ist. Er fühlt das Verhängnis sich über die Welt zusammenziehen. »Man nutzte die Gnadenfrist, so gut es gehen wollte.« Wie wurde sie genutzt? In der »Beichte« ist alles ausgesprochen, aber man würde sich indiskret schelten müssen, wenn man es wiedergäbe. Nur soviel sei gesagt, daß niemand, der politisch wirken will, bei der Schilderung eines Besuches in Budapest den Faschismus der Horthy und Gömbösch geißeln und gleichzeitig in der Beschreibung des dortigen Bordellbetriebes schwelgen darf. »Wer wollte da den Spielverderber machen?« ruft er aus – in den Bordellen, nicht bei den Faschisten. Und doch hat er selbst so brennend gefühlt, daß die Herrschaft des Ungeistes nicht bekämpft werden kann ohne eine gewisse Führung des eigenen Lebens. Daher der Wunsch nach »Einordnung«. Denn wenn auch die Tyrannei gewöhnlich »tugendhaft« ist, so ist ihr Gegenteil darum noch nicht zur Zügellosigkeit berechtigt. Sonst gerät ernstestes Streben in die Gefahr, als »Entartung« verketzert zu werden, nur weil es nicht der Gewalt dienen will.

So geht der Weg einer reichen und großherzigen Natur unerbittlich ins Dunkel. Er hat sich selbst den Tod gegeben, sein Leiden an Deutschland ist zu Ende. Nicht aber das unsere, denn in das Glück, zu diesem Volk zu gehören, wird sich immer wieder die Pein seiner Problematik mischen, die uns leiden macht und andere leiden läßt. Die Irrtümer und Nöte des Beichtenden berühren uns wie der Ruf zur Gewissenserforschung, er überlebt in seiner Verzweiflung, als wäre er ein Stück von uns.

Klaus Mann, Der Wendepunkt. Frankfurt a. M. 1952
Zeit 19. 6. 1952

Das Gelächter des Kriegsgottes

Wie schön sind diese Herbsttage, und wie herzzerreißend kontrastieren sie mit der Welt, die uns aus *Plieviers* Buch *Moskau* entgegentritt! Der Lesende gewahrt das sanfte Leuchten des Herbstwaldes und den stillen Blätterfall nur noch durch die Blutschleier des Krieges, von dem der Schriftsteller erzählt. Das Zögern dieses farbenprangenden Welkens, die resignierte Lautlosigkeit, mit der die Natur ihren Verfall über sich ergehen läßt, alles das wird von der totalen Finsternis aufgeschluckt, die diesen Seiten entsteigt. Wie arm und hilflos ist der Mensch, der weit über seine eigene Kraft hinauswächst, wenn es gilt, zu zerstören und zu töten. Was für rätselhafte Wesen sind wir, daß wir göttergleich die Schöpfung zu übertreffen scheinen, um schließlich von dem, was wir geschaffen haben, in den blutigen Schlamm der siegreichen Erde eingewalzt zu werden!

Jawohl, es wird immer Kriege geben, aber nicht, weil unsere Kraft und unser Lebenswille keine Grenzen kennen, sondern weil unsre Fähigkeit, zu leiden, unerschöpflich ist. So rollt die ungeheure Maschine auf Moskau zu, um von einer noch gewaltigeren aufgehalten und überfahren zu werden. Was Deutschland, was Rußland – die Namen der Völker und ihrer Tyrannen werden bedeutungslos vor dem, was der einzelne Mensch zu erdulden hat. Er ist bereit, es abermals zu erdulden und immer wieder. Wo ist das Licht? »Noch war die Erde verdunkelt vom Rauch der Geschütze«, so schließt das Buch, »aber er hatte das Licht gesehen . . . das Licht hatte er gesehen, als die Erde am dunkelsten war.« Es ist das Licht des Mitleids.

Von allen Geistern, die dem »Gott, der versagt hat«, abgeschworen haben, von allen bekehrten Kommunisten ist Theodor Plievier der überzeugendste. Er ist erst nach dem Kriege, den er in Rußland verbracht hat, aus dem Sowjetbereich in die westliche Welt zurückgekehrt. Aber er hat immer gewußt, daß eine Wandlung dieser Art große Zumutungen an die Zeitgenossen stellt und den Gewandelten zu einer Zurückhaltung verurteilt, die nicht dem Stil unserer geräuschvollen Gesinnungskämpfe entspricht. Wir sind an eifernde Stimmen gewöhnt, die uns heftiger belehren wollen, als wir, noch betäubt vom weltgeschichtlichen Kulissenwechsel, ertragen können. Der entlarvte Gott lebt noch und bedroht uns. Ihm einmal gedient zu haben, ist mehr als eine kostbare politische Erfahrung. Es ist ein Unglück, aus dessen Schatten der Bekehrte nie ganz heraustritt. Wenn die Unbefangenheit des Abgefallenen gar zu groß ist, wenn in der Abschwörung das Drama des Herzens nicht mehr fühlbar wird, wenn wir gar gescholten werden, weil der Riß, der durch die Welt geht, uns leiden macht, dann werden wir mißtrauisch und wünschen uns weniger frischfröhliche Führer im Kampf gegen den Gott, der versagt hat.

Plieviers tiefe Wirkung beruht darin, daß wir das Stück leidvolle Dunkelheit, das seine Wandlung in ihm zurückgelassen hat, gleichsam mit Händen greifen können. Wir glauben ihm, denn er ist in der Verdammung des Gewesenen ebenso taktvoll wie in seiner Zustimmung zu den Ideen der westlichen Welt, zu denen er zurückgefunden hat. Takt mag auf den ersten Blick als kein sehr großartiger Begriff erscheinen. Aber wenn man ihn recht durchdenkt, ist er die unerläßliche Vorstufe zu jener Humanität, die vor dem gefräßigen Götzen in Sicherheit gebracht werden soll. Plievier ist einer der Unseren geworden, aber wir lassen ihn als eine besondere, ja abseitige Erscheinung gelten, weil wir fühlen, daß er die Schattenlinie von der einen Welt zur anderen zwar entschlossen, aber mit blutendem Herzen überschritten hat.

Was er zu sagen hat, steht in seinen Büchern. Sein »Stalingrad« erweist sich, obwohl als erstes seiner Kriegsbücher erschienen, als das zweite Stück einer Trilogie, deren drittes »Berlin« heißen wird. Mit *Moskau* beginnt es. Der Krieg Hitlers gegen die Sowjetunion führt im ersten Ansturm vor die Tore der russischen Hauptstadt und wird einst in den Schächten der Berliner Untergrundbahn enden. Das furchtbarste und verhängnisvollste Unternehmen aller Zeiten posthum zu verdammen, ist heute keine Aufgabe für den Chronisten mehr. Das Urteil ist schon lange gefällt. Es kommt auch nicht mehr darauf an, aus dem Räderwerk der Verantwortung einzelne Teile herauszulösen und darzutun, daß dies oder jenes hätte anders gemacht werden können. Denn da der Weg um der Sache der Menschheit willen ins Verderben führen mußte, ist es heute fast belanglos, nachzuforschen, mit welchen Mitteln Stalin gesiegt und aus welchen Gründen Hitler verspielt hat – es sei denn, man wolle für kommende Auseinandersetzungen aus dem finstersten Stück Kriegsgeschichte die notwendigen Lehren ziehen.

Mit dieser Einschränkung sind wir freilich schon mitten im dichtesten Gespinst der vielen Fragen, die Plieviers Roman unbeantwortet läßt. Wohl kam es ihm vor allem darauf an, seine tiefste Erfahrung »Der Getretene schreit« künstlerisch zu gestalten. Aber er konnte nicht verhindern, daß der deutsche Zusammenbruch vor Moskau als eine Serie von Fehlern erscheint, deren größter das Verhalten Hitlers war. Hätten sie vermieden werden können? Die Frage ist furchtbar, denn sie führt in jähem Bogen weit ab von der sittlichen Idee des Buches. Natürlich will der Autor sagen, daß Hitler nicht siegen konnte, weil er nicht siegen durfte – selbst »wenn der Nachschub geklappt hätte«. Er will weiter sagen, daß ein Krieg für eine schlechte Sache nicht gewonnen werden kann. Angesichts dieser Tatsache ist es gleichgültig, daß die deutschen Panzer dem russischen T 34 »hoffnungslos unterlegen« waren, daß im entscheidenden Augenblick die Winterbekleidung fehlte, daß der »Sprit« nicht zur Stelle war, und was dergleichen militärische Probleme mehr sind. Die ungeheure Erregung, die von vielen Seiten dieses Buches ausgeht, entsteht indessen aus der bangen Frage: »Wird es klappen?« Bei Gott, wir wissen, daß es den deutschen Truppen nicht gelang, in Moskau einzudringen. Aber wir erfahren mit einer Eindringlichkeit, die mit allen schriftstellerischen Mitteln geschärft wird, wie nahe die Spitze der Wehrmacht dem Ziele war. Das stärkste Stück des Buches ist die Schilderung des Vorstoßes, den die Vorausabteilung des Oberstleutnants Vilshofen über den Prowtafluß hinaus unternimmt. Der Vorstoß ist so hinreißend beschrieben, daß man den dahinstürmenden Panzern atemlos folgt und sich schließlich dabei ertappt, daß man ihren Erfolg wünscht.

»Dichten selbst ist schon Verrat«, sagte Goethe, denn der Kunst wohnt eine gewisse Eigenmächtigkeit inne, die dem vollkommen Gestalteten jenseits aller ethischen Akzente eine Überzeugungskraft verleiht, die vielleicht gar nicht gewollt war. Was am stärksten geformt ist, überzeugt auch am stärksten. Der Verlauf des Feldzugs gegen Moskau steht historisch fest, seine Umstände und sein Ausgang sind uns bekannt. Wenn Plievier trotzdem epische Spannung erzeugt, so tut er dies mit den Mitteln der Kunst, mit jenen Mitteln also, die unter Umständen dazu führen, daß man mit dem »Falschen« Mitleid empfindet und daß man den historischen Hergang für die Dauer der Gestaltung verdrängt, um sich ganz der aufregenden Frage hinzugeben: »Wird es gelingen?« Auch Tolstoj hat ein historisches Drama geschildert, das mit Plieviers Buch viele Schauplätze gemeinsam hat. Doch sind in »Krieg und Frieden« der Einfall und die Vertreibung der Großen Armee nur das Element, in dem die erfundenen Figuren sich entfalten und den ihnen zukommenden Aggregatzustand finden. Natascha, Pierre und selbst Denisow sind wichtiger als Murat oder Clausewitz, und die Lebendigkeit des alten Kutusow wächst in dem Maße, wie er zu einer Phantasiefigur zu werden scheint.

Auch Plievier versucht die historischen mit den erdachten Menschen zu mischen, aber beide bleiben gleich schattenhaft. General Bomelbürg, Oberstleutnant Vilshofen und Unteroffizier Gnotke gewinnen kaum schärfere Umrisse als Stalin, Molotow, Hitler und Guderian. Eine Sitzung im Kreml, eine Besprechung im »Führerhauptquartier« erscheinen wie in einem Zeitungsbericht. Die bei diesen Gelegenheiten auftretenden Figuren dringen nicht über die Sphäre der Nachrichtenwelt hinaus, ja, sie teilen den erdichteten Erscheinungen noch etwas von ihrer papierenen Herkömmlichkeit mit, so daß auch Gnotke schließlich in die Welt der »Tatsachenberichte« entrückt. Es geht indessen nicht an, diese Blässe dem Epiker Plievier als Versagen anzukreiden. Man hat vielmehr den Eindruck, daß die Wände der Kunstform, die der Autor gewählt hat, durchbrochen werden. Ein Roman – was ist das, wenn ein Geist sich vornimmt, die Lehre aus einer Katastrophe zu ziehen, in deren Wirkungen wir noch mitten darinstehen? Die Frage Thomas Manns, ob nicht »auf dem Gebiet des Romans heute nur noch das in Betracht komme, was kein Roman mehr sei«, findet hier eine unerwartete Antwort. Plievier hat ein Lehrstück geschrieben und dabei die Grenzen des Romans ebenso überschritten, wie Brecht mit seinen Lehrstücken die klassische Kunstform des Dramas gesprengt hat.

Daraus ergibt sich freilich eine Vieldeutigkeit – um nicht zu sagen Zweideutigkeit –, die dem Buche seine künstlerische Autonomie raubt und es allen Interpretationen preisgibt. Der Roman wird zur Quelle, die von dem unermeßlichen dokumentarischen Fleiß des Autors gespeist wird, aber jeden Augenblick in ihrer Gültigkeit durch die Erschließung neuer Quellen bedroht werden kann. Hat Molotow wirklich in einer Sitzung des Politbüros vorgeschlagen, »ohne Verzug mit Hitler Verhandlungen« aufzunehmen? Wenn diese Frage erlaubt ist, so darf man weiterhin forschen, ob Stalin tatsächlich in derselben Sitzung »immer wieder die gleichen plumpen Eisenbahnräder« auf das vor ihm liegende Papier gezeichnet hat. Sobald die Frage nach der »Echtheit« einer Szene gestellt wird, ist kein Detail von ihr ausgenommen, ja, ein hinzugefügter Phantasieschnörkel kann die historische Glaubwürdigkeit des ganzen Bildes gefährden.

In Wirklichkeit geht Plievier an mehr als einem Punkt sogar darauf aus, Informationen zu liefern und sie mit den angewandten Kunstmitteln des Erzählers in Einklang zu bringen. Das gilt vor allem für die Frage, ob Hitler durch seinen Angriff den Russen lediglich zuvorgekommen sei. Tatsächlich wird dem Autor diese gefährliche und immer noch umstrittene These zugeschrieben. In seinem Buch vertritt er sie nirgends. Aus dem Verhalten verschiedener Figuren geht lediglich hervor, daß die Sowjetführung von dem bevorstehenden Krieg »schon« zwölf Tage vor dem deutschen Einmarsch gewußt und entsprechende Maßnahmen ergriffen habe. Davon, daß die Rote Armee sich zu einem Angriff angeschickt habe, ist an keiner Stelle die Rede.

Im Gegenteil, das vollkommene Chaos, in das der deutsche Angriffskeil hineinstößt, beweist eine fast unglaubwürdige Ahnungslosigkeit der meisten Sowjetstellen, von der Bevölkerung überhaupt nicht zu reden. »Dieser Hitler hat uns alle überrascht« – diese Worte eines Heerführers sind das Leitmotiv der Verzweiflung, die über die geschlagenen und vom Strom der Panik mitgerissenen Generäle kommt und sie schließlich vor die Maschinenpistolen der politischen Polizei führt. Sobald man anfängt, den Roman Plieviers nicht mehr als rein künstlerisches Gebilde zu nehmen – was er offenbar gar nicht hat sein wollen –, sondern ihn als Informationsquelle oder auch nur als Meinungsäußerung zu diskutieren, häufen sich die Widersprüche in einem solchen Maße, daß der Leser schließlich überhaupt nicht mehr imstande ist, eine eindeutige Lehre aus der Schilderung zu ziehen, und sich um so entschiedener der einfachen Erschütterung über so viel Menschenleid hingibt.

Aber es mag auch den einen oder anderen Leser geben, der aus dem Buch das herauszieht, was er für sein politisches oder historisches Ressentiment gerade braucht. Um ein Haar wären wir nach Moskau hineingekommen – oder durfte es nicht gelingen? Die deutschen Truppenführer wurden durch irrsinnige Befehle und Blindheit der Staatsspitze ins Verderben getrieben – oder waren sie sture Fachleute, die zwar gehorchten, aber nicht denken konnten, oder gar bloße Opportunisten? Der Sowjetstaat peitschte seine Völker mit grausamer Geißel und unter völliger Verachtung des menschlichen Lebens in den Sieg hinein – oder war es der russische Patriotismus, der sich schließlich erhob und so dem Regime zu einer Gleichsetzung mit dem Vaterland verhalf? Warum trat plötzlich in der russischen Kriegsführung ein Umschwung ein? Was war geschehen, daß »die alte Ordnung« im Sowjetstaat über Nacht wiederhergestellt wurde? »Der Mensch ist Staub«, gewiß, und Stalins eiserne Hand verschleudert den Staub, wohin er will. Aber der Mensch ist auch ein Russe oder ein Deutscher und handelt entsprechend. Kann ein moderner Krieg nur noch durch die Methode der Menschenversklavung gewonnen werden – oder ist es immer die gute Sache, die siegt? Gibt es überhaupt im Kreis der westlichen Völker eine Möglichkeit, gegen die bluttriefende Härte der russischen Menschenführung aufzukommen, ohne wenigstens ein Stück von der freien Welt zu verraten? Diese Fragen werden nicht gestellt, um Plievier Widersprüche vorzurechnen, sondern weil sein Buch den Leser nicht nur künstlerisch ergreift, sondern auch politisch besorgt macht. Wenn der Autor glaubt, daß er »die Legende der Unbesiegbarkeit« der Roten Armee erschüttert hat, befindet er sich in einem verzwickten Irrtum. Kein Krieg ist ohne eine gewisse Verminderung der menschlichen Rechte und Würden – sei es auch nur für eine vorübergehende Frist – denkbar. Derjenige Staat, der diese Verminderung am reibungslosesten und am ungestörtesten vornehmen kann, hat einen Vorsprung. Plievier zeigt uns, daß der Mensch in den Augen der Sowjetführung nicht mehr Rücksicht braucht als ein Ameisenschwarm, in den der Stiefel eines Riesen hineintritt.

Diese Gleichgültigkeit gegen das Wohlergehen des einzelnen, dieses Hochpeitschen des industriellen Ertrags, dieses Hinopfern ganzer Bevölkerungen und Armeen, diese totalen Umschwünge über Nacht, alles das ist so recht nach dem Herzen des modernen Kriegsgottes. Wir hören sein menschenfresserisches Gelächter, wenn ganze Völker im feurigen Ofen oder im eisigen Schneesturm verschwinden. Geht es um Recht und Unrecht? Unteroffizier Gnotke möchte es gerne glauben, und wir mit ihm. Aber ein Kamerad antwortet ihm: »Der Krieg ist viel zu hart geworden für solche Fragen. Es geht nur noch um das Überleben!« Worauf Gnotke philosophisch meint: »Dann sind wir schlecht dran. Denn die anderen sind mehr und brauchen weniger. Sie leben länger.«

Der Leser, durchgerüttelt, hin und her geschleudert, hoffend, verzagend, aber immer Fragen stellend, weiß schließlich nicht mehr, ob nicht Hoffen eine Verblendung und Verzagen eine Form des Realismus ist. Hätte Plievier als der Künstler, der er ist, darauf verzichtet, in die Diskussion einzutreten, hätte er, mit einem Wort, den Glauben an die Gültigkeit der Romanform behalten, so hätte er uns nicht den zahllosen Widersprüchen preisgegeben, mit denen jeder Versuch, die Zeitgeschichte zu ergründen, behaftet sein muß. Sein Buch ragt wie ein gewaltiges Trümmerstück in unsere Ratlosigkeit. Wer darf siegen? Wer kann siegen? Diese Fragen werden schließlich wichtiger als die eine: Wer muß geschlagen werden?

Eben war noch goldener Oktoberhimmel, still und leuchtend dem Fall des Laubes und der nie versagenden Erwartung neuen Blühens hingegeben. Nun ist die Welt in Finsternis gehüllt, und das Licht des Mitleids, das da entzündet wurde, kämpft mühsam gegen das Erlöschen.

Theodor Plievier, Moskau. München 1952
Zeit 23. 10. 1952

Kunst und Glauben

Die französische Literatur ist für die vornehmste und kostbarste aller internationalen Auszeichnungen, für den Nobelpreis, wie geschaffen. Frankreichs Prestige beruht heute mehr denn je auf dem im höchsten Sinn Gefälligen seines Denkens. Die ganze Verführungskraft des 19. Jahrhunderts, von dem unser Europa sich so unendlich schwer trennen kann, strahlt immer noch aus den meisten Zeugnissen Frankreichs. Welch ein Land! Es geht der ganzen Welt auf die Nerven und wird mehr und mehr als ein Hindernis auf dem Wege empfunden, den sich die westliche Welt vorgezeichnet hat – und doch wissen alle, daß die Mühen dieses Weges sich nur lohnen, wenn Europa so leben darf, wie

Frankreich lebt. Das ist ein Zwiespalt, der dazu geführt hat, daß das Echo, das Frankreich heute aus der übrigen Welt entgegenschallt, aus Wutschreien und Liebeserklärungen – oft aus demselben Munde – gemischt ist. Darum auch ist *François Mauriac* der achte Franzose, der seit der Gründung der Nobelstiftung (1901) den Preis erhalten hat.

Nun ist das, was Mauriac geschrieben hat, weit davon entfernt, gefällig zu sein. Auch seine größten Bewunderer äußern Bedauern darüber, daß kein Lächeln und kein Licht je die gequälten Züge der von ihm geschaffenen Sünder erhelle und daß er geradezu Spezialist für die ewige Verdammnis sei. Trotzdem ist mit ihm leichter umzugehen als mit Sartre, denn dessen unfrohes Freiheitsevangelium wird mit den Mitteln der Dialektik verkündet, während Mauriac niemals theoretisiert, sondern alles der künstlerischen Gestaltung überläßt. Sartre ist lästig, aber von Mauriac geht nicht nur die drohende Mahnung, sondern auch das Vergnügen aus, das mit jeder hohen Qualität in einem fast sündigen Grade verbunden ist.

Das internationale Weltanschauungsbarometer steht immer noch auf Pessimismus. Die schwedische Akademie glaubte, diesem Umstand mit Maßen Rechnung tragen zu müssen. Man konnte füglich von ihr nicht verlangen, daß sie sich zu dem Abbruchunternehmen Sartre & Co. bekenne, aber die Düsterkeit Mauriacs, bei dem es ordentlich, konservativ und nach den Regeln eines festen Glaubensbekenntnisses zugeht, mochte immerhin angehen! Fast jeder Nobelpreis ist ein Kompromiß, aber die Auszeichnung André Gides im Jahre 1947 war keiner, denn damals war Europa noch so aufgewühlt, daß die Ehrung der kompromißlosen Aufrichtigkeit ganz natürlich schien. Inzwischen hat man eingesehen, daß die Kontinuität des Lebens nicht auf Ausnahmezuständen beruht, und nun ist Mauriac an der Reihe.

Damit soll nicht gesagt sein, daß der französische Schriftsteller nicht ersten Ranges sei. Er ist es ebenso wie die Nobelpreisträger Anatole France, Romain Rolland und Martin du Gard, die ausgezeichnete Bücher geschrieben und der Menschheit wakker gedient haben, ohne uns durch Größe zu erschrecken. Mauriac hat an die fünfzig Bücher verfaßt, von denen wenige gleichgültig sind und einige außerordentlich genannt werden dürfen. Die Romane »Le Noeud de Vipères«, »Genitrix«, »Thérèse Desqueyroux« und »Le Baiser au Lépreux«, sein Essay »Racine«, sein Buch über Molière, Flaubert und Rousseau (»Trois grands hommes devant Dieu«) und schließlich die ersten drei Bände seiner Aufsätze aus dem »Figaro« sind Meisterwerke, deren dauerhafter Erfolg beim französischen Publikum durchaus verdient ist.

Aber so finster sein Menschenbild sich auch ausnehmen mag, so uneingeschränkt die Wahrheiten auch sein mögen, die er verkündet, er ist darum doch nicht mehr als der größte Durchschnittsschriftsteller, über den Frankreich heute verfügt. Das ist kein Paradox, denn der Durchschnitt ist im Lande unserer Nachbarn ein wirklicher Maßstab. Man kann – das gehört eben zum Wesen der französischen Literatur – dadurch zum Gipfel werden, daß man alle Eigenschaften des guten Niveaus in sich vereinigt. Gide ist immer groß, auch da, wo seine Kunst ihn im Stich läßt. Mauriac ist immer durchschnittlich, auch da, wo seine Kunst ihn über seine Zeit hinaushebt. Mehr prominent als überragend, hatte er alle guten Eigenschaften, jedoch von keiner zuviel. Er war ein Mann der »résistance«, aber er rückte von den Ausschreitungen ihrer Rache ab, er ist unpolitisch, aber konservativ, er ist katholisch, aber kein Missionar, asketisch, jedoch ein großer Schilderer der Fleischessünden, er ist fanatischer Provinzler und zugleich ein überlegener hauptstädtischer Journalist, er läßt den Besitz gelten, aber er verwirft seinen Mißbrauch, er ist ein frommer Einsiedler, den man indessen häufig in den Pariser Salons sieht, kurzum, sein Wesen ist von einer Vollständigkeit, die das Anstößige ebenso ausschließt wie die Banalität. Ein Prachtstück der Zivilisation also, jedoch von höllischen Lichtern überflackert.

Denn der große Gegenstand dieses Schriftstellers ist die Sünde oder besser die Verlorenheit des Menschen an die Sünde.

Dabei erspart er uns nichts. Wenn auch die meisten seiner Figuren das sechste Gebot bevorzugen, um dagegen mit einer Ausführlichkeit zu verstoßen, die schon manchen puritanischen Leser verscheucht hat, so gibt es doch auf der Skala der menschlichen Verworfenheit kaum etwas, dessen die von ihm erfundenen Menschen nicht schuldig würden. Familienstreitigkeiten bis zum Mord, Habsucht und bäuerlicher Geiz sind in der französischen Literatur, die sich doch wahrlich in diesen Themen auskennt, selten so erbarmungslos geschildert worden wie in Mauriacs Romanen. Die Genauigkeit geht so weit, daß der Schriftsteller sich in einem Nachwort zu seinem letzten Roman »Galigai« gegen den Vorwurf verteidigen zu müssen glaubt, er werbe ungewollt für das Laster, indem er ihm zuviel Lebendigkeit gebe, nur »damit ein Kunstwerk entstehe«.

Seine Rechtfertigung ist eben die Kunst, für die er volle Souveränität verlangt. Aber, so fügt er hinzu, die Kunst müsse im Dienst des Glaubens stehen. »Das Werk, das keinem anderen Zwecke dient als sich selbst, wird zum Götzenbild.« Dies Bekenntnis ist jedoch nicht so zu verstehen, daß der Schriftsteller mit seinem Werk ein Instrument der kämpfenden Kirche sein solle. Mauriac hat viel über diese Frage nachgedacht und ist zu dem Schluß gekommen, daß es nicht Sache des Künstlers sei, für die Heilswahrheiten zu werben, sondern die Gestaltungskraft, die der Schöpfer in ihn gelegt hat, zur vollen Auswirkung zu bringen. Der Eiferer Claudel, der von sich zu sagen scheint, daß er es auf dem Gebiet der Demut mit jedem aufnimmt, würde sich mit dieser Auffassung nicht einverstanden erklären. Aber ist Mauriac darum ein schlechterer Christ? Nein, er ist nur bescheidener. »Vielleicht bin ich nur deshalb auf die Welt gekommen (in einer Zeit, in der die Revolte das Thema ist, an dem sich die Geister mit Vorliebe üben), um Zeugnis abzulegen von der Schuldhaftigkeit des Menschen vor der unendlichen Reinheit Gottes, vielleicht auch, um gegenüber der philosophischen Literatur, in der sich der Mensch über alles beklagt, eine psychologische Literatur zu vertreten, in der er sich nur über sich selbst beklagt.«

Das ist schön, aber auch spitzig gesagt, denn man weiß schon, wer gemeint ist, nämlich Sartre und seine Gefolgschaft. Je mehr man den katholischen Kern des Schriftstellers herauszuschälen versucht, um so mehr stößt man auf die reine Künstlerschaft. »Wird es mir denn nie gelingen«, so klagt er, »von Menschen zu erzählen, in denen die Tugend leuchtet? Aber Menschen dieser Art haben eben keine Geschichte.« Der sündige Mensch ist also psychologisch ergiebiger als der fleckenlose, und die Hölle muß heran, »damit ein Kunstwerk entstehe«? Das hieße freilich die Fülle des Leidens unterschätzen, die mit der Verfallenheit an das Böse verbunden ist wie das Gewissen mit der Tat. In seinem Essay über Rousseau bezeichnet Mauriac den Verfasser der »Confessions« als den eigentlichen Verderber der modernen Seele, weil er die Menschen gelehrt habe, daß das keine Sünde sei, was im Namen der »heiligen Natur« begangen werde. Der Bezug auf die Natur, so meint er, verschließt den Weg zur Gnade. Wenn auch die Gnade in Mauriacs letzten Romanen nur noch als Fünklein brennt, so ist sie doch noch erkennbar. Denn ob Heil oder Verdammnis, alle Geschöpfe dieses Schriftstellers haben die Hölle schon vorweggenommen und in ihrem irdischen Wandel schon die Qual der ewigen Verwerfung gespürt: in ihren Gewissensbissen, ihren Ängsten oder ihrer Einsamkeit.

Das Problem der göttlichen Gnade führt an die Grenzen der künstlerischen Darstellungsmöglichkeiten, weil der von der Gnade berührte Mensch, wie Elisabeth Langgässer zu zeigen versucht hat, verwandelt wird und aus den geläufigen kausalen Zusammenhängen heraustritt. Aber Mauriac entzieht sich dieser Erkenntnis, um die Form des Romans zu retten, und so kommt in seiner Kunst die Gnade, der er so oft die Lösung der von ihm geschaffenen Konflikte anvertraut, über den Wert eines schönen und milden Symbols nicht hinaus. Eine wirklich christliche Realität vermag er ihr nicht zu geben. Enthüllt sich darin die Unmöglichkeit, ein »katholischer Romanschriftsteller« zu sein? Es ist nicht unsere Sache, die Tiefgründigkeit und Konsequenz des Mauriacschen Katholizismus auszumessen. Wir fühlen lediglich, daß er vor der letzten Schlußfolgerung, die ihm vielleicht die Feder aus der Hand schlagen würde, in eine zwar edle, aber konventionelle Lehre vom Mitleid Gottes zurückgewichen ist. Es ist möglich, daß der Künstler dabei gewonnen hat.

Auch hier also ist ein Mangel an Radikalität spürbar, der freilich zur Vermenschlichung seines Werkes beiträgt und es der Krönung durch ein auf Erhaltung der europäischen Werte bedachtes Gremium empfiehlt. Es ist ein Wagnis, Künstler zu sein, aber es ist ein noch größeres Wagnis, ein konsequenter Katholik zu sein und doch Künstler bleiben zu wollen. Die Welt des Glaubens ist kein Ort der Ruhe mehr. Man täuscht sich vielleicht, wenn man in ihr vornehmlich den festen Standort und die Unanfechtbarkeit des Sittengesetzes zu erblicken versucht. Mauriac ist keine Stimme aus der Tiefe, in welchen Abgründen er seine Geschöpfe auch leben läßt.

Gegenwart 22. 11. 1952

Paris brennt

Der jüngst verstorbene Romanschriftsteller hätte seine Gegenwärtigkeit nicht besser befestigen können als durch dieses Buch, das nach seinem Tode zu uns kommt und nicht nur zu den besten seiner umfangreichen Produktion gehört, sondern auch seine Lieblingsmotive noch einmal versammelt. Ihn hat immer die Frage der Macht beschäftigt. Daß sie den Menschen über sich selbst hinaus steigert, um ihn unerbittlich um sein Menschliches zu bringen, daß sie das Dasein dramatisiert, um es schließlich unmöglich zu machen, daß sie, die bereit ist, Grundsätze um den Preis des Lebens triumphieren zu lassen, am Ende auch noch die Grundsätze tötet, das alles ist eine tiefe und, wie man wohl sagen kann, ahnungsvolle geistige Erfahrung *Neumanns* gewesen. Die

Zeit hat es sich angelegen sein lassen, ihm obendrein die Praxis vor Augen zu führen, und so ist das Schicksal dieses Schriftstellers eine Art von Wettlauf zwischen seinen Visionen und der Zeitgeschichte gewesen. *Das Kind von Paris* ist der dritte Teil seiner dichterischen Darstellung des II. Kaiserreichs. Das Buch sollte ursprünglich »Die Volksfreunde« heißen, aber die schneidende Ironie dieser Bezeichnung mag dem Autor allzu summarisch gegenüber dem vieldeutigen Drama der Pariser Kommune vorgekommen sein, und so wurde denn der sechzehnjährige Lehrling Pierre, den jugendliche Begeisterung in die Verstrikkung des revolutionären Terrors führt, auch äußerlich zur Hauptfigur des Romans. Das mächtigere Element ist freilich jener historisch genau erforschte Raoul Rigault, der Polizeidämon des Aufstandes, der uns sowohl in Wirklichkeit, als auch in Neumanns Darstellung als der erste moderne Terrorist entgegentritt und auch heute noch, etwa als Ankläger im Schauprozeß gegen Slansky und Genossen, an seinem Platze wäre. Rigault braucht für seine Propaganda, die er mit dem äußersten intellektuellen Raffinement betreibt, das »Volk«, für das er sich im Grunde nicht interessiert, er braucht ein »Kind von Paris«, und so ist ihm der treuherzige, begeisterte Knabe gerade recht. Pierre wird sein Schreiber und Mitarbeiter und gerät, ehe er es sich versieht, in die Lage, die junge Frau, die er romantisch liebt, bespitzeln zu müssen. Er wird zum willenlosen Mitschuldigen an den Geiselmorden und den anderen Verzweiflungsakten, in deren Blut- und Flammenschein die Pariser Kommune schrecklich untergeht. Aber ehe er mit Bewußtsein schuldig wird, fällt er mit seinem Meister Rigault unter den Kugeln der Versailler Truppen, zwei Schritte vom Pantheon.

Es ist unmöglich, beim Lesen von Neumanns Roman nicht an Jean Cassous bestes Buch »Les massacres de Paris« zu denken. Die Verwandtschaft der Handlung und Figuren ist eng, doch sieht Neumann die Tragödie der Stadt Paris, die der Eroberer soeben geräumt hat, um sie der Selbstzerfleischung zu überlassen, mit größerer historischer Trauer als der Franzose. Er weiß, was schon der junge Arzt und Bezirksbürgermeister Clemenceau wußte, als er heimlich aus der Stadt entwich: »Wird jeder echte Volksfreund vom Volk verurteilt, die Menschen zu verachten und als Menschenhasser zu sterben?« Nun, Rigault ist kein Volksfreund, er ist ein Techniker der Machtergreifung, in dessen Methoden das Kind Pierre gerade hineinpaßt, mag es auch daran zu Grunde gehen. Zwar merkt sich Pierre »die Erfahrung des Urkämpfers, daß man nicht dem Individuum helfen solle, wolle man nicht verzweifeln von Anfang an, sondern der Gemeinschaft«. Aber der Tod durch die Kugel erspart ihm das wirkliche Begreifen dieses furchtbaren Lehrsatzes, und so fällt er im Vollbesitz seiner Menschenliebe, während der Himmel über Paris sich von den selbstmörderischen Bränden rötet. Neumann hat viel Grübelei in diese stürmischen Vorgänge hineingetragen, allzuviel vielleicht, denn der innere Zusammenhang mit der rhythmisch auftauchenden Erscheinung des trinkenden Dichters Verlaine ergibt sich nicht ohne weiteres, wie schön diese »grünen Stunden« auch beschrieben sein mögen. Was der Autor an Rigault feststellt, nämlich, daß dieser »von schwierigem Witz und dunklen Wortbildern« übersprudle, gilt für ihn selbst. Es ist, als ob Neumann der Bedeutung seines Vorwurfs nicht genügend vertraue und ihn nun mit einer Symbollast zu beladen versuche, die der einleuchtenden Gewalt des historischen Geschehens abträglich ist. Jules Vallès und andere Chronisten der Pariser Kommune haben es da einfacher gehabt, sie ließen sich von der beispiellosen Erregung tragen, die diesem Drama innewohnt und heute noch nicht abgeklungen ist. Neumann sieht als Nachfahre weitere und damit auch widerspruchsvollere Zusammenhänge. Er leidet – für uns alle – an der Bösartigkeit des Machtstrebens, die im Kern jeder Revolution steckt und übergibt das unschuldig verstrickte Kind von Paris unserem Mitleid.

Alfred Neumann, Das Kind von Paris. Köln, Berlin 1952
Gegenwart 6. 12. 1952

1953

Die Säule tönt

Die ständig wachsende Bedeutung *Gottfried Benns* für die deutsche Dichtung ist heute der Gegenstand endloser ideologischer Interpretationen, die fast alle eine gewisse Ratlosigkeit, um nicht zu sagen Gereiztheit verraten. Das ist kein Wunder, denn Benns Werk ist in allen seinen Teilen eine einzige Ablehnung des gesamten Deutungsspiels, wie es heute zur Gewinnung neuer philosophischer Ausgangspunkte betrieben wird. Das »lyrische Ich«, von dem er in den letzten Jahren bisweilen spricht, steht wie ein Fels gegen die Zeit; an ihm brechen sich die Unruhe jeglichen Bedeutungsverlusts und die konfusen Bemühungen um die Fixierung der Zeitängste. Soviel er selbst auch in der zweiten Hälfte seines Lebens an Philosophischem oder einfach Biographischem geschrieben hat, es dient doch alles nur der Befestigung des Vorfeldes, in dessen Mitte seine dichterische Leistung in ihrer ganzen Autonomie steht. »Das Formgesetz, die Ananke des Ausdrucksschaffens« sind das Feste in seiner Welt. Wie mit Erlösungskräften beschenkt er uns mit dem Bekenntnis zur Kunst, die aus dem flüchtigsten Material, aus den Worten, die einzig gültige Dauer entstehen läßt. Kein Wunder also, daß sein Werk, das wir getrost aristokratisch nennen können, unsere Zeit herausfordert. Nichts liegt dem Dichter indessen ferner als die Herausforderung, denn für ihn hat das, was sich herausgefordert fühlen könnte, überhaupt keine Realität. Wenn er vom

Künstler sagt: »Du leidest, hilf dir selbst, du bist deine eigene Erlösung und dein Gott!«, so meint er damit sich selbst und sein Ich, das nie versucht hat, sich durch ein weltanschauliches Sieb zu zwängen. Das gilt auch für den Band *Frühe Lyrik und Dramen,* in dem uns die Gedichte von 1912 bis 1927 und die zwei Kurzdramen »Der Vermessungsdirigent« und »Etappe« wieder zugänglich werden. Lustlos, fast mürrisch legt er sie uns noch einmal vor, obwohl ihm »das Ganze als Wurf und Wahnsinn gut« erscheint. Es ist die gleiche Geste, mit der er im Jahre 1922 »Die gesammelten Schriften« begleitete: »Ich wäre erstaunt, wenn jemand sie läse; mir selber stehen sie schon sehr fern, ich werfe sie hinter mich wie Deukalion die Steine; vielleicht, daß aus den Fratzen Menschen werden, aber wie sie auch werden mögen: ich liebe sie nicht.«

Liebt eine Schlange die Haut, die sie abgeworfen hat? Denn es ist kein Zweifel, daß diese frühe Dichtung nicht nur eine Wandlungsstufe, sondern auch einen verzweifelten Selbstrettungsprozeß darstellt. Daß Benn Arzt und Naturwissenschaftler ist, mag von großem biographischen Interesse sein und einen Teil seiner Terminologie bestimmen. Es mag auch die in den frühen Schriften fühlbare Überschätzung des körperlichen Zerfalls erklären, der ja durchaus nicht die einzige Grenze ist, an die das Ich des Menschen in seinem desperaten Streben nach Unsterblichkeit anrennt.

Aber das in diesen Gedichten herrschende Bewußtsein der Verwesung, in die der Mensch beim kleinsten Zwischenfall zurückzusinken bereit ist, enthält den Keim des Sichaufraffens, des Widerstandes, kurz, des Strebens nach Bestand. »Der menschliche Leib ist ein metaphysisches Massiv, aus ihm steigen die Geheimnisse, ohne ihn keine Freiheit und kein Fluidum, ohne ihn keine Erkenntnis, in ihm allein entwickelt der Tod sein Feld.« Das sagt Benn heute, auf seine frühen Produkte zurückblickend. Wir haben sie damals freilich ohne die stützende Gabe dieser Weisheit gelesen.

Damals! Man kann es nicht fassen, daß diese bis zur Verrücktheit konsequente Ausdruckswelt vor Jahrzehnten sich entfalten konnte, dieses Rasen im menschlichen Abfall, in der Fäulnis des Todes, dieser Umgang mit Leichen und stinkenden Resten. »Man müßte mit Spulwürmern schreiben und Koprolalien . . .« In der Tat, nie wieder hat ein Dichter eine ähnliche Kraßheit des Ausdrucks und der Thematik gewagt. Was seitdem in dieser Tonart unternommen wurde, liest sich wie Geibel oder wie der Text der Müllerlieder. Stellt dies Wüten und Waten in der organischen Auflösung eine erstrebenswerte Stufe dar? Gewiß nicht, denn sie kann nicht erstrebt werden, sie stellt sich ein und bildet sich selbst, unter den fühllos anmutenden Blicken des Dichters, der niemals »modern« war und doch seit vierzig Jahren der »modernste« ist. Aber die dichterische Person ist in dieser Lyrik zunächst völlig abwesend, sie bildet sich erst langsam im Abklingen des Entsetzens, sie beginnt zögernd zu tönen, eine vor Grauen versteinerte Säule. Wie weit sind wir von dem Goetheschen: »Es schlug mein Herz, geschwind zu Pferde!«

Aber wenn der Stein endlich tönt, so beginnt alles Leben zu beben und sich zu verbinden. Noch ist »die trunkene Flut« nicht ins Strömen gekommen. Aber in den letzten dieser frühen Gedichte wagt das einsame Ich, sich bereits der Melodie anheimzugeben.

Es ist zunächst nur das Hineingleiten in einen fast parodistischen Singsang, aber schon bedrängt von einem mittelmeerischen Wellenschlag, der nun nie wieder verstummen wird. Hinfort wird man, wenn der Mensch seinen Ekel wachsen und Gestalt werden läßt, auch die Melodie hinzuwünschen, die uns so sicher trägt, wie Odysseus schlafend in die Heimat getragen wurde.

Ein Sartre hat diese Melodie nicht, seine Beredsamkeit kann den klingenden Augenblick nicht ersetzen, in dem der Dichter die eben noch versteinerten Augen aufschlägt. Das alles geschah vor dreißig Jahren und geschieht immer noch, in einer »Sphäre, in der es keine Entwicklung gibt«. Die Stimme hinter dem Vorhang ruft uns zu: »Laßt doch euer ewiges ideologisches

Geschwätz!« Es vergeht uns von selbst, sobald uns der Ton dieser Lyrik wie ein Losungswort berührt und uns über die Schwelle drängt.

Gottfried Benn, Frühe Lyrik und Dramen. Wiesbaden 1952
Gegenwart 28. 2. 1953

Trotz Mozart

Die kritische Wiedererzählung des endlosen Lebensstoffes, den der berühmte Venezianer in seinen Memoiren ausgebreitet hat, stellt schon deshalb ein Verdienst dar, weil diese Memoiren, die zuletzt von Rowohlt vor etwa fünfundzwanzig Jahren in zehn sehr hübschen Bänden veröffentlicht wurden, heute auf deutsch nicht mehr zu haben sind. Es mag aber Leser geben, die meinen, daß der Autor des noch nicht vergessenen Romans »Josef sucht die Freiheit« Dringlicheres zu tun habe, als eine Art von »digest« aus einem noch so wichtigen kulturhistorischen Quellenwerk zu ziehen. Nun, *Kestens* Buch ist mehr als ein Resümee, es ist eine Biographie, die den Memoiren zwar eng folgt, sie aber gleichzeitig kommentiert und so der Selbstdarstellung Casanovas ein kritisches und mit moralischen Reflexen reich versehenes Lebensbild gegenüberstellt. Warum in aller Welt soll ein Autor mit großen zeitkritischen Neigungen, wie Kesten es ist, nicht auch einen literarischen Gebrauchsgegenstand herstellen, der angenehm zu lesen ist und die Fähigkeit des Autors, die Welt mit melancholischer Schärfe anzuleuchten, durchaus nicht verleugnet! Literatur ist ein endloses Gewebe – oder sollte es wenigstens sein –, und der blutige Ernst, der die Schriftsteller an ihre düsteren oder bitteren Höhepunkte ketten will, anstatt ihnen ab und zu einen Ausflug ins Gebiet der freundlichen Lesbarkeit zu erlauben, fördert damit indirekt die verlogene Familienliteratur. Daher kann uns dies sehr unterhaltende Buch nur recht sein.

Kesten wäre freilich nicht Kesten, wenn sich in seine mit gefälligen Glanzlichtern versehene Erzählung nicht doch der Deutungsdrang und der Zeitbezug einschlichen. Nicht, daß er den unsterblich gewordenen Abenteurer zu dämonisieren oder ihm seine notorische Anrüchigkeit zu nehmen versuchte, aber er glaubte doch, daß dem Venezianer dank der erotischen Ungeniertheit seiner Bekenntnisse eine gewisse Rolle bei der fortschreitenden sexuellen Befreiung der Menschheit zukomme. Leider hat diese Befreiung noch nicht stattgefunden, und es besteht auch wenig Aussicht, daß das sexualpsychologische Trümmerfeld, auf dem wir heute leben, durch intensive Casanova-Lektüre in Ordnung gebracht werden kann. Kestens Held hat seine pornographischen Exzesse ganz umsonst geschildert, ein Freiheitskämpfer ist er dadurch nicht geworden, und seine endlosen, oft recht rohen Liebesgeschichten machen durchaus nicht das Wesen der Memoiren aus. Casanova war, wie Kesten immer wieder betont, ein passionierter Literat, der über Gott und die Welt schrieb, ohne je zu einem wirklichen Erfolg zu gelangen. Sein neuester Biograph geht kaum zu weit, wenn er ihm den Drang zuschreibt, seine »fortgesetzten literarischen Niederlagen« auf anderen Feldern wett zu machen. »Keiner hat Casanova so sehr angeschwärzt wie Casanova selbst«, sagt Kesten. In der Tat, er ist nicht umsonst ein Zeitgenosse Rousseaus, der dem selbstgefälligen Sündenbekenntnis in der Literatur zum Triumph verholfen hat. Mit der Feder in der Hand nahm Casanova am Ende seines Lebens Rache an sich selbst für sein dauerndes geistiges Versagen. Er hatte wohl die Ahnung vom Geiste gehabt, aber nicht die Berufung. Seine einzige Leistung blieben die Memoiren, die erst lange nach seinem Tode erschienen und ihre absolut einzigartige Stellung im Bereich hüllenloser Selbstbekenntnisse auch durch das spätere Auftauchen der Tagebücher des Engländers Pepys nicht verloren haben. War er ein echter Schriftsteller? Das ist heute, wo Stoff und Darstellung unwiderruflich zusammengeflossen sind, schwer zu sagen. Wir möchten es eher bejahen, denn nie ist ein Zeitalter mit so sparsamen Beschreibungsmitteln so vollkommen beschrieben worden. Casanova hat weder Landschaft noch Atmosphäre und kaum je Gesichter verzeichnet, und doch ist die Welt, in der er lebte, zum Greifen nahe. Es war die Welt des 18. Jahrhunderts, also, trotz Mozart und Marivaux, eine rohe Welt voll gröbster Genußsucht und dümmster Vorurteile, in der die brutalen Schürzenjäger nicht minder trefflich gediehen als die Hochstapler und Scharlatane. Je tiefer man in jene Epoche eindringt, um so entschiedener findet man ein Haar an ihr. Casanova gehört dazu, er lebt von den Schwächen seiner Zeit, aber er hilft auch, sie beenden, nämlich durch Selbstdarstellung, denn durch die Bezweiflung der Zeit, die in jeder Selbstdarstellung liegt, brachte das Jahrhundert sich selbst zum Opfer. Insofern hat Kesten am Ende doch so Unrecht nicht, wenn er seinen halb glänzenden, halb schäbigen Helden mit ironischer Übertreibung einen Förderer der Wahrheit nennt.

Hermann Kesten, Casanova. München 1952
Gegenwart 14. 3. 1953

Das Thema der Tat

André Malraux' Schicksalslandschaften

Die Welt ist grausam, und die Erfahrungen, die der französische Schriftsteller *André Malraux* aus ihr zieht, sind nicht minder grausam. Aber woher fällt das versöhnliche Licht, das trotz allem auf dem Leben ruht, wie Malraux es schildert? Das Leiden, das die Menschen sich selbst und ihrem Nächsten zumuten, ist maßlos und durch keinen noch so hohen Zweck zu begründen. Trotzdem wankt man nicht, wenn man als Leser die gewaltigen Schicksalslandschaften der Malrauxschen Romane durchwandert hat. Man fühlt sich wie gebrandmarkt, und doch trägt man den Kopf höher, weil man die Ehre und Würde des Menschseins gleichsam mit Händen berührt hat. Die Fähigkeit, zu leiden, scheint unveränderliches Menschenlos zu sein, aus dem der Weise viel Erkenntnis zieht. Aber dann erfährt man, daß die Fähigkeit, zu handeln und sich aufzulehnen, stärker ist und den Menschen wie eine unsichtbare Krone schmückt.

So erstreckt sich das Werk dieses großen Schriftstellers über die ganze Breite unserer Existenz, die sich durch die hohe Kunst des Gestaltenden entsühnt fühlt. Seit dem Tode André Gides nimmt Malraux den ersten Platz in der französischen Literatur der Gegenwart ein. Seine Romane sind zugleich Verdammung und Lossprechung. Wären sie nicht so hinreißend geschrieben, hätten ihre Figuren nicht eine so verführerische Greifbarkeit, wäre die Entrückung, mit der sie den Leser beschenken, nicht so unwiderstehlich – aber wozu von dem, was Malraux zu sagen hat, die Art abziehen, wie er es sagt! Der große Künstler ist von dem ruhelosen Enträtseler der Zeit untrennbar. Malraux' stärkstes Argument ist die Schönheit seiner Bücher.

Aber für was argumentiert er? Diese Frage wäre durch die künstlerische Leistung, die das Werk immer wieder zur Harmonie führt, eigentlich schon beantwortet, wenn sich das Leben dieses Mannes nicht so übermächtig in unser Blickfeld drängte. Er begann als Abenteurer, das heißt als einer, der um des Handelns willen handelt, und so verhalten sich auch die Helden seiner ersten Bücher. Der junge Archäologe, der in den zwanziger Jahren nach Indochina geht, treibt zwar Ausgrabungen, aber er taucht auch in den Anfängen der annamitischen Revolution auf. Bald darauf sehen wir ihn in China an der Seite des Russen Borodin, der die chinesische Revolution vorbereitet. Plötzlich ist er in Arabien. Gräbt er oder konspiriert er? Dann wieder erscheint er in Spanien, um dort für die von Franco bedrängte Republik die ersten Luftstreitkräfte bereitzustellen. Er ist nun eine Figur des aufsteigenden Weltkommunismus. Als aber einige Jahre darauf die Sowjet-Union mit Ribbentrop den berüchtigten Pakt schließt, verläßt Malraux unverzüglich die Partei und wird ein

Soldat Frankreichs. Beim Zusammenbruch sehen wir ihn an der Spitze der Panzereinheit »Alsace-Lorraine« in Deutschland einrücken. Zu dieser Zeit hat er sein politisches Schicksal bereits mit dem eines anderen französischen Außenseiters verbunden, des Generals de Gaulle, dessen Propagandaminister er bald darauf wird. Aber statt politischer Taten kommt plötzlich die dreibändige »Psychologie der Kunst«, ein dunkles, aber gewaltiges Buch, auf dessen Umschlag der leuchtende Zeigefinger des Täufers, wie Leonardo ihn gemalt hat, ins Leere ragt.

Diese Wandlungen sind atemraubend, aber ebensowenig widerspruchsvoll wie das epische Werk dieses Mannes. Seine Romane und sonstigen Bücher variieren das große abendländische Thema der Tat. Der Glaube an die Tat hat unsere Welt mit Geschichte vollgepfropft und hat uns schließlich, angesichts der hoffnungslosen Unveränderlichkeit der menschlichen Natur, zu einem Nihilismus getrieben, der Taten um des bloßen Handelns willen begehen läßt oder in die würgenden Arme einer irdischen Heilslehre treibt. Dem europäischen Menschen, der des Handelns bedarf, um seines Ichs bewußt zu bleiben, steht der Weg des Abenteuers oder der in die Partei offen.

Malraux' Figuren gehen immer wieder diese Wege, obwohl ihnen so oft die asiatische Welt gegenübertritt, in deren machtvoller Geschichtslosigkeit der Abendländer sich nur allzu gern verlieren möchte. Malraux' frühe Abhandlung »Die Verlockung des Westens« konfrontiert den Asiaten mit unserem überanstrengten Ich-Begriff, der sich ständig in der Aktion beweisen muß. In dem ersten großen Roman, »Die Eroberer«, der in Kanton spielt, begegnen wir zum erstenmal dem Typus des reinen Tatmenschen, dem Revolutionär Garin. Der zweite Roman, »Der Königsweg« zeigt uns zwei Abenteurer, die im indochinesischen Dschungel nach Schätzen suchen und an der unmenschlichen Tropennatur scheitern. Hier wird ein Motiv sichtbar, der Sieg des Zufalls über das Schicksal. Das kommt auch in Malraux' großartigstem Buch »So lebt der Mensch« auf eine wahrhaft faszinierende Art zum Ausdruck, wie denn dieses Buch, das eine

Episode aus dem Ringen zwischen Tschiangkaischek und den Kommunisten darstellt, den Zusammenprall zwischen der Tatwelt und der Welt der Betrachtung am vollständigsten und ergreifendsten sichtbar werden läßt. Der Roman »Die Hoffnung« umfaßt den spanischen Bürgerkrieg bis zu seinem Höhepunkt und darf insofern als das zentrale Buch des Schriftstellers gelten, als sein dramatischer Ablauf die Loslösung des innerlich freien Menschen von der Sache des Kommunismus als unvermeidlich ahnen läßt, denn die Leiden und Aufschwünge der Männer, die sich bekämpfen, machen eines klar: »Es gibt eine Politik der Gerechtigkeit, aber keine gerechte Partei.« Sein bisher letzter Roman, »Die Nußbäume der Altenburg«, ein tiefsinniges Buch, dessen Handlung geheimnisvoll verschlungen ist, reicht in den ersten Weltkrieg zurück und berichtet von den utopischen Bestrebungen des Elsässers Vincent Berger (unter diesem Decknamen führte Malraux seine Panzereinheit), der noch einmal versucht, Asien zu »organisieren«, und das Scheitern des abendländischen Aktivismus am östlichen Nicht-Tun erlebt. Aber in diesem Scheitern wird nun endlich der Keim einer sicheren Sittlichkeit sichtbar. Die Menschen wollen keine Reiche und Machtsphären mehr gründen, sondern sich dem Geheimnis des Überlebens nähern. »Der Mensch ist im Aufruhr oder tragisch, seitdem er nicht mehr weiß, was er auf dieser Erde tut. Intellektuell oder nicht, er fühlt sich geprellt. Um was? Er weiß es nicht richtig. Wohl zunächst um das, was für ihn jahrhundertelang die Form des Göttlichen hatte.«

Aber diese Version vom »homme révolté«, die durch das Werk des Franzosen geistert und oft blutbefleckte, aber manchmal auch träumende Züge trägt, hat seinen Weg nicht in die Ordnung des Religiösen, sondern in den Bereich der bildenden Kunst gelenkt. »Die Psychologie der Kunst« verwirft den bisherigen Bestand, nach dem wir unsere Auffassung von der Auseinandersetzung des bildenden Künstlers mit der Welt geformt haben, um eine revolutionäre Bestandsaufnahme zu wagen. Was im Bereich des Politischen und Sittlichen keinen Sinn mehr haben darf, nämlich die zweckfreie Tat oder die Revolte um ihrer selbst willen, das feiert im Raum der Kunst seine Auferstehung. Um keinen Preis beim Nichts stehenbleiben, sich nicht in der Ohnmacht gefallen, nicht in dem Gefühl von Untergängen und unvermeidlichen Niederlagen versinken, das ist die tapfere Lehre des Künstlers, wie Malraux ihn deutet. Die Ermutigung liegt in den Ahnungen, mit denen der Dichter die von ihm gestalteten Menschen und Schicksale umgibt wie mit einer klaren und stärkenden Luft. Es sind die Ahnungen von der Unbesiegbarkeit des Menschen, solange er sich seiner Denkkraft bedient, um nach Gerechtigkeit zu streben.

Stuttgarter Zeitung 28. 3. 1953

Karl Kraus' großer Augenblick

Die Zeit, deren schwankende Grundlagen der große Satiriker *Karl Kraus* untersucht hat, ist außerstande gewesen, den Ansturm seines kritischen Werkes zu ertragen. Das Totschweigen, dessen Gegenstand er war, ging weniger auf eine Verschwörung der angegriffenen Zeitmächte, vor allem der Presse, zurück als auf den frommen Wunsch, ein Jüngstes Gericht zu überleben, das von allen Seiten hereinbrach, ohne daß die Vorzeichen ernst genommen wurden. Das war möglich: man erklärte den Kometen am Himmel für eine Luftspiegelung und fürchtete sich doch vor ihm. Ja, man entschloß sich, das drohende Gestirn für ein Hirngespinst von Karl Kraus zu halten und den Alpdruck zur Einbildung zu degradieren. Der Satiriker hatte seine Fragestellung so erbarmungslos zugespitzt, daß der Selbsterhaltungstrieb nur den Ausweg sah, sie zu überhören. »Ein einzelner Mensch«, hatte Kierkegaard geschrieben, »kann einer Zeit nicht helfen oder sie retten, er kann nur ausdrücken, daß sie untergeht.« Also noch ein Untergangsprophet? Nein, so einfach haben die Dinge nie gelegen. Die unvergleichliche Sprachkünstlerschaft, die nicht nur satirischen, sondern auch zartesten lyrischen Ausdruck fand, stellte in sich selbst einen Akt des Widerstandes und Überlebens dar. Gewiß, er konnte »der Zeit nicht helfen«, aber er konnte, in seiner Kunst, einen jener Gipfel vorstellen, die aus der Sintflut ragten. Dies gelang ihm um den Preis völligen Alleinseins, bei höchster Empfindlichkeit für die kollektiven Vorgänge. Wo die Zeit – auch mit ihren guten Elementen – diesen Geist einzubeziehen versuchte, da entwand er sich mit einer Heftigkeit und Schärfe, gegen die es kein Argument gab. Wie diese Erscheinung es ausgehalten hat, fünfunddreißig Jahre in völliger Isolation gegen die Welt zu stehen, ist unfaßlich.

Karl Kraus starb mit zweiundsechzig Jahren in Wien, sein Tod ersparte ihm gerade noch die Vernichtung durch den Nationalsozialismus, der bald darauf Österreich besetzte. Seine Zeitschrift, »Die Fackel«, die er 1899 gegründet hatte, wurde von ihm allein geschrieben. Seine zahlreichen Bücher erschienen im eigenen Verlag. »Sittlichkeit und Kriminalität« wandte sich gegen die Praxis der Rechtsprechung, »Untergang der Welt durch schwarze Magie« erklärte die Presse zur Hauptschuldigen am Verfall der Zeit, »Literatur und Lüge« wies das zerstörende Eindringen der journalistischen Gesinnung in die Literatur nach, »Die Sprache« zeigte die Untergangssymptome im sprachlichen Ausdruck und die Möglichkeit der Wiedergeburt von der Sprache her, das Riesendrama »Die letzten Tage der Menschheit« ist eine szenische Darstellung des Ersten Weltkrieges an der Front und im Hinterland. Dazu kommen seine Gedichtbände, seine Aphorismensammlungen, andere Essaybände und szenische Satiren und schließlich seine Bearbeitungen Shakespeares, Nestroys und Offenbachs. Alle diese Werke haben ihre Wirkungskraft ausschließlich in der Sprache, die selbst zum Stoff, zum Argument und zum Beweis wird. Diese völlige Voraussetzungslosigkeit enthält den Verzicht auf alles, damit alles zum Gegenstand der Polemik werden kann. »In mir empört sich die

Sprache selbst, Trägerin des empörendsten Lebensinhalts gegen diesen selbst.« Das Objekt der Bekämpfung wird nicht dargestellt, es ergibt sich aus dem Satz, manchmal aus dem Wortspiel und sehr häufig aus dem bloßen Zitat. Was Kraus aus der zeitgenössischen Presse – einschließlich der zwischen den Text gedruckten Inserate – wiedergibt, hat eine solche Durchschlagskraft gegen sich selbst, daß es ebenbürtig neben die Erfindung des Satirikers tritt.

Ein Bote des Chaos

Das mehr als wörtliche Eintreten aller Prognosen, die den Propheten zu seinen Lebzeiten in den Ruf zerstörenden Wahnwitzes brachten, hat uns mit einem Schlag von der betretenen Ungläubigkeit befreit, mit der die Welt vor und nach dem Ersten Weltkrieg sich die Ohren zu verstopfen suchte. Was uns heute zu dem Lebenswerk Karl Kraus' hinführt, ist weniger die posthume Genugtuung, offene Türen zum Chaos eingerannt zu sehen, sondern der Wunsch, den isolierten Kampf eines Menschen zu bewundern, der sich, ein zweiter David, mit keiner anderen Waffe als der Schleuder des Wortes, gegen alles stellte, was Gewalt über die Zeit besaß. Es ist wahr, daß Kraus nichts hat gelten lassen, auch nichts von dem, was den Untergang überlebt hat. Aber sich selbst mußte er ja gelten lassen, denn seine Person war der archimedische Punkt, dessen er für sein Züchtigungswerk bedurfte. Nicht, daß er überleben wollte und sich das Los der Gerechten in Sodom gewünscht hätte! Er brachte sich zum Opfer, um den Beweis zu erbringen, daß die Menschheit nicht verloren ist, solange noch eine Stimme spricht. Er bedurfte der Ereignisse, um als Satiriker wirken zu können, und doch war er bereit, sie aus der Welt zu schaffen. Es mag Wahnsinn sein, den Stern in die Luft zu sprengen, weil man seinen Unwert erkannt hat, aber es kommt Methode hinein, wenn man selbst auf diesem Stern lebt. Wir sind heute imstande, die Größe dieses satirischen Unternehmens, das nur dem hoffnungslos vereinzelten Individuum noch Geltung zuspricht, zu würdigen. Darum die geräuschlose, aber eindeutige Macht, die das Werk dieses Mannes über uns zu gewinnen im Begriffe ist.

Auf den ersten Blick scheint es unmöglich, Karl Kraus einen großen Augenblick zuzusprechen, wie etwa Zola ihn gehabt hat, als er in den Kampf um Dreyfus' Unschuld eingriff. Dergleichen mag ihm in seinen Anfängen bisweilen vorgeschwebt haben, wenigstens kann man in »Sittlichkeit und Kriminalität« Spuren davon finden. Dort freilich gilt die Ungeduld, die zum praktischen Handeln drängt, nicht einer Staatsaktion, sondern im höchsten Fall einem armseligen Wiener Straßenmädchen, dessen Lebensjammer er gegen die hauptstädtischen Reporter verteidigt. Der Sinn seiner erbarmungslosen Pressefeindlichkeit beruhte ja eben darin, daß er dem gedruckten Wort jede Möglichkeit absprach, sittlich zu wirken – eben weil es gedruckt war. Die Zeitungen führten, das war seine Überzeugung, nicht das Ende der Kultur herbei, sie *waren* das Ende. So konnte es ihm nie in den Sinn kommen, Einfluß zu gewinnen, Macht auszuüben und die Entwicklung praktisch zu beeinflussen. Er wollte und konnte den Verfall nicht aufhalten, er wollte nichts weiter als ihn anzeigen und begründen. In allen seinen Wirkungen wurde er von den Katastrophen überholt, nur in einer nicht, nämlich in der von ihm unternommenen Überwindung Heinrich Heines. Seine Schrift »Heine und die Folgen«, die 1910 erschien und später in den Band »Untergang der Welt durch schwarze Magie« aufgenommen wurde, schien zunächst kein Gehör zu finden. Heute wissen wir, daß diese Schrift den Einfluß Heines auf das 19. Jahrhundert – es ist der breiteste Einfluß, den je ein Geist in Deutschland geübt hat – beendet hat. Sie hat der dichterischen Genialität dieser Erscheinung nichts geraubt, aber sie hat der Verfälschung des Lebens, die von ihr ausging, für immer ein Ende gesetzt. Die Polemik gegen »Heine und die Folgen« ist Karl Kraus' großer Augenblick. In dieser Feststellung liegt eine Einschränkung insofern, als Kraus eine Konstellation, die zu faßbarer Wirkung führte, nie erstrebt, ja sich ihr ausdrücklich verweigert hat. Seine größten Augenblicke waren im Grunde diejenigen, die ihn von den Ereignissen abgewandt zeigten. In solchen Momenten stieß er auf eine oft paradoxe Weise bis zum Urgrund des Sprachmythus vor, der den Kern seines gesamten satirischen Wirkens bildete. Während man von ihm einen Angriff auf Hitler erwartete, führte er einen Prozeß gegen eine Zeitung, die ein Gedicht von ihm nachgedruckt und darin ein Komma vergessen hatte. Das Komma! Selbst seine treuesten Anhänger, die nicht immer die klügsten waren, konnten sich nicht beruhigen. Ihnen antwortete er in einem letzten Heft der »Fackel« mit dem großartigen Satz »Mir fällt zu Hitler nichts ein« und begründete ihn auf dreihundert Seiten. (Ihm fiel dann doch etwas ein, sogar ein ganzer Band »Die dritte Walpurgisnacht«, aber er war mit ihm nicht zufrieden und unterließ die Veröffentlichung. Freunde haben ihn gleichwohl kürzlich in Druck gegeben und dadurch ein Buch veranlaßt, das den übrigen Werken des großen Polemisten nicht ebenbürtig ist.)

Ich weiß nicht, was soll es bedeuten

Die Wirkung, die Heinrich Heine noch um die Jahrhundertwende ausübte, ist uns heute unvorstellbar. Die Sphären von Geist und Tat waren säuberlich getrennt, und die rechte Hand brauchte nicht zu wissen, was die linke tat. Die sogenannten gebildeten Stände hatten die scharfe Trennung zwischen der Praxis und dem »Höheren« im Leben bereits vorgenommen und genossen in vollen Zügen die Unverbindlichkeit des Poetischen, für das sie alle ein offenes Herz hatten – eben dank Heine. Der Widerspruch ist nur scheinbar. Heine verfügte über ein starkes politisches Temperament und einen nicht minder lebhaften polemischen Sinn für die öffentlichen Angelegenheiten. Aber nicht der Streiter für Freiheit und Toleranz, der er in seinen besten Momenten war, beherrschte das Jahrhundert, sondern der »ungezogene Liebling der Musen«, der in Vers und Prosa die

Welt poetisierte und damit dem deutschen Idealismus aus der Klemme half. Denn dieser Idealismus war längst mit dem Geiste der unaufhaltsamen industriellen Prosperität in Widerspruch geraten und hätte mit diesem einen offenen Krieg beginnen müssen, wenn Heine nicht den Ausweg geboten hätte. Der Dichter des »Buches der Lieder« und der »Reisebilder« breitete den Zaubermantel seiner zweideutigen Könnerschaft über diesen Konflikt und bot dem in den Hochkapitalismus segelnden Jahrhundert die einzigartige Möglichkeit, sich eine höchst fatale Form des Idealismus, die zu nichts verpflichtete, zu bewahren. Die Verlogenheit der Eisen- und Stahlepoche festigte und autorisierte sich an dem falschen Ton, den Heine, der geniale Nachahmer der Romantiker und des Volksliedes, in die Gefühlsdichtung eingeführt hatte. Eine Welt von Männerchören und Gesangvereinen setzte den Gefühlsausdruck bis zur gänzlichen Einebnung alle dichterischen Bereiche fort. Die Poesie kam gleichsam ins Haus, für Liebeslust und -leid war ebenso gesorgt wie für wehmütigen Humor. Die lyrische Entfesselung eines zu den höchsten Gipfeln des Materialismus aufsteigenden Bürgertums, das seine Rührseligkeit für Poesie hielt, war sichergestellt.

Diesem Tatbestand, der damals noch nicht erkannt war, ging Kraus zu Leibe und entlarvte nicht so sehr Heine als das Zeitalter, das eines Heine bedurfte, um die Fiktion des deutschen Idealismus in die von ihren industriellen Erfolgen dick gewordene Gegenwart zu retten. Für ihn ist Heine einfach der Beginn jenes Journalismus, der das öffentliche Leben verdorben und das Banner der Lüge in jedem Menschenherzen aufgepflanzt hat. Ob man Kraus' vernichtende Diagnose des Pressewesens nun ungeteilt hinnimmt oder nicht, ihr furchtbarer Ernst ist als abgekürzte Formel für die Summe der Zeitschäden unverkennbar. Es besteht kein Zweifel darüber, daß Heinrich Heine die Herrschaft des Journalismus, weniger über die Ereignisse als über die Meinungen und Gefühle, begründet hat. »Mit leichter Hand hat Heine das Tor dieser furchtbaren Entwicklung aufgestoßen, und der Zauberer, der der Unbegabung zum Talent verhalf, steht gewiß nicht allzuhoch über der Entwicklung.« Für Kraus beruht das Verhängnis im Eindringen des farbigen Stils, des lyrischen Tonfalls, des poetischen Schnörkels in die Zeitungssprache. »Der große sprachschwindlerische Trick, der sich in Deutschland viel besser lohnt als die größte sprachschöpferische Leistung, wirkt fort durch die Zeitungsgeschlechter . . . Der Reporter, der als Kehrichtsammler der Tatsachenwelt sich nützlich machen könnte, kommt immer mit einem Fetzen Poesie gelaufen, den er irgendwo im Gedränge an sich gerissen hat . . . So hat sich dank Heine die Erfindung des Feuilletons zur höchsten Vollkommenheit entwickelt.«

Die Nachfolge Heines bestand in der Tat in einem Aufstieg des Journalismus, wie ihn die Welt bisher nicht gekannt hatte. Das »Höhere«, für das der erfolgreiche Alltag immer weniger Zeit übrig ließ, wurde in den Spalten der Tagespresse angesiedelt und dort nicht so sehr popularisiert wie verflacht. Der von Heine erfundene Ton sorgte für ein gutes Gewissen, denn niemand konnte sich ernstlich für einen Unmenschen halten, solange ihm beim Summen von »Du bist wie eine Blume« die Tränen kamen. Damit ließ sich die Feindschaft gegen den liberalen Juden Heine wohl vereinigen. Der nationale Sprachschatz, der heute noch nicht ausgestorben ist, stammt aus dem Kampf des Spießers gegen Heine, den Preußenfresser, den rheinischen Juden, den Pariser Libertiner, den Europäer. Der »vaterlandslose Geselle«, der »das eigene Nest beschmutzt« und den deutschen Michel mit »welscher Tücke« übers Ohr haut, diese platt polemische Antithese zwischen germanischer Treuherzigkeit und kosmopolitischer Charakterlosigkeit ist von denselben Schichten erfunden worden, die sich im seligen Zitieren Heinescher Liebeslieder und Kalauer über den Alltag erhoben fühlten. Karl Kraus, der Jude, der Publizist, der in seiner Jugend – wie alle jungen Menschen der damaligen Generation – ein Bewunderer und Nachahmer Heines gewesen war, unternahm es, diese Zusammenhänge aufzudecken und damit die Herrschaft Heines, die fast uneingeschränkt gewesen war, zu beenden.

1953 *Karl Kraus*

Poesie und Lüge

Natürlich entging dem Kenner, Dichter und Sprachschöpfer, der Karl Kraus war, die Genialität Heines nicht im geringsten. »Die Lyrik seines Sterbens, Teile des Romanzero, die Lamentationen des Lazarus: hier war wohl der beste Helfer am Werke, um die Form Heines zur Gestalt zu steigern. Heine hat das Erlebnis des Sterbens gebraucht, um ein Dichter zu sein.« Unvergleichlich ist die Untersuchung, die Kraus dem frühen Heineschen Lyrismus, diesem »skandierten Journalismus«, angedeihen läßt. »Man schämt sich, daß zwischen Herz und Schmerz je ein so glatter Verkehr bestand, den man Lyrik nannte«, eine Verskunst, »in der die kleinen Lieder nicht der naturnotwendige Ausdruck, sondern das Ornament der großen Schmerzen sind«. Der unmittelbare Zugang der Poesie war einem Geschlecht willkommen, das jedes echte Verhältnis zum Sprachkunstwerk eingebüßt hatte und sich nun über die Leichtigkeit freute, mit der die Heinezitate sich in jeder Lebenslage einstellten. Niemals vorher noch nachher ist ein gereimter Tonfall so hemmungslos nachgeahmt worden wie der des »Buches der Lieder«. Die Devise »Schmücke Dein Heim« fand in dieser Art des Dichtens ihre poetische Entsprechung, die darum so unwiderstehlich war, weil sie zu keiner Haltung verpflichtete. Die Wandsprüche in den Unterkünften der KZ-Aufseherinnen haben hier ihren Ausgangspunkt.

Karl Kraus hat von seiner Schrift über Heine gesagt: »Nicht eine Wertung Heinescher Poesie, aber die Kritik einer Lebensform, in der ein für allemal alles Unschöpferische seinen Platz und sein glänzend elendes Auskommen gefunden hat, wurde hier gewagt.« Man kann noch weiter gehen und meinen, daß es ihm gelungen ist, der Unverbindlichkeit der bürgerlichen Gefühlswelt den Prozeß zu machen. Wie schnell hat diese Welt unter den Schlägen der Entwicklung nachgegeben, wie bereitwillig ließ sie sich die Echtheit und Widerstandsfähigkeit ihres gerührten Idealismus ausreden! Das Beispiel Heines hatte ihr die Möglichkeit verschafft, Poesie und rauhe Wirklichkeit klar zu trennen. So wurde die Poesie zur Lüge, von der die auf Heinesche Texte aufgebaute Gesangsmusik mit ins Nichts gerissen wurde, und die Wirklichkeit gewann jene Geistlosigkeit, die sie später zu den furchtbarsten Anschlägen gegen die Menschlichkeit befähigte, ohne daß das goldene Gemüt sich zum Wort meldete. Ja, es war wirklich ein großer Augenblick, als Karl Kraus die Position Heines bezeichnete, nicht, um ihn zum Schuldigen einer Entwicklung zu machen, die ein einzelner Menschengeist gar nicht hervorrufen kann, sondern um ihn als den Anlaß darzustellen, den der bürgerliche Idealismus des 19. Jahrhunderts brauchte, um sich von der moralischen Anwendung zu lösen. Dies eine Mal stand der große Wiener Satiriker nicht auf verlorenem Posten. Er konnte die Krankheit nicht heilen, aber er stellte die Diagnose.

Hat diese geistige Tat ihre Wirkung geübt? Heine ist heute nicht gerade vergessen, aber von seiner unbegrenzten Volkstümlichkeit ist fast nichts geblieben. Seine politischen und sozialen Erkenntnisse, die uns nützlicher sein könnten denn je, sind nicht mehr gegenwärtig, seine Gedichte werden kaum noch zitiert, sein berühmtes Lied von der Lorelei, das den Volkston so täuschend gut traf, erklingt auf keinem Rheindampfer mehr. Die politische Verhetzung der Hitlerjahre brauchte nicht abgewartet zu werden, um dies alles zu bewerkstelligen. Die bürgerliche Schicht hatte sich schon vorher verloren gegeben und das »Poetische« mit in ihren langsamen und geschwätzigen Niedergang gezogen. Was an Heine echt und stark war, wurde mit derselben Gleichgültigkeit fahren gelassen wie der fragwürdige Rest. Die echte Bildung riß in ihrem Fall auch die falsche mit. Was Karl Kraus zu Heine zu sagen hatte, gab dem Publikum noch einmal Gelegenheit, sich über die Ursachen des Bildungsverfalles, der den Auftakt zur nackten Gewalt bildete, klar zu werden. »Nicht, daß einer es getan hat, sondern daß es möglich war, soll gesagt werden«, mit diesem bei einer anderen Gelegenheit erschienenen Satz sollte gesagt werden, daß der Satiriker *nicht bessern,* sondern *feststellen* will. Kraus hat später Dinge geschrieben, deren

Tiefe und Kunst über »Heine und die Folgen« hinausgehen. Doch nie war er der deutschen Wirklichkeit an der Schwelle des 20. Jahrhunderts so nah wie in dieser Streitschrift. Es war ein großer Augenblick, aber eben nur ein Augenblick. Ihm ging er vorüber, uns ist er geblieben. Der Satiriker warf noch einen Blick auf das Feld seiner Wahrnehmungen und trat dann in das Sprachgeheimnis zurück, dessen Bewahrung und Deutung fortan sein einziges Amt war, bis zu dem Satz an der Schwelle des Todes: »Mir fällt zu Hitler nichts ein.«

Gegenwart 11. 4. 1953

Zweistimmig

Die deutsche Literatur der Gegenwart ist arm an Erzählern, weil fast jeder, der etwas zu sagen hat, dies in Form des Monologs tut und mehr mit sich selber redet, als Figuren aufstellt, die miteinander sprechen. *Heinrich Böll* ist ein echter Erzähler, der von Buch zu Buch wächst. Der Neigung zum Selbstgespräch, von der auch er nicht ganz frei ist, begegnet er in seinem neuen Roman dadurch, daß er ihn streng auf zwei handelnde Personen beschränkt, aber die Erzählung gleichsam zweistimmig führt. Das Geschehen wird abwechselnd vom Mann und von der Frau berichtet. Jede Stimme hat ihr Kapitel, und schon allein die Verschiedenheit des Stimmenklangs gibt den Figuren ihr scharfes Profil. Die scheinbare Kunstlosigkeit des Erzählers erweist sich als künstlerisches Raffinement, das – gemessen an dem furchtbaren Ernst der Handlung – einen fast schockierenden Reiz hat. Wir sind gewohnt, den heutigen Schriftstellern, die sich der Aktualität zu bemächtigen versuchen, so wenig Handwerk zuzutrauen, daß wir die Verfeinerung, die Böll aufbringt, im ersten Augenblick als eine Ablenkung vom Stoff empfinden.

Aber wir gewahren bald, daß der Erzähler uns nichts erspart. Hier ist wieder der Beweis erbracht, daß nur die äußerste Steigerung der literarischen Mittel den Wahrheitsgehalt zwingend zu machen versteht. Es gibt im Bereich der Kunst keine Beweise, nur Leistungen, und je reiner die Leistung, um so unentrinnbarer die geschilderte Wirklichkeit. Was Böll zu sagen hat, vollzieht sich in drei Tagen und ist, äußerlich gesehen, das Drama der Wohnungsenge. Der Angestellte Bogner, den »die Armut krank gemacht« und aus der Einzimmerwohnung, fort von Frau und Kindern, verjagt hat, trifft sich mit seiner Frau in einem schlechten Hotel und treibt am Montagmorgen wieder in sein zielloses Leben zurück. Diesmal soll es, so will es die Frau, die Trennung für immer sein, aber wenige Stunden später gewahrt er die Gefährtin, mit der er fünfzehn Jahre gelebt hat, noch einmal im Gewimmel, und da ist es, als ob er sie zum ersten Mal sähe. Wie vom Anhauch der Gnade wird er vom Sinn der menschlichen Bindung berührt, und er weiß, daß er zu ihr zurückkehren wird. So eng die Ereignisse auch zusammengedrängt sind, so vollständig tritt uns aus ihnen das Drama der Ehe entgegen. Der lähmenden Fähigkeit des Mannes, an allem zu leiden, steht das tapfere und klare Vermögen der Frau gegenüber, das Leben als praktische und beschränkte Aufgabe zu sehen. Der trostlose Strom männlicher Melancholie findet in die Ufer des weiblichen Sinnes für Grenzen zurück. In drei Tagen wird deutlich, was fünfzehn Jahre Ehe besagen wollen. Die Gewißheit ihrer Unauflöslichkeit triumphiert über die praktischen Unmöglichkeiten, die in jedem Zusammenleben von Mann und Frau sichtbar werden. Es ist nicht so sehr die – mit viel kritischer Unbedingtheit gesehene – Atmosphäre der katholischen Stadt und die noch nicht ganz zerstörte Glaubensübung der Eheleute, die dem Buch den religiösen Unterton geben. Die Kraft, sich wieder zusammenzufinden, wird nicht aus den Geboten Gottes geschöpft. Aber der Augenblick, in dem sich die Augen des Mannes öffnen, ist ein religiöses Ereignis, das die Kraft des Menschen allein nicht herbeiführen kann. Es ist ein großartiger Augenblick, wie ihn sonst nur ein

Graham Greene zu ermitteln und zu schildern versteht. Es gehört viel innere Freiheit zu dieser Form der Lebensbejahung, die nichts Erbärmliches und Bitteres ausläßt und doch zu einer Entscheidung sich aufrafft. Wie hoch steht dieses Buch über der selbstgefälligen Existenzdeutelei, mit der die Generation des Autors sich sonst so gern und geschickt aus der Affäre zieht!

Heinrich Böll, . . . und sagte kein einziges Wort. Köln, Berlin 1953
Gegenwart 11. 4. 1953

Kluge Reden

Wenn der früher im Deutschen erschienene Roman der Verfasserin »Alle Menschen sind sterblich« uns auch zu einiger Skepsis stimmte, so ist es doch eine Überraschung, daß jemand, der zum Thema der Beziehungen zwischen Mann und Frau theoretisch so viel Heftiges und Originelles zu sagen hat, aus dem gleichen Gegenstand erzählend so wenig zu machen weiß. Der Roman der Französin, an die man wegen ihrer engen Verbindung mit Jean-Paul Sartre vielleicht etwas zu große Ansprüche stellt, behandelt ein ergiebiges Motiv, ohne ihm viel mehr abzugewinnen als eine banale Pariser Geschichte, in die einige Brocken des Sartreschen Freiheitsbegriffs recht mühsam eingezwängt werden. Françoise, eine Pariser Schriftstellerin, die mit dem Bühnenkünstler Pierre zusammenlebt, ist die farblose Heldin dieses Geschehens, das dadurch in Bewegung gerät, daß die beiden ein junges Mädchen aus der Provinz einladen, mit ihnen zu leben. Das Mädchen, launisch, egoistisch, voll unerfüllter Wünsche, aber ohne die Kraft, ihre Erfüllung zu erzwingen, verändert durch ihr bloßes Dasein die Beziehungen des Paares und führt überhaupt in die Welt dieser Menschen eine Störung, fast einen Giftstoff ein, der eine so tragische Veränderung dieser Welt hervorruft, daß Françoise, zum »höchsten Bewußtsein ihrer selbst« gelangend, die »Eingeladene« schließlich aus dem Wege räumt. Die Entwicklung bis zu dieser dramatischen Lösung besteht aus Aussprachen. Nun sind Szenen und Aussprachen ja in der Tat ein wichtiges Element in den Beziehungen zwischen den Geschlechtern, wenn nicht gar das wichtigste, sobald es sich um geistig differenzierte und übermäßig bewußte Menschen handelt. Aber die Autorin verzichtet vollständig auf die kritische Funktion, die zu jedem Roman gehört, und scheint sich keine Rechenschaft davon abzulegen, wie steril und selbstgefällig diese endlosen Aussprachen sind, in denen es etwa heißt »Du weißt, daß die Sinnlichkeit bei mir keine so große Rolle spielt« oder »Du bist eben nicht mehr frei, mich etwa nicht zu lieben« oder gar »Was mich wundert, ist, daß du dich auf eine so konkrete Weise von einer metaphysischen Situation betroffen fühlen kannst«. Warum diese beiden Menschen, die ein glückliches und erfülltes Leben haben, das junge Mädchen plötzlich in ihre Existenz hineinziehen, wird durch nichts erklärt, es sei denn, man wolle auf eigene Faust in der äußeren Lebensform dieser arrivierten Bohème, die in kleinen Hotels, Cafés und Nachtlokalen haust, einen Fingerzeig finden. Dabei ist unbestreitbar, daß die Figur des jungen Mädchens gut erdacht ist. Es ist eine Art von Undine, schön, böse und unsinnlich, die durch ihr bloßes Dabeisein zerstörend wirkt. Aber diese Züge sind nur blaß angedeutet und schließen sich nicht zu einem echten Menschenbild zusammen, genau wie die Situationen kalt entworfen sind und vergeblich darauf warten, mit Farbe und Lebendigkeit ausgefüllt zu werden. Das ist nicht »der Geist der verzaubernden Langeweile«, wie Thomas Mann einmal das geduldige und langsame Sichanspinnen des epischen Fadens genannt hat, sondern es ist eine echte Langeweile, die den Leser ungeduldig macht und ihn vergeblich nach vielleicht versteckten Motiven suchen läßt, die zur Erklärung dieser endlosen, platten Klugheit dienen könnten. Wieder einmal erfährt man dabei, wie schnell sich in Frankreich eine Konvention bildet. Die Schule Sartres ist noch nicht fünfzehn Jahre alt, und schon gehen aus ihr konventionelle Bücher hervor, die – wenn man das Vokabular abzieht – von Paul Bourget stammen könnten oder doch jedenfalls die geräuschvolle revolutionäre Abkehr von der psychologischen Schule nicht im mindesten rechtfertigen. Die Natur ist freilich aus dem, was die Franzosen schreiben, nie ganz zu vertreiben, und so empfindet man selbst bei dieser absichtsvollen Autorin mit Vergnügen die Beiläufigkeit und Selbstverständlichkeit der Schreibweise. Allerdings ist ihr dabei die Übersetzerin, Eva Rechel-Mertens, mit ihrem erprobten Gefühl für die Gradunterschiede in den beiden Sprachen eine große Hilfe.

Simone de Beauvoir, Sie kam und blieb. Hamburg 1953
Gegenwart 6. 6. 1953

Um ein Haar

Die Freunde des Autors *Arno Schmidt* haben seinen Namen mit Superlativen wie mit Stacheldraht umgeben, ihn »ein Genie« und wohl auch einen »eiskalten Kopf« genannt, was in unserer Zeit, die sich ja dicht an die der »harten Herzen« anschließt, bestimmt als Lob gemeint ist. Der Leser hat einige Mühe, über diese gutgemeinten Hindernisse hinwegzusteigen und sich ein Urteil zu bilden. Sagt doch der Autor selbst: »Von neuen Dichtern: es ist ja selten, daß ein Mensch spitz kriegt, ob am Horizont ein Bürofenster glimmt oder ob dort ein großes Gestirn aufgehen will.« Die Alternative ist scharf gestellt, und die Wahl ist schwer. Aber die Entscheidung wird keinesfalls zugunsten des Bürofensters ausfallen, denn dazu ist der »Kurzroman« Arno Schmidts *Aus dem Leben eines Fauns* viel zu amüsant.

Der Faden der Erzählung ist dünn und verschwindet manchmal gänzlich. In einem Landratsamt im Hannöverschen sitzt ein Angestellter, der einen lokalgeschichtlichen Auftrag erhält und dabei auf die Spuren eines Deserteurs aus der napoleonischen

Zeit stößt, der sich in der Heide verborgen hielt. Der Angestellte entdeckt den Unterschlupf und macht ihn zur Zuflucht für seine eigentliche Existenz. Die Jahre 1939 und 1944 sind die inneren und äußeren Schauplätze dieses Daseins, das sich zu den Zuständen und Ereignissen der beiden Jahre humoristisch angewidert, doch nicht verzweifelt verhält. Von einem Roman, ob kurz oder lang, kann in diesem Falle keine Rede sein. Was dem Autor gelingt, ist vielmehr ein kulturkritisches Stück von großem Witz und noch größerer Beredsamkeit. Der Held, Herr Düring, hält einen endlosen, aber kurzweiligen Monolog, aus dem hervorgeht, daß ihm alles auf die Nerven geht, das Riesige ebenso wie das Kleinliche, das Unmenschliche nicht weniger als das Allzumenschliche, die Greuel des Nationalsozialismus und die Spießigkeit seiner Ehefrau, die blutige Dummheit des Krieges und die unblutige Verblödung durch Redensarten, Schlager, Sondermeldungen, Goebbels-Reden, Filme, Sonnenbrillen, Häuserfronten, Offiziere und Kolbenheyer. Diese Vermischung scheinbar unvereinbarer Dinge ist durchaus einleuchtend, da sie tatsächlich alle eine gemeinsame Wurzel haben. Es ist eine kritische Leistung, diese Zusammenhänge mit Hilfe des Jargons zu enthüllen, wie dies Arno Schmidt mit seinem Maschinengewehrfeuer an Worten, Bilderfetzen und in satirischer Absicht übernommenen Sprachklischees fertigbringt. Das ist kein Mund mehr, der da spricht, es ist vielmehr eine seraphische Schnauze; ihr entstürzen Wortassoziationen, die nicht in halberhellten Seelentiefen, sondern in einem kritischen und zur Komik aufgelegten Gehirn entstanden sind.

Mit dem von Joyce geschaffenen Monolog und mit der Nachfolge dieses kühnen und blutigernsten irischen Dichters hat das nichts zu tun, denn bei Arno Schmidt liegt alles im hellsten Bewußtsein und vollzieht sich im Zeichen satirischer Laune, die sich und uns belustigt. Dieser oft zornige, oft verspielte Jux schließt freilich einen ernsthaft experimentierfreudigen Gebrauch aller Sprachmöglichkeiten nicht aus. Bei der eindrucksvollen Schilderung eines Bombenangriffes versucht der

Autor, sprachlich ebenso explosiv zu sein wie die Bomben selbst. Der Vorgang wird nicht mehr gestaltet, geschweige denn moralisch-kritisch apostrophiert, sondern nachgeahmt. Dergleichen wurde schon vor fünfundzwanzig Jahren bei uns, aber auch in Frankreich – so von Saint-John Perse – versucht und wird immer wieder versucht werden. Es wird jedoch stets beim Versuch bleiben, denn im Sprachlichen gibt es keinen »Fortschritt«, wie etwa im Fernmeldewesen oder in der Elektrotechnik. Unternehmungen solcher Art sind gleichwohl beachtenswert, besonders wenn der deutschen Literatur, wie dies augenblicklich überwiegend der Fall ist, nur eine armselige Papiersprache zur Verfügung steht.

Daß bei dergleichen Experimenten ein wenig Herausforderung und Bluff mit unterlaufen, ist fast unvermeidlich, denn wer könnte das Maß anlegen, wenn es erst von Fall zu Fall geschaffen wird! Arno Schmidt ist ein Einzelgänger, der seinen Hochmut in einen zeitnahen Stoff kleidet. Immerhin hat seine geistige Unabhängigkeit Grenzen, denn er hält es für notwendig, seinen Helden sozial gleichzuschalten und ihn zum bescheidenen Angestellten zu machen, obwohl dieser in Wirklichkeit ein geistvoller Snob und so entsetzlich gebildet ist, daß man seiner Lektüre und seinen Lesefrüchten nur mit Hilfe von Nachschlagewerken beikommen kann. Um ein Haar wäre dieser Herr Düring, der Wieland, Fouqué und Cooper so gründlich kennt (»um Cooper kann ich heute noch weinen«) und sogar über den Maler Schnorr von Carolsfeld eine entschiedene Meinung hat, ein massenfeindlicher Aristokrat geworden, aber der Autor hat ihn noch rechtzeitig genug in den Mittelstandsstall gesperrt, um ihn und sich vor dem Fluch des Ästhetentums zu retten. Ein beneidenswertes Landratsamt, bei dem ein Mann beschäftigt ist, der von Goethes später Prosa zu sagen weiß: »Eine freche Formschlamperei!« Was wird der Herr Landrat dazu sagen!

Arno Schmidt, Aus dem Leben eines Fauns. Hamburg 1953
Gegenwart 26. 9. 1953

1954

Mensch und Konsument

Daß es möglich ist, auf dem Forum der Tageszeitung leidenschaftliche Kulturkritik großen Stils zu treiben, beweisen die in den letzten Jahren erschienenen Aufsätze *Karl Korns,* die das tragende Element seiner Streitschrift über den Kulturkonsum, *Die Kulturfabrik,* bilden. Es liegt Karl Korn völlig fern, sein Publikum beruhigen oder über unangenehme Tatbestände hinwegtrösten zu wollen, obwohl ihm klar ist, daß die Mehrzahl der Zeitungsleser nicht gerade danach lechzt, aufgerüttelt zu werden. Die Diagnosen und Mahnungen gewinnen dadurch, daß sie zum Buch vereinigt sind, an Intensität. Hier hat sich eine angriffslustige Intelligenz, die selbst »innerhalb der Apparatur« wirkt, Gedanken über die kulturelle Versorgung der Massen gemacht und ist dabei zu illusionslosen, wenn auch nicht völlig verzweifelten Schlüssen gekommen.

Daß ein Kritiker, der souverän über ein modernes Nachrichtenmittel zum Zwecke der Konsumbefriedigung verfügen kann, die Gefahr solcher Mittel nicht nur gewahrt, sondern auch mit Schärfe anleuchtet, ist ein Vorgang, der schon den Anfang der Heilung in sich birgt. Was täglich und stündlich aus der von Korn geschilderten Kulturfabrik hervorgeht, ist eine Flut von Surrogaten, die wir alle bis zum Überdruß kennen. Nicht die neuen technischen Mittel zur Erzeugung von »Kulturgütern« sind vom Übel, sondern der Gebrauch, der von ihnen gemacht wird. Die Kulturindustrie, stellt Korn fest, hat einen falschen Namen. »Was sie fabriziert, ist nicht Kultur, sondern entweder Surrogat oder Fälschung, oder bestenfalls Hilfsmittel. Die Vermanschung der Dinge und Begriffe kommt daher, daß wir weder politisch noch gesellschaftlich Möglichkeiten haben, Ordnung zu schaffen. Die Situation ist chaotisch und im höchsten Grade alarmierend.«

Das ist das besorgte Urteil eines Zeitkritikers, dessen geistige Grundstimmung zweifellos optimistisch ist und der an die jeweils auftauchenden technischen Daseinsformen mit dem Trieb herangeht, sie als lebendig und menschenwürdig gelten zu lassen, einfach weil sie sind. Ein Untergangsprophet ist er durchaus nicht, sein Lebensgefühl wächst vielmehr in dem Maße, wie unsere Zivilisation an der Verbreitung echter Werte mitwirkt. Der Film, der Rundfunk, die Photolinse, die Reproduktion in jeder Form, die tausend Spielarten der Reize, Erleichterungen, Maschinen und Anästhetika, das alles ist nicht »schlecht« vom Ursprung her; es wird erst verderblich, wenn es sich an die Stelle der echten Kultur setzt und deren Pflege unmöglich macht.

Korn entwirft ungewöhnlich anschauliche Beispiele dieser Gefahr, besonders da, wo er von der »Inflation der Reize« und vom »fabrizierten Eros« spricht (»das Bein im Bild läßt ganze Wirtschaftszweige florieren«). Aber es zeugt für seine geistige Redlichkeit, daß er keinen radikalen Ausweg konstruiert, sondern eine »mittlere Lösung« vorschlägt, nämlich »in der Apparatur drinstehend mit Gesinnung handeln, auf Kompromisse vorläufig und mit Vorbehalt eingehen, um schließlich weiterzukommen und die Apparatur zu dirigieren.« Selten hat das Wort Kompromiß einen so ehrenvollen Platz eingenommen wie in dieser Formel, denn die von Karl Korn beschriebene Situation böte in der Tat keinen Ausweg, wenn die Menschen sich nicht zu Vereinbarungen, also zu Konventionen, entschlössen, um sich in einem Zustand zu behaupten, den sie selbst bedenkenlos geschaffen haben.

So biegt Korn schließlich doch noch in den Weg ein, den er bei seiner Definition der Kultur zunächst zu vermeiden scheint: Die Organisierung des menschlichen Zusammenlebens ist kein Hantieren mit »Kulturgütern«, sondern eine sittliche Aufgabe. Tun wir dem feurigen Zeitkritiker mit dieser Einführung des moralischen Elements Gewalt an? Wohl kaum, aber wenn es doch der Fall wäre, dann spielten wir eben die Rolle des »unmodernen, braven, ehrlichen, konservativen Untergebenen«, auf den nach Korns geistvoller Definition auch der modernste Betrieb nicht verzichten kann.

Karl Korn, Die Kulturfabrik. Wiesbaden 1953
Gegenwart 19. 6. 1954

Man schläft schlecht

Die Wucht des Problems, das *Dieter Meichsner* in seinem umfangreichen Roman »Die Studenten von Berlin« behandelt, wirft alle kritischen Bedenken, die sich aus der vom Autor gewählten Form ergeben, über den Haufen. Die Geschichte der akademischen Jugend Berlins nach 1945 zu erzählen, ist ein Wagnis sondergleichen, denn die Gründung der Freien Universität in Dahlem, so ausführlich sie dargestellt wird, ist nur der Ausgangspunkt für die Feststellung, daß Deutschland beim Zusammenbruch eine Revolution versäumt hat, die durch kein Mittel der Welt nachgeholt werden kann. Meichsner hat mit zwei früheren Büchern gezeigt, daß ihn auch die umfassendste Problematik nicht entmutigt. Er hat sich mit diesem Buch an Dinge gewagt, die jeder denkt und niemand ausspricht. Der Richterspruch über die deutsche Entwicklung lautet dahin, daß sie »nichts Neues mehr« bringt und daß der Idealismus der Jugend, die in den Nachkriegsjahren aus Liebe zur Freiheit die ehemalige Humboldt-Universität verließ, im Opportunismus des Westens versanden mußte.

Seit dem Sturz des Nationalsozialismus ist kaum ein Buch geschrieben worden, das der demokratischen Ablösung ein so schmähliches Versagen vorwirft. Genau besehen stellt Meichsner die These auf, daß die kommunistische Tyrannei, der Berlins Ostsektor und die Sowjetzone zum Opfer gefallen sind, der Freiheit des Menschen kaum weniger Gewalt antut als der aalglatte Konformismus, mit dem die westliche Welt, einschließlich der Bundesrepublik und des freien Berlin, die Erstarrung der Fronten hinnimmt. Die Anklage dieses jungen Schriftstellers ist um so herzzerreißender, als sie, so scheint es, mit einer Detailkenntnis erhoben wird, die nur aus gründlichstem Erleben kommen kann. Wer auf diesen sechshundert Seiten den Aufschwung der militanten Studentenschaft und ihr langsames Erlahmen mitmacht, dem wird schwer ums Herz. Ist dieser Harald Momber, der vergeblich gegen den Stachel der akademischen Bürokratie zu löken versucht und dafür von der Freien Universität, die keine revolutionären Störenfriede brauchen kann, geächtet wird, ist dieser schwerblütige und gewissenhafte Jüngling, der an den Anfang einer neuen Zeit ernsthaft geglaubt hat, ein bloßer Außenseiter, oder ist er der vollgültige Vertreter einer Jugend, die den Mund nicht mehr aufmacht? Die Frage ist so quälend, daß man wünscht, sie wäre von dem zweifellos kundigen und ehrlichen Autor nicht in Romanform, sondern mit den Mitteln einer dokumentarischen Untersuchung behandelt worden.

Denn für die Tragweite der Diagnose reichen die darstellerischen Instrumente des jungen Autors einfach nicht aus. Wohl weht ein Hauch echter Jugend durch diese Seiten, aber die zahlreichen Figuren, die auf zwingende Weise eingeführt werden, gelangen zu keiner eigenen Physiognomie, so daß man bis zum Schluß Mühe hat, sie auseinanderzuhalten. Die Masse des Stoffes, an dessen Echtheit zu zweifeln man keinen Anlaß hat, wird in endlosen Gesprächen ausgebreitet, die keinen eigenen Klang haben. Die Geißel des Dialogs ist uns von der amerikanischen

Literatur gekommen, aber er entspricht nicht dem Geist unserer Sprache, ja nicht einmal unserem Denken und wirkt in Meichsners massenhafter Anwendung wie eine Überschwemmung mit papierenen Protokollen. Warum dann nicht gleich Dokumente und authentische Texte, die dem furchtbaren Ernst des Stoffes angemessen wären! Meichsner hat etwas unternommen, zu dessen Bewältigung keine deutsche Feder unserer Tage ausreicht. Sein Schreiben erscheint dadurch machtloser, als es in Wirklichkeit ist. Wären die Diskussionen mehr in das Innere der Handlung und in die Gegensätzlichkeit der Figuren verlegt worden, so hätte er mit wenigen Worten mehr gesagt. Es wäre indessen verderblich, einen Autor zu entmutigen, der gerade dadurch, daß er zuviel gewagt hat, eine Tragik vor uns bringt, die in der Bundesrepublik und auch in Berlin mehr oder weniger tabu ist. Man schläft nicht gut, wenn man dies Buch gelesen hat. Man würde vielleicht das scheinbar so gefestigte Leben in der westlichen Welt nicht mehr ertragen, wenn Meichsners Bericht mit der unwiderstehlichen Macht eines vollkommenen Kunstwerkes daherkäme.

Dieter Meichsner, Die Studenten von Berlin. Hamburg 1954
Gegenwart 17.7.1954

Glanz und Schrecken der Bildung

Wenn eine Gestalt dies befleckte Jahrhundert entsühnen könnte, so wäre es die des Dichters *Hugo von Hofmannsthal*. Fast wider den Willen unserer Zeit tritt er täglich stärker ans Licht, in ihm spiegelt sich die unvergängliche, wenn auch verdeckte Helligkeit des deutschen Bildungszeitalters, das für immer dahin ist. Daß es aber als Impuls und Beispiel nie erlöschen kann und in jedem schöpferischen Menschen unserer Sprache wieder hervorbricht, macht die Unsterblichkeit Hofmannsthals aus. An den Dichtungen und Zeugnissen, die er hinterlassen hat, verjüngen wir uns zur Vergangenheit hin. Das Wohltätige seiner Erscheinung ist so stark, daß es uns mit dem Zwiespalt des deutschen Wesens immer wieder zu versöhnen vermag. Es ist eine Art nie verlautbarter Liebeskraft, die von diesem Phänomen ausgeht. Daß Deutschland einmal imstande war, es hervorzubringen, hält unsere Hoffnung darauf am Leben, daß es an der nächsten entscheidenden Wegbiegung wieder so sein könnte. Das mag die zur Schwärmerei gesteigerte Verehrung erklären, mit der meine Altersgenossen und ich heute von ihm sprechen.

Die Verehrung wird nicht nur durch den Umgang mit seinem Werk, sondern auch durch die zunehmende Kenntnis von Lebensdokumenten, vor allem von Briefen, genährt. Selten haben Briefe die Bedingungen einer geistig künstlerischen Existenz so getreulich reflektiert wie die Hofmannsthalschen, da ihnen das oft Absichtliche und praktisch Repräsentative eines anderen großen Briefschreibers, Goethes, völlig fehlt. Die Abwehr und der Wunsch, den eigenen Kern zu verteidigen, die jeder Korrespondenz eines Großen zugrunde liegen, sind hier zu so unbeschreiblich feinen und dunklen Tönen geläutert, daß ich sagen möchte, nie sei einem Manne die eigene Höflichkeit so ans Herz gegangen wie diesem Österreicher, der von der angeblichen Geschmeidigkeit und Leichtigkeit seines Stammes nur den melancholischen Abglanz besaß. Sein Briefwechsel mit George enthüllt den fast erschreckend unfehlbaren Freiheitswillen eines Jünglings, der keinen fremden Herrschaftsanspruch duldet, die Korrespondenz mit Bodenhausen ist ganz Entspannung, ganz Unbefangenheit im Hellen wie im Dunkeln, kurz, ganz Freundschaft, die mit Richard Strauss wird stets eines der überraschendsten Dokumente künstlerischer, fast handwerklicher Lebendigkeit sein, deren Zeugnisse sich in dem Spannungsfeld zweier in nichts verwandter Naturen entfalten. Nun kommen die mit *Rudolf Borchardt* gewechselten Briefe hinzu, die vom ersten Jahre unseres Jahrhunderts bis ins Jahr 1929 gehen und, um dies vorwegzunehmen, eine innere Dramatik enthalten, die um so ergreifender ist, als sie dank der aus verschiedenen Quellen sich nährenden Haltung der beiden Freunde fast nie nach außen tritt.

Denn Freunde waren sie, Freunde ungleicher Spannung, aber gleichen Eifers, die Freundschaft, die einer geistigen Bewährung entsproß, niemals zu einer lauen Gewohnheit werden zu lassen. Und doch hat sich, so will mir scheinen, eine echte Harmonie, das heißt ein echtes Ausruhen im gegenseitigen Vertrauen, nie bilden wollen. Denn Rudolf Borchardt – aber wer war Borchardt? Diese Frage scheint mir heute nicht ganz überflüssig, da die Zahl derer, die ihn kritisch zu beurteilen vermögen und eine Wirkung in der Zeit noch im Gedächtnis haben, täglich schwindet. R. A. Schröder, der sein naher Freund war und ihm, wenn auch nicht im Wesen, so doch in der Bildung verwandt ist, nennt ihn einen »Dichter, der zugleich ein Gelehrter und als solcher ein Geschichtsforscher und Geschichtsdeuter von eigenwilligster Großartigkeit gewesen« sei. Hofmannsthal vergleicht ihn schon 1916 mit Jacob Burckhardt und Viktor Hehn und findet seine »innere Verfassung bemerkenswert, welche Sprachmaterial als Geist und Kultur, als Heiligtum empfindet«.

Borchardt selbst sagt von sich: »Ich bin, nicht nur als wissenschaftlicher Arbeiter, sondern auch als Dichter der dankbare Sohn der aus dem Geiste der Romantik wiedergeborenen deutschen Universität.« Er besaß fast alle Sprachen, besonders die antiken, von innen her, übersetzte Pindar und Dante, schrieb Erzählungen und Gedichte, verfaßte Abhandlungen und Essays von unheimlichem Tiefgang, war als Redner von unerhörter Gewalt, sprach ausgreifend, überladen und doch klar über dichterische, geistesgeschichtliche und sogar über politische Gegenstände und hat seiner Generation, die sich um die »Insel« scharte, mit kritischen Stücken wie vor allem der berühmten zurückweisenden und doch bewundernden Abhandlung über Stefan Georges »Siebenten Ring« den Kanon geliefert. Seine Bildung, nach einem »Ausgleich von Forschung und Dichtung« strebend, war absolut unermeßlich, überquellend, ja beängstigend und wurde von ihm schonungslos ausgebreitet. Er improvisierte mit der gleichen Leichtigkeit griechische, provenzalische und englische Verse in Chaucers Stil und traf – während des ersten Krieges – mühelos den »altpreußischen« Ton, in dem er den Deutschen als »herber Erzieher« Selbsteinkehr und »konservative Revolution« predigte. Hätte er nicht selbst von der Bildungswelt des spätantiken Alexandria wegwerfend gesprochen und ihre Schriftgelehrten als »Scheingriechen« abgetan, so hätte man wohl Lust, ihn als die reinste moderne Verkörperung hellenistischer Geisteshaltung anzusehen.

Der Briefwechsel zwischen diesem seltsamen, nicht geringfügigen Manne und dem Dichter Hofmannsthal hat von der Seite Borchardts stets einen anspruchsvollen, fast fordernden Ton, der sich aus dem Gefühl genau empfundener geistiger Verpflichtung erklären mag. Stellt er doch vom ersten Tage an den Anspruch, der einzige zu sein, der dazu bestimmt sei, Hofmannsthals dichterischer Leistung, die ihn »wie ein Blitz« getroffen habe, »die Verbindung mit Welt und Geschichte zu erleichtern«. Diese Mission hat Borchardt erfüllt, jede Seite des Briefwechsels legt davon Zeugnis ab. Es fragt sich nur, ob das, was Hofmannsthal der Welt zu geben hatte, einer solchen gewaltsamen und erregten Vermittlung bedurfte. Der Zauber der Hofmannsthalschen Briefe wird da am stärksten fühlbar, wo er der wortreichen, aufgereckten Pädagogik des um einige Jahre jüngeren Freundes seinen undurchdringlichen Ernst entgegensetzt und ihn auf die Fragwürdigkeit der menschlichen Existenz überhaupt verweist: ». . . dazwischen aber immer jeden zweiten, dritten Tag ein völliges Umstellen auf die erschütternden Dinge des Tages, dieses unheimliche Geheimnis: Wirklichkeit.«

Das ist eine Ergriffenheit, der Borchardts philologische Wucht und messianische Schmucksprache nicht gewachsen sind. Doch findet auch er Töne, die aus einem standhaften Freundesherzen kommen, wenn alle Besserwisserei und alle diese gesetzgeberischen Töne abgelegt sind. Dann schreibt der große Hellenist ganz einfach: »Ja, Hugo, wir wollen einander nicht mehr lassen« oder »Ich denke an Dich noch wie damals, als der Zug hielt und mein Herz klopfte.« Aber es sind doch zwei Welten, wenn Borchardt sagt: »Menschen unseres Schlages« und wenn es bei Hofmannsthal heißt: »Menschen wie wir.« Jener erhebt sich und seinen Freund damit über die Welt der »Philister«, in der niemand sie je vermutet hätte, und dieser schließt seinen Gefährten in die materiell ungesicherte Welt der Geistigen ein, die »von der Hand in den Mund« leben.

Hofmannsthal wäre heute achtzig Jahre alt, aber wir können ihn uns nicht als »great old man« der deutschen Literatur denken. Dazu hat er zu innig dem Tode entgegengelebt. Wenn ihm die Wirklichkeit ein »unheimliches Geheimnis« war, so deshalb, weil seine Dichteraugen in ihr den stets anwesenden Tod gewahren konnten. Seine Entwicklung ging vom Leichten ins Schwere, vom Lichten ins Dunkle. Das Wunder seiner Jugend war zu schön gewesen, er warf den Reichtum seiner Jünglingstage hinaus, wie einst der Knabe Goethe das festliche Geschirr seiner Mutter aufs Kopfpflaster des Hirschgrabens geworfen hatte, und öffnete seinen Sinn für die Schatten, von denen die Existenz des tragisch strebenden Dichters bevölkert ist. Es ist wie die Gewährung einer Gnade, wenn er den Freund mit in diese Dunkelheit einbezieht: »Er und ich, wir sind einem unheimlichen Beruf verfallen, in einer unheimlichen Zeit, und es ist kein Wunder, wenn wir einander wechselweise zu Gespenstern werden.« Die Intimität zwischen zwei so verschiedenen Figuren kann nicht tiefer gehen: Sie geht hiermit selbst über das bis zum letzten Brief fremdartig klingende »Du« hinaus, das sich nach Hofmannsthals erstem längeren Besuch bei dem Freunde in Lucca einstellte. Es war eine echte Freundschaft, und auch an Borchardts Liebe ist deutlich eine Kraft fühlbar, die über die Anhänglichkeit des geistig durch den Freund bestätigten Zweiflers hinausgeht.

Borchardt war von einem Ehrgeiz, der durch eine fast riesige Intelligenz gezügelt wurde. Trotz seiner gewaltigen Bildungsvorräte blieben ihm gewisse Gebiete der dichterischen Wirkung verschlossen. Durch Hofmannsthals Medium gelangte er zu

Erfahrungen, die ihm sonst nicht zugänglich gewesen wären. Ja, man darf vielleicht sagen, daß er mit bestimmten Teilen seiner Existenz nur durch den Freund lebte und an dessen schattenreicher Lebenswärme teilnahm. Um so unlieber sind uns heute die hochfahrenden und schulmeisternden Töne, die ihm das Unbegreifliche an Hofmannsthal entlocken, wie etwa: »Du warst doch eben noch sehr wankend und ungeordnet gewesen . . .« Ergreifend ist stets das stille und geduldige Lächeln, das aus des Dichters bemühten Antworten auf solche Zurufe spricht.

Es bleibt eine Spannung, die Hofmannsthal als natürliches Element jeder geistigen Beziehung hingenommen haben mag, während Borchardt sie mit Ungeduld zu überbrücken versuchte. Der große Dichter behielt immer etwas von seinem Wesen in Reserve. Viel ließ er mit sich geschehen, sein Leben ist voll von Nachgiebigkeiten, die dem oberflächlichen Blick noch heute unbegreiflich erscheinen. Aber es gab Grenzen, bei deren Verletzung sein entschiedenes Wesen gleichsam in einer Rüstung von Reinheit jäh hervortrat. Daß er sich in solchen Fällen oft schnell in die Resignation zurückzog und wieder in den Schattenwinkel seiner Einsamkeit trat, macht die Ausbrüche nur noch eindrucksvoller. Hofmannsthals Reaktion auf den sogenannten Eranos-Brief, den Borchardt zum 50. Geburtstag des Dichters verfaßte, ist löwenhaft reißend, fast vernichtend. Dieser Brief, in dem Borchardt sich an Hofmannsthals Gestalt selbst überdeutlich sichtbar macht und erklärt, ist berühmt geworden, weil er den deutschen Geisteszustand gegen Ende des Jahrhunderts meisterhaft darstellt. Aber die Abhandlung zeigt auch einen Borchardt, der mit sich selbst tief uneins ist und nun mit hemmungslos rhetorischen Mitteln den seelischen Knoten zu lösen versucht.

Alles Unbehagen, alles Mißtrauen, das der Leser gegenüber Borchardts peremptorischer, fast päpstlicher Redeweise und seiner Art, die geistige Welt unwiderruflich aufzuteilen, empfinden mag, findet in dieser ausgereckten Prosa seine Bestätigung. Die Heftigkeit, mit der Hofmannsthal dies Stück verwirft, legt über den ganzen Briefwechsel den Feuerschein eines vulkanischen Ausbruchs. Gewiß nimmt er das Urteil bald höflich zurück, aber der Leser dieser Korrespondenz ist nun nicht mehr zu beirren, er kennt den Punkt, an dem Hofmannsthal erbarmungslos der Wahrheit beispringt. Rudolf Borchardt, der große Verknüpfer, Deuter und Hüter von Schätzen, erfährt eine Zurückweisung in dem, was er einst an George getadelt hatte, nämlich in der Herrschsucht. Es ist ein großer geistiger Augenblick. Der Geist der Humanität erhebt sich gegen die Gewalt, die auch in der Geistesgeschichte die stete Verlockung für den Deutschen ist.

Hugo von Hofmannsthal und Rudolf Borchardt, Briefwechsel.
Frankfurt a. M.
Zeit 12. 8. 1954

Tiefes Doppelspiel

Daß die Essays *Themen und Variationen* von *Aldous Huxley* erst so lange Zeit nach ihrem Erscheinen in deutscher Sprache (Ende 1952) besprochen werden, findet seine natürliche Erklärung darin, daß der Rezensent sie erst jetzt gelesen hat. Eine Entschuldigung mag vielleicht in der Tatsache erblickt werden, daß das Buch dieses erstaunlichen englischen Schriftstellers bei uns bisher nur ein geringes Echo gefunden hat und daher einen neuerlichen Hinweis wohl brauchen kann. Huxleys Art, sich in die geistige Krise der Gegenwart einzuschalten, ist in ihrer kalten Leidenschaftlichkeit, aber auch in ihrer Hilflosigkeit ganz und gar exemplarisch. So muß ein feiner und bedeutender Geist reagieren, der aus tiefen Gründen die Lust an der künstlerischen Gestaltung seiner Zeit verloren hat und nun »mystische« Wege der Erkenntnis sucht, obwohl ihm die schlichte religiöse Erfahrung verschlossen ist.

Huxley ist nie das gewesen, was man eine warmherzige Natur

nennt. Gerade deswegen haben seine ersten Romane unser Entzücken erregt, besonders »Kontrapunkt des Lebens«, diese reinste Nachfolge Marcel Prousts, wenn auch ohne die assoziative Sentimentalität, die einen der größten Reize des Franzosen bildet. Aber man spürte bald, daß die epische Form für Huxleys eisige und zunächst fast zynisch anmutende Analyse der menschlichen Natur nur ein Vorwand war. Seit dem utopischen Zukunftsroman »Wackere neue Welt«, dessen erzählerischer Gehalt ebenso unsympathisch wie konstruiert war, wußte man, daß er nach einer anderen, mehr kritisch-philosophischen Ausdrucksform drängte. Diesem Streben entstammen auch seine Abhandlungen »Themen und Variationen«, die Herberth E. Herlitschka mit gewohnter Meisterschaft ins Deutsche übersetzt hat. Ein Stück, »The double crisis«, ist freilich in der deutschen Ausgabe weggelassen.

Einige scharfsinnige Betrachtungen über Bernini, El Greco, Goya und Piranesi gehen dem Hauptstück, einem Essay über den französischen Philosophen Maine de Biran, keineswegs zufällig voraus. Besonders das, was Huxley über Piranesis Folge von Radierungen, »Kerker«, zu sagen hat, führt mitten in sein Lieblingsthema. Es ist überraschend, daß diese Radierungen nicht öfter zur Erläuterung der modernen Geisteszustände herangezogen werden, denn sie sind in der Tat »Variationen eines einzigen Symbols, das sich auf Dinge bezieht, die in den metaphysischen Tiefen der Menschenseele vorhanden sind – auf Herzensträgheit und Verworrenheit, auf Alpträume und Angst . . .« Was den Philosophen Maine de Biran angeht, der auf der Nahtstelle vom 18. und 19. Jahrhundert lebte und seit einem Jahrzehnt in Frankreich wieder viel gelesen und interpretiert wird, so hat Huxley ihm den größten Teil seines Buches gewidmet. Er schildert ihn unter Zugrundelegung des von dem Philosophen geführten Tagebuches ähnlich, wie wir heute Huxleys eigene Entwicklung schildern würden; er zeichnet nämlich eine Linie vom konsequenten Rationalisten bis zum christlichen Metaphysiker. Nun ist freilich die Wandlung, die Huxley vollzogen hat, kaum mit den üblichen Begriffen zu schildern. Denn sein mystisches Erlebnis ist von besonderer Art insofern, als er es nur als neue Spielart der Erkenntnis betrachtet, die übrigens durch die neuesten »Erkenntnisversuche« des Autors mit Hilfe der indianischen Droge Mescalin kennzeichnend ergänzt wird.

»In der Philosophie«, so heißt es bei Huxley, »war Biran ein Existentialist, der wußte, daß der Mensch ein eingekerkerter Geist ist . . .« Nun, Biran war sowohl vor wie nach seiner Wandlung vor allem ein Erforscher der menschlichen Natur, die er stets an ihrem Verhältnis zur Umwelt und zu der von ihr geschaffenen Gesellschaft maß. Aber Huxley bedarf dieser Deutung, weil er im Grunde die ganze Zeit von sich selber spricht und seiner Widersprüche dadurch Herr zu werden versucht, daß er sich als ein Doppelwesen sieht, dessen anderer Teil aus Biran besteht. Wo dem Autor seine Ohnmacht gegenüber den religiösen Begriffen zu drückend wird, da läßt er sein anderes Ich, eben den Philosophen Biran, an ihr teilnehmen. So geht auch der Kampf gegen das historisch Bedingte im Menschen vor sich. Biran hat die Revolution und Napoleon erlebt und hilft nun gewissermaßen seinem englischen Nachfolger, die Last der Geschichte wie einen Stein wegzuwälzen, unter dem das geschichtsfreie menschliche Ich zum Vorschein kommt. Allerdings glückt diese Operation nicht immer, denn es gelingt Huxley kaum, das Verhältnis des Menschen zum Staat anders als geschichtlich bedingt zu sehen. »Die Menschen«, so sagt er, »schaffen Organisationen zu ihrer eigenen Bequemlichkeit und entdecken immerzu, daß sie die Opfer ihrer hausgemachten Ungeheuer sind. Die Geschichte enthüllt Kirche und Staat als ein Paar unentbehrlicher Moloche.«

Der blitzende Scharfsinn des Engländers und seine hohe Gabe der geistigen Verknüpfung machen die Lektüre des Buches zu einem Genuß ersten Ranges. Doch ist der Genuß nicht ohne bitteren Zusatz, denn das Bild vom Menschen, das Huxley entwirft, ist mit Kälte gezeichnet und erfüllt denjenigen, der sich von der »Mystik« des Autors einen Fingerzeig verspricht, mit ratloser

Melancholie. Huxley ist kein Denker, der durch bloße Aufzeigung der Tatbestände zu wirken vermag, er hat so viele moralistische Züge in seinem Wesen, daß wir von ihm eine anwendbare Schlußfolgerung erwarten. Aber wir warten vergeblich.

In einem – übrigens nur durch eine Anekdote zusammengehaltenen – Vergleich zwischen Bentham und Hegel gibt Huxley dem britischen Utilitarier den Vorzug vor dem deutschen Philosophen, denn »den Hegelschen Tiefen entsprangen Tyranneien, Krieg und Verfolgungen; den Untiefen Benthams eine ganze Schar anspruchsloser, aber wirklicher Wohltaten«. Das ist der Punkt, an dem offenbar wird, daß Huxley eine gewissermaßen romantische Beziehung zum viktorianischen Liberalismus unterhält. Es ist nicht die schlechteste Seite seines Denkens, die ihn immer wieder in den simplen Freiheitsbegriff des 19. Jahrhunderts zurückfallen läßt. Zu seiner geistigen Ehre sei dies vermerkt. Allerdings hat es zur Folge, daß die stille Liebe zum Individuum als der unteilbaren und höchsten Instanz dem Denken des unentwegten Durchleuchters einen Zug von Hilflosigkeit gibt. Denn keine Haltung verlangt heute so viel Entschiedenheit, ja Radikalität wie die des Individualisten.

Aldous Huxley, Themen und Variationen. München 1952
Gegenwart 14. 8. 1954

Leidensfähigkeit

Daß der Erzähler *Heinrich Böll* seine Gaben von Buch zu Buch besser zu verwenden weiß, wurde anläßlich seines vorigen Romans erwartungsvoll festgestellt. Dieser Eindruck behauptet sich auch bei seinem neuen Roman *Haus ohne Hüter*, nur haben diesmal mit der Kunst auch alle Verzwicktheiten und Unarten seines epischen Temperaments zugenommen. Die erbarmungslose Schule der Mißerfolge ist diesem Autor erspart geblieben. Wir sind auch nicht sicher, ob es für ihn eine gute Schule gewesen wäre, denn die dichte Atmosphäre von Verletzbarkeit und Befangenheit, die seine Figuren umgibt, lehrt uns, daß Heimsuchungen den Menschen nicht unter allen Umständen frei machen. Die Furcht vor falschen Tönen und Klischees ist so weit getrieben, daß die Personen des Romans Gesten und Handlungen unterlassen, weil sie aus einem Film stammen könnten. »Auch rauchen konnte kaum ein Mann anders, als in Filmen geraucht wurde. Die Welt bestand aus Epigonen – und vielleicht war Albert so natürlich, weil er wenig ins Kino ging.«

Dieser Bezug auf den Film als das Gegenteil alles Echten und Spontanen kehrt in dem Buch immer wieder. Der Autor hat also ein Ideal der Ursprünglichkeit, das uns übermäßig streng erscheint –, denn was bliebe den Menschen der von Böll bevorzugten Welt übrig, wenn sie nicht nach dem Massen-Schema leben dürften! Das Verdienst des Erzählers scheint uns im Gegenteil darin zu liegen, daß er mit behutsamer Hand bei all diesen Bäckern, Straßenbahnschaffnern, halben Huren, Wirten, Narren und »verkorksten« Existenzen die Leidensfähigkeit bloßlegt. In diesem wie in dem vorherigen Buch ist der Autor mit dem Problem der Ehe beschäftigt, allerdings ist es dadurch in eine besondere Sphäre gehoben, daß der Mann im Krieg gefallen ist. Nella setzt im Geiste das Zusammenleben mit dem toten Gatten fort, aber dieses Traumleben bringt ihre Lebensführung und ihre Willenskräfte in heillose Unordnung, und der – bezaubernd geschilderte – elfjährige Sohn würde ernsten Schaden nehmen, wenn »Onkel Albert« sich seiner nicht auf eine so väterliche Weise annähme. Aber während sich ringsum die Verwicklungen der »Onkel-Ehen« vermehren, bleibt Albert durch eine Wand aus Resignation von Nella getrennt.

Überhaupt ist die Last von preisgegebenen Hoffnungen und Depressionen in diesem Buch übermächtig, wenn auch mit großer Kunst dargestellt. Böll besitzt die oft bis ins Artistische gesteigerte Fähigkeit, einen ganz geringfügigen Gegenstand zum eigentlichen Ausdruck einer trostlosen Situation zu machen. Albert beobachtet, wie der Zigarettenstummel, den er ins Badewasser geworfen hat, sich auflöst, und von diesem Vorgang geht eine Lähmung aus, wie sie mit den üblichen psychologischen Hilfsmitteln kaum darzustellen wäre. Es ist das alte Geheimnis der Impressionisten, das hier zur Wirkung kommt und auch mit schwächerer Wirkung angewendet wird –, »sanftes Braun der Leberwurst und das zarte Rosa saftiger Schinken«. Nellas Vater hat eine Marmeladefabrik besessen, und die bunten Marmeladeeimer, die auch leer so gut verwendbar sind, haben ihren Mann bis zu seinem Tode an der Front verfolgt. Diese Eimer werden fast zu Figuren oder wenigstens zu Abkürzungen eingreifender Mächte.

Wenn die Großmutter den Knaben in die Stadt mitnimmt, so entsteht eine Szene der Gefräßigkeit und des Ekels, die großartig gestaltet ist, aber wie ein reines Kunststück anmutet, da sie der Gesamtheit des Erzählten nichts hinzufügt. Da gibt es einen Mann namens Nadolte, der nur einmal, ohne jede Funktion, für eine Sekunde auftaucht. Aber »wahrscheinlich hatte er diesen heftig riechenden Schweiß, der auf der gelben Haut grünlich schimmerte und allen schwitzenden Nadoltes das Aussehen mit Vitriol bespritzter Leichen verlieh«. Details dieser Art sind reine Spielereien eines von seiner Erzählungskunst bedrängten Schriftstellers. Aber sie vermögen den Zugang zu den menschlichen Herzen nicht zu verstellen, für deren Nöte der Autor auch durch die verspieltesten Linien hindurch beschwörende Zeichen findet.

Heinrich Böll, Haus ohne Hüter. Köln, Berlin 1954
Gegenwart 25. 9. 1954

Kultur ist Parodie

Thomas Mann hat so viel über sich und seine Kunst geschrieben, daß es nicht schwer sein sollte, von ihm selbst zu erfahren, warum er die vor dem ersten Weltkrieg abgebrochene Arbeit an dem Roman *Bekenntnisse des Hochstaplers Felix Krull* nach so langen und von Katastrophen erfüllten Jahrzehnten wieder aufgenommen und zu einem vorläufigen Ende geführt hat. Nicht, als ob das unsägliche geistige Vergnügen, das der Roman uns bereitet, nicht vollauf genügte, um ihm sein Daseinsrecht zu geben. Aber der Autor ist so tief in die Deutung seiner eigenen dichterischen Existenz eingedrungen, daß der Leser zur Geschichte auch die Entstehungsgeschichte haben will. Ahnt er doch das Exemplarische am künstlerischen Tun dieses großen alten Mannes, dessen Daseinsbild längst mit den von ihm geschaffenen Bildern zu einer festen Einheit verwachsen ist.

Man weiß, daß die Wiederaufnahme der Hochstaplergeschichte eine Zeitlang mit dem Plan des »Doktor Faustus« zu konkurrieren hatte. Der Dichter spürte, daß der Musikerroman, ganz goethisch, sein »Hauptgeschäft« sei. Drohend und gefährlich stand dieser Plan vor ihm, und die Arbeit am »Krull« sollte ihm noch einen Aufschub verschaffen. »Erst lieber noch etwas anderes!« war die Formel für das Gefühl, das ihn zu den alten Papieren greifen ließ, die er einst dem »Tod in Venedig« zuliebe beiseite gelegt hatte. Daß er dann schließlich doch den »Doktor Faustus« schrieb, erscheint uns heute selbstverständlich, denn mit ihm zog Thomas Mann sich selbst aus der Hölle des Krieges und seiner Neben- und Nachwirkungen.

Wir sind nicht sicher, ob sich sein Wunsch, daß am »Faustus«, diesem großen, aber den Autor selbst peinigenden Buch, »ein wenig Kunstspiel und -scherz, Ironie, Travestie, höherer Spaß« teilhaben dürfe, erfüllt hat. Aber in der Legende »Der Erwählte« wurde es nachgeholt, und der »Krull« erscheint so ganz »höherer Spaß«, daß viele Leser nach der inneren Notwendigkeit des

Buches forschen werden. Die Frage läßt sich indessen beantworten. Scheinbar und sogar ein wenig scheinhaft zieht Krulls Geschichte vorüber, aber die eigentliche Wirklichkeit beruht in dem mit äußerster Radikalität angewandten Kunstprinzip Thomas Manns, der sich in einem Buche, das sich zu unserer Überraschung als »der Memoiren erster Teil« präsentiert, nun endlich einmal nach Herzenslust und ohne jede epische Rücksichtnahme der Ironie als höchster Ausdrucksform hingibt.

Das Fragment schloß mit Felix Krulls genial erzwungener Befreiung vom Militärdienst. Aber die Zeiten können nicht übersprungen werden, und so schließen sich die weiteren Schicksale des Jünglings an jene ersten Jahre des 20. Jahrhunderts an, in denen sie begonnen haben. Es ist eine merkwürdig spannungslose Zeit, der in der Fortführung der Erzählung jede Authentizität entzogen wird. So entsteht bald eine fast zeitlose Kulisse, in der Krull seinen Weg geht. Er lernt das Hotelfach, wird ein erfolgreicher Liftboy und ein noch glänzenderer Kellner, der dank seiner körperlichen Vorzüge und geradezu unheimlichen Beredsamkeit einige höchst schmeichelhafte Leidenschaften bei beiden Geschlechtern erregt und schließlich als falscher Marquis auf die Reise geht, weil der echte gern zu Hause bleiben möchte und ihm Namen, Geld und Papiere abtritt. Im Zuge nach Lissabon lernt er einen Paläontologen kennen, mit dessen Familie er bald intime Bekanntschaft macht. Der Professor erklärt ihm die Entstehung des organischen Lebens, das spröde Töchterchen sinkt ihm nach langem wortreichen Widerstand in die Arme, aber die schöne Mama weiß es besser und zieht ihn schließlich an ihre junonische Brust.

Was Krull auch tut, er lernt, er erfährt, ihm erschließt sich die Welt, und wären nicht zwei Diebstähle – Zuckerwerk in der Jugend und kostbarer Schmuck auf der Fahrt ins Leben – etwas künstlich in die Memoiren eingefügt, so würde man es als geradezu ungerecht empfinden, daß ein junges Blut von solcher Lernbegierde und so stürmischem Bildungsbedürfnis als Schwindler gelten und – wie aus einigen düsteren Andeutungen hervorgeht – in späteren Teilen des Werkes sogar ins Zuchthaus wandern soll. Man hat eher mit einem Entwicklungsroman zu tun oder, genauer gesagt, mit einem Bildungsroman, gewissermaßen mit einer parodierten Nachfolge des »Wilhelm Meister«, in dem Goethe ja auch nicht immer die beste Gesellschaft auftreten läßt.

Daß dem Autor tatsächlich eine solche Parodie in der Jugend vorschwebte, hat er selbst bekannt. Aber damals war das Unternehmen leichter, weil der Gegensatz zwischen Künstler und Bürger, zwischen Außenseiter und Gesellschaft noch eine echte Aktualität besaß. Krull konnte leicht für den ironischen Schatten eines Genies gelten, das sich in die menschliche Gemeinschaft nicht einfügen läßt. Heute hat diese Antithese keinen Sinn und doch jedenfalls nichts Exemplarisches mehr. So gewinnt denn die Figur Krulls eine andere Bedeutung, nämlich die der totalen Einsamkeit. Ein Mensch, der niemals und um keinen Preis seine wahre Identität bekennen und darleben darf und sein Eigenstes ängstlich für sich behalten muß, ist in der Tat so allein wie nur möglich.

Thomas Mann hat während der Arbeit am »Doktor Faustus« in tiefsinnigen Wendungen vom »Ende des Romans« gesprochen und angedeutet, daß diese Kunstform in seinem Schaffen ihren Zweck erfüllt habe, als käme auf dem Gebiet des Romans nur noch das in Betracht, was »kein Roman mehr sei«. Er setzte dies Gefühl in Beziehung mit seiner »wachsenden Neigung, alles Leben als Kulturprodukt und in Gestalt mythischer Klischees zu sehen«. Das ist eine Umschreibung seines alten Bekenntnisses zur Parodie als seinem ureigentlichen Kunstmittel. Die vollständigsten Definitionen der Parodie legt er Goethe in den Mund, in jenem Roman »Lotte in Weimar«, der selbst eine einzige grandiose Parodie ist. Daß in der genau wiedergegebenen Sprechweise einer Person oder Epoche ihre vollständigste Gestaltung und Kritik liegen kann, hat Thomas Mann schon anläßlich der Novelle »Tod in Venedig« erklärt. Fast mit Hohn hat er den Gedanken abgelehnt, daß die »hieratische Atmosphäre«, der

»Meisterstil« dieser Novelle ein Ausdruck seiner Person und »ein persönlicher Anspruch sei«: es handle sich »um Anpassung, ja Parodie«.

Wenn man diese Definition zu Ende denkt, so ist alle menschliche Mitteilung, die der Gesellschaft angepaßt ist, Parodie. Und genau das meint Thomas Mann, wenn er paradox, aber logisch sagt: Kultur ist Parodie. Daß dieses Kunstmittel der »Anpassung« dem Autor zur Last werden kann, klingt in einer Stelle des »Doktor Faustus« an, wo der Musiker sagt: »Warum muß es mir vorkommen, als ob fast alle, nein, alle Mittel und Konvenienzen der Kunst heute nur noch zur Parodie taugten?« In den Bekenntnissen unseres blondhaarigen Hochstaplers kann freilich von Qual keine Rede sein. In ihnen herrscht ja der fortgesetzte Austausch zwischen Schein und Sein, und so tummelt sich die Parodie mit einer sprachlichen Verzücktheit, die nicht ihresgleichen hat. Es ist der konventionell-gepflegte Pseudostil des: »Indem ich die Feder ergreife . . .«, der sich an »das gebildete Publikum und an den mitfühlenden Leser« wendet und die gesamte Bildungswelt des 19. Jahrhunderts sprachlich travestiert. Daß dabei ein unnachahmlich köstlicher »Manierismus« sich selbst ad absurdum führt und zur Selbstparodie wird, zeigt sich überall da, wo Krull besser schildert, als es einem in Sprachklischees lebenden Bildungsreisenden zukommt. So beschreibt er eine Gesellschaft, die Tee trank und »kleine Sandwiches kostete, die Finger danach zum Entkrümeln mit einer Art von leichtem Getriller in der Luft bewegend . . .« Auch spricht Krull von seiner »vorhabenden Reise«, obwohl ihm bei all seinem Bildungstrieb nicht zuzutrauen ist, daß er den Werther kennt und daher die Briefwendung entlehnt, mit der der unglückliche Held sich von Albert dessen Pistolen ausbittet. Zu welchen Gipfeln einer gleichsam indirekten Poesie sich diese Stilkunst erheben kann, verrät überwältigend das Gestammel der schönen und reichen Diane, die den schmucken Liftboy Krull in ihrem Hotelbett empfängt und ihn doppelt begehrt, als er ihr gesteht, daß er ihren Schmuck gestohlen habe. Niemals hat Thomas Mann den Abglanz fleischlicher Liebe sprachlich so vollkommen transponiert wie in dieser Szene. Dianes glühender Redeschwall geht schließlich fast unbemerkt in Verse über, deren Verstecktheit das schalkhaft-gerührte Lächeln des »Parodisten« widerspiegeln, aber auch seine alte Abneigung gegen alle direkte Erotik nicht ganz behaglich bestätigen.

Es ist nicht denkbar, daß ein schreibender Sterblicher die Sprache vollendeter, raffinierter und bedeutungsvoller handhabt als Thomas Mann in diesem »Schelmenroman«. Die paläontologische Belehrung, die dem jungen Krull im Speisewagen zuteil wird, ist von einer sprachlichen Vollkommenheit, für die es in unserer Literatur kaum ein Seitenstück gibt. Daß diese Szene gleichzeitig von unübertrefflicher Komik ist und eine ironische Heiterkeit ausstrahlt, die sich überhaupt nicht verbraucht, deutet geradewegs auf das fast geheimnisvolle Kunstprinzip, das den Verfasser der Joseph-Romane zu einer der größten Figuren der Weltliteratur macht. Poesie und Kritik sind hier einen Bund eingegangen, zu dem wir Deutschen sonst nicht fähig sind. Seine Kunst erlaubt uns, zum Vollkommenen zu lächeln.

Thomas Mann, Bekenntnisse des Hochstaplers Felix Krull.
Frankfurt a. M. 1955
Zeit 7. 10. 1954

Rainer Maria Rilke

Nein, wir wollen und werden nie mit ihm zu Ende kommen. Er ist ein großer Dichter gewesen, und sein Werk nimmt täglich zu. Aber der Leser fühlt sich von Deutungen bedrängt, die den ganzen Kreis der Mißverständnisse vom metaphysischen System bis zur Klatschgeschichte durchlaufen. Was er geschrieben hat, ist ohnehin schon nicht leicht zu erfassen. Aber die emsig betriebene Nebelbildung derer, denen es nicht genügt, den Dichter im Kreis seiner Dichtung zu erfassen, liefert das Werk an die Anhänger von Wunderkuren aus. Die schützenden Gehege werden niedergerissen, jeder zerrt von dem Busch eine Blüte ab und behauptet, er habe den ganzen Busch.

Man muß auf Heinrich Heine zurückgehen, um einen Namen zu finden, der im dichterischen Bereich ähnlich breite Wirkungen versandt hat. Man erinnert sich heute kaum noch, welch eine lyrische Entfesselung das »Buch der Lieder« verursacht hat. Bis ans Ende des 19. Jahrhunderts dauerte die Erregung, die von diesen Gedichten ausging und alle Grenzen, die sonst um die Welt des dichterischen Ausdrucks gezogen sind, niederlegten. Die Poesie war kein Gipfel, kein Ausnahmezustand mehr, sie kam gleichsam ins Haus. Wer schwärmte und liebte, brauchte sich nicht mehr stumm zu plagen, denn der Heinesche Tonfall stand jedem zur Verfügung. Alle Einwände gegen die Qualität dieser Poesie konnten nichts daran ändern, daß Heine als ein Wohltäter empfunden wurde.

Zwischen seinem Werk und dem Rilkes ist kein Vergleich möglich, wohl aber zwischen ihren Wirkungen. Allerdings sind sie von entgegengesetzter Art, denn während Heine den Gefühlsausdruck erleichterte und lyrische Zungenfertigkeit verbreitete, schafft Rilke – trotz der zahlreichen Nachahmer – eine Art von Sprachlosigkeit. Eine Generation, die vergeblich nach Ausdruck ringt, findet bei ihm die Rechtfertigung für ihr Verstummen. Wo Heine eine Überschwemmung verursachte, da ruft Rilke eine Austrocknung hervor. Unzählige Menschen, die sich seelisch abmühen, holen sich bei ihm die Gewißheit, daß ihr Zustand unsagbar ist. Der damaligen Popularisierung von Liebeslust und -leid steht heute die Einsamkeit als Programm gegenüber. Das *»mal du siècle«* hat seinen Inhalt verändert und damit auch einen anderen Namen erhalten. Mit Heine konnte man sein Leben weiterführen, weil er sich bereitwillig auf den Alltag einließ. Mit Rilke *muß* man sein Leben weiterleben, weil man ihm doch nicht in seinen Kern folgen kann. Denn das Rilkesche Gefühl ist nicht zu übertragen, es ist gleichsam ohne Welt und besteht ausschließlich im schöpferischen Kern seines Trägers. Das Wesen seines Gedichtes ist völlige Isolation. Nie war ein großer Dichter seinem »Inhalt« gemäß weniger dafür gemacht, die Menschen zur Gefolgschaft aufzurufen. Nie hat ein Dichter eine größere Gefolgschaft gehabt.

Auch dem geruhsamsten Zeitgenossen ist es unmöglich, die Zahl der Bücher über Rilke zu bewältigen. Es gibt eine Rilke-Philosophie, eine Rilke-Philologie und – bezeichnenderweise in viel geringerem Umfang – eine Rilke-Ästhetik. Es hilft nichts, darüber zu murren, daß der Wald vor lauter Bäumen bald nicht mehr zu sehen ist. Man muß vielmehr der Frage nachgehen, welche inneren Notwendigkeiten in dieser Bewegung enthalten sind. Wir wagen zu bezweifeln, daß sie auf einer wirklich tiefen Kenntnis von Rilkes Werk und auf einer reinen Lust am lyrischen Gedicht beruht. Ja, es kann wohl als bezeichnend gelten, daß die Bewegung längst über das Gedicht als solches hinausgegangen ist und das Lyrische schlechthin auf einen ganz neuen, ihm eigentlich wesensfremden Standort gedrängt hat. Der Dichter ist zum Propheten, zum Verkünder, zum bloßen Träger weltanschaulicher Elemente geworden, und die eigentliche lyrische Form ist fast schon ins Zufällige abgesunken.

Es ist nicht angenehm, angesichts der ernsten Erscheinung Rilkes von einer Mode sprechen zu müssen, aber der Ausdruck ist wohl noch milde für die Bedrängung durch biographischpersönliche Einzelheiten, denen sich der Rilke-Leser ausgesetzt sieht. Wer diesen Dichter verehrt, verlangt kaum danach, dem Wettstreit der verschiedenen Rilke-Musen um den ersten Platz im Leben des Dichters beizuwohnen, dessen Wehrlosigkeit über seinen Tod hinaus nachwirkt. In der übrigen Literatur ist kein ähnlicher Fall bekannt. Die »veuves abusives« stoßen sich gegenseitig von diesem einsamen Grabe fort, auf schriftliche Liebeserklärungen pochend und mit gekränkter Würde nachweisend, daß der Tote nur bei den anderen versagt habe, bei ihnen jedoch –! Doch genug davon, obwohl solche qualvollen Vorgänge nicht völlig willkürlich sein können. Warum der zarteste und empfindlichste Künstler unserer Epoche einen Zustand ermöglicht hat, in dem Damen zu Hyänen werden und sich gegenseitig den Lorbeer aus der Frisur reißen, brauchte nie gefragt zu werden, wenn uns Gedrucktes nicht so ungestüm auf den Leib rückte. Die Welt hätte kein Recht, darüber ein Wort zu verlieren, daß der Dichter von dieser Dame »Serafico« und von jener »Fra Angelico« genannt wurde, wenn es nicht in der Rilke-Literatur auf Schritt und Tritt vorkäme.

Rilke war einer der größten Briefschreiber aller Zeiten, und doch liest man diese Korrespondenz mit einer gewissen Beklommenheit, da sie nicht wie die Goethes das Bild einer unauffälligen Lebensbewältigung bietet, sondern den Menschen fast immer in der Abwehr und in einer oft großartig formulierten, oft aber auch unsicheren Lebensangst zeigt, die nicht für den Leser bestimmt ist. Dem Enthusiasten, der staunend durch die gewaltigen Sprachtrümmer der »Duineser Elegien« irrt, ist es nicht immer angenehm, zum Teilnehmer an den menschlichen Eigentümlichkeiten des verehrten Hymnikers gemacht zu werden, seinen Bemühungen, adliger Abkunft zu sein, zu folgen, seine Neigung zu gewahren, im Adelsprädikat ein Merkmal der Elite zu gewahren und ähnlichen Eigentümlichkeiten beizuwohnen.

Man denkt dabei an einen anderen großen Dichter mit ähnlichen Schwächen, an Balzac, und nimmt fast freudig an dem kindlich ungestümen Lebenshunger des Franzosen teil, der sich wie ein Eroberer auf die Grafenkronen und noblen Kulissen seiner Zeit stürzte und so ihrer Herr wurde. Mag das Übermaß an öffentlicher Kenntnis intimer Einzelheiten für die sogenannte Rilke-Forschung von Nutzen sein, für uns, die wir seine Leser und fast noch seine Zeitgenossen sind, ist es eine Störung, die mißtrauisch macht. Was als dichterischer Niederschlag unvergleichlich schön ist, verwirrt den Verehrer, wenn er es im Zustand der persönlichen Auseinandersetzung beobachten muß, nämlich die Qual des von tausend seelischen Gefahren umdrohten Menschen, dessen Gebrechlichkeit und Zartheit sich erst im Schmiedefeuer des dichterischen Schaffens festigen.

Ein Gebirge von Blättern beschriebenen Papiers steht zwischen uns und dem Werk eines großen Dichters. Je stärker unser Drang wird, uns der Dichtung Rilkes in aller Unschuld hinzugeben, um die Befruchtung aus der einzigen erlaubten Quelle, nämlich aus dem Wort, zu erfreuen, um so herrischer drängen sich Briefe und Zeugnisse ein. Sind sie ein Hindernis oder sind sie ein Weg, der zum Werk führt oder gar an ihm teilnimmt? Rilke hat von einem bestimmten Zeitpunkt an, nämlich seit dem Abschluß seines Prosawerkes »Die Aufzeichnungen des Malte Laurids Brigge«, einen »Teil der Ergiebigkeit« seiner Natur in sein Briefschreiben gelenkt und mehr und mehr an die spätere Veröffentlichung seiner Briefe gedacht. Sie waren für ihn nicht nur Mittel, um sich mit der Außenwelt auseinanderzusetzen, sie waren ihm noch weniger der natürliche Ausdruck eines tätigen Lebens und des täglichen Geschäfts wie bei dem echtesten aller Briefschreiber, bei Goethe, sondern eher eine künstlerische Vorübung, ein Pinseln am Rand des eigentlichen Bildes, wenn die Stunde der echten Hervorbringung auf sich warten ließ.

Bedenkt man den furchtbaren künstlerischen Ernst dieses Dichters, so darf man sein rastloses Korrespondieren wohl eine Art von Zeitvertreib nennen: Mit seinen herrlich stilisierten Schriftzügen trieb er die Zeit, die ihm vielleicht halbfertige oder unvollkommene Verleibungen im Wort anbot, über das Schreibpapier dahin, bis sie über den Rand ins Leere fiel. Nie wurde das Warten auf den inneren Anruf mit soviel Schreiben ausgefüllt wie von ihm. Was er von seinem, ihm selbst überflüssig erscheinenden Übersetzen eines französischen Sermon sagt, gilt auch für sein Briefschreiben: »Schließlich ist Schreiben mehr als Nichtschreiben und es reizt vielleicht doch den Engel herauf und macht ihn eifersüchtig.« An sich ist Korrespondieren ja eine gesellschaftliche Tätigkeit, aber bei Rilke vermischt sie sich immer wieder mit der künstlerischen, wie vor allem seine Briefe aus Spanien beweisen; und aus dieser Vermischung entsteht das eigentliche Unbehagen, das der auf das eigentliche dichterische Werk bedachte Leser immer wieder beim Lesen dieser massenhaften Korrespondenz empfindet.

Das Unbehagen hat sehr tiefe Wurzeln. Im Deutschen stellen die dichterische und die Umgangssprache schon seit langem zwei ganz verschiedene Welten dar. Eine gemeinsame Ebene für den künstlerischen und sozialen Ausdruck gibt es für uns nicht, während sie in Frankreich noch benutzbar ist und der literarischen Äußerung dieses Landes seine Natürlichkeit verleiht. Der briefschreibende Rilke nun bewegt sich mit seiner sprachlichen Bemühung rastlos zwischen diesen zwei Ausdruckswelten hin und her und schafft dadurch eine Zwittrigkeit, die den Leser sowohl gegen den menschlichen Gehalt des Briefes wie auch gegen die reine Spontaneität des Gedichtes mißtrauisch macht. Darum sind seine frühen Briefe, etwa die aus den Jahren 1902 bis 1906, ein reinerer Genuß als die späteren, obwohl sie spüren lassen, daß hier ein Intellekt waltet, der erst spät und lückenhaft reift.

Es mag den Rilke-Verehrern, die ja in dem Dichter Gott weiß was, nur nicht die Dichtung, das Kunstwerk suchen, unfaßlich sein, wenn hier die Überzeugung ausgesprochen wird, daß der Briefschreiber zwar oft der Helfer des Dichters, aber noch öfter sein Feind ist, und daß es der Größe der Rilkeschen Dichtung zuträglicher wäre, wenn nicht so viele Briefe von ihm erschienen wären. Denn was im Gedicht siegreich ist, das ist in der umständlichen brieflichen Darlegung pure Not. Ein Leidenszustand, der künstlerisch gestaltet ist, ist damit auch überstanden. Derselbe Zustand, in der Korrespondenz ausgebreitet, trägt alle Spuren der Schwäche und Unzulänglichkeit. Die sterblichen Anlässe zu einer unsterblichen dichterischen Bewältigung sollten dem Leser nicht aufgezwungen werden. In Rilkes Briefen herrschen die Anlässe völlig vor und treiben den Leser, der sich von ihnen ins Gedicht retten möchte, ratlos hin und her. Es gibt freilich Leute, die überhaupt nur die Briefe gelten lassen. Das ist immerhin ein Standpunkt, denn es kommt für jeden achtungsvollen Kenner des Rilkeschen Werkes der Augenblick, wo er zu wählen hat. Wer diese Wahl nicht vollziehen mag, der geht, ob er will oder nicht, den Weg des Mißverständnisses, auf dem sich heute der Ruhm dieses Dichters bewegt. Die Ruhe, die aus jedem Kunstwerk strahlt, löst sich zur Rilke-Bewegung auf. Aus der Dichtung wird eine Lehre.

Rilkes Briefwechsel mit der Fürstin Marie von Thurn und Taxis, der Herrin des Schlosses Duino, der die dort begonnenen Elegien gewidmet sind, bildet ein sehr bedeutendes und anregendes Beispiel moderner Briefliteratur. Er wird mit anderen großen Korrespondenzen allerdings kaum zu vergleichen sein, da er – genau besehen – keinen Gedankenaustausch darstellt, sondern das innere Drama eines Dichters widerspiegelt, der um seine große Stunde kämpft, indem er den Freund zu Hilfe ruft und dann wieder von seiner Einsamkeit fernzuhalten versucht. Sind nicht alle Briefe Rilkes ein ständiges Suchen und Sichentziehen? Macht nicht gerade dies sein Schreiben an Frauen so verstörend, daß er sie anzieht und doch abzuwehren versucht? Gegenüber der Fürstin ist freilich eine solche Abwehr nicht nötig, denn was diese Frau über alle anderen weiblichen Erscheinungen im Leben des Dichters erhebt, ist der wundervolle, herzhafte Takt einer großen Natur, die ernstlich das Gelingen des großen Werkes, der Elegien, will, sonst nichts. Nur die Jugendfreundin Lou Andreas-Salomé kann sich mit dieser großen Helferin vergleichen. Trotzdem bleibt der Briefwechsel ein großer Monolog, weil dem Dichter ein wirkliches Verhältnis zum Mitmenschen, zum Du, nicht gegeben war. Vom Dezember 1909 bis zum Tode des Dichters im Dezember 1926 reicht der Briefwechsel, fast ein halbes Menschenalter umfassend. Und doch ist es kein wahres Leben, das sich da entfaltet, es ist vielmehr ein einziges Versagen, ein ständiges Zurückweichen vor der menschlichen Bewährung. »Ich hätte vieles zu sagen auf dem Herzen«, schreibt er am Weihnachtsabend des Jahres 1911, »aber ich werde mit der Zeit immer mißtrauischer gegen mich, Monstrum, das im Grunde nie um irgendein Wesen so tief und quälend und unablässig besorgt gewesen ist wie um sich selbst; darf so ein Scheusal überhaupt über das, was zwischen den Menschen spielt und sich spannt, zu Worte kommen?« Oder früher: »Manchmal meine ich, was zwischen zwei Menschen möglich ist, ist im Grunde doch nicht viel; alles Unendliche ist innerhalb des Einzelnen.« Und später: »Ich bin gar kein Liebender, mich ergreift's nur von außen, vielleicht, weil mich nie jemand ganz und gar erschüttert hat, vielleicht weil ich meine Mutter nicht liebe ... alle Liebe ist Anstrengung für mich, Leistung, surmenage ...« Wann hat je ein Mensch mit solcher Aufrichtigkeit, mit solcher unbestechlichen Wahrheitsliebe von sich gesprochen? Aber sind die Nachlebenden dazu bestimmt, an diesen Selbstbezichtigungen teilzunehmen? Es geschah doch alles um der großen Dichtung willen, die unter dieser gebrechlichen Herzensschwelle schwelte und eines Tages gewaltig hervorbrechen sollte! Wir haben die »Duineser Elegien«. Sollten wir es damit nicht genug sein lassen? Je mehr man den Dichter verehrt, um so schwerer ist es, den Briefschreiber zu lieben. Und darum ist die Veröffentlichung der Briefe, die langsam wie Schlingpflanzen das Werk überwuchern, keine Mehrung des Gutes, das Rilke der Welt hinterlassen hat.

Das Geleitwort, das Rudolf Kassner den beiden Briefbänden mitgegeben hat, ist durchaus von dieser Zwiespältigkeit geprägt. Der große Essayist war ein alter Freund Rilkes und hat ihn mit Marie Taxis zusammengeführt. Aber wie kalt spricht der alte Mann von dem dahingegangenen Freunde, mit welcher Schärfe beschreibt er dessen Äußeres und wie unbarmherzig stellt er dessen »Knabenhaftigkeit« in tiefere psychologische Zusammenhänge! »Im Bereich der Psychoanalyse, soweit Rilke sie übersah, versagt nicht so sehr der Mensch vor dem Menschen«, sagt Kassner, »sondern versagen die Liebenden voreinander, versagt, will das heißen, der Mann vor der Frau oder ist der Mann in der Liebe ein Stümper und die Frau darum ebenso unerschöpflich wie unerschöpft und einsam.« Hier wird eine Daseinsschwierigkeit des Dichters schonungslos berührt. »Ich, der ich nie mit Männern umgehen konnte«, schreibt Rilke einmal. Aber war sein

Umgang mit Frauen darum glücklicher? »Ich Unverbesserlicher«, teilt er der Fürstin während des Krieges mit, »hab's seither nochmals mit dem Nicht-allein-bleiben versucht . . . und es ist ja auch dasselbe, Grausame: das unter dem Gewicht eines anderen Lebens stehen, das sich doch wieder als ein fremdes erweist und das mit seinen Verstrickungen und Ratlosigkeiten nur noch wieder zum Beispiel wird für des Lebens Fastunmöglichkeit . . . Ich möchte helfen und erwarte, daß mir geholfen wird.« Das alles wird einer edlen Natur ans Herz gelegt, die mit überwältigender Einfachheit darauf erwidert: »Und was brauchen Sie immerfort dumme Gänse retten zu wollen, die sich selbst retten sollen – oder der Teufel soll die Gänse holen . . . Und Sie tun sich immer solche Trauerweiden aussuchen, die aber gar nicht so traurig sind in Wirklichkeit, glauben Sie mir – *Sie, Sie selbst* spiegeln sich in allen diesen Augen.«

Gänse, Trauerweiden – das klingt wie obenhin gesagt, und geht doch sehr tief. Diese Frau, die zu Rilkes Werk ein mehr ahnungsvoll schwärmerisches als kundiges Verhältnis hat, stößt mit ihrem gesunden Menschenverstand bis an die äußersten Seelengrenzen des stets unglücklichen Freundes vor. Geduldig nimmt sie an seinen Daseinsnöten teil, an dieser ewigen Jagd nach passenden Wohnsitzen, an diesem dauernden Umziehen, an diesem Streben nach asketischer Lebensform, dem die heimliche Verwöhntheit dieses typischen Logiergastes auf feudalen Schlössern entgegensteht, an diesen umständlichen Verabredungen, die gewöhnlich wieder rückgängig gemacht werden (»Kommen Sie nicht, Fürstin, kommen Sie nicht!«); diese Jagd nach dem Menschen, »dem schwesterlichen!!! (ach, ach), der dann das Haus besorgt und gar keine Liebe hat oder soviel, daß er nichts verlangt«, diese Klagerufe »Wohin, wohin?« und dieses qualvoll tapfere Warten auf die begnadete Stunde, alles dies fühlt die Freundin mit. Doch manchmal – nicht nur bei den Gänsen – regt sich ihr sanfter Widerspruch: »Ich bilde mir ein, Sie erfinden sich Unmöglichkeiten.« Aber es bleibt bei diesem lächelnden Einwand, denn die großartige Frau versteht nun allzugut, was vorgeht. »Wie hätte ich Sie hergewünscht«, schreibt sie ihm nach einer seiner unermüdlichen Absagen, »aber Ihre Elegien sind die Hauptsache – also ist mir alles recht, was sie fördert.« Ein nobles Freundeswort, das aus der Ahnung von dem eigentlichen Konflikt des Dichters entspringt.

Kurz nach dem Kriege schreibt er ihr: »Schließlich ist's immer dieser eine, in meiner Erfahrung unversöhnliche Konflikt zwischen Leben und Arbeit, den ich in neuen unerhörten Abwandlungen durchmache und fast nie übersehe. So sehr ich schon gewählt habe, die Arbeit gewählt habe, so sollte doch mein Abkommen mit dem Leben nicht in einer Absage bestehen.« Still hält sie diesem Jammer ihre Zuversicht entgegen, die Zuversicht eines Menschen, der imstande ist, Menschenliebe zu hegen und den Preis für alle Qual zu ahnen: »Wie beneide ich Sie, wie glücklich sind Sie, Sie Gottbegnadeter!« Nie hat ein schwererer Vorwurf nach dem Herzen des Dichters gezielt, aber nie wurde ein Vorwurf gütiger ausgesprochen. »Ich glaube, Sie würden es notwendig brauchen, wirklich ausgezankt zu werden, wie ein baby – der Sie ja auch eines sind, obwohl dabei ein großer Dichter!« Das klingt zarter als jenes »Rilkemännlein«, mit dem Kassner die Nöte des Dichters angesichts des drohenden Militärdienstes grausam zur Kenntnis nimmt.

Ohne Liebe, das ist es. Aber es ist nicht Kälte oder Ohnmacht, die ihn zwingen, zu bekennen, daß er kein Liebender sei, »über den die Inspiration seines Herzens kommt«. Es ist ein Graben nach Tieferem oder vielmehr nach dem, was ihm tiefer erscheint als alle menschlichen Bindungen. »Da's mein Los ist, gleichsam am Menschlichen vorbei, ans Äußerste zu kommen«, schreibt er aus Ronda in einem seiner herrlichsten Briefe. Was erwartet ihn an dieser äußersten Grenze, wo er doch »die Rühmung des Hiesigen« in den Mittelpunkt seines dichterischen Auftrags stellte? »Ich habe aber das eigentümliche Glück, durch die Dinge zu leben«, schreibt er einmal, oder er spricht von »les choses qui m'aiment pourtant«. Hier bildet sich eine verzweifelte Seele einen Schöpfungsmythus ohne Gott, aber sie empfindet es als einen qualvollen Mangel, daß Gott darin fehlt, und so spricht sie sich denn ohne rechte Überzeugung eine Gottesvorstellung zu, von der sie fühlt, daß niemand sie ihr glauben wird; »nur Gott gegenüber habe ich eine Leichtigkeit, denn Gott lieben heißt eintreten, gehen, stehen, ausruhen und überall in der Liebe Gottes sein«. Oder: »Ich stehe körperlich zu meiner Natur, wie seelisch zu Gott, unendlich unmittelbar.« Es ist alles Ausdruck für sein desperates Unternehmen, die über den Menschen hinausweisenden religiösen Zeichen und Vorstellungen im tiefsten Brunnen seines Ich zu finden.

Briefe, Briefe, Tausende von Blättern beschriebenen Papiers, beschrieben, fast möchte man sagen bemalt, mit einer bezaubernden Kunsthandschrift, die altmodisch »thun« und »Juny« schreibt, um noch einige biedermeierliche Bögen mehr ziehen zu dürfen. Briefe voll der holdesten Kunst des Berichtens, aber auch voll der angestrengtesten Höflichkeit, mit denen die herbeigerufenen und andringenden Mitmenschen ferngehalten werden. Briefe von einer geradezu erschreckenden Ehrlichkeit, die nicht ansteht, zu jammern wie Hiob auf dem Scherbenhaufen, und doch vor dem Bekenntnis des Versagens nicht zurückschreckt. Aber wer hat hier versagt? Hätten wir die unaufhaltsame Flut der Briefe nicht, so stünde diese Frage nicht so trostlos nackt auf dem Felde des Persönlichen. Nein, die Briefe fügen dem Werk nichts hinzu. Es war nicht Rilkes Schicksal, eine Gestalt zu sein. Wir haben dafür seine Gedichte, weit jenseits der biographischen Symptome, die das Licht auf die falsche Stelle lenken.

Wenn mit einer großen geistigen Erscheinung Mißbrauch getrieben wird, so trägt sie daran eine gewisse Mitschuld. In Rilkes dichterischem Wesen ist etwas, das zur Indiskretion herausfordert und zur Beschäftigung mit seiner Person ermuntert. Wenn der Fall eintritt, daß nicht eine Dame, sondern ein Mann ein Buch über den Dichter schreibt, finden wir ihn sogleich in der Abwehr gegen den Andrang solcher Indiskretionen, wie dies bei Dieter Bassermann der Fall ist, der sein ausgezeichnetes Buch »Der späte Rilke« in verehrungsvollem Abstand verfaßt hat und sich immer wieder zu dem Werk, dem einzigen legitimen Gegenstand, hinkämpft. Offenbar hinterläßt das Werk bei den meisten Lesern einen Rest, der nicht in die künstlerische Form gebannt ist und den Neugierigen ermutigt, gewissermaßen hinter den Spiegel zu greifen, um zu sehen, was sich dort noch verbirgt. War es in reicheren, aber strengeren Zeitläuften eine geradezu klassische Forderung, zwischen dem Werk eines Dichters und seiner Person streng zu unterscheiden und der künstlerischen Gestaltung ohne Heranziehung biographischer Kenntnisse inne zu werden, so weiß man heute gerade im Fall Rilke nicht mehr, ob jeweils von seiner Person oder von seinen Büchern die Rede ist.

Die Vermischung der beiden Welten ist um so fühlbarer, als Rilkes Leben äußerlich ohne Bewegung und auffallende Ereignisse ablief und das unscheinbare Bild eines geräuschlosen Menschen bietet, der sich in Gastzimmern vor dem Papier abquält. Man ahnt hinter dieser Unauffälligkeit das unvergleichliche schöpferische Drama, aber man ahnt es eben nur. So ist es fast unmöglich, eine Lebensbeschreibung des Dichters zu liefern. Wer es tut, gerät unwillkürlich dahin, die zahlreichen Ortswechsel zu dramatisieren und die verschiedenen »Krisen« mehr auszubreiten, als im Umgang mit literarischem Gut sonst üblich ist. Dadurch entsteht ein flüsterndes Getue, ein Gehen auf Zehenspitzen, ein Kissenschütteln, ein Hinstellen von Blumen, kurz, ein weibisches Treiben, das die persönlichen Schwächen dieses Lebens, die niemanden angehen sollten, enthüllt. Toledo, Ronda, Paris ... Fürstin A., Gräfin B., Schloß X., Schloß Y. ..., alle diese Angaben sind gewiß Realitäten, aber sie drängen sich stärker vor, als es zum Verständnis einer doch autonomen Dichtung notwendig ist. Sie schaffen eine Stimmung der Exklusivität, die bekanntlich eine große Anziehungskraft ausübt. Denn wer wollte nicht gern dazu gehören! Ob hier von übereifrigen Sachwaltern eines Ruhms gesündigt wird oder ob die Verehrer beim Andrang auf die privaten Zäune einfach nicht zu halten sind, braucht nicht ausgemacht zu werden. Entscheidend ist, daß die

Erscheinung Rilkes diese Zustände erlaubt, wenn nicht gar begünstigt.

Wenn in Deutschland das Wort »Dichter« fällt, so stellt sich sogleich in der Vorstellung der Name Rilkes ein. Er überschattet sogar Hölderlin, mit dem zwölf Jahre lang dadurch Mißbrauch getrieben wurde, daß seine Deuter bewiesen, die deutsche Jugend habe keine schönere Aufgabe, als sich in den Abgrund »des Opfers« zu stürzen. Es ist immer noch nicht vollständig gelungen, Hölderlin von dem erlittenen Mißbrauch zu reinigen. Um so ausschließlicher konnte die Wirkung Rilkes werden. Sie verdunkelt seinen lyrischen Gegenpol Stefan George, von dem augenblicklich wenig die Rede ist. Sie hat vor allem die Präsenz der größten dichterischen Figur unseres Zeitalters, Hugo von Hofmannsthals, in den Hintergrund gedrängt. In Hofmannsthals Erlöschen, in der Tatsache, daß sein Werk kaum noch zu den Heutigen spricht, offenbart sich etwas Herzzerreißendes. Das schmerzhafte Verklingen seiner Geistes- und Seelenmusik bildet den eigentlichen Abschied von der deutschen Bildung. Was ihn überlebt, was nach ihm kommt, fängt bei Null wieder an, hat keine »Welt« mehr und keine Gegebenheit außer dem Ich.

Es klingt zunächst erstaunlich, daß ein so bewußter Inhaber alter Kulturen, ein so entschiedener Liebhaber beseelter Dinge, ein so raffinierter Aufspürer gebildeter Zusammenhänge, wie Rilke dies war, keine Gegebenheit mehr habe gelten lassen wollen, daß er – in dieser durch tausend Prozesse getriebenen Schmucksprache! – gleichsam von vorne begonnen habe und bei jedem Gedicht aufs neue anhebe. Und doch liegt hierin eine Wahrheit, die seine besondere Wirkung bis zu einem gewissen Grade erklären mag. Allerdings gilt dies nur für seine späte Dichtung, die ja in den Mittelpunkt der Betrachtung rückt, während das »Buch der Bilder«, das »Stundenbuch«, ja selbst die künstlerisch zweifellos vollkommensten Gebilde, die »Neuen Gedichte«, mehr und mehr vernachlässigt werden. In den früheren Büchern ist noch jene überraschende Tränenseligkeit spürbar, für welche »Die Weise von Liebe und Tod des Cornets Christoph Rilke« das fatale Muster ist. Dieses Prosagedicht, ein modernes Gegenstück zu dem vielgeschmähten »Trompeter von Säckingen«, das seine Heinesche Wirkung getan hat, klingt in der Form und dem Motiv selbst in den »Neuen Gedichten« noch nach, in denen sich kunstgewerbliche Gedichte im Balladenstil und im täuschend getroffenen Tonfall alter Chroniken vorfinden.

Es ist nicht unsere Sache, auf die zahlreichen Zeugnisse für Affektation und künstliche Schlichtheit in Rilkes Gedichten hinzuweisen, zumal da nicht sie es sind, die von seiner früheren Produktion einschließlich der »Neuen Gedichte« abgelenkt und den Schwerpunkt in die »Sonette an Orpheus« und die »Duineser Elegien« verdrängt haben. Damit sind nicht nur die falschen Töne und das gezierte Kunstgewerbe der früheren Bücher preisgegeben worden, sondern ebensogut die lyrischen Gipfel, wie »Herr, es ist Zeit«, oder » Die Blätter fallen, fallen wie von weit . . .«, oder die beiden Hortensien-Gedichte, oder »Letzter Abend«, deren reine Vollkommenheit vom Dichter später nur selten wieder erreicht worden ist. Es ist ganz klar, daß die Masse der Ergriffenen bei Rilke etwas ganz anderes sucht als seine »Vollkommenheit«. Sie sucht sich selbst, sucht Rechtfertigung ihrer Sprachlosigkeit und ihrer Verwirrung, sucht Heilung für ihre Krankheit, nicht ahnend, daß sie damit die Krankheit in das Werk des Dichters hineinträgt.

Wir nennen sie die Ergriffenen und tun damit dar, daß ihr verworren-leidenschaftliches Verhältnis zu dem Rilke-Erlebnis durchaus aufrichtig sein kann. Das Werk dieses Dichters wirkt in eine Welt, die keine Bindungen mehr zu fühlen vermag, die sich angstvoll um einen Standpunkt bemüht und alle Werte zerbrochen glaubt. Es ist eine Ratlosigkeit, die alle und alles erfaßt hat und an die großen kollektiven Angstzustände des Mittelalters erinnert. Alle Altäre sind leer, alle Herrscherstühle verwaist, aus dem Sternraum strömen die Gefahren herein, je mehr der Mensch um seine Persönlichkeit kämpft, um so mehr ist sie bedroht. In diese Spannung setzt sich die Botschaft des Dichters der »Duineser Elegien« fest, der wie kein anderer Dichter vor ihm durch die Ausschließlichkeit des Gefühls lebt und eigentlich nur einen Standort kennt, eben das Gefühl. Die Umwelt mit ihren Ideen, Erfahrungen und Spannungen kommt dagegen nicht auf. Die Landschaften und Jahreszeiten, die mythologischen Figuren und die jungen Mädchen, die Liebe und der Tod, ja schließlich Gott selbst, das alles sind nur Ausstrahlungen eines Gefühls, sind nur Beziehungen zur eigenen Erlebnisquelle. »O Herr, gib jedem seinen eigenen Tod!« heißt es schon im »Stundenbuch«; und daß jeder nur seinen eigenen Gott kennen und gelten lassen dürfe, ist ein Leitmotiv der Gedichte wie auch der Korrespondenz.

Diese nichtchristliche Haltung hebt sich allerdings von einer durchaus christlichen Lebensstimmung ab, die das eigentliche große Mißverständnis bildet, dem die meisten Ergriffenen erliegen. Der Dichter handhabt von jeher christliche Symbole und Ausstattungsgegenstände, weil sie an sich schon »poetisch« sind. Das »Stundenbuch« mit seiner Kloster- und Pilgerkulisse verführt viele Menschen zu dem Irrtum, hier wäre eine Speise für ihren religiösen Hunger. Das berühmte »Ich kreise um Gott ...« ist aber nichts weiter als ein dichterisches Bild, das Gott eine absolute, außerhalb dem Gefühl liegende Existenz nur vergleichsweise zuspricht. »Kreuzigung« ist kaum mehr als die Betrachtung einer christlichen Situation durch das bunte Glas eines mittelalterlichen Gemäldes. »Das Abendmahl« und der »Ölbaumgarten« modernisieren auf eine beinahe materialistische Weise große Szenen der Leidensgeschichte, in denen der Herr »fast wie unsereiner« (so möchte man sagen) empfindet. Auch der kleine Zyklus »Das Marienleben« erhebt nicht den Anspruch einer religiösen Deutung oder auch nur Erbauung. Er ist vielmehr in seinem »tumben« Tonfall eine reizvolle Paraphrase über die Motive, die der alten Marienmalerei zugrunde liegen. So zeigt sich das religiöse Thema allenthalben als eine reiche Quelle der Reize, der schönen Erregungen und Bilder, aber niemals als Religiosität im christlichen Sinne. Eine solche schließt der großartige und konsequente Subjektivismus Rilkes aus, wie er den Tod und den Liebesbesitz als absolute, außerhalb des Gefühls existierende Werte ausschließt. Von dem Gefühl geht eine »Poetisierung« aller Dinge und Werte in einem Umfang aus, die selbst die kühnsten Träume eines Novalis übertrifft. Poetisierung und Religiosität sind indessen unvereinbar. Dies nicht zu wissen, ist die große Selbsttäuschung aller jener, die sich mit Hilfe der Rilkeschen Gedichte über ihre religiöse Ohnmacht hinweghelfen.

Die Ersetzung der Religion durch die Poesie hat nicht erst mit dem Rilke-Kult begonnen. Schon die Wiederentdeckung Hölderlins zog bald dies Mißverständnis nach sich. Die aus der antiken Hymnenwelt entlehnte Gleichsetzung von Dichter und Seher *(vates)* leitete die Vermischung zweier Verkündungsformen ein, die heute allgemein hingenommen wird. Die religiöse Erfahrung sollte sich indessen dagegen sträuben, in der göttlichen Offenbarung, die ja für den überzeugten Christen eine Realität ist, nichts anderes zu sehen als eine Form der dichterischen Inspiration, und umgekehrt. Das Dichterwort, aus welchen Tiefen es auch aufsteigen möge, ist stets an die menschliche Persönlichkeit und ihre Erfahrungen gebunden, und die Inspiration ist eben die jäh durchbrechende Fähigkeit, sich selbst auszusprechen. Der Seher aber blickt in eine Welt, die nicht die seine ist. Der Evangelist endlich spricht unter dem unmittelbaren Diktat göttlicher Kräfte, die außerhalb seiner Person eine tatsächliche Existenz haben. Rilke selbst hat diese Vermischung nicht begangen. Wohl treibt er eine umfassende Mythologisierung der dichterischen Existenz, vor allem in seiner Abwandlung des Orpheus-Motivs, aber niemals weist er in seinem Werk dem Dichter die Aufgabe zu, den Menschen eine religiöse Offenbarung zu vermitteln. Seine entschlossene Subjektivität läßt keine andere Offenbarungsquelle zu als die eigene Seele. Nicht Prophet will er sein, sondern Künstler, und dieses tapfer bekannte und behauptete Künstlertum, dem Rilke sich in Demut und Askese zu eigen gibt, kennt keine göttlichen Aufträge, kennt nur seine eigene Sendung.

Der Mensch ist unglücklich. Er war es vielleicht zu allen Zeiten, aber seine Bewußtheit war nicht gereizt genug, um im Forschen nach den Gründen neue Quellen des Unglücklichseins zu entfesseln. Heute ist das Bewußtsein krankhaft empfindlich, der Mensch ruht nicht, bis er sich von außen sieht, sei es als »Existenz«, sei es als Teil einer historischen Situation. Die von Rilkes Werk ausgehende Bewegung vermischt sich mit diesem Bewußtseinsfieber. Die großen Bindungen sterben ab, die Realität Gottes wird nicht mehr empfunden, die Realität des Mitmenschen, die der Liebe zugrunde lag, verdorrt nicht minder. Gleichzeitig wächst der Drang zur religiösen Verehrung, aber auch der Wunsch, zu lieben und das Geliebte zu besitzen. Solange die Menschen menschlich bleiben, wird es so sein. Im gleichen Zeitmaß breitet sich jedoch die Ohnmacht aus und das Verstummen. »Die Wüste wächst: weh dem, der Wüsten bringt.« Rilke nun, der nie ein echtes Liebeslied geschrieben hat, der Gott, den Tod und die Liebe poetisiert, weil er ihnen kein absolutes Dasein zuerkennt, hilft den Leidenden, sich über ihre Ohnmacht hinwegzutäuschen und ihnen das, was sie nicht erlangen können, als nichtexistent zu zeigen. Oder, wie Gottfried Benn bei einer anderen Gelegenheit sagt: »Nihilismus ist ein Glücksgefühl.« Der Dichter hat seine schöpferische Subjektivität als festen Standort. Seine Gläubigen haben diesen festen Punkt nicht. Sie leben weiter, weil er sie zu lehren scheint, daß das Gefühl, um den Menschen zu tragen, kein Ziel zu haben braucht. In Wirklichkeit kann er ihnen nicht helfen.

Die große Künstlerschaft des Dichters offenbart sich am stärksten in der mühsam erkämpften Fähigkeit, einsam zu bleiben und lediglich mit dem Hebel seines Gefühls die Welt zu bewegen. Der Weg, der zu diesem Zustand führte, war qualvoll und ging in Entwicklungssprüngen vor sich. Mitten in den »Neuen Gedichten« reißt die Bildermacherei ab und macht einer echten Gestaltung Platz. Bis dahin war das poetisch zu erfassende Gefühl unaufhörlich umschrieben und umgangen worden. Bilder, Vergleiche, Symbole, kurz, die Ersetzung des Eigentlichen durch das Verwandte und bereits Poetisierte gaben dieser nervös dahineilenden Dichtung das Gepräge der Ruhelosigkeit und zugleich einer Künstlichkeit, die auf ihre Ursprünge im Jugendstil deutete. Dann plötzlich wird alles direkt und die Sache selbst, und man fühlt, daß der Dichter eine Sprachebene erstiegen hat, die vor ihm niemand gewinnen konnte. Das besungene »Ding« entsteht nicht mehr durch Bezüge oder durch Beschreibung der Welt, an der es sich abgrenzt, sondern ist selbst da. Die beiden schon genannten Hortensiengedichte zeigen dies deutlich. Die Blume wird im Subjekt des Dichters geschaffen, es ist gleichsam die erste Hortensie, die je da war, und auch die letzte.

Das heißt wahrlich, bei Null anfangen. Rilke, so ahnen wir, nimmt an keiner Gegebenheit mehr teil, er teilt seine Welt mit niemandem und nichts. Es ist, als ob zum ersten Male gedichtet würde und keine Nachfolge möglich sei. Die übrige große deutsche Lyrik steht vor einem festen Weltbild und zieht uns mit dem ersten Ton ihres Einsetzens in den großen Sprachstrom einer unbestrittenen Vorstellungswelt. Der Ton Rilkes ist in seiner reifen Zeit voraussetzungslos und reißt alle diejenigen unwiderstehlich mit, die ebenfalls keine Voraussetzung haben. Aber auch hier drängt sich das Mißverständnis ein. Die seelische Not der Menschen von heute beruht zum Teil darauf, daß ihnen die festen Gegebenheiten fehlen und daß sie eben keine Voraussetzungen haben. Aber sie haben sie verloren, sie sind ihnen gegen ihren Willen entrissen worden, sie sind arm, während der Dichter sich bewußt frei und reich gemacht hat. Was dort bittere Not ist, das ist hier Triumph und Fülle. Seine künstlerische Gesinnung bestätigt die Menschen in ihrer Krankheit.

Wenn von George – vorläufig – kaum noch gesprochen wird, so mag das durch dessen strenges Festhalten an einer Gemeinschaft zu erklären sein. Die Gemeinschaft, mochte sie auch als konstituiert empfunden werden, führte ganz notwendig zu kultischen Ausdrucksformen, die im höchsten Sinn gesellig waren und eine gemeinsame menschliche Ebene eines wenn auch noch so kleinen Kreises voraussetzen oder erzwingen wollten. Kollektive Erfahrungen, welcher Art auch immer, haben den Menschen schwer getroffen und ihn unfähig gemacht, sich noch auf Verpflichtungen einzulassen. Die Tempel sind verbrannt, und Gläubige gibt es nicht mehr. Je rettungsloser der Einzelne in soziale und wirtschaftliche Verstrickungen gerät, die seine innere und äußere Bewegungsfreiheit zu ersticken drohen, um so entschiedener flieht er die geistigen Bindungen und gibt sich einem dichterischen Evangelium anheim, das jede Bindung überwunden hat. Es ist, als ob die Ergriffenen angstvoll durch die rettende Pforte drängten. Im Rilke-Kult steckt ein Stück Panik. Während der Künstler sich durch hohe Vollendung behauptet, während in ihm die Gestalt – höchster dichterischer Sieg – das Leiden verwandelt und überwindet, während Orpheus den Anruf aus der unteren Finsternis überhört und sich in die dichterische Form rettet, bleiben die Menschen zurück und ihrer Erregung ausgeliefert. Denn an das, was den Dichter rettet, glauben sie längst nicht mehr: an die Erlösung durch die geleistete Schönheit.

Auch die Verehrer des Dichters haben ihre Radikalität. Gewiß, fanatisches Einspringen für eine künstlerische Richtung, eine philosophische Schule oder ein geistiges Vorbild hat es zu allen Zeiten und in allen Ländern gegeben. Neu ist lediglich, daß so heftige Bekenntnisse sich an einem Dichter entzünden, aus dem auch der kühnste Deuter kein weltanschauliches Programm, sondern höchstens eine Art von Lebensstimmung herauslesen kann. Wir sind geneigt, dies in der Lyrik als einen Vorzug anzusehen, und sind darum doppelt überrascht, auf eine Form des Widerspruchs zu stoßen, wie man sie sonst nur erfährt, wenn man an einem »Führer« Kritik übt. Doch nein, im Grunde ist die Überraschung gar nicht so groß, weil uns von Anfang an die Ahnung plagte, der zarte und verwundbare Rilke habe das posthume Mißgeschick erlitten, in eine Epoche geraten zu sein, die das Totalitäre nun einmal nicht lassen kann. Es übersteigt freilich alle Ahnungen, wenn man dabei auf Zuschriften stößt, in denen es heißt: ». . . und verbitten wir es uns, daß vorwitzige Intellektuelle . . .« Wie es weitergeht, kann sich jeder denken, der sich im öffentlichen Sprachschatz der letzten Jahrzehnte auskennt. Hier wird offenbar am »Santa Claus« vor allem die Rute geschätzt. Eine »Einsatzbereitschaft« kündigt sich in diesen Wendungen an, die beweist, daß große Dichter bei uns sogar von Analphabeten verteidigt werden, die gerne frisch zupacken.

Mit einem Wort, die Unduldsamkeit, mit der manche Leute auf eine achtungsvolle Kritik an der Wirkung ihres Lieblingsdichters reagieren, beweist das Vorhandensein eines Götzendienstes, der mit dem Dichterischen nichts mehr zu tun hat, sondern auf dunklere Regungen schließen läßt. Offenbar wurde ein Glaube getroffen, der so total ist, daß eine Diskussion schon als Anschlag gilt. Wenn man bedenkt, daß die Alten der Dichtkunst die Fähigkeit zusprachen, »die Sitten zu mildern« und sogar wilde Tiere zu bändigen, so ermißt man auch den Abgrund, der uns von der Humanität trennt. Denn das dichterische Wort vermag nichts mehr über unsere Zeit. Es mag die Nerven, oft sogar die Seele berühren, aber den Menschen als Ganzes berührt es nicht mehr. Im Gegenteil, es erlaubt dem Menschen, gleichsam in den Abgrund seiner Seele zurückzufallen und das Menschliche preiszugeben. So ist es auch zu verstehen, daß ein gekränkter Verehrer sich mit einer Art von Grimm gegen den von uns erhobenen Hofmannsthal wendet, seine Vergleichbarkeit mit Rilke entrüstet zurückweist, und zwar mit der Begründung, daß wir ihn ja selbst als ein Stück deutscher Bildung bezeichnet hätten, was doch eine entscheidende Einschränkung seines Dichtertums sei! Ein furchtbares Wort, wenn man es durchdenkt. Denn es meint eine Unvereinbarkeit zwischen dem lyrischen Ausdruck und der Humanität und verweist das dichterische Werk Rilkes in Abgründe, die dem strebenden Bemühen um Gesittung unzugänglich sind. Das Programm der »Einsamkeit« empfängt dadurch seine nihilistische Weihe.

»Nehmen Sie uns nicht unseren Rilke«, schrieb uns eine junge Frau, die in guten Worten ihr schwieriges Dasein schilderte und von der Erbauung sprach, die sie in den Büchern des Dichters finde. Mißverständnisse dieser Art sind wirklich zum Verzweifeln. Niemandem soll sein Lieblingsdichter verkümmert werden, am wenigsten einem Menschen, der seine kargen Mußestunden mit so edler Lektüre hinbringt. Niemand hat ein größeres Recht auf ungeschmälerten Genuß künstlerischen Gutes als der Müde oder Gebeugte, der lesend sein Herz erhebt. Ein Leser dieser Art stellt auch kein Problem dar, denn er erwartet vom Dichterischen keine Weltanschauung, sondern nur ein Wiedersehen mit seiner eigenen Bewegung auf einer höheren Ebene. Wo der Dichter ausspricht, was der Leser leidet, da ist seine Mission völlig erfüllt. Unsere Kritik hat nie dem Dichter gegolten, der solches zu leisten vermag, sondern nur seinen Deutern, denen diese Leistung nicht genügt. Ein Grund zur Abwehr entsteht nur da, wo das Dichterische den Anspruch einer Weltanschauung erhebt, die wahr, gültig und verbindlich sein will. Wer uns die Ehrfurcht vor dem Religiösen abspricht, weil wir es im »Stundenbuch« nicht spüren, dem ist nicht zu helfen. Denn es könnte uns nie einfallen, dem Dichter die Frömmigkeit abzustreiten, nur muß man sich darüber klar sein, wem diese Frömmigkeit gilt. Rilke hat Frömmigkeit ohne Gott.

Religiosität ist keine Sache der Stimmung oder der geistlichen Kulissen, an denen es bei Rilke wahrlich nicht fehlt, sondern der Erfahrung. Die katholische Kirche hat sich zu allen Zeiten mit untrüglichem Gefühl gegen jene gewandt, die von der Religion nur die Symbole, die Lebensluft, und vom Glauben nur die Haltung annahmen, die, mit einem Wort, nur psychologisch oder kulturell »fromm« waren. Wieviel Klostergärtlein auch mit unnachahmlichem Zauber beschworen werden, wie einprägsam auch manche Szenen der Leidensgeschichte gestaltet sein mögen, in der Sphäre des Religiösen gibt es keine Staffagen. Da ist der einfältigste Landpfarrer dem größten Dichter überlegen. Wir haben vielleicht noch nicht deutlich genug gesagt, daß jeder Rilke-Kult gerade dem religiösen Menschen bedenklich erscheinen muß. Wo ein Dichter – und sei er der größte – die religiösen Bedürfnisse der Menschen befriedigt, da ist es mit der Glaubenskraft nicht weit her. Aber warum soll es denn eigentlich zur Vollkommenheit einer dichterischen Erscheinung nötig sein, daß sie auch die Religion umfasse? Genügt es nicht, daß sie ein Verhältnis zu Gott enthalte, selbst wenn dies Verhältnis die Form des vergeblichen Ringens, der Ohnmacht, des Unglaubens hat? Das ist bei Rilke der Fall, und das nimmt ihm nichts von seiner dichterischen Bedeutung.

Ist es schon bezeichnend, daß jede Studie über den Rilke-Kult weitgehend als Attentat auf den Dichter aufgefaßt und manchmal mit einer Gereiztheit beantwortet wird, als handle es sich um ein Familienmitglied, so ist es noch aufschlußreicher, daß sich kaum ein Widerspruch je mit dem eigentlich dichterischen Kern befaßt. Man könnte glauben, daß es sich um das Haupt einer Sekte und nicht um eine jedermann zugängliche literarische Erscheinung handle, der doch in erster Linie literarische Maßstäbe zukommen. Aber die Anteilnahme an dem Dichterischen als einer Kunst ist außerordentlich gering. Wenn Leute zum Lobe Rilkes meinen, daß er – im Gegensatz zu Hofmannsthal – kein »Ästhet« gewesen sei, so ist das ebenso falsch wie richtig. Denn Rilke, der ganz eindeutig vom Jugendstil herkommt, hat sich in seinem Werk mindestens so viele kunstgewerbliche Schnörkel gestattet wie Hofmannsthal. Sein Werk ist voll von Formungen, die schon Gestaltetes nachgestalten. Ja, ganze Zyklen, wie das »Marienleben«, sind die bewußte dichterische Wiederholung einer gemalten und sonstwie bereits kulturell durchgeformten Welt. Wenn aber unter einem Ästheten ein Künstler verstanden werden soll, der seine Kunst lediglich als schönes Spiel betreibt und sich nur an solche wendet, die mit im Spiele sind, so trifft das weder auf den einen noch auf den andern zu. Beide Dichter bieten das hohe Beispiel einer ausschließlich dem Werke zugewandten Existenz, deren bitterer Ernst an der majestätischen Anwesenheit des Todes täglich wächst. Hofmannsthal hat sein Verantwortungsgefühl wie kein zweiter in unverwelklicher Prosa immer wieder ausgesprochen, Rilkes dichterisches Wirken war ein erbarmungsloser Kampf mit dem Unaussprechlichen bis zuletzt.

Ästheten in dem heute üblichen herabsetzenden Sinne sind also beide nie gewesen. Wohl aber kann man von Hofmannsthal sagen, daß er das Gefühl, in der Welt zu stehen und an der Weltliteratur teilzuhaben, nie verloren hat. Darum hat sich um ihn auch nie eine Sekte bilden wollen, denn »eine neue deutsche Wirklichkeit, an der die ganze Nation teilnehmen könnte«, war ihm stets als Ziel gegenwärtig. Darum ist er allgemeiner Besitz, auch wenn ihn augenblicklich nur wenige so empfinden. Er selbst hat von der anderen Möglichkeit gesprochen, er nennt es »dieses furchtbar angespannte, tragische Sichübernehmen der einzelnen Seele«, das keine Bindung mehr gelten lassen kann und alle Werte und Gegebenheiten in den verführerischen Strudel seiner Einsamkeit zieht. Genau darin liegt die Anziehungskraft Rilkes auf die Menschen von heute: an Stelle der Bindungen tritt die Erregung. Aber es ist doch wahr, daß – um noch einmal Hofmannsthal zu zitieren – »das Leben lebbar nur wird durch gültige Bindungen«.

Daß Rilkes späte Dichtung gleichsam voraussetzungslos sei, ist nicht als Einschränkung oder gar als Tadel gemeint. Es gibt ein heimatliches Gefühl, das einen beim Lesen eines Gedichtes von Mörike oder Brentano umfängt. Der Tonfall dieser großen Lyriker zieht uns unverzüglich in eine vertraute Welt. Nicht, daß uns die Klänge bekannt oder die Bilder geläufig wären, aber es sind Bilder und Klänge aus unserer Welt, selbst da, wo sie als unerreichbar herbeigesehnt oder als verloren betrauert wird. Mörikes »Hier lieg ich auf dem Frühlingshügel« entwickelt sich aus einer Gegebenheit, an der wir alle teilhaben und die nicht bestritten wird. Diese große Dichtung wendet sich an ein menschliches Bewußtsein, das sich noch nicht verloren gegeben hat; sie ist darum vielleicht auch nicht »modern« im tragischen Sinne unserer Zeit, deren Bewußtsein krank, deren Bindungen zerrissen und deren Vorstellungen erloschen sind. »Sprich aus der Ferne, heimliche Welt«, heißt es bei Brentano, und diese Anrufung des Verwandten ist die eigentliche Heilkraft großer Gedichte. Ihr Sinn ist, die menschlichen Gefühle beim Namen zu nennen, sie zu beschwören, wie ein Magier aus dem Nichts die Gestalten aufruft. Rilkes unverwechselbare Eigentümlichkeit hingegen besteht darin, die Gefühle, die eben noch an den Menschen geknüpft waren, ihrer Namen zu entkleiden und die Gestalten in der unergründlichen Tiefe der eigenen Einsamkeit aufzulösen. Sich gegen diese erhabene Form der Vernichtung zu sträuben, den »klammernden Organen« der menschlichen Persönlichkeit ihr Recht zuzusprechen und die Bindungen zu verteidigen, die den Einzelnen noch mühsam mit der Welt verknüpfen, das ist der Sinn jedes Abrückens vom Rilke-Kult.

Es ist nicht jedermanns Sache, ruhig zuzusehen, wie die Welt mutlosen Händen entsinkt. Der Weg nach innen darf kein Weg ins dunkle Nichts werden.

Lust am Untergang
Herbst 1954

Zärtlichkeit als Weltanschauung

Hans Bender ist der Mitherausgeber der literarischen Zeitschrift »Akzente«, die sich auf eine feste Vorstellung von Literatur gründet und dieser eine Autonomie im öffentlichen Leben zuspricht, die vor einigen Jahren noch eifernden Widerspruch erregt hätte. Sein erster Roman trägt zwar einen spöttischen Titel *(Eine Sache wie die Liebe)*, ist aber nichtsdestoweniger eine echte Liebesgeschichte, wie man sie eine Zeitlang schon ausgestorben glaubte. Es handelt sich also um einen jungen Schriftsteller, der sich nicht schämt, nach einem gefestigten Weltbild zu streben und eine Art von moralischer Ordnung für notwendig zu halten. Damit sind von vornherein die Stellungnahmen zu dem Buch festgelegt, und man weiß genau, aus welchen Ecken unseres geistigen Betriebes Lob und Tadel kommen werden.

Einer, der ebenfalls zur jüngeren Generation gehört, meint in einer Besprechung des Buches, Hans Bender vertrete »eine Ethik, die nach Mottenpulver riecht«, und habe ein »Stück Erbauungsliteratur« produziert. Wenn das ideologische Meinungsverschiedenheiten sind, dann gehen sie wahrlich nicht tief. Denn welche »Ethik« der Autor vertritt, ist völlig gleichgültig, entscheidend ist, ob seine Figuren, die nach dieser Ethik handeln, natürlich und glaubwürdig handeln. Das ist durchaus der Fall. Benders Geschichte vermag den Leser ernsthaft zu beschäftigen, weil Umriß und Handlungsweise seiner Figuren einleuchtend sind und weil er sie in eine Atmosphäre getaucht hat, die an unser Herz rührt. Es geht um die Liebe eines jungen Studenten, Robert, zu einem Flüchtlingsmädchen aus seinem Dorf. Diese Margret aber bleibt gewissermaßen auf der Strecke, weil Robert den unerbittlichen Weg der Erfahrungen geht, denen kein Jüngling mit echtem Leben ausweichen kann. Er lernt die Liebe in einer ganz anderen Form kennen (». . . man braucht's eben, dann ist's vorbei . . .«) und liefert sich radikal, aber doch mit unruhigem Gewissen dem Drang aus, etwas zu »erleben«. Als er die Hinfälligkeit dieser Erlebnisse begreift, ist es zu spät, Margret ist einem Unfall erlegen, und Robert flüchtet sich in ein tätiges Leben. Er begreift die Wahrheit dessen, was ihm einst ein Freund gesagt hat: »Wenn ich eine Weltanschauung zu verkünden hätte, dann wäre es eine Weltanschauung der Zärtlichkeit.«

Es ist bezeichnend für unseren Zustand, daß dieser Satz verblüffend, ja beinahe revolutionär auf uns wirkt. Unwillkürlich sprechen wir dem Autor eine Art von Mut dafür zu, daß er – zum mindesten in der Liebe – einen Zustand der Intimität und der Schwärmerei als wünschenswert bezeichnet, der freilich nur durch Überwindung vieler Probleme zu erreichen ist. Um dieser Natürlichkeit willen muß man zu dem Buche ja sagen, zumal da sie den Stil bestimmt und ihm eine gewisse Durchsichtigkeit gibt, der keinerlei Anstrengung anhaftet. Die Helligkeit der Darstellung wird viel Mißtrauen bei jenen hervorrufen, die unserer Zeit kein Recht auf Helligkeit zubilligen wollen. Gewiß, das Böse ist sprachlich leichter zu fassen als das Gute. Trotzdem gefallen uns in diesem Buch die Zärtlichen besser als die Verkommenen, die sich obendrein noch in einer inzwischen ganz hinfällig gewordenen Besatzungs-Kulisse bewegen. Aber ob hell oder dunkel, diese Generation lebt in einer ausgeräumten Welt. Der Strom des Lebens ist zu spärlichem Tropfenfall verarmt, und auch der Liebende hat keine inneren Reichtümer mehr zu verschwenden. So geraten Schlichtheit und Schmucklosigkeit, die an sich ein Verdienst sind, in die gefährliche Nachbarschaft der Dürftigkeit, die auch mit dem echten Gefühl haushalten muß.

Hans Bender, Eine Sache wie die Liebe. Hamburg 1954
Gegenwart 23. 10. 1954

Ausflug mit einer Toten

Es ist unmöglich, von *Christine Brückners* Roman *Ehe die Spuren verwehen,* der ersten Veröffentlichung einer jungen Autorin, nicht mit Achtung zu sprechen. Der Gegenstand ist ernst, und die Lebensstimmung, in die er eingehüllt ist, ist es nicht minder. Der Leser ertappt sich bisweilen dabei, daß er vorwärts blättert, ob nicht ein wenig Aufhellung und Schelmerei in Aussicht stehen. Die Geschichte ist von Anfang an unter die Wolke des Todes gestellt. Ein Mann, seines Zeichens Sparkassendirektor, verursacht mit seinem Auto schuldlos den Tod einer jungen Frau namens Gabriele. Dies Ereignis löst die Krise seines Lebens aus. In dem Maße, wie er der Toten und ihrer Vergangenheit nachforscht, entdeckt er die Lücken in seiner eigenen Existenz. Ihm wird bewußt, wieviel er versäumt hat. Seine Liebesfähigkeit hat brachgelegen, und bei jedem Schritt, mit dem er in das abgeschlossene Dasein der verunglückten jungen Frau eindringt, fühlt er seine Liebe zu diesem Schatten wachsen, eben weil sie unerfüllbar ist. Tief gerät er in das fremde Geheimnis, so tief, daß er einen Augenblick glaubt, sich ihm ganz opfern zu müssen. Ehe er zu Frau und Kindern zurückkehrt, muß sein Wahn zerstört werden, er allein hätte die Verunglückte so lieben können, daß auch ihr Leben glücklich und harmonisch geworden wäre. Diesem Ablauf einer männlichen Krise stehen die Entdeckungen gegenüber, die der »Zahlenmensch« in der Vergangenheit der jungen Frau macht und aus denen sich ein lückenloses Bild ihres Daseins zusammenfügt.

Zwei Lebenslinien gehen also durch das Buch, die des Mannes verliert sich mehr und mehr, dafür tritt die der jungen Frau immer stärker hervor und überwiegt schließlich. Das ist eine Schwäche in der Komposition, aber der Leser findet sich leicht mit ihr ab, weil der Sparkassenleiter eine sehr blasse Figur bleibt. Wieder einmal zeigt es sich, wie schwer es für einen Schriftsteller ist, einen Durchschnittsmenschen oder ein konventionelles Leben zu schildern. Die leise Ironie der Schildernden macht den Umriß nicht schärfer und gibt ihm gar eine Schablonenhaftigkeit, in deren Bereich allein schon die Vorstellung »Sparkasse« gänzlich grundlos zu einem herablassenden Lächeln reizt. Dagegen wird die junge Frau als ein Ausnahmewesen geschildert, wenngleich auch hier und da mit Mitteln, die das Süßliche nicht scheuen. (»Als Kind wünschte ich mir immer, ein Engel zu sein und auf einer rosaroten Wolke durch den Himmel segeln zu dürfen.«) Die Gediegenheit des Buches träte stärker hervor, wenn eine liebevoll kritische Hand ein wenig von der deutschen Innerlichkeit entfernt und für eine sparsamere Verwendung von Musik, Blumen und anderen Ingredienzien einer gehobenen Seelenlage gesorgt hätte. Auch ein unkonventionelles Leben, wie das der toten Gabriele, kann konventionell gemalt werden. Darin liegt zweifellos eine Gefahr für die Autorin, die es sich am gebotenen Ernst nicht immer genügen läßt, sondern bisweilen feierlicher wird, als die Kunstform des Romans mit ihrem kritischen, wenn nicht gar ironischen Einschlag verträgt.

Die Geschehnisse werden gegen Ende des Buches immer düsterer, aber der Tonfall des Berichtens ist dann schon so getragen, die Schicksalsfäden sind schon so hart verknotet, daß kein befreites Aufatmen mehr möglich ist. Die epische Darstellungsweise, besonders wenn sie auf Spannung aus ist, lebt von der Entspanntheit, die allein dem Leser erlaubt, sich vom Geist der Erzählung tragen zu lassen und dadurch den Überraschungen und Erschütterungen, die der Stoff bieten mag, stärker zu verfallen. Man kann also sagen, daß die Autorin eher zu viel als zu wenig gibt. Wenn Leichtigkeit, die stets ein Teil der Deutlichkeit ist, auch schwer zu erlernen ist, so ist Fülle, die in diesem Fall zur Schwere gehört, doch eine recht achtbare Schwäche.

Christine Brückner, Ehe die Spuren verwehen. Gütersloh 1954
Gegenwart 23. 10. 1954

Der Verfall der Lüge

Der Name *Oscar Wilde* ist anläßlich der hundertjährigen Wiederkehr seines Geburtstages auch in Deutschland wieder aufgetaucht. Es ist aber zweifelhaft, ob es viele Leute gibt, in denen der Name mehr als die vage Erinnerung an einen historischen Sittenskandal heraufruft. Die Stadt London hat den Gedenktag dazu benutzt, die Anbringung einer Gedenktafel an Wildes Haus in Tite Street zu gestatten. Der eine oder andere Stadtrat mag seine Zustimmung nur zögernd gegeben haben, wenn auch die Verurteilung des Dichters wegen homosexueller Handlungen und seine Ächtung die letzte große Kraftprobe war, die das Viktorianische Zeitalter mit den aufkommenden Mächten einer lässigeren, aber auch ehrlicheren Moral auszufechten wagte. Im Jahre 1895 wurde der große Dandy, der Prophet der Schönheit und der schmucken Verderbnis, zu zwei Jahren Zuchthaus »mit harter Arbeit« verurteilt.

Es war der vollständigste Zusammenbruch, den je eine große

Figur der Literatur erlebt hat. Der noch gestern verhätschelte Halbgott der Londoner Gesellschaft, dessen weiße Kamelie am Rockaufschlag ganz Europa beschäftigt hatte, wurde in ein härenes Gewand gesteckt, bekam Holzpantinen und einen Blechnapf zugeteilt und wurde im Zuchthaus von Reading gleichsam lebendig begraben. Denn die beiden Komödien, die auf den Londoner Bühnen liefen, wurden sofort abgesetzt, seine Bücher wurden aus dem Handel zurückgezogen. Sein gesamtes Eigentum, einschließlich des Spielzeugs seiner Kinder, wurde versteigert. Seine Frau verließ eiligst England und leitete die Scheidung ein, die beiden kleinen Söhne wurden im Ausland versteckt, erhielten neue Namen und durften nie mehr von dem Vater sprechen, der sie zärtlich geliebt hatte; wo ihre wahre Identität dennoch bekannt wurde, da mußten sie als »unerwünscht« mit Rücksicht auf die übrigen englischen Gäste sogleich weiterreisen. Einer dieser Söhne lebt noch, er heißt Vyvyan Holland und hat jüngst ein Buch »Son of Oscar Wilde« veröffentlicht.

Das aufrichtig geschriebene Buch ist qualvoll zu lesen. Der Haß der Epoche gegen den gefallenen Sünder ist uns heute unfaßlich, er läßt sich nur durch den gereizten Selbsterhaltungstrieb einer Gesellschaft erklären, die ihre Gültigkeit verschwinden fühlt. Oscar Wilde hatte diese Gesellschaft, in die er sich durch seine geistige Überlegenheit den Eingang erzwungen hatte, zu oft herausgefordert, um von ihr Gnade erwarten zu können. Damals hatte das Laster noch Prestige, man konnte einen Menschen tödlich treffen, wenn man ihm nachsagte, daß er ein ausschweifendes Leben führe und die jungen Leute verderbe. Heute kann man sich unter solchen Vorwürfen nicht mehr viel vorstellen, wie der lahme Versuch gezeigt hat, den Dr. John nicht nur als politischen, sondern auch als einen sittlichen Schandfleck hinzustellen. Das Sittengesetz wandelt sich nicht, aber die Vorstellungen von Sittlichkeit sind fortwährenden Veränderungen unterworfen. Hätte man Oscar Wilde damals vorgeworfen, er habe eine Sache verraten oder das Lager gewechselt, so hätte man ihm höchstens neckisch mit dem Finger gedroht, und er hätte zum Dank am opulenten Tisch im »Savoy« einen entzückenden Vortrag über den »Verfall der Lüge« gehalten.

Das Unglück für den geistreichen Mann bestand darin, daß er es nicht verstanden hatte, es wirklich zu dem Zynismus zu bringen, dessen er sich rühmte. Er verhöhnte die »Society« und billigte ihr doch Autorität zu; er verteidigte sein Recht auf Knabenliebe als einen Dienst an der Schönheit, und doch bekannte er sich hinter den Kerkermauern von Reading als armen Sünder und entdeckte sein Talent zur Bußfertigkeit. Er hatte nichts von einem Verbrecher oder auch nur von einem Abenteurer. Trotz und Kampf waren seine Sache nicht, innerlich erkannte er den Schuldspruch an und ließ damit sein ganzes Evangelium der Schönheit, das er mit soviel Geist verteidigt hatte, aus den müden Händen gleiten, deren einst so gepflegte Nägel vom Wergzupfen abgebrochen waren.

Oscar Wilde hat bis zur Umwälzung der Welt durch den ersten Weltkrieg als großer Schriftsteller gegolten. Der Begriff des Ästhetentums, das der Moral autonom gegenübersteht, geht von ihm aus. Man muß wissen, daß fast alle Angriffe gegen den Typ des rein »ästhetisierenden« Künstlers, der die sozialen Gebote und die Forderungen des Alltags von seinem Elfenbeinturm aus hochmütig ablehnt, sich gegen Lehrsätze und Lebensformen richten, die Wilde aufgestellt hat. Insofern ist seine Existenz historisch und wichtig, jedenfalls wichtiger als sein Werk. Denn als ein selbständiger Meister hat er sich selten gezeigt. Sein Epos der Verdorbenheit, der Roman »Das Bildnis des Dorian Gray«, ist in der Nachfolge von J. K. Huysmans entstanden, sein Drama »Salome« – er hatte es für Sarah Bernhardt zunächst auf französisch geschrieben – lehnt sich eng an Flauberts »Herodias« an, seine Gedichte sind auf Swinburne angewiesen, seine reizenden Gesellschaftskomödien, die ihm viel Geld einbrachten, nahmen sich schon damals wie Stücke eines großen Herren aus, der Pinero parodiert, und seine ästhetischen Theorien sind ohne das Vorbild Paters nicht zu denken.

Ja, man kann sagen, daß Walter Pater für das Phänomen Wilde die eigentliche Verantwortung trägt. Von ihm stammen die Versuche, eine Theorie der Kunst als der eigentlich gültigen Lebensform aufzustellen, von ihm auch die damals verführerische Lehre, daß die Kunst mit Gut und Böse nichts zu tun habe. Das alles übernahm Oscar Wilde und wandelte es geistvoll ins Mondäne um. Er verspottete die moralischen Leute, weil ihnen das »Reich der Kunst« verschlossen sei, und er glaubte, in diesem Reich zu herrschen, weil er keine moralischen Bedenken aufkommen ließ und mit allzu schönen jungen Leuten Champagnersoupers veranstaltete.

Was Walter Pater mit einem uns heute unerträglichen Wortaufwand das »Leben in Schönheit« genannt hatte, das glaubte Wilde zu praktizieren, wenn er die engen Sittengesetze seiner Zeit verachtete. Aber er theoretisierte auch, er sprach mit Glanz und leichtem irischem Witz stundenlang bei Tisch über »das Böse«, über »das Laster« und über »die Schönheit«, er schokierte seine Zuhörer und hielt sie mit der Drohung in Bann, sie zu Spießern zu erklären. »Mein Leben ist mein vollkommenstes Kunstwerk«, sagte er gern, wenn jemand seine Schriften lobte. Unsere gesamte Literaturkritik lebt immer noch von der Ablehnung dieser Frivolitäten. Die Keckheit, mit der Oscar Wilde die »soziale Frage« abtat und auf die Massen herabblickte, ärgert noch heute selbst jene, die nichts von ihm wissen.

Aber gerade dieser Umstand macht es schwer, ihn zu verwerfen. In der Geistesgeschichte entscheiden oft weniger die Leistungen als die Typen. Er war ein Typus, der über die Technik lachte, anstatt in ihr ein Problem zu sehen, und ihre sozialen Folgen als unwichtig von sich schob. Das war eine Haltung, über die sich reden läßt, aber Wilde begnügte sich nicht mit ihr, sondern begann seine Existenz mit Orchideen, goldenen Zigarettendosen, japanischen Kunstdrucken und rosa Strohhutbändern zu dekorieren. Sah so die Schönheit aus, mit deren Hilfe er sein »größtes Kunstwerk«, nämlich sein Leben, gestalten wollte? Man darf glauben, daß sein Tun nicht nur Leichtsinn, sondern auch

Eigensinn war. Er wollte sich nicht einer Epoche unterwerfen, die mit allen Anzeichen des tierischen Ernstes, aber auch der kollektiven Aufgaben heraufzog.

Zum Helden langte es nicht, aber die Rolle des Dandy war auch nicht leicht zu spielen. Wilde hat sich Mühe mit ihr gegeben, er hat sie nicht so gut gespielt wie manche seiner Vorgänger, aber er hat ihr einen eindrucksvollen Abschluß geben können: im Zuchthaus von Reading. Er hatte versucht, den Künstler als den überzeugendsten Vertreter der Humanität zu feiern, er war dabei so weit gegangen, daß er die Erscheinung Christi für diesen Humanitätsbegriff zu gewinnen und aus ihr ein künstlerisches Phänomen zu machen versuchte. Dann kam das Leiden über ihn selbst, und er lernte etwas, das über die »Schönheit« hinausging. »Die Welt des Schmerzes, die keine Stimme hat«, wurde dem Zuchthäusler zugänglich, aber sie stärkte ihn nicht, sie brach ihn. Nach seiner Entlassung wußte er mit seinem Leben nichts mehr anzufangen und starb bald darauf, noch nicht fünfzig Jahre alt, in einem kleinen Pariser Hotel.

Es hat, so will mir scheinen, bei uns nie eine Bildungsepoche gegeben, die alle vorausgegangenen Figuren, Leistungen und Strömungen so schnell vergißt wie die unsere. »Gepäckerleichterung« würde Ernst Jünger diesen fast panisch anmutenden Vorgang nennen. Sonst könnte Oscar Wilde nicht so unbekannt geworden sein. In den letzten Jahren vor dem ersten Weltkrieg, also in einem Zeitabschnitt, in dem unsere Existenz noch ihre Wurzeln hat, prägte sein »Stil« nahezu alles. Es war freilich ein Stil, der in der Popularisierung stärkerer und sich weniger leicht anbietender Strömungen bestand. Er machte das Ornament der Präraffaeliten schmackhaft, nahm den Schnörkeln Beardsleys den teuflischen Zug, schüttelte aus Paters und Arnolds Theorien die Gelehrsamkeit heraus und verwandelte die dunklen und schwierigen Formen der französischen Symbolisten in paradoxes Geplauder. Ein genialer Verflacher machte seiner bequemen und wohlhabenden Zeit Ideen und Haltungen zugänglich, um die sie sich sonst nicht gekümmert haben würde. Das galt vor allem für Deutschland, das ihn ernster genommen und mehr von ihm empfangen hat als irgendein anderes Land der Welt. Ein Volk, das nicht zu leben versteht, wird nie aufhören, begierig nach Definitionen des Lebens zu greifen. Oscar Wildes Behauptung, daß das wahre Geheimnis in dieser Welt das Sichtbare sei, ist freilich bei uns ohne ernste Folgen geblieben.

Gegenwart 6. 11. 1954

Schöne Lügen, schönere Wahrheit

Wie oft heißt es nicht: »Solch einen Menschen wird es nie wieder geben!« Es fällt uns leicht, den Vorhang der Geschichte fallen zu lassen, wenn wir in die Vergangenheit geblickt und das Leben einer großen Persönlichkeit betrachtet haben. »Das kommt nicht wieder!« – wieviel angemaßte Einsicht in den Gang der Welt liegt nicht in solchen Urteilen.

Aber nicht immer sind es Urteile, oft nur Empfindungen, und zwar Empfindungen gemischter Art. Wir geißeln unsere eigene Epoche, indem wir ihr die Fähigkeit absprechen, farbige und reiche Naturen hervorzubringen oder auch nur zu dulden. Aber es kann auch geschehen, daß es uns vorkommt, unsere Zeit habe Dringenderes zu tun, als geniale und zugleich dekorative Wesen aufkommen zu lassen. So schwanken wir, wenn wir in den Zauberkreis der Erinnerung treten, zwischen der Melancholie über unersetzliche Verluste und dem Selbstbewußtsein unserer Zeit, die den Begriff des überflüssigen Menschen geschaffen hat. Noch niemand hat erklären können, warum ein Mensch, der eine kühne Eisenbahnbrücke gebaut hat, einen höheren Rang verdient als einer, der schöne Blumenstücke malt. Die Menschheit, die zurückblickt, sieht das Geleistete als ein Ganzes, und wenn genug Zeit verflossen ist, lehrt sie ihre Kinder, beides gleich hoch zu achten.

Von Lautrec zu Diaghilew

Für die Frau, von der ich hier erzählen will, ist kein Rang, keine Kategorie und kein Schubfach vorgesehen, und doch hat sie Feuer entzündet und wachgehalten, welche die Dunkelheit dieser Jahrhunderthälfte hartnäckig durchleuten. Ich spreche von *Misia Sert,* die vor einigen Jahren nach einem fünfundsiebzigjährigen Leben in Leidenschaft und Schönheit sanft gestorben ist, nachdem sie ihre Epoche – soweit sie durch die Künste bestimmt war – mit weiblicher Allgegenwart regiert hatte.

In sanften Umrissen zerfließt mir ihr Bild. Inwieweit war ihre Mitwirkung an dem gestalteten Zauber von Paris rein weiblich? Was entstammte ihrer Urteilskraft oder, besser gesagt, ihrem nie trügenden Ahnungsvermögen? Man kann eine solche breit entfaltete Herrschaft nicht allein mit dem Kunstverstand erklären, der ihr innewohnt. Sie war polnischer Herkunft, wie ja viele große Pariser Figuren aus dem Ausland gekommen sind. Mit fünfzehn Jahren heiratete sie den Herausgeber der damals stürmisch bekannten »Revue blanche«, wurde einige Jahre darauf von dem unermeßlich reichen Besitzer des »Matin« erobert und heiratete schließlich den spanischen Maler José-Maria Sert, den sie nach zwanzigjähriger Ehe an ein junges Mädchen aus Georgien verlor. Aber auch als sie allein war und in der nobelsten Form alterte, verlor sie ihre Autorität in künstlerischen Dingen nicht, und von den Geistern, die aus dem 19. in das 20. Jahrhundert hineinragen, gibt es im Rahmen der eigentümlichen Pariser Verzauberung, die noch heute unsere Zivilisation prägt, kaum einen, der sie nicht in künstlerischen und persönlichen Nöten zu Hilfe gerufen hätte. Ihr gelang es, in die letzten Lebensjahre des unglücklichen Toulouse-Lautrec ein wenig sanfte Ordnung zu bringen. Er malte sie unzählige Male oder vergnügte sich auch wohl damit, ihr mit seinem Pinsel die nackte Fußsohle zu kitzeln. Sie hielt Verlaines zitternde Hand, als sie ihn zum letztenmal im Spital besuchte. Mallarmé kam auf dem Lande fast jeden Abend zu ihr, er legte im Flur seine Holzschuhe ab, war stolz auf seine prächtigen Socken und brachte vorsichtshalber seinen eigenen Rotwein mit. Siebenmal wurde sie von Renoir porträtiert, ihre Wohnung wurde von Bonnard ausgemalt. Sie kannte Debussy und Ravel, Valéry und auch die elfenhafte junge Colette, sie ging gern mit Marcel Proust ins Theater und neckte ihn wegen seines Snobismus –, ja, wen zog sie nicht in den Bann ihrer geselligen Zauberkünste, ihrer Musikalität und ihrer Liebe zur Kunst! Ihre größten Jahre waren freilich die Zeiten des russischen Balletts. Sie hat die Geschichte ihres Lebens geschrieben und mit ihr, ohne es eigentlich zu wollen, den Beweis geführt, wie intensiv die Epoche vor 1914 den ersten Weltkrieg zu überleben vermochte. Was uns heute als Absturz und Ende erscheint, war in Wirklichkeit kaum eine Unterbrechung, wenigstens, was die Pariser Impulse angeht. Ja, die großen künstlerischen Ereignisse jener Zeit geschahen während des Krieges und ließen sich vom Schlachtenlärm nur wenig stören.

Das Ballett »Parade« von Erik Satie, Jean Cocteau und Picasso, das eine künstlerische Revolution bedeutete, wurde in Paris aufgeführt, während um Verdun die furchtbare Schlacht tobte. Cocteau ließ sich von dem großen Modekünstler jener Zeit, Poiret, ein Kostüm als freiwilliger Krankenpfleger entwerfen, Misia stellte die Lieferwagen der Modehäuser zu einem Ambulanzzug zusammen, der festlich eingeweiht wurde und, da er sich als unbrauchbar erwies, der Zarin geschenkt wurde, was Anlaß zu neuen Feierlichkeiten bot. »Jeder Vorwand, der Armee zu helfen, war willkommen, um in endloser Folge Galavorstellungen und Feste zu veranstalten.« Die Theater waren ausverkauft, die Restaurants hallten wider von Tanz und Musik. Cocteau schrieb aus der Etappe reizende Briefe, »ganz Bonaparte unter dem leinenen Zeltdach«, wie er selbst sagte. Ich habe diese Briefe immer abscheulich gefunden in ihrer Mischung von Schlachtenmalerei und selbstverliebtem Expressionismus wie etwa ». . . ungeheures Wetterleuchten der Kanonen, Gruppen verwundeter Neger. Motore knattern. Ich umarme Sie. Jean.«

Aber die wortreiche Durchhaltestimmung, der auch der

»smart set« von Paris sich hingab, bildete nur einen Schnörkel an dem Bild einer Kontinuität, die den Krieg fast mühelos überstand. Für die Diaghilew, Nijinsky, Picasso, Strawinskij, Auric, Cocteau, ja selbst für künstlerisch völlig einsame Erscheinungen wie Marcel Proust und Apollinaire war der Krieg nicht im geringsten das Ende einer Welt. Soweit sie ihn überlebten, setzten sie ihre Arbeit in der gleichen Sphäre fort, vor den erstaunten Augen eines Europa, das eine neue Zeit gekommen glaubte.

Als ich in den zwanziger Jahren nach Paris kam, tauchte ich, ob ich wollte oder nicht, in ein Zeitalter zurück, von dem ich dachte, daß es auf dem Altar der Kriege und Revolutionen geopfert worden sei. Erst die innerliche Preisgabe der Demokratie, die mit Hitlers Aufstieg Hand in Hand ging, zerstörte die bezaubernde Welt der glitzernden Pariser Experimente, die gegen 1909 begonnen hatten, und nahm den Nachfolgern der Toten und den Überlebenden ihren Glauben. Heute will mir scheinen, als sei Misia Sert einer der ganz wenigen Menschen gewesen, die auch geistig zu überleben verstanden und nie einen Bruch in der Zeit zugaben. In der Tat, apokalyptisch gestimmt war sie keine Minute ihres überreichen Lebens.

Es gibt kein Ende

Über die Selbstbiographie, die sie – sicher nicht ohne Freundeshilfe – verfaßt und schlicht *Misia* betitelt hat, wäre viel zu sagen. Besonders jene, die diese außergewöhnliche Frau gekannt haben, finden Züge, Episoden und Einzelheiten darin, die zum mindesten so hätten geschehen können, also eine gewisse innere Wahrheit besitzen. Dieses leidenschaftliche Herz schildert nicht, es plädiert. Es plädiert mit solcher Glut, daß viele Dinge und Gesichte im Feuer der Erinnerung gänzlich dahinschmelzen oder ihre Form verändern. Es ist ein wunderbares Buch, weil es die Darstellung einer großartigen Kunstepoche mit dem wilden, fast hemmungslosen und doch weiblich-diskreten Bekenntnis einer langjährigen Liebesleidenschaft zu einem Ganzen vereinigt. Nur geniale Frauen bringen es fertig, im gleichen Atem Zeugnis von einer Kulturepoche abzulegen und ihr Herz Feuer speien zu lassen. Das Buch ist inzwischen auch auf deutsch erschienen und heißt dort *Misia. Pariser Erinnerungen.* Der Leser wird sich beim Durchblättern zunächst an Bilder halten, die dem Band beigegeben sind, außergewöhnliche Dokumente, so ein Photo der jungen Colette, als Matrose verkleidet, ein Fächer Misias, auf den Mallarmé vier berühmt gewordene Verse geschrieben hat, eines der Bildnisse, die Renoir von Misia gemalt hat, Renoir selbst, als alter Mann mit der Mütze, die er nie ablegte, entspannt, doch greifenden Blicks im Korbstuhl sitzend, jenes herrliche Bildnis, das Manet von Mallarmé gemalt hat, die Zeichnung, die Picasso 1920 von Strawinskij angefertigt hat, eine Photographie, die den jungen Picasso darstellt, Nijinsky in einer Tanzpose mit der Karsavina, kurz dieser ganze Zug seliger und unseliger Geister, von denen nur noch wenige leben. Ach ja, die meisten unter ihnen sind nicht mehr; die Spuren, die sie im Bilde unserer Zeit hinterlassen, sind seltsam schwach, der zweite Weltkrieg hat sie verwischt. Nur wenige denken über den Glanz dessen nach, was verloren ist. Nichts kann sich mit dem vergleichen, was in Diaghilews russischem Ballett aufleuchtete und noch einmal den versperrten Horizont der Zeit mit blassem Rot färbte. Vielleicht gehen gewisse Gedanken heute tiefer, sind einzelne Systeme umspannender, aber das Leben hat sich mit der Herrschaft des Häßlichen abgefunden, ohne die Wandlung überhaupt wahrzunehmen. Wir leben im Häßlichen, ohne zu leiden; es ist unsere Wesenssphäre.

Ich lese die letzten Kapitel der Erinnerungen, die Misia aufgezeichnet hat, wie ein Stück meines eigenen Lebens, aber mir fehlt die Gelassenheit, mit der sie die unaufhaltsame Zerstörung des Schönen in der Welt betrachtete. Vielleicht sind Frauen glücklicher daran und nehmen mit ihrem eigenen Verfall den der Welt hin. Wenn ihre Schönheit welkt, mag auch alles andere dahingehen.

Als ich sie bei Coco Chanel kennenlernte, war sie fast sechzig Jahre alt. Obwohl sie keine besonderen kosmetischen Künste aufwandte, sah sie wundervoll aus, straff gewachsen und mit dem gleichen Zauber des breitflächigen Gesichtes, den Renoir festgehalten hat. Zum letztenmal begegnete ich ihr gegen Ende der Besatzungszeit. Ich war für zwei Tage nach Paris gekommen, das infolge der Zerstörungen im Bahnnetz schon schwer erreichbar war. Misia kam mir auf der Rue Cambon entgegen, aufrecht wie immer, leichtfüßig und elegant. Wir gingen eine Stunde im Tuileriengarten spazieren. Ihre Sorge galt Sert, mit dem sie zwanzig Jahre gelebt, der sie um einer anderen Frau willen verlassen hatte und den sie immer noch liebte. Ich konnte sie beruhigen, denn ich wußte, mit welcher Aufopferung eine deutsche Freundin dafür sorgte, daß dem spanischen Maler die Härten und Umständlichkeiten des Krieges erspart blieben. Misia wußte dies alles, aber sie hörte es nicht gern, denn alles Gute sollte dem Manne von ihr und von niemand anderem kommen.

Sert fuhr in dem besetzten Paris fort, wie ein König zu leben. Aus Spanien kamen die Vorräte für ihn in ganzen Lastwagen, er reiste, wohin er wollte, er bezog nach wie vor seine Malgeräte aus Italien, der Schweiz und London, wie er es gewohnt war, er hatte ein riesiges Auto, was in Paris während des Krieges eine Seltenheit war, ihm standen für den Transport seiner Kolossalgemälde nach Spanien ganze Waggons zur Verfügung. Alles das war nur dank der Aufopferung jener sehr einflußreichen deutschen Freundin möglich. Von ihr berichtet Misia kein Wort, ihr Tun wird verleugnet, verschwiegen. Oh, ihre Rolle ist nicht die einzige, die Misia in der Comedia humana ihres Lebens entschlossen streicht. Sie verschweigt treuherzig, sie lügt bezaubernd, sie biegt die Zusammenhänge mit holden Händen zurecht. Aber in *einem* Punkte bleibt sie wahrhaftig –: in der Schilderung ihres Lebens für die Kunst. Schöne Lügen, schönere Wahrheit.

Von goldenen Tellern

Wer war eigentlich jener José-Maria Sert, dem dies überreiche Frauenleben sich mit einer fast antiken Leidenschaft zuwandte? Dieser katalonische Künstler ist durch Riesengemälde dekorativen Charakters berühmt geworden, mit denen er nicht nur das Hotel Waldorf Astoria in New York, sondern auch die Kathedrale in dem spanischen Ort Vich schmückte. Ich habe ihn nie für einen großen Maler gehalten, aber er verstand die ausgestorbene Kunst, sehr große Flächen zu bedecken und doch gefällig zu bleiben. Manchmal malte er wie Caravaggio, dann wieder wie Tiepolo, und zwischendurch in einer ganz heftigen Art, wie man sie heute in den politischen Wandmalereien in Mexiko wiederfindet. In den letzten Jahren seines Lebens hatte er sich eine neue Technik in Sepia und Gold ausgedacht, die eine sehr reizvolle Patina ergab. Einige Male sah ich dem kleinen, bärtigen Manne zu, wie er, auf einer zehn Meter hohen Leiter hockend, seine endlosen Leinwände über Rollen bewegte, die seinem Atelier das Aussehen eines Schnürbodens verliehen. Seine technischen Künste waren unermeßlich, aber der Erlebniskern seiner Malerei – wenn es einen gab – verbarg sich unkenntlich unter dem Übergewicht der Dekoration.

Er war der prachtliebendste Mann, den ich je getroffen habe. Kein Fürst dieser Welt konnte mit dem geschmackvollen Prunk seines Aufwandes wetteifern. Man aß bei ihm nur von goldenem Geschirr, seine Wohnung in der Rue de Rivoli war ein Museum ausgefallener Kostbarkeiten und doch äußerst bewohnbar. Das Tablett mit den Kaffeetassen wurde auf einen Stapel unschätzbarer Inkunabeln gestellt, die umherliegenden Zeitschriften waren mit riesigen Goldmünzen oder mit kostbaren Waffen beschwert; herrliche Stoffe, riesenhafte Leuchter, ganze Blöcke aus Bergkristall erfüllten die Räume, und auf einem zierlichen Kamin aus lachsrotem Marmor stand, bedrohlich in ihrem ungeheuren Gewicht, eine lebensgroße antike Statue aus Marmor.

Überleben ist alles

Mit diesem Manne war Misia mehr als zwanzig Jahre verheiratet. Es ist unmöglich, daß die raffinierte Kennerin, die den Umgang mit der vollendetsten Malerei gewohnt war – in ihrer Jugend hatte sie einmal hundertundfünfzig Bilder von van Gogh gekauft, um der Witwe zu helfen –, nicht die Anfechtbarkeit dessen erkannte, was José-Maria Sert malte. Aber vielleicht gewahrte sie es und verschwieg ihre Einsicht um der Leidenschaft willen, die dieser phantasievolle Katalonier ihr einflößte. Schöne Lügen, schönere Wahrheit!

Sert war in der Tat unwiderstehlich, wenn er wollte. Er hatte wahrlich nichts von einem schönen Manne, aber er plauderte wie ein Märchenerzähler. Im leisen Tonfall seiner beschwörenden Stimme verwandelte sich alles, was er berichtete, in das farbig-glühende Geschnörkel eines fremdartigen Wandteppichs. Mehrere Male habe ich, ihm zuhörend, im besetzten Paris die Polizeistunde überschritten und in Genf sogar einmal den Zug versäumt.

Die Jahre, in denen ich mit Misia Sert umging, waren für Europa schon Jahre des Abstiegs. Picasso war bereits Millionär, Strawinskij war gänzlich nach Amerika entrückt, Cocteau begann Filme zu drehen, Diaghilew war tot, sein Ballett war in alle Winde zerstreut, Nijinsky saß schon lange im Irrenhaus, Serge Lifar war ein reifer Mann und tanzte in der Pariser Oper. Für jedes bekritzelte Blättchen, das Misias Freunde je bei ihr zurückgelassen hatten, wäre ein Vermögen bezahlt worden, aber Misia hatte das meiste verloren oder sich nehmen lassen. Sie war gutmütig, aber weltklug, jeder holte sich Rat bei ihr. Aber niemand konnte ihr helfen, als Sert sie nach so langen glücklichen Jahren um der jungen Prinzessin Mdivani willen verließ.

Die Mdivanis sind aus den buntscheckigsten Gründen berühmt geworden. Ihr Vater war der letzte zaristische Gouverneur von Georgien, die Kinder wuchsen in dem Regierungspalast in Tiflis wie die Wilden auf und bildeten eine kleine Räuberbande, die in den Nachbarhäusern Razzien und Plünderungen veranstaltete. Bei Ausbruch der Revolution nahm sie der letzte italienische Dampfer nach Konstantinopel mit. Dort betrieben die Kinder ohne Wissen der Familie einen Schuhputzstand an der belebtesten Straßenecke, mit dessen Erlös sie ihr Taschengeld auffüllten. Später kamen sie nach Paris, die Söhne machten glänzende Heiraten, so glänzende, daß sie in den Ruf von Mitgiftjägern kamen, was durchaus ungerecht war, denn sie waren mit guten Petroleumaktien geflohen. Es waren drei Prachtkerle, schön, tollkühn und verschwenderisch. Ihre Schwester Roussy, ein sehr zartes Geschöpf voll phantastischer Launen und Einfälle, wurde, nach qualvollen Auseinandersetzungen mit Misia, Serts Frau. Misia tat ihr Äußerstes, um diesen Mann nicht zu verlieren; sie erzählt in ihrem Buch ausführlich davon, allzu ausführlich vielleicht, denn was ist schöne Lüge und was schönere Wahrheit!

Roussy war, als ich sie kennenlernte, schon ein stilles Geschöpf, schön, aber unvorstellbar mager, denn die Tuberkulose, die sie bald töten sollte, war schon ausgebrochen. Sie, die einst alle Welt mit ihren phantastischen Geschichten entzückt hatte, wollte jetzt selbst welche hören; offenbar bereitete das Sprechen ihr schon geheime Schmerzen. Sie hielt die Deutschen für imponierende, aber unzuverlässige Hexenmeister und war wahrscheinlich etwas enttäuscht, daß ich ihr aus der bösartigen, aber blitzenden Wunderwelt des aufrüstenden Deutschland so wenig Märchenhaftes berichten konnte. Roussy erregte maßlose Freundschaften, die geladene Atmosphäre geheimer Dramen stand um die langsam verlöschende Frau. Wir begruben sie bald darauf, die Trauergesellschaft war, milde ausgedrückt, erlesen. Niemals habe ich so stark wie bei diesem Begräbnis gespürt, daß das Leben weitergeht und daß der Lebensdrang der Menschen durch nichts aufzuhalten ist. Arme Roussy, die so früh in ihrer Schönheit sterben mußte und den Überlebenden das heimliche Triumphgefühl einflößte, weiterleben zu dürfen, noch eine Weile, wie herrlich!

So wurde es auch Misias Los, ihre siegreiche Nebenbuhlerin um viele Jahre überleben zu dürfen. Sie fand Zeit, die Geschichte ihres Lebens zu schreiben, an deren Ende sie sagt: »Die vergangenen Seiten haben zu erklären versucht, wieso mein Herz für die Liebe niemals das Wort ›zu Ende‹ anerkennen konnte. Das sagt deutlich genug, daß es niemals gelernt hat, sich mit dem abzufinden, was man den verklärenden Zauber der Vergangenheit nennt.« Wie recht sie hat, diese kluge, alte Misia, die nun tot ist und deren Leben so oft das meine gestreift hat! Es gibt keine Vergangenheit, und indem ich, mit den Worten ihres Buches oder mit den Regungen des eigenen Gedächtnisses, ihr Leben heraufrufe, dies Leben, in das soviel Kunst, Glanz und Passion verwoben war, fühle ich doppelt das Gewicht ihrer Mahnung, daß für den Menschen nichts zu Ende ist, solange er zu lieben vermag.

Misia Sert, Misia. Pariser Erinnerungen. Wiesbaden 1955
Zeit 18. 11. 1954

Mann ist Mann

Es wäre ein schlechter Dank an *Ernest Hemingway,* ihm am Abend seines Lebens das Nachlassen seiner schöpferischen Kraft zu bescheinigen. Das Vollkommene ist seine Sache nie gewesen, er hat uns von jeher genötigt, mit dem Meisterhaften auch das Flüchtige hinzunehmen. Fast in jedem seiner Bücher, auch in seinen größten, steht der schlechthin unwiderstehliche Ausbruch eines großen Künstlertemperaments neben dem leeren oder schnoddrigen Geklapper einer Technik, die ihm seltsamerweise mehr Bewunderung eingebracht hat als die wirklichen Höhepunkte seiner Gestaltungskraft. Wer Hemingway heute ist, wissen wir aus seiner Erzählung »Der alte Mann und das Meer«, in der sein ewiges Motiv von der Jagd kein Vorwand mehr ist, sondern im Lebensgefühl seines tragikomischen Helden vollständig aufgeht, und zwar als Niederlage. Es ist aber erlaubt, gegen ein älteres Buch – es ist fast zwanzig Jahre alt – Einwände zu erheben und ihnen sogar einen Anspruch auf Grundsätzlichkeit mitzugeben. Das Buch ist jetzt in der Übersetzung von Annemarie Horschitz-Horst auf deutsch erschienen und heißt *Die grünen Hügel Afrikas.*

Wollte man den epischen Faden, der das Buch durchläuft, also die Handlung, sichtbar machen, so würde gleichzeitig auch die Brüchigkeit der Erzählung als ein Ganzes zum Vorschein kommen. Der Erzähler ist mit Frau und Freunden auf Großwildjagd in Afrika. Seit zehn Tagen ist er auf große Kudus, eine Antilopenart, aus und hat noch keinen ausgewachsenen Bock gesehen. Schließlich schießt er gleich zwei – das ist, genau gesehen, der Vorgang. »Am Morgen brachen wir also wieder vor den Trägern auf und gingen hinunter und über die Hügel und durch ein stark bewaldetes Tal und dann hinauf und über weit ansteigendes Land mit hohem Gras, das das Gehen erschwerte, und weiter und hinauf und hindurch, jetzt alles im hohen Gras . . .«, so und immer wieder so geht die Erzählung dahin. Die Lagerplätze werden verlegt, ein Rudel Wild wird ausgemacht, Meisterschüsse werden abgegeben, Whisky wird aus Blechbechern getrunken, das Kreuz des Südens wird von der Latrine aus betrachtet (damit nur ja keine »Romantik« entstehe), Bier wird aus der Flasche genehmigt, Schweißspuren werden in mühsamen Märschen verfolgt, wobei man vom Absuchen des Bodens Rückenschmerzen kriegt, der weidwund geschossene Büffel tut sich im Wundbett nieder, manchmal geht ein Schuß fast einen Fingerbreit daneben, kurz, es ist auf den ersten Blick eine richtige Safari, und der Erzählende hat wohl nicht unrecht, wenn er am Lagerfeuer zu seinem Jagdgefährten sagt: »Die meisten der verdammten Safaribücher sind scheißlangweilig.«

Man tut dem Buch keinen Gefallen, wenn man seine »schönen Stellen« hervorhebt. Es gibt solche, ja, der Leser wird mehr als eine Seite finden, die in der modernen Literatur nicht so leicht ihresgleichen hat. Das ändert nichts an der Nachlässigkeit, mit der die Brosamen dieses Buches zu einem Laib zusammengeknetet sind. Man hat die größte Mühe, die einzelnen Figuren voneinander zu unterscheiden. Wer dieser Karl ist, erfährt man nie; wenn man nicht scharf aufpaßt, versäumt man den Hinweis darauf, daß A. O. M. die – übrigens reizend gezeichnete – Frau des Erzählenden ist. Man muß sich anstrengen, wenn man merken will, daß der Bericht plötzlich »zurückblendet« und von früheren Zeiten spricht, und gerade die Monotonie, mit der immer wieder Bierflaschen geöffnet werden, verwischt endlos die Einschnitte und entlockt uns mehr als einmal den Seufzer: »Herrgott, nun schieß doch endlich deine Antilope!«

»Der Autor«, sagt Hemingway in dem Vorspruch, »hat versucht, ein wirklich wahres Buch zu schreiben, um festzustellen, ob die Eigenart eines Landes und die Eigenart eines vierwöchigen Jagdunternehmens bei wahrheitsgetreuer Darstellung neben einem Werk der Phantasie bestehen können.« Ich weiß nicht, zu welcher Feststellung der Autor nun schließlich bei diesem Experiment, von dem das Publikum billigerweise hätte ausgeschlossen werden sollen, gelangt ist. Es kommt ja nicht auf Wahrheitstreue, sondern auf die Vollendung an. Der Autor ist niemandem auf dem weiten Erdenrund die Wahrheit über seine Blattschüsse schuldig. In einem »Werk der Phantasie« freilich verlangen wir Wahrheit –, und da hat er sie oft genug gegeben! Aber es ist ja unfaßlich, daß ein so großer Schriftsteller diese fast törichte Antithese zwischen »Wahrheit« und »Phantasie« aufstellt. Meint er es ernst? Oder macht er sich über die Intellektuellen lustig, von denen er so wenig hält? Keineswegs, sondern so sehen eben Hemingways Versuche aus, geistige Unterscheidungen zu treffen. Ich erinnere an seinen Ausspruch in einem Interview über Gemälde. Hemingway rühmt die »Kreuzigung Christi« von Tintoretto, denn »von diesem Bild habe ich hauptsächlich gelernt, wie so eine Kreuzigung wirklich vor sich geht«.

Offenbar hält er die Zeugnisse der religiösen Malerei für bildliche Beispiele zur Erlernung der Hinrichtungstechnik.

Als der Stern Hemingways, nach dem ersten Weltkrieg, am

Horizont aufging, war vor allem Deutschland der Verkünder dieses jungen Ruhms. In Frankreich ist er bis auf den heutigen Tag nicht wirklich groß geworden, weil die Franzosen eine allzu heftige Bewußtmachung des »Natürlichen« – gerade wegen ihrer angeborenen Natürlichkeit – nicht ertragen und weil sie von jedem Buch verlangen, daß es neben anderen Eigenschaften auch das Merkmal der Klugheit trage. Bei uns war die Wirkung anders. Nicht die tiefe Poesie des Romans »In einem anderen Land« rief so sehr Bewunderung hervor, als vielmehr der Schein der Brutalität, der Hautgoût des primitiven Gewaltmenschen, der Haß auf alles Intellektuelle, der der feingebildeten Klugscheißerei der damaligen Generation in Deutschland die angebliche Natürlichkeit des Boxens, Jagens und Saufens entgegenstellte. Unsere verkrampfte Kultursituation, die sich nach Schlägen sehnte, begrüßte in Hemingway einen Verkünder körperlicher Gewalt und des fließenden Blutes als des gültigsten Zeugnisses vom wahren Leben. Diese bereitwillige Selbstentmannung der europäischen Intelligenz, an deren Vollzug der amerikanische Schriftsteller beteiligt wurde, war ein mehr als literarischer Effekt und ging über die künstlerischen Wirkungen Hemingways, so umwälzend sie auch waren, weit hinaus.

Ich verberge nicht, daß mich das gebrüllte »Mann ist Mann«, das in Deutschland aus der Prosa des Amerikaners vor allem herausgehört wurde, nie ganz von seiner wirklichen Poesie hat ablenken können. Aber manchmal war es tatsächlich schwer, nicht aus der Haut zu fahren, wenn der Welt, deren moralischer Mut mit hörbarer Geschwindigkeit zum Teufel ging, zugemutet wurde, die Bewährung des Mannes im Einstecken von Linkshaken oder in seiner Haltung gegenüber einem Kampfstier oder gar im Leeren einer Flasche Schnaps zu erblicken. Leistungen dieser Art haben heute kein Prestige mehr, daher unser Mißtrauen gegen Bestimmungsmensuren, Bierkomment und, in einem tieferen Sinne, auch gegen militärische Tugenden. Aber *Die grünen Hügel Afrikas* sind ja vor langer Zeit geschrieben, vor so langer Zeit, daß inzwischen eine ganze Welt hat zusammenbrechen können. Sich mit Anstand beim Boxen das Nasenbein einschlagen zu lassen, ist sicher nicht Sache eines Jammerlappens. Aber die meisten Bewohner Europas sind inzwischen durch schlimmere, wenn auch weniger sportliche Prüfungen gegangen.

»Er trank ein bißchen über den Durst, wie ein richtiger Mann es soll . . .« Du lieber Gott, so ein Spruch könnte in Deutschland auf jedem Sofakissen eingestickt stehen. Hat man das Recht, einem Schriftsteller, den man aufrichtig bewundert, solche Kindereien anzukreiden? Nun, ganz willkürlich sind Sätze dieser Art ja nicht, sie gehören zum Glaubensbekenntnis, genau wie die Vergleiche zwischen Großwildjagd und Schriftstellerei. Am Ende stellt sich heraus, daß es sich in dieser Erzählung gar nicht um Antilopen, sondern um die Kunst des Schreibens handelt! In der Tat, genau so ist es. Hemingway ist in seinem Buch, das er im Rahmen eines Jagdausflugs hält, mit den inneren Gesetzen des Schreibens stärker beschäftigt als in irgendeinem seiner anderen Werke. Daher die oft mühsamen Versuche, die nicht sehr interessante Beschäftigung mit Wasserbüffeln und Springböcken als einen Bestandteil seiner Schriftstellerexistenz darzustellen. Aber Mann ist Mann, und der Krieg gehört dazu, da ja schon »in alten Zeiten dem Manne die Beschäftigung mit Jagd und Krieg oblag«. So denkt der Erzählende darüber nach, »was doch das Erlebnis eines Krieges für ein großer Vorteil für einen Schriftsteller ist«, denn Krieg ist »eines der größten Themen und bestimmt eines der schwierigsten«. Eine Revolution »ist bei weitem das beste« für einen Schriftsteller, »gerade wie der Bürgerkrieg für einen Schriftsteller der beste, weil der absoluteste Krieg ist«.

Nun sage noch einer, Hemingway sei außerstande, intellektuelle Maßstäbe an die Weltkatastrophen zu legen! Gewiß weiß er zwischen einer Riesenantilope und einem menschlichen Ziel, wie sie im Kriege vorzugsweise auftauchen, zu unterscheiden, aber die Hauptsache ist doch das »Urerlebnis«, das den Menschen auf den schmalen Grat zwischen Leben und Tod drängt und das – so predigen Hemingways Bücher – ein Teilnehmer an Stierkämpfen, Bürgerkriegen und Großwildjagden besser erfahren kann als einer, der sich seine Ängste und Gefahren nicht aussuchen darf. Nun, die Erzählung »Der alte Mann und das Meer« läßt es zum mindesten vermuten.

Es ist sonderbar, wie oft der Erzählende von den grünen Hügeln Afrikas abschweift und sich seiner Erinnerung anvertraut. Die schönste Seite des Buches bezieht sich auf den Golfstrom, sie ist in dem Buche versteckt wie das Geldstück in einem Fleißknäuel. Es ist ein rhapsodischer Ausbruch von unvergleichlicher Macht, ein Stück Gesang von dieser Strömung, die an der Küste Kubas entlangzieht. Ich sage nicht, an welcher Stelle diese schöne Seite steht. Der Leser mag das Knäuel selbst abwickeln. Es lohnt sich.

Ernest Hemingway, Die grünen Hügel Afrikas. Hamburg 1954
Zeit 2. 12. 1954

1955–1956

Paris will kein Patient sein

Die Anziehungskraft der Stadt Paris ist eine mächtige Waffe im Kampf, den Frankreich um seine Geltung führt. Die Geduld, die man seiner Politik entgegenbringt, die Nachsicht, mit der man seinen Launen begegnet, die Schwäche, die alle Welt für dies übelnehmerische und verwöhnte Volk hegt, das alles ist mit dem Wort »Paris« schon halb erklärt. Der Zauber kommt nicht durch Zufall zustande, er ist vielmehr eine weltstädtische Leistung ersten Ranges, ein Produkt der Lebensenergie und des redlich erworbenen Selbstgefühls.

Die Franzosen haben in ihrer Freude an der Selbstbetrachtung zahllose Gründe für die starke Wirkung ihrer Hauptstadt zusammengetragen und damit einen Mythos zu schaffen versucht, der zugleich eine Mythologisierung der eigenen Zivilisation enthält. Aber es bedarf solcher Anstrengungen nicht, denn die Erklärung liegt in uns allen, nämlich in der Lebensform, nach der sich unsere Menschennatur sehnt und die in der Stadt Paris noch am geschlossensten und unbestrittensten zu finden ist. So vielfältig das Wesen dieser Stadt auch sein mag, wir finden in ihr den Schlüssel zu uns selbst und leben, mit und in ihr lebend, in Übereinstimmung mit unserem Wesen. Man fühlt sich richtiggestellt, und da dieser Vorgang nur von begrenzter Dauer sein kann, bleibt im Menschen ein Heimweh nach sich selbst zurück, das zugleich ein Heimweh nach der Stadt ist. Die beispiellose

Vereinfachung, die mit uns vorgeht, wenn wir uns dem Lebensgesetz der Stadt überlassen, ist der Ausgangspunkt eines seltsamen Bewußtseinsprozesses. Man glaubt, falsch gelebt zu haben, und gerät nun in Harmonie mit dem eigenen Lebensgefühl.

Eine ganz andere Frage ist freilich, ob der echte Pariser die gleichen Erfahrungen macht und ob ihm eine Art von Verdienst an der Wirkung seiner Stadt zukommt. Das hochgespannte Selbstgefühl der Bewohner und ihre Überzeugung, im Herzen der Welt zu hausen, können ebensogut Regungen sein, wie sie jedem Weltstädter eigentümlich sind, der sich täglich in großen Zusammenhängen zurechtfinden und unaufhörlich Stellung nehmen muß. Daher ist denn auch der Pariser auf nichts so stolz wie auf seine Urteilskraft, ja sie erscheint ihm als das eigentliche Merkmal des hochorganisierten Menschen, der nicht nur die Fähigkeit zum schnellen Urteil besitzt, sondern auch über die einzig richtigen Maßstäbe zu verfügen glaubt, Maßstäbe, die für den ganzen Kulturkreis Gültigkeit haben. Solange der Betrachter von außen kommt – und sehr viele Pariser sind von außen, sei es aus der Provinz, sei es aus dem Ausland, gekommen –, bietet der weltstädtische Monopolanspruch keine Schwierigkeiten.

Bis weit in das 20. Jahrhundert hinein existierte für den Geist von Paris überhaupt keine andere Weltstadt. Wenn der Mensch aber anfängt, dazuzugehören, wenn er im Begriff ist, die Schwelle zu überschreiten, und einen Moment in der offenen Tür zögert, dann entsteht ein Augenblick der Gereiztheit, des Sichaufbäumens gegen die Tyrannei dieser Stadt, der viele literarische Blüten bizarrer Form gezeugt hat. Ein Pamphlet von einiger Dauerhaftigkeit ist dabei freilich nicht zustande gekommen. Die Ausbrüche gewisser Figuren von Balzac, der Brüder Goncourt und Prousts erlöschen alle in der Unterwerfung. Ist es dem elsässischen Pfarrerssohn *Frédéric Hoffet* mit seiner *Psychoanalyse de Paris,* die so viel Aufsehen erregt hat und nun unter dem Titel *Enthülltes Paris. Psychoanalyse einer Weltstadt* auch auf deutsch erschienen ist, gelungen, den Aufruhr zu vollenden? Nein, um es gleich zu sagen: nie blieb ein Aufbegehrender jammervoller in seinen Fesseln hängen als dieser Elsässer, der in einem sehr lesenswerten Buch »La Psychoanalyse de l'Alsace« die Hülle des Provinzlers abgestreift hat, um dafür um so gründlicher in die Falle zu stürzen, die Paris für ihn bereithielt.

Als das Buch vor einem Jahr im Verlag Grasset erschien, errang es einen schnellen Sensationserfolg, ohne den eigentlichen Herrschaftskern der Stadt, den Hoffet den »Hof« nennt, auch nur im mindesten zu erschüttern. Im Gegenteil, die wohlwollend interessierte Art, mit der Paris diese als vernichtend gedachte Analyse entgegennahm, war nicht frei von Herablassung. Der Verleger des Buches, der es nun einmal nicht lassen kann, seine Autoren mit Hilfe von Vorreden bei der Hand zu nehmen, leitete den Text mit Worten ein, die an dem Buch kein gutes Haar ließen. »Schwerfälligkeit« war noch nicht das härteste Wort, das er wählte, denn er verwarf, noch ehe der Leser seine Lektüre beginnen konnte, Methode und Schlußfolgerung. Grausames Paris, das in seiner Hochnäsigkeit keine Kritik an sich herankommen läßt und an ihr höchstens seine Neugier stillt! Nun, der Absatz des Buches war gewaltig, Grasset, der so unschuldig dreinblicken kann, wußte schon, was er tat, als er ein Buch veröffentlichte, dessen Inhalt er ablehnte.

Es erscheint mir indessen keineswegs ausgemacht, daß Hoffets Studie in Deutschland auf ein auch nur annähernd so großes Interesse stoßen wird, wie dies in Frankreich der Fall war. Der deutsche Titel *Enthülltes Paris* führt den Leser aufs falsche Geleise, die Streichungen sind nicht geschickt vorgenommen, so fehlt die ganze methodologische Einführung, in der Hoffet sich ernsthafte Mühe gibt, die Anwendbarkeit der psychoanalytischen Prozedur zu rechtfertigen, und was die Übersetzung von Jean Marcel Peter angeht, so ist Hoffets Schreibweise durchaus nicht so gegenständlich und gefestigt, daß sie das Massaker dieser Verdeutschung ertragen könnte. Da die Voraussetzungen des Pariser Erfolges – amüsierte Schokiertheit über die Art, wie mit vertrauten Einrichtungen und Personen umgesprungen wird – im deutschen Sprachgebiet nicht gegeben sind, könnte unser

Interesse an dem Buch nur durch die Gründlichkeit und Schärfe der Analyse geweckt werden.

Von Schärfe und Gründlichkeit kann indessen keine Rede sein. Hoffet geht zwar mutig der Frage zu Leibe, wer eigentlich die Leute sind, die sich »Tout-Paris« nennen und das Wetter machen, aber es genügt nicht, sie als »Hof« zu bezeichnen (zumal gar kein König da ist), es muß auch geklärt werden, woher die Macht dieser kleinen Führungsgruppe stammt. In der Tat, diese Gruppe hat sich in ihrem Urteil sehr selten geirrt und der Welt mehr als einmal die von ihr entdeckten Werte aufgezwungen. Aber daß man »Beziehungen« haben müsse, daß man homosexuell sein oder, allgemeiner gesagt, sich dem Prinzip der in Paris angeblich dominierenden »Feminität« unterwerfen müsse, wird auch dem flüchtigen Betrachter nicht einleuchten. Es ist zweifellos wahr, daß in der speziellen Pariser Zivilisation seit zwei Jahrzehnten ein Absinken der Männlichkeit zu bemerken ist. Schon die anstößige, wenn auch geistvoll begründete Resignation gegenüber dem Phänomen Hitler deutete in diese Richtung. Aber ist denn die Homosexualität, die Hoffet so umständlich in den Mittelpunkt des »Hofes« stellt, unter allen Umständen gleichbedeutend mit Effeminierung? In André Gides Schreiben und Person ist nicht ein Zug, der als unmännlich bezeichnet werden könnte. Ich kann auch nicht sehen, wieso Sartre oder Camus, die nach wie vor so stark an der Prägung von Paris beteiligt sind, zu jener Gruppe gehören, die Hoffet »die Erben Gides« nennt. Auch sind geschlechtliche Anomalie und Sittenverderbnis durchaus nicht immer identisch, und man muß sich entscheiden, ob man Paris seine Epheben oder seine Ehebrecher vorwerfen will. Ich bin nur froh, daß der elsässische Juvenal an Paris doch einige gute Haare läßt und zugibt, daß »in dieser Welt der totalen Freiheit der Geist nie seine Rechte verliert«. Mehr verlangen wir nicht, ja, es ist fast schon zuviel verlangt, da wir doch sehen, daß diese Rechte allenthalben zusammenschrumpfen.

Geht es überhaupt an, eine Stadt analysieren zu wollen, als ob sie ein Patient sei? Was ist schon der »Hof« in einer Weltstadt, die zwar geistige und geschmackliche Maßstäbe errichtet, aber ihre Lebenskraft doch im wesentlichen aus einer riesigen, eng zusammengedrängten Bevölkerung bezieht? Hoffet schließt sie aus seiner Analyse ausdrücklich aus, ebenso das »alteingesessene Bürgertum«. Was bleibt dann noch von Paris? Die Bürger sind es nicht, und »das bewundernswerte Proletariat, das die Revolution von morgen machen wird«, ist es auch nicht. Über sie hat die Führungsschicht keine Macht. Aber was führt sie denn eigentlich? Mir scheint, daß Hoffet das Opfer seines eigensinnigen Vorhabens geworden ist, psychoanalytische Methoden – und zwar nicht die allerneuesten – auf eine Stadt anzuwenden, sie also als Person zu behandeln.

Gewiß, der Umriß dieser Stadt ist so deutlich, ihr Selbstgefühl hat einen so menschlichen Charakter, daß sich das Wort von der »Person Paris« mehr als einem Beschreibenden aufgedrängt hat. Hoffet hat auch vollständig recht, wenn er Paris, etwas summarisch, »die letzte Oase des Menschen« nennt – obgleich er vorher meist das Gegenteil behauptet hat. Aber der »menschliche Kern« und der personenhafte Umriß reichen darum doch nicht aus, um ihnen mit Heilmethoden zu Leibe zu rücken, die sonst auf das menschliche Individuum angewendet werden. Grasset sagt in seiner Vorrede sehr richtig: »Der Komplex ist eine persönliche Sache. Es gehört daher in den Bereich der Phantasie, der Gesamtheit der Einwohner einer Stadt Komplexe zuzusprechen.« Und welche Komplexe! Hoffet ist mit seinem Begriffsapparat über die Anfänge der Freudschen Lehre nicht hinausgekommen. Das »Über-Ich«, die »Komplexe«, die »Verdrängungen«, und wie diese altmodischen Schlagworte sonst noch heißen mögen, bilden bei Hoffet keine Methode, sondern sind nichts weiter als die Etappe einer sehr allgemein gehaltenen Psychologie, wie sie zu allen Zeiten betrieben worden ist. Ganz ernsthaft sagt Hoffet: »Die moderne Psychologie hat mit der traditionellen Schule gebrochen, die das Seelenleben auf den Bereich des Bewußten zurückführte. Sie erklärt das Bewußte durch das Unbewußte.« Dieser Bruch hat nichts modernes, sondern geschah vor einem halben Jahrhundert.

Seitdem ist viel geschehen, was dem Autor offenbar entgangen ist. Man kann nicht nur einen Menschen, sondern auch – bis zu einem gewissen Grade – eine Nation als Patienten behandeln, weil eine Nation durch einen gemeinsamen Willensakt, durch ein gemeinsames Bekenntnis zustande kommt und daher auch gemeinsam erkranken kann. Nicht aber eine Stadt und am wenigsten Paris, das wohl viele kollektive Erschütterungen erfahren, aber nie den abstrakten Charakter einer Nation gehabt hat. Städte wachsen wie Bäume, und wie deutlich und entschieden sie sich auch zum Sitz von Lehren, Maßstäben und Ideen machen mögen, sie bleiben doch immer ein Stück Erde, durchströmt von einem Fluß, überwölbt von einem Himmel, in den Türme und Lerchen steigen.

Frédéric Hoffet, Enthülltes Paris. Düsseldorf 1954
Zeit 3. 2. 1955

Mit Claudels Schatten streitend

Ist es möglich, einen großen Dichter nicht zu lieben, ja, eine Abneigung gegen ihn zu empfinden, die, bis in die letzten Konsequenzen durchdacht, zum Haß führen müßte? Mehr noch, kann man mit solchen Empfindungen, die freilich viel mehr als Empfindungen sind, beim Tode dieses Dichters ein Wort der Ehrfurcht sagen, das über die bloße Achtung vor dem Tode einer großen Figur hinausgeht? Nie ist es mir möglich gewesen, mit der Ausstrahlung und dem Werk dieses Mannes im Einklang zu leben. Sein Wunsch, bei den weltlichen Naturen, die zwischen Gut und Böse mühsam ihren Weg suchen, frommes Ärgernis zu erregen, hat sich auch an mir erfüllt. Er hatte sich vorgesetzt, die schwankenden Seelen zu beleidigen und jenen zahlreicheren, aber schwächeren Teil der Menschheit, zu dem wir fast alle gehören, mit Worten aus der Heiligen Schrift zu beschimpfen und bei den Organen des Jüngsten Gerichtes anzuzeigen. »Wäre ich Gott, so würde ich mit eigener Hand noch mehr Scheite zum Höllenfeuer tragen«, hat er gesagt. Wer von uns wäre in seinen Augen nicht ein »Giftmischer« gewesen, gegen den er am liebsten die Polizei herbeigerufen hätte! Mitmenschen »durch Schläge mit der Monstranz« mitten ins Lebensgefühl, dem er jeden Wert absprach, zu treffen, war seine, durch unbeschreibliche Sprachgenialität gesteigerte Gewohnheit geworden.

Er, der als Achtzehnjähriger in der Weihnachtsmesse zu Notre-Dame, in die gefalteten Hände schluchzend, seinen Gott für immer gefunden hatte, war in diesem großen Augenblick mit allen Gütern beschenkt worden, die die katholische Kirche zu vergeben hat. Es sind nicht nur Güter und Gnaden, die der Seele zugute kommen, sondern auch eine endlos strömende Stoffwelt an Symbolen, Bildern, Zeichen, Überlieferungen und Heiligengeschichten, von deren Fülle das Genie eines Dichters zu leben vermag. Aber ein Geschenk ist ihm versagt geblieben, die Demut. Er wußte wohl, was das war, diese Demut, in der sich die großen Heiligen unserer katholischen Welt mit dem hilflosesten Kirchgänger zusammenfinden. In der Haltung des Fechters forderte er jeden heraus, der an seiner Demut zu zweifeln wagte. Er konnte nicht anders, weil er eben ein Fechter war, angriffswütig, athletisch, tapfer und sich, gleichsam mit geschlossenen Augen, des Erlöserwortes bedienend: »Ich bin nicht gekommen, den Frieden zu bringen, sondern das Schwert.«

In den letzten Februartagen ist *Paul Claudel* gestorben. Wochenlang hatte der Siebenundachtzigjährige den Proben seines Stückes »Mariä Verkündigung« beigewohnt, das er um die Jahrhundertwende geschrieben und seitdem rastlos umgestaltet hatte. Für Frankreich ist dieses Ableben eines großen Dichters, der zugleich die höchste Stufe der diplomatischen Laufbahn erstiegen hatte, ein großer Verlust, den auch wir Deutsche, die wir Claudel früh erkannt, übersetzt, gelesen und aufgeführt haben, sehr deutlich empfinden. Wir haben bereitwillig vergessen, daß er, der in Frankfurt und Hamburg als Konsul gedient hatte, das deutsche Wesen aufs schärfste ablehnte und Goethe, den er nur sehr flüchtig kannte, einen »feierlichen Esel« nannte. Er sagte von uns: »Man kann sich die Dummheit dieser Leute nicht vorstellen. Aber welche Stärke liegt darin, daß jemand sich für nichts anderes interessiert als für seine Arbeit!« Nicht, daß wir dergleichen Urteile leichtnehmen sollten, aber sie treten in den Schatten einer wenig ins Bewußtsein gehobenen Affinität, die zwischen dem Wesen Claudels und dem unseren mit unsichtbaren Fäden hin und her webt. Seine körperliche Erscheinung, dieser Quadratschädel, dieser »Stiernacken, der in gerader Linie durch den Hinterkopf fortgesetzt wird« (Gide), bilden die Entsprechung zu dem, was im Nekrolog André Fontaines als seine »Maßlosigkeit« und sein »Mangel an Geschmack« bezeichnet wird. In der Tat, es ist kein Zufall, daß deutsche Vermittler wie Franz Blei und Jakob Hegner früher als andere Ausländer ihren Enthusiasmus dem Werk dieses Franzosen zuwandten, der den »cartesischen Geist« verachtete und nie jene zugängliche Klarheit leistete, die von der Person Frankreich nicht zu trennen ist.

Allerdings stand dieser oft wolkigen und trümmerhaften Wortkunst der praktische Sinn des Beamten und Familienvaters entgegen. Sobald Claudel aus seinem geistigen Bereich trat, wurden an ihm die fast bäuerlichen Züge des scharf rechnenden Franzosen sichtbar, die ihn befähigten, seinen Platz im täglichen Leben zu behaupten und als guter, wenn auch nicht großer Diplomat mit fremden Mächten günstige Verträge zu schließen. Er war indessen klug genug, sich nie in die Tagespolitik einzumischen, die in Frankreich eine so große Versuchung für den geistigen Menschen bildet. Auf diese Weise ist sein herrischer Sinn denn auch der Gefahr entgangen, die Kirche durch Verkündigung eines besonderen, nur Frankreich eigenen Katholizismus herauszufordern. Darin beruht, so will mir scheinen, die große Glaubensleistung dieses streitsüchtigen Katholiken, der eines sehr arroganten Nationalismus fähig war. Er hat die Grenze, die einem Maurras zum Verhängnis wurde, oft gestreift, aber er hat sie nie überschritten.

»Die sittlichen Werte sind die Gebote Gottes und der Kirche. Darüber hinaus gibt es keinen sittlichen oder geistigen Wert.« So lautete Claudels Meinung im geistigen Streit, dem er sich mit Heftigkeit hingab. Mit diesem Satze versuchte er, fast alles zu zerschmettern, was ihm an Ideen und Menschen entgegentrat. In der französischen Literatur ließ er so gut wie nichts gelten, er tobte gegen den gesamten intellektuellen Gehalt der III. Republik und griff dabei bis auf Rousseau zurück. »Das Nichtverstehen gehört zu meinen Eigenschaften«, erklärte er nicht ohne Hochmut. In Wirklichkeit verstand er nur eines nicht: daß der Mensch sich in der Zwiespältigkeit seiner Menschennatur einrichten könne, ohne verworfen zu werden. Das ist auch der Sinn seines Konfliktes mit Gide, der in dem Briefwechsel der beiden Männer seinen krassen, fast unheimlich deutlichen Ausdruck gefunden hat.

Gide widerstand dem ungestümen Drängen Claudels und wurde nicht katholisch oder, genauer gesagt, kein katholischer Heiliger. Er versuchte, den Widerspruch seiner Existenz im Fleische tapfer durchzuleben, Duldung und Anstand zu bewahren und das Leben wertzuhalten. »Das ist das Goethesche an Gides Natur!« rief Claudel zornig aus, er empfand dies Streben nach irdischer Harmonie als Sünde, die er ausspie und die ihn zur erbarmungslosen Verwerfung des ganzen Menschen führte. Ich muß gestehen, daß ich dem Wahrheitsdrang Gides nie ganz getraut habe. Soeben habe ich wieder alle seine Tagebücher durchgelesen, die, ebenso wie der Briefwechsel mit Claudel, in so schönen Ausgaben dem deutschen Leser vorliegen. Es gibt einige fatale Züge in der berühmten schonungslosen Aufrichtigkeit André Gides. Allzuoft hat man das Gefühl, daß er die kleineren Sünden bekennt, um die größeren zu verbergen. Aber gleichzeitig finde ich in seinen Auseinandersetzungen mit Claudel alle Gründe meiner tiefen Abneigung gegen den soeben verstorbenen Dichter, der mir durch seinen Glauben nahestehen sollte und mich statt dessen durch seinen Eifer, seinen Verfolgungssinn und seine durchdachte Lieblosigkeit abstößt. Gide zeigt, was ein

Sterblicher, der den Kämpfen und Spielen des Geistes verfallen ist, allenfalls werden kann, nämlich ein arbeitender, leidender und das Leben bejahender Mensch. Claudel spricht von einer Stufe aus zu uns, die wir niemals erreichen können. Es ist die Stufe der Heiligen. »So können wir ihn gelten lassen«, sagt Gide, »ihn bewundern: so ist er es sich schuldig, uns auszuspeien. Ich meinerseits werde lieber ausgespien, als daß ich ausspeie.«

Claudel plagt uns noch von jenseits der Schwelle. Er, der als Dichter so ungern klar war, besaß als sterblicher Mensch zu viele Klarheiten. In dem Maße, wie sein frommer Despotismus wuchs, hörte er auf, hilfreich zu sein. Allerdings, die Hilfe, die dem Menschen aus jedem großen Kunstwerk erwächst, vermochte er auf jeder Stufe seiner dichterischen Entwicklung zu leisten. Drieu la Rochelle nannte ihn »den einzigen wirklich heiligen Schriftsteller seit dem Mittelalter, der auch groß ist«. Die Übermacht des Weltlichen, die das aus der Revolution geborene Frankreich bestimmte, hat erst in Claudel ihr Gegengewicht erhalten. Insofern können auch wir Deutsche verstehen, daß seine Dramen die Sehnsucht der Franzosen nach einer Wiedergeburt Racines stillten. Das christliche Theater kam mit ihm auf die Erde Frankreichs zurück. Es begann mit »L'Otage«, stieg steil auf zur »L'Annonce faite à Marie«, über »Partage de Midi« und andere Spiele bis zu jenem dramatischen Schlußstein »Le soulier de satin«, der vielleicht mit Hofmannsthals »Turm« vergleichbar ist. Das monumentale Stück erlebte während der Pariser Besatzungszeit in einem von deutschen Uniformträgern gefüllten Theater seine stürmisch bejubelte Uraufführung, obwohl es trotz Barraults energisch-liebevoller Stutzung ein wahres Monstrum an Raum und Zeit sprengenden Dunkelheiten blieb. Gleichwohl ist das Spiel voll Licht, denn es verkündet auch den schwankenden Seelen, die Claudel mindestens als Publikum gelten lassen muß, die Möglichkeit, das Böse in Heil zu verwandeln. Hier atmet man – trotz aller dramaturgischen Wirrnis – einmal die Wahrheit dessen, was der Dichter in früheren Jahren aus Frankfurt an Gide schrieb: »In Wirklichkeit ist die Religion so weit wie der gestirnte Himmel, selbst der Ozean hat Raum, sich darin zu bewegen, und man atmet dort aus vollen Lungen.«

Auf das Atmen kam es Claudel an, seine Gedanken über den Zusammenhang von Atmen und Dichten gehören zu den wenigen liebevollen Regungen dieses frommen Berserkers. Das lyrische Strömen, das seine Theaterstücke oft bis zur Unkenntlichkeit überflutet, in seinen Gedichten jedoch einen fast vollkommenen Zustand hervorruft, ist für ihn eine Funktion des Atemrhythmus. Plötzlich versteht man, daß der Dichter sich in jüngeren Jahren – er war allerdings schon Gesandter – einmal mit nacktem Oberkörper photographieren und das Bild veröffentlichen ließ. Die gewaltige Brust des stierhaft breiten Mannes mit ihren metallisch glänzenden Muskeln ruft die Vorstellung eines ganz in der Atmung sich erfüllenden Wesens hervor, das durch den ruhigen Takt des Aus- und Einatmens eine Art von Unverwundbarkeit erhält. In seinem »Art poétique« hat er die Bewegung des Atmens als das Urphänomen der menschlichen Sprache definiert und ist in seinen Gedichten, den »Cinq grandes Odes«, den »Poèmes de Guerre« und den »Feuilles des Saints« mit der Sprache nach dieser Auffassung verfahren. Ohne Reim und Strophe rollen diese freien Rhythmen dahin, ähnlich den Versen der Bibel, nach denen er sie auch »versets« benannt hat. »Ich erfand diese Versart, die weder Reim noch Metrum aufwies. In meinem tiefsten Innern definierte ich sie als jene doppelte und gegenseitige Funktion, durch die der Mensch das Leben in sich aufnimmt und im höchsten Akt des Atmens als verständliches Wort wiedergibt.«

Es ist unmöglich, diese strömenden Verse nicht zu bewundern. Aller Zank mit dem Schatten des toten Dichters endet hier. Man wird davongetragen und auf festem Boden abgesetzt, um sogleich wieder aufs neue der Flut zu verfallen. In diesen Versen ist Aufrichtigkeit, ja Reinheit. Am Ende sogar Demut? Wie könnte dies Leben, das soeben erlosch, ohne die Lust, sich klein zu fühlen und sich zu beugen, vollkommen sein? Aus China kam einst ein Brief dieses Dichters, der Zorn und süßen Gesang in einem Atemzug hervorbrachte, an André Gide: »Nach vierzig Jahren . . . haben sich die Türen des Gebets etwas für mich geöffnet. Ich bin wie eines der zerlumpten Kinder, die sich früher auf den Landstraßen Frankreichs umhertrieben, um Pferdemist aufzulesen. An einem Sommertag war das große, eiserne, bis oben hin mit Blech versperrte Tor, vor dem es seine Ernte einsammelte, nicht mehr verschlossen. Es stand offen. Zuerst wagt das Kind nur einen Blick hinein zu tun, jetzt macht es drei Schritte auf dem wunderbaren Kies und läuft schnell zurück, es wagt sich bis zu den Kübeln voll Geranien vor, und in der tiefen Nachmittagsstille hört es das rieselnde Geräusch des Gießens auf dem himmlischen Rasen und ganz dahinten einen Fluß, der leise mit dumpfem Brausen dahinzieht. Wird das Tor morgen, übermorgen offenstehen? Es steht offen! Endlich begreift es, daß das Tor ihm offensteht.«

Gegenwart 12. 3. 1955

Die gute Himmelsrichtung

Wir betrachten die Windrose und freuen uns ihrer Gleichmäßigkeit. Aber käme uns je die Lust an, eine ihrer Richtungen als die beste zu bezeichnen? In unbewegten Zeiten, denen alle Maße bis zur Vergessenheit selbstverständlich sind, mag der Gedanke, diesen oder jenen Winkel des Pfeils zu bevorzugen, überflüssig erscheinen. Wenn aber das Gleiten begonnen hat, kann es uns geschehen, daß wir von dem aufgeteilten Blatt eine Richtung abzulesen versuchen, der wir einen moralischen Sinn geben möchten, weil sie unserem Drang nach Ordnung entspricht. Wir wünschen, daß der Zeiger dahin weisen möge, wo wir das Feste vermuten. Wir sagen wohl, daß dieser Mensch östliche Züge habe oder daß jener südliche Geräusche liebe, daß der eine nach

Norden blicke, um seine Farben nicht verwirrt zu sehen, und daß der andere nach Westen strebe, weil er dort Umrisse für sein Wesen finde, die ihm anderswo versagt seien. In solchen Fällen gelingt es uns, den Himmelsrichtungen einen moralischen oder geistigen Akzent zu verleihen. Ja, viele haben darin eine solche Fertigkeit erlangt, daß sie überhaupt nur noch übertragene Vorstellungen haben und nicht mehr an den Stand der Gestirne, sondern an Haltungen und Programme denken, wenn von Orientierung die Rede ist.

Orientierung heißt die Richtung ausmachen, in der Osten liegt. Die Franzosen sagen von jemandem, der sich nicht mehr zurechtfindet: »Il a perdu le nord.« Darf ein Mensch von sich behaupten, daß er eine Lieblingsrichtung habe? Ich glaube, daß die Gebildeten des 19. Jahrhunderts dem Süden unwillkürlich den Vorzug gaben, weil er ihnen Licht, Leichtigkeit und antike Trümmer versprach. Als ich jung war, bekannte ich mich aus Trotz zum Norden und träumte auf den Klippen der Lofoten oder Färöer in einer Helligkeit, die wochenlang nicht weichen wollte, von einer Dunkelheit, auf die ich theoretisch Anspruch zu haben glaubte. Später, bei den Chinesen, habe ich mich nie östlich gefühlt, in Peking kam ich mir eher wie im alten Athen vor. Aber der Westen ist meine eigentliche Realität geworden, und ich habe in seinen Räumen stets gewußt, daß ich im Westen war. Ich sage dies alles, um deutlich zu machen, warum ich *Ernst Jünger* keiner Himmelsrichtung zurechne. Er hält sich vielmehr an dem Punkt auf, um den sich die Nadel dreht. Das klingt gewaltig und ist doch ein Schicksal wie jedes andere. Das Verdienst beginnt erst da, wo der Denker sich seiner Position bewußt wird und sie zu begründen versteht. Sie kann auch Nachteile haben, ja eine Grenze darstellen, über die hinaus keine Bewegung möglich ist. Die zentrale Lage des Jüngerschen Werks erklärt seine große Wirkung, macht aber gleichzeitig verständlich, warum es keine Schule bilden kann. Je mehr der Geist reift und sich vervollkommnet, um so geheimnisvoller wird ihm die Welt. Er hält in einer Dimension aus, die nur die seine ist.

Gleichwohl, Ernst Jünger hat unter allen Himmelsrichtungen, die er abgesucht hat, in der westlichen am längsten oder doch jedenfalls am gründlichsten verweilt. Was er dort erwarb und seinem Wesen einfügte, war nicht mehr erjagte Beute, sondern maßvoller, fast stiller Zuwachs. Selbst wenn ich seine Berührung mit dem Westen, also vornehmlich mit Frankreich, als reines Bildungserlebnis nehmen wollte, so würde ich sagen, der lernende Mensch habe hier am stärksten erlebt, daß jede geistige Erfahrung – und sei sie schmerzlich oder düster – mit dem Anschwellen des Lebensgefühls verbunden und daher eine Freude ist. Der anwachsende Reichtum, der durch »Gärten und Straßen« und »Strahlungen« in deutlicher Linie nach oben sichtbar wird, steht im schönen Spätlicht des Westens.

Ernst Jünger schreibt so dicht, so nahtlos, daß niemand, der ihn liest, Gelegenheit oder gar Ermunterung findet, aus eigenem Leben etwas hinzuzufügen. Das Abweisende seiner Natur wiederholt sich genau im Stil. Das mitgerissene »Auch ich!«, das junge Geschlechter zu allen Zeiten ihrem Lieblingsdichter, der ihnen die Zunge löste, zuriefen, wird in diesem Bereich nicht gehört. Es spricht für seine jüngeren Verehrer, daß sie sich kein bequemeres Idol ausgesucht haben. Aber auch seine Freunde sind nicht schlecht mit dem »Unpersönlichen« gefahren. Nun ist Paris ja seit je die Stadt geistiger Herzlichkeiten, denen eine große Enthaltsamkeit in persönlichen Dingen entspricht. Die Diskussion beherrscht das Feld, nicht das Bekenntnis; die Unterhaltung weist den Menschen aus, nicht die Herzensergießung. Es ist somit kein Zufall, daß ich mit Jünger in Paris Berührung fand, auf einem Boden also, auf dem der Mensch sich offenbaren kann, ohne von sich zu sprechen. Ich habe in Paris jahrelang mit Männern herzlichen Umgang gepflogen – so mit Léon-Paul Fargue –, ohne das persönliche Feld zu betreten. Es wurde nicht mühsam gemieden, aber man kam gleichsam nie so weit, weil die geistigen Elemente des Geselligen einfach nie erschöpft wurden. Das ist eine Atmosphäre, in der Jünger aufgeatmet haben mag. Ich hörte in der großen und gesprächigen Stadt viel von ihm, ehe ich ihn traf. Gemeinsame französische Freunde, die in jenen Jahren vor dem Krieg an dem Rätsel Deutschland herumrieten, begingen das erklärliche, aber darum nicht weniger grobe Mißverständnis, ihn als einen »echten Deutschen« zu empfinden und ihn gegen meine westliche Erweichung auszuspielen. Der Durst der französischen Intelligenz nach Selbstzüchtigung war damals groß. Sie glaubte, sich ihre künftigen Herren aussuchen zu können, und versprach sich viel von der jünglingshaften Verschlossenheit Jüngers, der in Wirklichkeit aufrichtig die Güter genoß, die Frankreich damals schon aus entmutigten und allzu feingliedrigen Händen sinken ließ.

Erst während der Besatzungszeit traf ich mit Ernst Jünger zusammen, und zwar, wenn ich mich recht erinnere, durch die Vermittlung unseres Freundes Hans Speidel. Ich hatte inzwischen das erstaunliche Buch »Gärten und Straßen« gelesen und die entscheidende Ausdehnung des Jüngerschen Lebensbildes bemerkt. »Wieder einer, der dem Zauber Frankreichs erlegen ist!« dachte ich zunächst ein wenig voreilig, dann aber sah ich genauer hin und bemerkte die Farben der Reife. Wohl lächelte ich noch über das »Pelotonfeuer der Veuve Cliquot«, aber das »Doucement« berührte mich tief, jenes »Doucement!«, das der Offizier Jünger beim Einladen von Flüchtlingen ausgerufen hatte.

Die Franzosen hatten das Wort recht aufgefaßt, denn sie sagten von ihm: »C'est celui qui a dit: doucement.« Auch eine Bemerkung über Maupassant fiel mir auf: »Es gibt eine Art der Leichtigkeit, die das Schwierige, ja Unnachahmliche der Arbeit verhüllt, so daß man sie unterschätzt.« Man muß schon sehr frei von jeder Doktrin sein, um Maupassants zunächst unauffällige Künstlerschaft bewundern zu können. Hier bekannte sich jemand zur Leichtigkeit, der einst im »Arbeiter« die rauhesten Widderstöße gegen den morschen Bau der bürgerlichen Welt geführt hatte. Ich war ergriffen, das alles auf holzartigem, daher gleichsam über Nacht vergilbendem Papier zu lesen. Das Buch war in einem militärwissenschaftlichen Verlag erschienen und kam nun, im Jahre 1942, als »einmalige Ausgabe der Zentrale der Frontbuchhandlungen« zu uns.

Wackere Zentrale, die auch einigen meiner Bücher unter der Hand zu massiven Erfolgen bei den Besatzungssoldaten verhalf! Niemand, der die qualvolle Paradoxie der damaligen Epoche miterlebt hat, kann diese geistigen Erschütterungen vergessen. Jünger ergab sich dem Zauber des Wortes »désinvolture« und schrieb: »Die Paarung von Macht und Anmut ist bei uns zu selten, um eigene Worte hervorzubringen.« Aber wie herzzerreißend war alles, denn zur gleichen Zeit wanderte ich mit dem armen Drieu la Rochelle im Tuileriengarten auf und ab und beschwor ihn, nicht länger an Deutschland zu glauben. Er glaubte trotzdem und starb von eigener Hand.

Ernst Jüngers erste Berührung mit Frankreich liegt weit zurück und ist gewissermaßen irrtümlich. Der Knabe der »Afrikanischen Spiele«, der Jüngling der »Stahlgewitter«, sie beide dringen in die französische Sphäre ein, um Lösung von alten Bindungen zu finden. Da springt kein Funke über, und der Erlebende bleibt in seinem Ich befangen. Seine Kraft wächst, und er wird stark genug, um im »Arbeiter« jenes Weltbild in Stücke zu hämmern, für das Frankreich das klarste Beispiel ist. Die kommenden Jahre sind der Mühe gewidmet, die Stücke wieder zusammenzufügen. In den »Marmor-Klippen« entsteht eine Welt des Mittelmeers, die nicht der Anschauung, sondern der gewollten Vorstellung entsprungen ist. Aber die Nadel der Windrose weist schon in die gute Himmelsrichtung. Der junge Krieger war in die französische Erde eingegraben gewesen, aber was für Erfahrungen konnte er dort mit dem Lande machen, dessen Söhne ihn mit aller Macht von dieser Erde zu vertreiben suchten! Immerhin, es gab damals junge Menschen, die aus der bloßen Atmosphäre herbstlicher Morgendämmerungen in der Champagne und ausgestirnter Juninächte im Artois den ersten noch unklaren Wunsch schöpften, einmal als freie Menschen in dies Land und zu seinen unbefangenen Bewohnern wiederzukehren. Ernst Jünger war wiedergekommen, ein unauffälliger, aber keineswegs unbemerkter Reisender, und hatte – fast schon an der Schwelle eines neuen Krieges – friedliche Erfahrungen gemacht.

Die letzten Jahre vor dem zweiten Krieg waren auch für die Franzosen eine zweideutige Epoche. Sie fürchteten dies Deutschland, das sich täglich stärker bewaffnete. Aber sie waren auch leichtfertig genug, ihm eine gewisse Bewunderung zuzuwenden – so sehr verachteten sie die Formen ihres eigenen öffentlichen Lebens. Manche unter ihnen sahen in Ernst Jünger den Typus, den sie sich wünschten: Disziplin, durch Schriftstellerei gemildert, Ordnung, die nicht an die bewährten Lebensformen rührt. Ich sah diesen kuriosen Irrtümern von weitem lächelnd zu. Wenn ich in dieser skeptischen Haltung von gewissen Franzosen erwischt wurde, sagten sie wohl, ich sei ein schlechter Deutscher. Das war ein Beweis mehr dafür, wie wenig sie den Autor von »Blätter und Steine« kannten.

Das Buch »Der Arbeiter«, das 1932 erschienen war, hatte die Welt, deren Bestand auch die Franzosen mit viel Intelligenz und wenig Folgerichtigkeit mißtrauten, in Teile zerlegt und so die Fiktion ihres Lebensgesetzes vernichtet. Erst im Jahre 1949, als das Tagebuch des zweiten Weltkrieges, »Strahlungen«, erschien, konnte auch der Außenstehende erfahren, wieviel geistige Trümmer einer angeblich auseinandergebrochenen Daseinsform sich inzwischen wieder in der Vorstellungswelt Jüngers zusammengefügt hatten. Daran war die Berührung mit Frankreich nicht unbeteiligt gewesen. Während in »Gärten und Straßen« noch die Distanz des einmarschierenden Kompanieführers, wenn auch zur eindeutigsten Ritterlichkeit erhoben, gewahrt war, erfolgte in der Periode der »Strahlungen« ein Durchbruch, der den Schriftsteller nicht nur zum Entdecker des impressionistischen Frankreich machte, das den meisten von uns schon lange geläufig war, sondern auch eine Spannung, eine Verhaltenheit in ihm löste, die ihn bislang vom ruhigen Vollbesitz der Welt getrennt hatte. Eine Natürlichkeit, wie Goethe sie verstand, durchdrang die Person, ihre Instrumente und ihr Verhältnis zur Erfahrung.

»Die Stadt«, heißt es in den »Strahlungen« von Paris, »ist eine zweite geistige Heimat für mich geworden, wird immer stärker zum Inbild dessen, was an alter Kultur mir lieb und teuer ist.« An alter Kultur! Ja, gab es denn eine neue? Wenn Jünger sich in den Gassen um St. Sulpice so natürlich bewegte, als ob er »schon fünfhundert Jahre in ihnen gelebt hätte«, so kündigte sich damit die eigentümliche, ja ergreifende Auflösung der geschichtlichen Distanz an, die Jünger in Paris überkam. Er ging dem Authentischen nach, den Schauplätzen »phantastischer und realer Vorgänge« aus vergangener Zeit und fühlte daran sein Lebensgefühl wachsen: ». . . dann ergreift mich eine Art von freudiger Wehmut, von schmerzhafter Lust. Ich nehme doch gerne am Leben der Menschen teil.«

Ich habe den scharfsinnigen Interpreten des Jüngerschen Werkes selten zu folgen vermocht, weil ich nicht verstand, daß sie diesen Satz nicht in den Mittelpunkt ihrer Deutung stellten: »Ich nehme doch gerne am Leben der Menschen teil.« Dies »doch« hat mich von Anfang an tief bewegt, weil hier ein der Isolation verschworener Geist, der gegen alle Arten von Bindung die schärfsten Waffen aufbietet, den Fuß zwar zaghaft, aber ganz bewußt in den Fluß des Lebens setzt, und zwar an einer Stelle, wo dieser Fluß durchaus kein Strom und keineswegs reißend ist. »Am Abend Rückweg durch die Champs-Elysées. Es war ein herrlicher Sonnentag. War auch mit mir zufrieden . . . es will mir manchmal scheinen, als ob ich, wenn nicht das Rechte, so doch die Fäden, die aus dem Lebenslabyrinthe dorthin führen, in meiner Hand fühle. Am Ausgang erwartet uns das Licht.« Hier werden Regungen zart ausgesprochen, die ins Licht der Reife streben. Der Mensch ist waffenlos, aber nicht wehrlos. Er tritt ohne viel Aufhebens in eine moralische Ordnung ein, deren hoher Wert unverkennbar ist, wie sehr sie auch mit Konventionen und Gedankenlosigkeiten durchsetzt sein mag. Es beginnt ein Teilnehmen am Menschenleben, das eher durch »Arrangements« als durch Prinzipien geordnet ist. So leben die Franzosen schlecht und recht, stets zum Widerspruch herausfordernd, aber still triumphierend. Der Franzose, stellt Jünger fest, läßt »viel auf sich beruhen«. Das kann man nicht lernen, ja, es wäre schlecht um die Welt bestellt, wenn alle »viel auf sich beruhen« ließen. Aber man kann den starken Sinn für Moral philosophisch und menschlich erfahren, der im Kern alles gemeisterten Zusammenlebens steckt. Mit den »Strahlungen« tritt Jünger in die Gesellschaft der Moralisten, denen die Lust an der Zerstörung der schlimmste Verstoß ist. Was Wunder, daß er von nun an eine Schrift wie den »Arbeiter« als ergänzungsbedürftig empfindet: »Es wäre in einem zweiten Teil noch zu schildern die Unterstellung der beschriebenen dynamischen Prinzipien unter eine ruhende Ordnung von höherem Rang.«

Ich frage mich, ob ich bei diesen Betrachtungen die Gestalt Ernst Jüngers nicht allzu gern in eine Lebensfigur einordne, die sich mir ganz natürlich aus eigenen Erlebnissen und Erkenntnissen gebildet hat. Eine Figur ist es in der Tat, in deren Rahmen ich stehe, sinnvoll und reich an Bezügen. Aber gilt sie auch für andere, vor allem für diesen Mann, den ich nie ganz ohne militärische Requisiten sehen kann, der auch in Frankreich immer »einquartiert« erscheint, der geistige Klärungen als »Gepäckerleichterung« empfindet und dem das Wort »Waffe« mehr als ein Sprachbild ist! Ich sehe das Trennende wohl und begreife daher auch, warum er im französischen Bereich Neigungen zu literarischen Figuren faßt, die mir höchst »unfranzösisch« vorkommen, so vor allem zu dem von ihm energisch überschätzten Léon Bloy, an dem ihn die Tatsache anzuziehen scheint, daß ein echter Christ sich sprachlich und gedanklich so übel aufführen kann (aber Bloy ist eben kein echter Christ!). Auch Montherlant spricht ihn an, der zwar ein großer Sprachkünstler ist, aber seinen Ruhm durch eine Art von sublimer Flegelhaftigkeit begründet hat. Der Verfasser von »Les Jeunes filles« macht sich ein Vergnügen daraus, Taktlosigkeit und Indiskretion zu predigen und die Franzosen dadurch zu verletzen.

Mag sein, daß der französische Geisteszustand solcher Peitschenhiebe hier und da bedarf, aber wir bedürfen des Gegenteils, nämlich einfacher Lehren vom Takt und von der Verträglichkeit. Darum habe ich es immer vermieden, dem deutschen Publikum das Lob jener großer Außenseiter zu singen, die sich vom französischen Tableau dadurch abheben, daß sie unseren Disharmonien und geheimen Lastern entgegenkommen. Maurice de Guérin ist – das wird niemand Jünger bestreiten – in der Tat »ein großer Autor«, aber gerade die sprachliche Besonderheit, die er am Verfasser des »Centaure« mit scharfem Blick entdeckt, gibt diesem in der französischen Literatur die Stellung eines Außenseiters, nämlich, »daß die Sprache nicht nur Gefühle und Empfindungen vermittelt, sondern selbst einen durch und durch empfindsamen, beseelten Körper besitzt, der bis in die letzte Silbe Bildung begehrt«. Es wäre ungerecht, zu sagen, daß Jünger sich an die Ausnahmen hält, aber er ist von jenen Schriftstellern verführt, die seinen eigenen Gegensatz zur französischen Sprachvorstellung verhüllen. Sein Verhältnis zur Sprache ist magisch und experimentell, daher auch sein dankbares Erstaunen über gewisse Wendungen der französischen Sprache, die nachbarliche Funktionen hat und sich in der Bildung von Konventionen, also von Verabredungen zur Humanisierung der Existenz, erst richtig entfaltet.

Und doch hat Ernst Jünger immer wieder an die gute Himmelsrichtung in sich appelliert und es gewagt, sich dem Gedanken an die Notwendigkeit des menschlichen Zusammenlebens auszuliefern. So stellt er gerade bei der Lektüre Léon Bloys fest, daß er gelernt habe – wahrlich nicht bei Bloy –, »Menschen im Geiste anzuerkennen, obwohl sie im Willen von mir verschieden sind, und sie zu sehen in ihrer jenseits der Grenzen und Gegensätze ruhenden Gestalt«. In Gewißheiten dieser Art reift er über den bewaffneten Jüngling hinaus, dem alle Geheimnisse des Eros geringfügig erscheinen, und nähert sich der hohen Kategorie des Geschmackes, die uns Deutschen sonst wenig bedeutet, obwohl sie genau die feine Linie bezeichnet, die nicht nur Menschen, sondern auch Völker von der Barbarei trennt.

Die während des Krieges entstandene Schrift »Der Friede«, die erst beim Zusammenbruch – und auch da nur unvollkommen – aus der Heimlichkeit trat, konnte nicht die unmittelbare politische Wirkung tun, die ihr zugedacht war. Aber sie stellte für den Autor, wie er bekannte, »einen Wendepunkt dar, gewissermaßen einen freien Anschluß an die der Schöpfung innewohnende Rangordnung der Moral«. Erst spät also hat Jünger diesen Anschluß finden wollen; die Teilnahme an der französischen Atmosphäre hat diesen Willen gefördert, und es ist kein Zufall, daß die Entfaltung im Ablauf der Pariser Tage erfolgte. So entscheidet sich der Mensch, dessen Los es ist, in jeder Minute seiner Existenz die Spaltung seines Wesens überwinden zu müssen. Er entscheidet sich für immer, obwohl er fürchten muß, daß sich die alten Alternativen morgen früh wieder mit der gleichen Schärfe stellen. Mut braucht der Geist zu diesem Leben, – Mut.

Gegenwart 26. 3. 1955

Der Mensch ist unerschöpflich

»Heut abend bin ich kommunikativ, mir ist, als redet' ich mit Leuten, da ich das schreibe«, trägt der junge Goethe auf seiner Schweizer Reise in sein Tagebuch ein. Die tägliche Notierung tritt in dieser zauberhaften Lebensstimmung als eine Fortsetzung des geselligen Gedankenaustausches auf. Das Herz ist so voll von den Schönheiten der Welt, daß der Dichter zu den stummen Seiten seines Merkheftes wie zu Menschengesichtern spricht. Die Tagebücher unserer Zeit hingegen sind oft gleichsam im Dunkeln geschrieben; meist sind sie angstvolle Bemühungen um Selbstbehauptung. Der Schreibende klammert sich an sein Tagebuch wie der Schiffbrüchige an die Planke. Während die Welt Lust zur Auflösung zeigt, kämpft der Mensch um die

Bewahrung seiner Person, die ihm zwar fragwürdig, aber unerschöpflich erscheint.

Zu Zeiten verminderter Freiheit, in Jahren der Unterdrükkung, in denen vieles verschwiegen werden muß, gedeiht die heimliche Aufzeichnung. Unter jeder Schreckensherrschaft füllen sich verstohlene Seiten. Sind aber diese Notzeiten mit einer allgemeinen Erkrankung oder doch mindestens Verzerrung des Bewußtseins verbunden, so kann es geschehen, daß das Tagebuch dem Schriftsteller schließlich als die letzte mögliche Ausdrucksform erscheint, um der Bedrohung der Persönlichkeit zu widerstehen und dem Zerfall der Wirklichkeit beizukommen. Es ist auf jeden Fall eine zwittrige Form, die intim beginnt und oft literarisch endet. Intimität ist dabei nicht ganz zu entfernen, mag sie auch nur noch in den Zwischentönen mitschwingen. Daraus ergibt sich – wenigstens im Deutschen – ein Stilkonflikt, wenn nicht gar ein moralischer Widerspruch.

Die Franzosen sind in diesem Punkt besser daran, weil es ihnen gegeben ist, stets auf der gleichen Sprachebene zu bleiben, ob sie sich nun rein kommunikativ oder gestaltend verhalten. Der Abgrund zwischen gesellig-sozialer und dichterischer Sprache, den unsere »Tagebuchdichter« überwinden müssen, klafft bei ihnen nicht. Benjamin Constant und Stendhal schrieben ihre Journale ausdrücklich für sich und machten sie durch Abkürzungen und Chiffren undeutlich. Trotzdem lesen sich diese Bekenntnisse wie natürliche Ergänzungen zu ihren Werken. Von dem, was der Genfer Philosoph Amiel geschrieben hat, ist nichts mehr lebendig außer seinem Tagebuch, das fast 17 000 Manuskriptseiten umfaßt. Seine Eintragungen sind zunächst von schonungsloser Offenheit, gänzlich unverhüllt, doch gehen sie im Laufe der Jahre in eine Form über, die auf Veröffentlichung gerichtet ist. Diese langsame Verwandlung ist von unerschöpflichem Interesse, da sie zeigt, daß auch im Französischen die Sprachform eine andere wird, wenn die einst intime Äußerung vor die Welt tritt. Maine de Biran hingegen hatte nie die Absicht, mit seinem »Journal intime« die Öffentlichkeit zu befassen. Er notierte, um weiterleben zu können. Der große und immer noch zu wenig bekannte Verfasser der »Grundlagen der Psychologie« (1812) führte sein Tagebuch ohne den geringsten literarischen Nebengedanken. Er setzte sich rastlos und in ungefälliger Schreibweise mit sich selbst auseinander, und nichts spricht für die Absichtslosigkeit seiner Aufzeichnungen deutlicher als sein Schlußwort: Wehe dem, der allein ist.

Der größte Tagebuchschreiber unserer Zeit war *André Gide*, dem es immer wieder gelang, eine Art von Unbefangenheit zu erreichen und sie manchmal sogar in den Zustand der Unschuld zu erheben. Der dritte Band, der jetzt, von Maria Schaefer-Rümelin mit gewohnter Meisterschaft übersetzt, auf deutsch vorliegt, vertreibt durch den Schwung des Schreibens und durch die Fülle des Stoffes zunächst die Frage, ob es sich um ein Lebensdokument (wie eindeutig bei Maine de Biran) oder um ein gewolltes Kunstwerk handelt, aber schließlich kehrt die Frage doch wieder. Immerhin, die französische Literatur hat einen glückhaften Zug, was man von der deutschen nicht sagen kann. Goethes Journale liegen zwar harmonisch wie äußere Ringe um den leuchtenden Kern seines Wesens, aber die eigentliche Rechenschaft legt er in autobiographischen Schriften ab, die den künstlerischen Prozeß durchlaufen haben. Lichtenbergs Noten sind völlig »natürlich«, ohne jedoch ein intimes Lebensbild abzugeben. Die berühmtesten deutschen Tagebücher, die von Friedrich Hebbel, ermangeln der Unbefangenheit in einem peinlichen Grade. Es sind zwiespältige Zeugnisse eines mächtigen, aber allzu bestrebten Geistes, der glücklos um ein freies Verhältnis zur Wirklichkeit kämpft. Bei Gide ist alles von einer Natürlichkeit, die höchstens durch bestimmte Absichten eingeschränkt wird. Zwar ist er schonungslos gegen sich selbst, aber bisweilen auch verführerisch bis zur Schlauheit. Zwar ist sein Wohlwollen gegenüber Schöpfung und Geschöpfen echt und stammt aus tiefsten Quellen, aber er weiß sich das Widrige vom Halse zu halten und den Gegner listig zu beschämen. Ja, man kann getrost sagen, daß dies ständige Schwanken zwischen strengstem Gewissen und feinster Lebenskunst den unvergleichlichen Zauber seiner Tagebücher ausmacht.

Wir haben hier einen großen Schriftsteller vor uns, der eine stattliche Anzahl von Romanen, Abhandlungen und Theaterstücken geschrieben hat und doch immer wieder zur Aufzeichnung, zum Tagebuch, ja zum Briefwechsel zurückkehrt. Wir haben bei Goethe den Fall, daß er – so aus Italien – Briefe schreibt, die für die Veröffentlichung gedacht sind, aber es handelt sich dabei fast immer um Beschreibungen, um reines Anschauungsmaterial. Gide jedoch führt Korrespondenzen mit Claudel und Jammes, die mit echten Mitteilungen beginnen und aus der Lust am freundschaftlichen Gedankenaustausch entstehen und schließlich zu öffentlichen Angelegenheiten werden.

Wo ist der Unterschied, wo ist die hauchfeine Grenze, die dabei überschritten werden muß? Man gewahrt sie nicht, und doch hat sich plötzlich die bloße Mitteilung in ein Stück Literatur verwandelt! (Ich lasse dabei den in der modernen Zivilisation einzigartigen Fall beiseite, daß zwei Schriftsteller die briefliche Geschichte ihres Bruches bei Lebzeiten veröffentlichen, eines Bruches, der dadurch unwiderruflich wird, daß einer von beiden sich als entschlossen homosexuell bekennt.) Sind die Tagebücher, die in Gides Gesamtwerk eine fast zentrale Bedeutung haben, spontan als Gedächtnisstütze, als innere Auseinandersetzung, als Gewissensforschung begonnen worden, oder waren sie von vornherein als literarisches Werk geplant, dessen Aufrichtigkeit nicht mit dem moralischen sondern dem künstlerischen Maßstab gemessen wird? Die Frage ist für uns von so großer Wichtigkeit, weil sie das Problem der Diskretion in voller Breite anschneidet.

In dem dritten Band, von dem hier die Rede ist, setzt Gide die spätere Veröffentlichung als selbstverständlich voraus, obwohl sie »eine ziemlich falsche Vorstellung« von ihm geben wird, weil er überwiegend in Zeiten der Depression Tagebuch führt. »Diesem Heft meine Gedanken anvertrauen, von Tag zu Tag«, schreibt er und fährt fort: »Eine gewisse Extravaganz, die ihnen manchmal anhaften mag, ist hier leichter zu entschuldigen, als sie es in einem Buch wäre.« Er empfindet also durchaus, daß die tägliche Eintragung auf einer anderen geistigen Stufe erfolgt als die Arbeit an einem Manuskript. Ja, oft scheint er einen Anlauf nehmen zu wollen, der in der bloßen Notierung erstarrt. Besonders die Objektivierung in Romanform ist ihm, der nicht wenige Romane geschrieben hat, ein fast verhaßter Zwang, vor dem er immer wieder ins Tagebuch flieht. So spricht er von seinem Wunsch, »Kunstwerke zu schreiben, nicht gerade unpersönliche, aber doch wie von mir frei gewordene, die, wenn sie überhaupt auf den Leser wirkten, ihm nur helfen könnten, klar zu sehen und sich selber zu erkennen, ihn zwingen, zu denken und, sei es gegen mich, mich zu verlassen«.

Wenn Gides Kunst also tatsächlich in der Romanform gipfelt, woran der eine oder andere freilich zweifeln mag, so erscheinen diese umfangreichen und niemals matten oder leeren Tagebücher als ein endloser Versuch, sich dem eigentlichen Geschäft zu entziehen oder doch jedenfalls das Zögern und den Umweg zu verlängern. Ein gewissenhafter und genauer Künstler, dessen Selbstzweifel durchaus ernsthaft sind, peitscht sich selber immer wieder an die Folterbank des Gestaltens heran. Er fragt sich: »Kommt die ungewöhnliche Schwierigkeit, die es mir heute macht, mich auszudrücken, nicht auch daher, daß mich keine Romangestalt mehr bewohnt und ich im eigenen Namen zu sprechen versuche?«

Was einmal in der Jugend zwanglos und ohne Blick auf die spätere Verwendung begonnen wurde, wird dem älter werdenden Dichter zur Plage, weil ihm immer mehr klar wird, daß das Tagebuch als Kunstform ein Zwitter ist, der den zur Gestaltung und Schöpfung eigener Figuren und Handlungen berufenen Künstler weder als literarische Leistung noch als persönliches Ventil zu befriedigen vermag. »Die Aussicht auf eine, wenn auch nur teilweise Veröffentlichung meines Tagebuches als Anhang meiner gesammelten Werke hat seinen Sinn entstellt.« Die Sehnsucht ergreift ihn, beim Schreiben »nur das Unentbehrliche stehenzulassen«, aber er weiß, daß damit kein Roman zustande kommt und daß andererseits das Tagebuch eine gewisse Vollständigkeit verlangt, die vom Gang des Lebens und nicht von künstlerischen Gesetzen bestimmt ist.

Dies Schwanken einer großen, aber eben zum Schwanken geborenen Natur prägt allerdings den dritten Band, von dem hier gesprochen wird, weniger als die früheren, weil Gide in ihm die Hoffnung auf ein einschränkungsloses Bekenntnis begraben und statt dessen ein Meisterwerk der Selbstdarstellung geliefert hat. Das größte Thema der Weltliteratur, das Ich, wird hier mit einer Kunst und einem Reichtum an Argumenten und Zügen dargestellt, der in der Welt nicht oft vorkommt. Der Konflikt, den Goethe genial mit dem Untertitel »Dichtung und Wahrheit« überbrückte, bleibt zwar offen, vermag aber die Ergriffenheit des Lesers nur zu vermehren. Ob Gide aufrichtig ist oder nicht, ist hier unwichtig, denn der Gide, den er in diesem Bande darstellt, ist aufrichtig. Indem er sich selbst zum Helden eines Buches macht, verschafft er sich die Möglichkeit, uns diesen »Helden« als kämpfenden und wahrheitsliebenden Menschen, »an dem kein Falsch ist«, vor Augen zu führen. So triumphiert die hohe Kunst der literarischen Darstellung über die natürliche Neugier des Lesers, die der Feind jeder Diskretion ist und nur durch die Autonomie des Werkes zum Schweigen gebracht werden kann.

Rousseau, der die anstößigen Wonnen der Selbstentblößung in die Literatur eingeführt hat, glaubte sich in den Schlichen der Aufrichtigkeit auszukennen und setzte »Montaigne an die Spitze jener falschen Aufrichtigen, die dadurch täuschen wollen, daß sie die Wahrheit sagen«, aber eben nicht die ganze Wahrheit. Auch Gide hat diese Kunst geübt, doch Rousseaus Tadel kann ebensowenig ihn wie Montaigne treffen. Die ungeheure Zerrüttung des menschlichen Zusammenlebens, die von Rousseau ausgegangen ist, darf bis zu einem gewissen Grade durch die Schonungslosigkeit erklärt werden, mit der er alle Verabredungen, die das Menschengeschlecht zur Organisierung seines Lebens getroffen hat, blind und sogar mit einer gewissen Selbstgefälligkeit niedertritt. Gide in der Gesellschaft Montaignes zu sehen, ist für uns eine reine Freude, denn das Gesetz, dem beide dienen, ist das Gesetz des Lebens selbst.

Was den eigentlichen Inhalt des dritten Bandes der Tagebücher ausmacht, ist nicht der Gegenstand dieser Betrachtung, die sich vorsätzlich auf die künstlerischen Gesetze der Selbstdarstellung beschränkt. Daß dieser Inhalt unerschöpflich ist und buchstäblich ein jahrelanges Lesen der Tagebücher ermöglicht, wurde schon angedeutet. Man kann als Lesender vom Besserwissen, vom harten Urteilen und von der Selbstgerechtigkeit nur ein bestimmtes Maß vertragen. Gide ist gänzlich frei von diesen Fehlern, ohne daß seine Autorität darunter litte. Aber von den Regungen einer Seele, die zu hassen und zu verdammen unfähig ist, können wir gar nicht genug bekommen.

André Gide, Tagebuch 1889–1939
Zeit 31. 3. 1955

Über den Abgrund hinweg

Unter dem Titel *Lyrik des expressionistischen Jahrzehnts* wurde versucht, die Dichtung des Expressionismus zu sammeln und sie als »große lyrische Bewegung in ihrem ganzen Umfang auf dem Hintergrund ihrer Zeit zur Darstellung« zu bringen. Dies Unternehmen, das – um von vorneherein klar zu sein – erst durch *Gottfried Benns* Einleitung seine Geschlossenheit erhält, hatte mit der Schwierigkeit des zeitlichen Rahmens zu kämpfen, so daß schließlich die Begrenzung auf ein Jahrzehnt als Ausweg gewählt wurde. Das was die Amerikaner ihre *roaring twenties* nennen, hat es auch bei uns gegeben, aber es begann viel früher. Ja, daß es schon vor dem Ersten Weltkrieg einsetzte und ihn gleichsam überbrückte, verringert unsere Neigung, den Krieg von damals als den endgültigen Einschnitt, der zugleich Ende und Anfang war, zu betrachten. Die große Formrevolution hat nicht auf die politischen Katastrophen gewartet, sondern sich schon zu Beginn des Jahrhunderts fühlbar gemacht. Die vorliegende Sammlung belehrt uns darüber, wie heikel es ist, künstlerische und geistige Entwicklungen an bestimmte geschichtliche Epochen binden zu wollen.

Nicht wenige der Dichter des dargestellten Jahrzehnts sind vergessen, andere wieder haben mit ihrem Werk die ganze Katastrophenbreite bis auf den heutigen Tag überlebt, sie sind eigentlich erst spät als klassische Größen erkannt worden, so Gottfried Benn, Georg Heym und Georg Trakl. Aber sind diese drei unverwechselbaren Figuren jemals, nach ihrer lyrischen Substanz zu urteilen, wirkliche Vertreter des Expressionismus gewesen? Damit ist die Frage gestellt, was man eigentlich unter Expressionismus zu verstehen habe. Wenn Gottfried Benn in seiner schönen und von der Melancholie des Überlebenden beschatteten Einleitung für diese Phalanx von Dichtern – von Däubler und Johannes R. Becher über August Stramm bis zu Hugo Ball – jene Einsamkeit des Gestaltenden in Anspruch nimmt, der sich, seine Existenz und seine Zeit in die »Sphären der Form« erhebt, so gilt das nur für ihn und einige wenige Gefährten, die halb vergessen sind. Die meisten Figuren dieses Jahrzehnts waren bewußte Zertrümmerer der Form, denen die Soziologie ihre dichterische Unbefangenheit geraubt hatte. Sie waren Zerstörer der Persönlichkeit und Anarchisten, wenn sie nicht gar zu Plakatmachern wurden und in den Dienst einer kunstfeindlichen Doktrin traten. Es ist in der Tat hoffnungslos, wenn auch lehrreich, Dichter so verschiedener stilistischer Intentionen zu einer Art von Schule zusammenschließen zu wollen. Die Masse ihrer Talente diente vor allem dazu, den großen Vorsprung einzuholen, den die Dichter des übrigen Europa gewonnen hatten. Rimbaud erfüllte mit seinem übermächtigen Einfluß die Luft, die jeder Poet vor 1914 atmete. Georg Heym verarbeitete, vermutlich ohne es zu wissen, die großen französischen Experimente, Franz Werfel wuchs am Beispiel Walt Whitmans, andere wieder, wie Ernst Blaß, Hasenclever und Lichtenstein, füllten den sauber gefügten Strophenraum ihrer Vorbilder mit den tragikomischen und gewollt banalen Fetzen der zerfallenden Wirklichkeit, – und das Ergebnis war eine wunderschöne Melodie. Das Jahrzehnt, von dem Benn mit so viel würdigem Ernst spricht, war eine Spanne des Übergangs, deren Eigenexistenz mit dem kritischen Auge von heute nicht mehr leicht zu erfassen ist. Es war ein Stück Zeit, von dem man wissen muß, woher es kam und wohin es ging. Es diente der Aneignung des Fremden und der Ablehnung, wenn nicht gar Auflösung des Bestehenden. Dahinter zeichnete sich in unbestimmten Umrissen eine neue Form ab, aber sie war ebensosehr von den mannigfaltigen Regungen uralten Menschenleids wie von der »neuen Wirklichkeit« geprägt. Es ist wichtig, sich an diese dichterische Epoche zu erinnern und ihres Beitrages zur Gegenwart zu gedenken. »Du stehst für Reiche, nicht zu deuten, und in denen es keine Siege gibt«, ruft Benn jedem einzelnen dieser Dichter zu. Fast jeder von ihnen war ein Ahnherr, so schnell geht die Zeit.

Gottfried Benn (Einl.), Lyrik des expressionistischen Jahrzehnts Wiesbaden 1955. Gegenwart 10. 9. 1955

Die Zauberformel

Ist Peter Hagmann, der eine Höhle auf der Schwäbischen Alb erforschen soll, der Held oder die Hauptfigur dieses neuen Romans *Das Schiff im Berg* von *Gerd Gaiser*? Gewiß nicht, wenn auch die Notizen, die er sich während seiner Arbeit macht, das Gerippe für den Gang der Handlung abgeben. Der Berg gehört einer kleinen Gemeinde, die sich von der Erschließung des Höhlensystems etwas verspricht. Herr Hagmann besorgt den vorgeschichtlichen Teil der Arbeit, seine Kollegin, Frau Löhr, »macht die Naturwissenschaft«. Der Berg spielt in den Vorstellungen der Leute seit je eine große Rolle. Einst war er der Sitz mythischer Gewalten und unfaßlicher Elementargeister, heute eröffnet die Freilegung seiner Höhlen Aussichten auf Fremdenverkehr. »Immer war die Gemeinde arm gewesen, und warum sollte nun nicht endlich das Schiff aus dem Berg kommen?« Daß ein Schiff in einem Berg eingeschlossen sein soll, deutet auf den Wunsch der Menschen, dem naturwidrigen Geheimnis einen Namen zu verleihen. Es gibt Mächte, die niemand je gesehen hat und die täglich fühlbar sind. »Das Schiff sollte die Fülle sein, und wenn sie erschien, mußte sie rätselhaft kommen.« Wenn Menschenleid und Not für immer von der Erde getilgt sind, werden die armen Leute sehen, wie das Schiff mit gesetzten Segeln das ihm ungemäße Element durchleuchtet und den durch Zauber erschlossenen Augen sichtbar wird.

Der Höhlenforscher zeichnet seine Stichworte auf, seine Geschichte beginnt vor 180 Millionen Jahren, sie beginnt mit den »magischen Elementen«, dem Wasser, dem Gestein, dem ersten Wuchs und Leben. Immer ist der Berg die Hauptperson der Geschichte; die Höhlenmenschen, die Hallstattleute, die Kelten und Germanen und das langsam sich organisierende Leben der geschichtlichen Epochen bis auf den heutigen Tag, das alles dient nur dazu, der Hauptperson eine vollständige Existenz zu verschaffen. Soll da noch umständlich zwischen Mensch und Natur unterschieden werden? Gewiß, denn »alles, was der Rede wert ist, geht gegen die Natur«. Die Befreiung des Menschen ist der Anfang zu neuen Knechtschaften. Auf die Furcht vor den Dämonen folgt – in einigem Abstand – die technische Zerstörung der Kriege und die Unterwerfung unter die Attribute der Massenexistenz. Mit dem zähgeduldigen Aufbau der geologischen Schichten hat es begonnen, und es endet mit dem stillen, fast unausgesprochenen Kummer des schweigsam gewordenen Hagmann, der die Geschichte ganz ohne die Menschen anlegen wollte und bald einsah, daß es ohne die Menschen doch nicht ging: »Das Schiff ist übrigens nicht herausgekommen.«

Kein Versuch, die Umrisse dieser Geschichte festzuhalten, kann der Beschwörungskraft gerecht werden, mit der Gaiser schrittweise das historisch Faßbare aus dem Bereich der Elemente heraushebt. Der Mergelboden, die Risse im Gestein, der Regen, die Wolken, die Disteln und das Gesträuch, von dem der Nebel tropft, »lauter Wirklichkeiten«, aber sie alle von grausamer Selbständigkeit, sich nie mit der flutenden Gefühlswelt des Menschen vermischend und immer wieder die Unbestechlichkeit und Unzugänglichkeit der Natur verratend, – der Dichter, der dies schildert und mit Gesetzesmacht festlegt, ist kein Schwärmer, der im Grase liegt und mit den ziehenden Wolken eins werden möchte. Er ist ein strenger, ja harter Magier, dem eine unerhörte Sprachgewalt dienstbar ist, um die Elemente, die er herausgelockt und gebändigt hat, in ihre Schlupfwinkel zurückzuscheuchen. Hier hat uns einer, der mit fast hexenhafter Herrschaft über die Zauberformeln der Dichtung begabt ist, in die Tiefe des Berges geführt und gedroht, uns allein zu lassen, wenn wir es uns einfallen lassen sollten, ihn nach dem Spruch zu fragen, mit dem er den Weg ins Freie offenhält.

Gerd Gaiser hat mit diesem Buch das Äußerste geleistet, dessen die deutsche Sprache heute gegenüber der Natur fähig ist. Das Wort ist ihm mehr als ein Werkzeug, es formt kein nachschaffendes Bild, sondern wiederholt die Schöpfung, soweit der Mensch es erträgt, mit ihr noch einmal konfrontiert zu werden. Die genial geübte Kunst, sich nicht nur die Menschen, sondern auch die Natur vom Leibe zu halten, damit die Einsamkeit des schöpferischen Menschen nicht gestört werde, gibt dem Buch eine großartige Souveränität; sie hat nur einen Feind, nämlich die Neigung des Autors zur Skurrilität, zur Kauzigkeit, deren Überwindung wir, seine Bewunderer, wünschen.

Gerd Gaiser, Das Schiff im Berg. München 1955
Gegenwart 8. 10. 1955

Heinrich Heine

Dem Andenken *Heinrich Heines* ist anläßlich der hundertsten Wiederkehr seines Todestages (17. Februar 1856) neues Leben zugeführt worden. Das Problem, das sein schriftstellerisches Werk darstellt, ist freilich durch die Vielfalt des Gedenkens eher verwirrt als geklärt worden. Denn es kommt nicht darauf an, einen Bann zu heben, es gilt vielmehr zu prüfen, wieso ein dichterisches Phänomen, das einen beinahe unbegrenzten Einfluß auf ganze Epochen übte, sich bis zur halben Vergessenheit verflüchtigen konnte. Der Vorgang ist einzigartig und wird verfälscht, wenn man ihm durch politische und moralische Deutungen beizukommen versucht. Die Erklärung muß im Werke selbst gesucht werden. Eine Gesellschaft kann wohl ihre Irrtümer und Böswilligkeiten gegenüber einem Genie zu büßen versuchen, sie verfügt aber nicht über die Mittel, die zur geistesgeschichtlichen Klärung gehören. Der gute Wille mag Enttäuschung darüber empfinden, daß ihm die Wiedererweckung einer einst fast allmächtigen Poesie nicht gelingen will. Aber die Frage nach dem Ursprung dieser Macht und nach ihrem Schwinden zieht eine Fülle weiterer Fragen nach sich, unter denen die nach der Wandlung unseres Verhältnisses zum Gedicht sicher die fruchtbarste ist.

Was ein Gedicht sei und wie man es ins Leben einzuordnen habe, glaubte die Epoche, die von Heinrich Heine geprägt ist, besser als irgendeine andere zu wissen. Lange konnte diese Gewißheit nicht dauern, wenigstens nicht in Deutschland. Anderswo freilich, vor allem in Frankreich, erfüllt die Heinesche Dichtung nach wie vor die Vorstellung vom Poetischen, genau wie dort der Dichter selbst immer noch das faßlichste Bild eines »deutschen Poeten« abgibt. Mit Vereinfachungen dieser Art wird die im Deutschen bestehende Spaltung zwischen der Umgangssprache und der dichterischen Sprache vertuscht, die seit je unser Teil ist und unsere Haltung gegenüber dem lyrischen Gedicht erklärt, aber auch die Unüberführbarkeit unseres dichterischen Gutes auf eine fremde Sprachebene verständlich macht. Die soziale Brauchbarkeit der französischen Sprache ist auch da noch fühlbar, wo nach absolutem Ausdruck gestrebt wird. Der Sprachkörper ist eins geblieben, er hat sich den Bedürfnissen der Gesellschaft in seiner Ganzheit angepaßt und ist dadurch fähig geworden, jedem Denken zur Gestalt zu verhelfen, das aus dem Zusammenleben der Menschen entsteht und ihm dienstbar ist.

Wenn die Sprache zum Sittlichen strebt, muß sie sich von den Bindungen an das Elementare befreien. Ehe der Mensch nicht der Natur souverän gegenübersteht, kann er das Leben im Kreise seiner Mitmenschen nicht gültig organisieren. Die Sprache muß ganz Zivilisation werden, wenn sie zum Ausdruck der Gesetze und der nachbarlichen Verständigung tauglich sein will. Auf die Befreiung von den Dämonen folgt die freiwillige Bindung durch Konventionen, durch Verabredungen, ohne die kein gestaltetes und furchtloses Dasein zustande kommt. Was wir das Konventionelle nennen, hat seinen Ursprung in der Notwendigkeit der Absprachen. Das Wesen der Völker gewinnt an diesem Punkt seine Varietät. Für uns ist die »konventionelle« Funktion der Sprache gleichsam etwas Zweitklassiges, da sie das Ausdrucksmittel von der Natur ablöst. Für andere Kulturkreise ist hingegen ihr Verharren im Urzustand ein Makel oder doch wenigstens eine Roheit (roh im Sinne von unzubereitet), die der nach gesellschaftlichem Ausdruck strebende Mensch überwinden sollte. Kurzum, solange die beiden Sprachwelten, die elementare und die soziale, getrennt erscheinen, fließt das Dichterische aus einer anderen Quelle als das Sittliche. Das ist deutsches Geheimnis oder, wenn man will, deutsche Zweideutigkeit. Wo diese zwei Situationen zu einer verschmolzen sind, wo das dichterische und das soziale Sprechen zur Deckung gelangt sind, wie in Frankreich, da entsteht Behagen, da werden Maß und Konvention zu lebenssteigernden Werten. Heinrich Heines Wirkung besteht darin, daß er sich auf der sozialen Sprachebene bewegte, also Behagen auslöste, und doch die elementare Sprachwelt täuschend nachzuahmen verstand. So wurde er der ganzen organisierten Menschheit verständlich, ohne sie doch des Schauers zu berauben, den sie von der Poesie nun einmal haben will.

Diese Wirkung ist in der modernen Formgeschichte ein völlig einmaliger Vorgang; von ihr geht eine Verwirrung aus, die nie ganz zu ordnen sein wird. Heine demolierte die romantische Poesie, ohne daß die Welt dessen richtig gewahr wurde, und gleichzeitig fand er für seine sprachliche Genialität den Ausweg in den Journalismus, den er zwar nicht begründete, aber mit nie dagewesenem Charme betrieb. Die vollendete Sagbarkeit der Welt schien erreicht, aber unheimlicherweise verlor die Welt in dem Maße an Glanz, in dem sich der Glanz ihrer Sagbarkeit steigerte. Die Menschheit, der Heine die Zunge löste, hatte nicht viel zu sagen, aber es wurde ein Instrument der Mitteilung geschaffen, das auch vor dem Nichts nicht mehr zu zögern brauchte. Das Bergwerk, das Heine eröffnet hatte, wurde emsig geleert, obwohl es zunächst unerschöpflich zu sein schien. Heute sehen wir die riesigen Schlackenhalden vor uns, die bergehoch die Aussicht auf den echten sprachlichen Ausdruck verdecken. Obwohl diese Halden rastlos abgebaut und als Sprache verwendet werden, bleiben sie so hoch wie einst; sie wollen, so scheint es, bis ans Ende der Zeiten reichen.

Daß aus einer Wohltat schließlich eine Plage wurde – darf man daraus eine »Schuld« Heines konstruieren? Warum schlägt dieser Figur eine mit ihr verbundene stilgeschichtliche Erscheinung immer wieder zum Vorwurf aus, die sich am Ende gar zu moralischen Insinuationen verzerren möchte? Weil wir Deutschen uns durch ihn in unserem Glauben an ästhetische Kategorien genarrt fühlen, weil wir dank der beschriebenen Spaltung unserer Sprachwelt den »Poeten« höher stellen möchten als jeden anderen Schreibenden, weil uns jede Annäherung der Dichtung an die angewandte Sprache erniedrigend erscheint, weil wir unheilvoll und barbarisch zwischen dem »seherischen Dichter« nd dem »Zivilisationsliteraten« unterscheiden und dessen Wirken verächtlich als eine Funktion des organisierten Daseins betrachten, während jener uns die Fühlung mit dunkleren, dämonischeren Kräften sichert, von denen der »nur« moralisch orientierte Mensch sich wohlweislich gelöst hat.

Daß Heine die Kategorien verwirrt habe – wofern sie überhaupt je erhaltenswert waren –, ist ein Irrtum. Er ist immer auf der gleichen Ebene geblieben, er hat sich auf dem ihm gemäßen Ausdrucksfeld mit großer Kunst und oft mit nicht geringer Leidenschaft bewegt. Aber die ihm angeborene Sprache war die Sprache der Zivilisation, des Nachbarlichen, der Konventionen, ohne welche die Menschen nicht frei und anständig miteinander hausen können – nicht die Sprache der geheimnisvollen Urgründe, die vor der Sittlichkeit da waren und nach ihr da sein werden. Auch das Gefühl kennt diese Spaltung: Mitgefühl und Selbstgefühl sind etwas anderes als Urgefühle. Atemraubend und großartig nehmen sich noch heute die Anstrengungen aus, mit denen Heine den tiefen Spalt, der durch die deutsche Sprache geht, zu überbrücken versuchte. Daß er dabei zu dem Ausweg griff, die Überwindung des Risses immer wieder vorzutäuschen und den Urlaut, der nicht seine Sache war, zum Verwechseln gut nachzuahmen, gibt seiner Erscheinung eine tragische Undeutlichkeit. Er empfand das Tödliche dieses Spiels, und sein künstlerisches Wesen litt darunter. Der zerrissene Poet, den er so gerne spielte – er war es tatsächlich.

Das von der Antike bestimmte Menschenbild, das heute zwar umwölkt aber noch existent ist, enthält auch ein bestimmtes Verhältnis zur Sprache. Der Wille des Menschen formt und verwandelt die Sprache, löst sie vom Urgestein ab und macht sie zum Instrument der Gemeinschaft. Wo der »ante rem« entstandene Laut sich in die geschaffene Ordnung einfügt, da folgt er dem menschlichen Willen. Wir wissen nichts vom Ursprung der Sprache, aber wir ahnen, daß ihren gesellschaftlichen Funktionen andere vorangegangen sind, die darum nicht weniger menschlich zu sein brauchten. Ehe der Mensch sich mit seinesgleichen zu nützlichen Bindungen verabreden konnte, mußte er sich von der Angst befreien, die eine unerforschte Natur ihm einflößte. Die Elemente mit ihrer Donnerstimme und ihrer panischen Stille mußten ebenso gebannt werden wie die Dämonen und die Naturgeister. Der isolierte Mensch rief seine beschwörenden Worte in die Finsternis hinein, die voller unbekannter Gefahren war, er zwang mit der Kraft seiner Zauberformel die Dämonen in die Knie, er befreite sich durch das Wort von den Drohungen, die auf ihn eindrangen. Die Zauberformel, ist sie nicht die Urform des Gedichtes? Besteht ihre bannende Kraft nicht darin, daß sie rhythmisiert, assoziiert und gereimt ist? Der gleichförmige Tonfall, der Singsang, die hergeleierte Wortfolge, die ständige Wiederkehr des Refrains, das sind die Bestandteile jener Sprachgebilde, mit denen böse Geister verscheucht, kranke Glieder besprochen und Tiere in Menschen zurückverwandelt werden. Jedes Märchen kennt diesen plötzlichen Übergang ins Gedichthafte, wenn der Bezauberungsvorgang beschrieben wird. Es ist wahrhaftig kein Zufall, daß die ältesten Denkmäler unserer Lyrik zwei Zaubersprüche sind.

Von diesen behexenden und erlösenden Formeln bis zum Moralismus Pascals ist ein sehr weiter Weg. Aber ist der bis zu Goethe nicht noch weiter? Nein, denn auch in Goethes lyrischer Phantasie waltete noch, funkenhaft aufblitzend, ein wenig von dem ursprünglich magischen Zweck des Gedichts. Auch er, der befreiteste aller Geister, widerstand nicht immer der Lust, mit diesen dunklen Assoziationen zu spielen und sie von fern her anklingen zu lassen. Die märchenhafte Farbe, die in vielen seiner Gedichte sichtbar wird und wie die Verarbeitung altertümlicher Vorlagen anmutet, ist in Wirklichkeit Spur einer Rückbesinnung auf die alten Beschwörungsformeln. In den späten Fragmenten Hölderlins findet sich ein Stück, das in seinem Tonfall und in seiner zugespitzten Umkehrung aller Zustände einem gemurmelten Hexenspruch sehr nahe kommt:

> Der Fels ist zu Weide gut,
> Das Trockne zu Trank,
> Das Nasse aber zu Speise.

Will einer wohnen,
So sei es an Treppen
Und wo ein Häuslein hinabhängt,
Am Wasser halte dich auf.
Und was du liebst, ist,
Atem zu holen.
Hat ihn nämlich einer hinauf
Am Tage gebracht,
Er findet im Schlaf ihn wieder.
Denn wo die Augen zugedeckt
Und gebunden die Füße sind,
Da wirst du es finden ...

Aber erst die Lyrik der Romantiker macht das, was hier abgekürzt als die Zauberformel bezeichnet wird, zu einem wesentlichen Bestandteil ihrer Form. Niemand hat den Refrain, die Verschlingung und die Wiederholung so faszinierend gehandhabt wie Brentano. Der innige Zusammenhang dieser Dichtung mit den in »Des Knaben Wunderhorn« versammelten Volksliedern beruht nicht nur in den Personen der Dichter, sondern geht tief in die Verstechnik hinein. Ja, man kann sagen, daß der eigentümlich angstvolle Zustand, der in Brentanos Lyrik besonders deutlich fühlbar wird, sich in dieser vom Volkslied gespeisten Form selbst zu beschwören versucht. Die Bilder scheinen sich zu überstürzen und überhaupt keine Funktion mehr zu haben, sie scheinen für ihren eigenen Sinngehalt da zu sein und so in einen Schwebezustand zwischen Wort und Musik zu geraten. Aber was uns auf den ersten Blick spielerisch bis zum Exzeß vorkommt, ist, genau besehen, der nie glückende und darum auch nie endende Versuch, die eigene Not zu »besprechen« und sie in einen Zustand der Freiheit hinüberzuzaubern. In keinem Gedicht ist dies ergreifender zu spüren als in dem eigentümlichen Stück »Aus einem kranken Herzen«, das mit der ständigen Wiederholung und Abwandlung dreier Verse, die in jeder Variation einen anderen Schlußvers erhalten, dem menschlichen Denken

Forderung, »daß die Willkür des Dichters kein Gesetz über sich leide«, war schon etwas zu beginnen, aber gerade weil Heine mit einem Brentano nicht die mindeste Verwandtschaft hatte, blieb ihm nur der Weg, die magische Formel der Romantiker nachzuahmen und gleichzeitig ihre Herrschaft zu beenden. »Das tausendjährige Reich der Romantik hat ein Ende«, rief er aus, »und ich war ihr letzter abgedankter Fabelkönig.« Fabel oder nicht, der König der Romantiker ist er nie gewesen, aber er hat das Ende dieser geistigen Bewegung so deutlich sichtbar gemacht wie kein anderer. So konnte er glauben, daß er dieses Ende selbst herbeigeführt habe und daß er den »Atta Troll« als »Schwanengesang der untergehenden Periode« geschrieben habe. In Wirklichkeit konnte er sich keinen anderen dichterischen Tonfall denken als den seiner Vorgänger. Das eigentliche Geheimnis des lyrischen Gedichtes blieb ihm versagt, aber er war ahnungsvoll genug, zu wissen, daß ein Brentano in diesem Geheimnis ganz und gar gelebt hatte.

Heine verstand sehr wohl, auf Grund welches Mißverständnisses die Menschen, unter denen er lebte, ihn für den Prototyp des deutschen Dichters hielten. Die Franzosen erwarteten vom deutschen Lied etwas, was nicht in ihrer Macht stand. Sie ließen sich gerne durch die romantischen Attribute täuschen, mit denen Heine seine Gedichte ausstattete. Nicht minder bereitwillig erblickten sie in seiner Person den bleichen, weltschmerzlich leidenden Musensohn, den sie nicht nur ihrer Vorstellung vom Deutschen schuldig zu sein glaubten, sondern auch in der sentimentalischen Erbschaft Lord Byrons vorgefunden hatten. Heine tat alles, um sein Gastland in diesem Punkte nicht zu enttäuschen, und gab sich nicht ohne Grazie als »armen deutschen Poeten«, bis das Schicksal ihn wirklich zu dem beklagenswertesten Sterblichen machte, dessen Bild eindrucksvoll vor uns verharrt. Aber Heine blieb den französischen Mißverständnissen gegenüber mißtrauisch. Während die Übersetzer seiner Prosaarbeiten ins Französische ihm kaum je Sorgen bereiteten, gab es mit denen, die sich an seinen Gedichten versuchten, fast immer

Schwierigkeiten. Was ihn quälte, war eben die Unvergleichbarkeit der deutschen und der französischen Sprachvorstellungen. Saint-René Taillandier, dessen Heineübersetzungen trotz ihrer manchmal geradezu komischen Unzulänglichkeit heute noch herangezogen werden, hat eine Unterhaltung, die er mit Heine führte, folgendermaßen wiedergegeben: »Er fürchtete, eine allzu treue Übersetzung, selbst wenn sie seiner Meinung nach sehr poetisch sei, könne dem französischen Leser keine klare Vorstellung dessen geben, was er habe sagen wollen. ›Es gibt Dinge‹, erklärte er, ›die man unbedingt transponieren muß, statt sie zu übersetzen. Diese Strophen zum Beispiel‹, fügte er hinzu, ›sind von einer etwas ritterlichen, romantischen Art; ich schrieb sie im Tone Clemens Brentanos und gewisser Teile des Wunderhorns. Was wollte ich damit? Es schien mir reizvoll, die Empfindung, die zum Ausdruck kommen sollte, in eine anmutige, aber altmodische Form zu kleiden; ein bezaubernder und zugleich verblichener Duft sollte darüber schweben. Ob das richtig war oder falsch, ist eine andere Frage, aber ich wollte das. Und dieser Zauber der Romantik (im deutschen Sinne), dieses Frühlingshafte, ist bei Ihnen nicht so aus der Mode wie bei den Landsleuten Brentanos und Fouqués; es würde vielmehr frisch und neu wirken, und das war hier gar nicht meine Absicht.‹« Der Franzose fügt hinzu: »Es war ein Vergnügen, ihn zu hören, wenn er mit dem feinsten Gefühl für die Gesetze des Stils und die Spitzfindigkeiten der Sprache über ein Wort stritt, eine Redewendung vorschlug und Wortverbindungen erwog . . .«

Was Novalis die »Chiffrierung« durch das lyrische Gedicht nannte, war ein Vorgang, an dem Heine keinen Anteil hatte, obwohl er immer wieder versuchte, in diesen dunklen Fluß, auf dem die romantische Bildwelt dahintrieb, hineinzutauchen. Aber nicht nur Novalis, Brentano und die Ihren waren dieser Chiffre mächtig gewesen, sie lebte auch im Dichten mancher für Heine fast unsichtbaren Figuren fort. Mörike, 1804 geboren, rettete den unvergleichlichen lyrischen Ton der Deutschen über das Jahrhundert hinweg, ja er fügte diesem Ton ein neues Element hinzu, das selbst über die Reinheit des Eichendorffschen Verses hinausging, nämlich das unschuldige Leben im Schattenreich, den »seligen Trotz« gegen alles, was seine kleine, aber vollkommen geschlossene Zauberwelt bedrohen wollte, den »Waldvogelruf«, der in nie dagewesener und jeglicher Ironie unfähiger Freiheit gleichsam die Natur für das 19. Jahrhundert rettete. Diesem Phänomen, das äußere Enge mit innerer Unendlichkeit auf so ergreifende Art verband, konnte der Heinesche Stil nichts anhaben.

Aber dieser trotz aller Verwirrungen große Schriftsteller täuschte sich nicht, wenn er sich als den Liquidator der romantischen Poesie, der »progressiven Universalpoesie«, empfand. Was ihn zwang, jedes »im Tone Clemens Brentanos« geschriebene Gedicht durch eine bestimmte Form der Disharmonie, die manchmal Ironie, selten Humor und meistens Gefallsucht war, gleichsam zu dementieren, war die deutliche Empfindung, daß er mit seiner praktikablen und direkten Sprache in eine Welt eingedrungen sei, in der das »uneigentliche« Sagen, die magische Formel, beheimatet war. So war denn die Nachahmung des Volksliedes für ihn ein natürlicher Ausweg. Seine Bewunderung der von Brentano und Arnim veranstalteten Volksliedersammlung »Des Knaben Wunderhorn« kannte keine Grenzen. Sie mag mit leidvollem Heimweh gemischt gewesen sein, denn das Volkslied wies einen Schematismus des Tonfalls und der Bilder auf, dessen innere Berechtigung mit der Legitimität der fixierten Monotonie der Litanei und des Gebetes verglichen werden kann. Das Volkslied stammt aus einem Bereich, in dem die Abkürzungen, die Bilder und die ständige Wiederkehr der Vergleiche nicht erst durch die Chiffrierarbeit des individuellen Schöpfers zustande kommen, sondern die Erregung einer dem Elementarreich noch nahestehenden Kollektivseele widerspiegeln. Das Volkslied muß monoton und »schematisch« sein, weil seine Bilder ja Abkürzungen von Zuständen sind, an denen alle Wesen teilnehmen. Unser historischer Sinn macht vor diesem Tonfall halt, weil er ihn aus einem geschichtlich nicht zu fassenden

Menschheitsverhalten erklärt. Der Versuch, den »Stil« des Volksliedes zu wiederholen und ihn doch gleichzeitig auch in jedem Gedichte zu dementieren, macht das Wesen und die Wirkung der Heineschen Lieder aus, erklärt aber auch ihre beschränkte Lebensdauer.

So kommt es, daß die Requisiten des Volksliedes, die aus innerer Notwendigkeit beschränkt sind, einen unwahrhaftigen Schematismus annehmen, wenn sie im Herstellungsverfahren Heines auftauchen. Der Mondschein, das Feinsliebchen, die Rose und die Nachtigall sind in germanistischen Seminaren genau gezählt worden, was nicht als überflüssig bezeichnet werden kann, da nur die Anhäufung einen Eindruck davon gibt, wie eng und fest das Netz dieser Vokabeln war. Heine selbst hat Aufzählungen dieser Art geliefert:

Die Rose, die Lilie, die Taube, die Sonne,
Die liebt' ich einst alle in Liebeswonne.
Ich lieb' sie nicht mehr, ich liebe alleine
Die Kleine, die Feine, die Reine, die Eine:
Sie selber, aller Liebe Bronne,
Ist Rose und Lilie und Taube und Sonne.

In den »Neuen Gedichten«, die 1844 in zweiter Auflage erschienen, ist die Koppelung von Rose und Nachtigall, von Elfe und Mondenschein zu einer Manie gesteigert, die nicht so sehr durch schwindenden Einfallsreichtum als durch den Automatismus romantischer Tonfälle zu erklären ist. Auch hier kommt es schließlich zur bloßen Aufzählung.

Mit der Summierung sogenannter poetischer Motive geht eine radikale Ungeneigtheit, die sichtbare Natur anzuschauen und ihr impressionistische Reize abzugewinnen, Hand in Hand. Höchstens das Meer hat ihm einige Wendungen abgerungen, in denen eine gewisse Frische des Sehens bemerkbar wird. Aber auch die vielfarbigen Stimmungen des feuchten Elementes werden dem falschen Gefühlsbezug untergeordnet, die untergehende Sonne muß sich »noch einmal leuchtend vom Boden«

emporheben, damit ihr letzter Strahl einen bestimmten Gefühlsschauplatz treffen kann. Die scheinbare Armut an Bildern, die dem Volkslied eigen ist (weil es nicht Anschauung vermitteln, sondern eine Unruhe mit einer möglichst fixierten Wortfolge bannen will), mag den Dichter in seinem konventionellen Verhältnis zur Natur bekräftigt haben. Die Landschaft existiert für ihn kaum, sie wird unter der Last der Blauveiglein, des Mondscheins und der Vögelein nicht sichtbar. Doch werden diese Attribute gern durch maßvoll schmückende Beiworte aufgebessert, während das romantische Volkslied eine Art von Feindschaft gegen die Spezialisierung der Hauptworte durch Adjektiva zu hegen scheint. Doch sind Heines Adjektiva selten überraschend, geschweige denn, daß sie dem Substantiv widersprächen und dadurch eine Typisierung anstrebten. Die Veilchen sind blau, der Frühling ist hold, der Mond ist bleich oder golden, die Nixe ist schön, der Dichter ist traurig, kurzum, die Worte werden verbreitert, aber nicht vertieft. Die Formel wird zum Klischee, das sich unendlich abwandeln oder gar wiederholen läßt.

So ist es denn zu erklären, daß Heines Gedichte eine Art von Austauschbarkeit besitzen; besonders die »Neuen Gedichte« pflegen den erfolgreichen Ton aus dem »Buch der Lieder« mit oft nur geringfügigen Varianten. Gerade diesem Umstand ist die Vorliebe der großen Liederkomponisten für Heinesche Texte zuzuschreiben, und es ist wohl kaum noch daran zu zweifeln, daß die besonders beliebten Gedichte ihre Berühmtheit vor allem der Musik zu verdanken haben. Je schwächer die Tragfähigkeit eines lyrischen Stückes, um so mehr fordert es den Komponisten heraus. Rellstab und Wilhelm Müller haben eine indirekte Bedeutung dadurch erlangt, daß die Blässe und geringe Eigenständigkeit ihrer Strophen es der Musik erst recht eigentlich erlaubt haben, sich voll zu entfalten; keine Gestaltung im Wort stand ihr entgegen und leistete gegen die von ihr ausgehende Auflösung Widerstand. Rellstabs »Aufenthalt« hat Schubert den Vorwand zu einer herzzerreißenden Musik geliefert, genau wie

Schumann gerade den schwächsten und konventionellsten Texten Heines seine bezauberndste Musik mitgab. Eichendorffs Gedichte haben freilich ein eigenes Leben und stehen auch ohne die Erinnerung an die Musik, der sie so häufig dienen, im Lichte eines autochthonen Gefühls. Freilich ist die Skala dieses wunderbaren Schlesiers begrenzt, manche seiner Gedichte sind nur wie ein fast willkürlicher Griff in die Saiten. Aber selbst ein Stück wie »In der Fremde«, das die Eichendorffschen Bilder wie im Halbschlaf zu wiederholen scheint, gewinnt in der schönen Vertonung Schumanns nichts, ja die Musik löst die Schwermut von ihren Gegenständen ab, macht sie »allgemein« und nimmt ihnen die exakte Bezifferung durch das Wort.

Ist es nötig, noch die berühmte Heinesche Ironie zu enträtseln, mit der er – zum Entzücken des 19. Jahrhunderts – die Gefühlsseligkeit des Gedichtes mit einem Scherz oder einer Dissonanz in der letzten Strophe zurückzurufen strebt? »Fast jedes seiner schönen Lieder schließt mit solchem Selbstmorde«, sagt Eichendorff. Aber ist der Sprung, mit dem Heine sich solchermaßen dementiert, nicht ein Sprung auf das feste Land, auf die flache Ebene des Journalismus, die mehr Sicherheit gewährt als das poetische Halbdunkel »im Tone Clemens Brentanos«? Dürfen wir der Befriedigung glauben, die Heine bei diesen Sprüngen zu empfinden vorgab? War die gute Laune oder Heiterkeit, die den Rückzug aufs Flachland begleitete, wirklich echt? Heine war ein kritisches Genie von sehr tiefen, oft prophetischen Einsichten, und zwar nicht nur in bezug auf den Zustand der Welt, sondern auch gegenüber den großen Formproblemen. Er kannte die Erlösungskraft, die aus der reinen Gestaltung hevorgeht. Trotz seiner unglücklichen Spielereien mit den mythologischen Figuren und Symbolen wußte er, daß die vollendete Form zwar nicht Freiheit vom Schmerz gewährt, wohl aber seine Verwandlung bedeutet. Welche Qual mag bei solchem Wissen der Zwang zu den unaufhörlichen Witzeleien gewesen sein! Er selbst vermochte dieser furchtbaren Nötigung nicht zu widerstehen, aber wenn man sich davon überzeugt hat, daß dieser Dichter sich seiner lyrischen Mission ernsthaft bewußt war, so lernt man auch, an sein Leid zu glauben.

Dieser Künstler *war* unglücklich, sein gereiztes Selbstgefühl litt unter dem heimlichen Widerspruch zwischen seinem lyrischen Ehrgeiz und seinen sprachlichen Mitteln. Es war ein Widerspruch, der wie eine Wunde klaffte. Aber er zeigte auf diese Wunde, er stellte sie aus und lud zur Besichtigung ein. Man war von ihm entzückt, aber man glaubte ihm nicht. Unaufhörlich setzte er sich mit diesen Verstrickungen auseinander, und unmerklich, während er noch seine Poesie verteidigte, warb er schon für die Unanfechtbarkeit seines Charakters. Er selbst war es also, der jeden Streit über sein Werk in einen Streit um seine Person verwandelte. Noch heute will es kaum einem Kritiker gelingen, das literarische Phänomen Heine ohne polemischen Bezug auf das Persönliche zu untersuchen. Offenbar wird es nie möglich sein, das Ressentiment, von dem Heine bis in die letzten Fasern seines Wesens durchdrungen war, aus der Diskussion zu entfernen. Jedes Gespräch über Heine hat auch heute noch die Beimischung persönlicher Gereiztheit.

Was Eichendorff als »Selbstmord« bezeichnete, den Heines Gedichte verübten, offenbart sich uns als ein Reflex, der mit dem Rückzug auf festen Boden verbunden ist. Vieles, was Heine als »Gedicht« veröffentlichte, war nichts weiter als versifizierter Spaß, also eine Art von vorweggenommenem Kabarettismus:

> . . . Da wohnet meine Kitty,
> mein allerliebstes Weibchen;
> Es gibt kein weißeres Leibchen
> Im Westend und in der City . . .

Nur so ist es zu erklären, daß gewisse zeitgenössische Verehrer sich erdreisteten, den Dichter als »unseren Humoristen« zu bezeichnen, ohne daß dieser widersprach, oder ihn den »ungezogenen Liebling der Grazien« zu nennen. Aber glaubt man heute nicht mitunter zu fühlen, daß er sich selbst parodiert, um dadurch den fressenden Zweifel an der inneren Wahrheit seiner Lyrik zu betäuben:

Ich wollte, meine Lieder,
Das wären Blümelein:
Ich schickte sie zu riechen
Der Herzallerliebsten mein.

Ich wollte, meine Lieder,
Das wären Küsse fein:
Ich schickt' sie heimlich alle
Nach Liebchens Wängelein.

Ich wollte, meine Lieder,
Das wären Erbsen klein:
Ich kocht' eine Erbsensuppe,
Die sollte köstlich sein.

Dies Beispiel ist besonders kraß, weil der Kontrast eben nicht kraß ist. Die ersten beiden Strophen sind ungewöhnlich blaß und beiläufig, zumal da sie sich mit einem einzigen Reim begnügen. Aber auch die detonierende Schlußstrophe ist matter als gewöhnlich, so daß das fade Scherzchen nur dazu da ist, um anzuzeigen, daß der Dichter das Gehege des romantischen Klischees verlassen und sich auf die alltägliche Ebene der sprachlichen Mitteilung begeben hat. Die Überwachheit, mit der Heine sein Zeitgefühl pflegt und den geschichtlichen Ablauf aller Dinge wahrnimmt, kommt in solchen gewollten Dissonanzen zum Ausdruck. Das grelle Bewußtsein eines epochalen Zeiteinschnittes trieb ihn dazu, die Rolle des »Henkers der Romantik« bis in seine belanglosesten Reimereien hinein zu spielen. Wo er von diesem Zwang, sich im Zuge dahinwandernder literarischer Epochen zu sehen, loszukommen verstand, da gelangen ihm erstaunliche Dichtungen von inschriftartiger Gewalt. Es waren fast immer »Zeitgedichte« in dem Sinne, wie George diese Bezeichnung für den ersten Teil des »Siebenten Ringes« in Anspruch genommen hat. Dabei ist ihm auch die Verschmelzung widerstrebender Motive gelungen, ohne daß der Liebling der Grazien, der hier freilich ein echter Dichter wurde, allzu »ungezogen« war. »Die Wanderratten«, das »Weberlied«, der »Tannhäuser« und »Das neue israelitische Hospital zu Hamburg« sind völlig originale Dichtungen und in eine nahtlose Form gegossen. Wo Heine sich gar durch eine Begebenheit freiwillig beschränkte, also sich der Form der Ballade oder Moritat unterwarf, wie im »Schelm von Bergen«, dem »Dichter Firdusi«, der »Wallfahrt nach Kevelaer« und den »Grenadieren« (um das früheste Stück zuletzt zu nennen), hat sein Genie immergrüne Zweige getrieben.

Das umfangreiche Prosawerk, aus dem sich frei gestaltete Stücke wie der »Rabbi von Bacharach« und das »Buch Le Grand« deutlich abheben, ist von dem Formproblem, das Heines Erscheinung aufwirft, nicht zu trennen. Aber obwohl es als schriftstellerische Leistung viel einheitlicher und daher auch leidloser ist als die Gedichte, hat es doch an der heute fast unwahrscheinlichen Breitenwirkung Heines auf sein Jahrhundert nur einen mittelbaren Anteil. Heine hat nicht durch Ideen gewirkt – man könnte sagen: leider nicht –, sondern durch Tonfälle oder, genauer gesagt, durch die Niederlegung der Schranken zwischen »Poesie und Alltag«. Seine Dichtung hat dem Spießertum den Irrwahn eingeflößt, daß die unverbindliche und ungehemmte Schwelgerei im eigenen Gefühl schon halb Poesie sei. Der von Heine erfundene Ton sorgt für ein gutes Gewissen, denn niemand konnte sich ernstlich für einen Unmenschen halten, den beim Summen von »Du bist wie eine Blume« die Rührung anwandelte. Damit ließ sich in der zweiten Hälfte des 19. Jahrhunderts die Feindschaft gegen den liberalen Juden Heine wohl vereinigen. Der deutschnationale Sprachschatz, der heute noch nicht ausgestorben ist, stammt aus dem Kampf des deutschen Bürgers gegen Heine, den Preußenfresser, den rheinischen Juden, den Pariser Libertiner, den Europäer. Der »vaterlandslose Geselle«, der »das eigene Nest beschmutzt«, der die »Reinheit des Weibes« mißachtet, der »Dirnenpoesie« schreibt und den unschuldigen deutschen Michel mit welscher Tücke verhöhnt, diese platt polemische Antithese zwischen germanischer Treuherzigkeit einerseits und kosmopolitischer Charakterlosigkeit andererseits ist von den gleichen Schichten erfunden worden, die sich in seligem Zitieren Heinescher Liebeslieder und Kalauer über den Alltag erhoben fühlten.

»Man schämt sich«, sagt Karl Kraus in seiner epochemachenden Untersuchung über »Heine und die Folgen«, »daß zwischen Herz und Schmerz je ein so glatter Verkehr bestand, den man Lyrik nannte«, eine Verskunst, »in der die kleinen Lieder nicht der naturnotwendige Ausdruck, sondern das Ornament der großen Schmerzen sind.« In der Tat, der unmittelbare Zugang zur Poesie war einem Geschlecht willkommen, das jenes echte Verhältnis zum Sprachkunstwerk eingebüßt hatte und sich nun über die Leichtigkeit freute, mit der die Heine-Zitate sich in jeder Lebenslage einstellten. Für unsere Sprache, sagt Gundolf, »ist Heine der verhängnisvolle Erleichterer, Vermischer und Verschieber geworden«. Erleichtert wurde nicht nur der Weg vom Stammtisch zur blauen Blume, sondern auch das Dichten der schwärmenden Knaben und Verliebten, die auf der Suche nach Bildern und Reimen den Weg des scheinbar geringsten Widerstandes wählten. Niemals vorher noch nachher ist ein Stil so hemmungslos nachgeahmt worden wie der des »Buches der Lieder« und der Versepen.

Die Wirkung wuchs nach Heines Tod und fand gegen Ende des Jahrhunderts ihren Höhepunkt. Deutschland schnarchte nicht mehr, wie Heine es einst gesehen hatte, es strebte mit kräftigen Schritten zur Macht. Die Sphären von Geist und Tat waren säuberlich getrennt, und die rechte Hand brauchte nicht zu wissen, was die linke tat. Die sogenannten gebildeten Stände hatten die scharfe Trennung zwischen der Praxis und dem »Höheren im Leben« bereits vorgenommen und genossen in vollen Zügen die Unverbindlichkeit des Poetischen, für das sie alle ein offenes Herz hatten. Wo heute die kostbaren Kunstbücher umherliegen, etwa ein Band über frühindische Plastik oder über Picasso, da schmückten die illustrierten Prachtausgaben von Heines Werken die Salontische. Natürlich war es nicht der Streiter für Freiheit und Toleranz, der hier posthum triumphierte, sondern der Poet »mit der lachenden Träne im Wappen«, der die Welt poetisierte und dem deutschen Idealismus aus der Klemme half. Denn dieser Idealismus war längst mit der Gesinnung der unaufhaltsamen industriellen Prosperität in Widerspruch geraten und hätte mit ihr einen offenen Krieg beginnen müssen, wenn Heine nicht den Ausweg geboten hätte. Das poetische Werk des Dichters breitete sich wie ein Zaubermantel über diesen Konflikt und bot dem in den Hochkapitalismus segelnden Jahrhundert eine einzigartige Möglichkeit, sich eine höchst fatale Form des Idealismus, der zu nichts verpflichtete, zu bewahren. Die Arbeiterbewegung nahm den Dichter des »Weberliedes« ebenso für sich in Anspruch, wie sich das Bürgertum der Schumannschen Liedertexte mit einer Träne im Auge bediente, und beide Schichten fanden sich beim langgezogenen Absingen der »Lorelei« zusammen.

Der mächtige Antrieb, den Heinrich Heine dem Journalismus gab, steht auf einem anderen Blatte. Immerhin ist es bezeichnend, daß die kritische Nachwelt nicht davon lassen kann, nicht das Werk, sondern den Mann für diese Entwicklung verantwortlich zu machen. Selbst ein so hoher Polemiker wie Karl Kraus, der wahrlich zwischen Heine und seiner Kundschaft zu unterscheiden vermag, bedient sich eines Tones, der die Person des Dichters anzuklagen scheint. Daß mit dem Ereignis, das seine Prosa darstellte, das Tor zu einer schlimmen Entwicklung aufgestoßen wurde, ist ebenso unbestreitbar wie das persönliche Vergnügen, das Heine an dem Mißbrauch seiner journalistischen Genialität fand. Sein Kampf gegen Platen war kaum abscheulicher als seine Schrift gegen Börne, die ein Kenner wie Ludwig Marcuse »eine großartige Schilderung der Zeit und ein schandbares Stück Revolverjournalismus« nennt. Freilich, wohin kämen wir, wenn wir auch nur einen Augenblick vergäßen, daß die Schwärmerei für und mit Heine, die zu Beginn unseres Jahrhunderts abklang, sich so vorzüglich mit dem Banausentum und dem Antisemitismus vertrug. Es waren dieselben Gruppen, die den Dichter als Juden oder Vaterlandsverräter beschimpften und doch beim Erklingen von »Ich grolle nicht« aufgelöst das Taschentuch hervorzogen. So wurde diese Poesie am Ende zum Beweis dafür, daß Brutalität und Sentimentalität sich nicht nur nicht ausschließen, sondern eng zusammengehören. Der Mißbrauch Heines verschaffte dem mächtig werdenden Deutschland die Möglichkeit, rauhe Wirklichkeit und holde Poesie klar zu trennen. Die Poesie wurde im Hausgebrauch zur Lüge, und die Wirklichkeit gewann jene grausige Unbefangenheit, die ihr die »Pflege der geistigen Güter« erlaubte und sie gleichzeitig zu den furchtbarsten Anschlägen auf das Menschentum befähigte, ohne daß das goldene Gemüt sich störend meldete.

Das Jahr 1956 ist reich an Versuchen gewesen, Irrtümer, die an Heine begangen wurden, richtigzustellen, Ressentiments auszuräumen und vor allem das Werk des Dichters wieder in unsere geistigen Vorstellungen zu fügen. Wichtiger als diese Bemühungen wäre es heute und morgen, den »Fall Heine« oder, genauer gesagt, das Wesen des Heineschen Ruhms an den seltsamen und oft tragischen Wegen zu messen, die Deutschland gegangen ist. Die Betrachtung dieser Figur und seines Werkes sollte für uns mit schärfster nationaler Selbstkritik verbunden sein, denn auf seine Dissonanzen hat Deutschland immer mit hundertfach verstärkten Dissonanzen geantwortet. Aber die Freisprechung, die ein Volk nie an sich selbst vornehmen kann, fällt dem Künstler schließlich von selbst zu. Heine war ein großer Künstler, der jeglichen Zaubers fähig war und das Recht hatte, allein zu stehen und dem eigenen Gesetz zu gehorchen. So unerbittlich scharf auch seine Zeitdiagnose war, so fürchtete er doch die Zukunft, die er kommen sah. Gerechtigkeit und Mitleid waren ihm eingeboren, ja man kann sagen, daß alle seine Inkonsequenzen aus diesen beiden Eigenschaften stammen. Er wußte, daß die Welt, in der er lebte, nicht gut war, aber noch deutlicher wußte er, wohin ihre unvermeidliche Veränderung führen werde: in das Zeitalter der Massen.

Ja, ihm graute vor der Herrschaft der Massen, die er am Horizont seiner Epoche wie eine Gewitterwand aufziehen sah.

Ihm war das Geheimnis der menschlichen Person offenbar geworden, er hatte es in den Nöten und Triumphen seiner Künstlerschaft tief erfühlt. »Das siegreiche Proletariat«, dieser Ausdruck war dem genauen Beobachter des beginnenden Klassenkampfes geläufig geworden. Aber seine tiefe Abneigung gegen diese neue Schicht lag nur scheinbar mit seinem echten Widerwillen gegen Ungerechtigkeit und Gewalt im Widerstreit. Nicht die eben erst Umriß gewinnende Klasse flößte ihm böse Ahnungen ein, sondern die nagende Gewißheit, daß der Siegeslauf der Arbeiterklasse durch die Verwandlung der Menschheit in Massen überholt und überflüssig gemacht werde. Er fürchtete weniger die Roheit als die Leere. »Ach! ich sehe dies alles voraus, und mich beschleicht unsägliche Trauer, wenn ich an den Untergang denke, mit dem das siegreiche Proletariat meine Verse bedroht, die ins Grab sinken werden mit der ganzen romantischen Welt.« Nun, die proletarische Bewegung hat diese Prognose mit jahrzehntelanger Verehrung des Dichters beantwortet. Sie muß ihn schlecht gelesen haben, aber gleichviel, sie hat versucht, ihn zu einem der Ihren zu machen, aufrichtiger, wenn auch ungeschickter als das Bürgertum, das sein Werk ausnützte und ihn selbst in Bann tat. Aber wie es auch um die Urteilskraft des Künstlers bestellt sein mag, seine Diagnose ist überall da zuverlässig, wo er eine Gefahr für sein Wesen sieht, das stets nur isoliert, aristokratisch und massenfeindlich sein kann.

»Die geheime Angst des Künstlers und Gelehrten«, die Heine gegenüber einer Zukunft hegte, an deren Förderung er tatkräftig mitwirkte, wird in der Welt bleiben, solange es eine Kunst gibt. Keine ästhetische Schwäche spricht aus diesem Zwiespalt, keine Feigheit einer feingliedrigen Natur, die sich der sozialen Verantwortung entziehen will, nein, das alles macht nicht die vorwärts gewandte Trauer Heines aus. Er fürchtete für die Freiheit und Souveränität der Menschennatur, und seine Furcht ist heute – hundert Jahre nach seinem Tod – die unsere.

Jahresring III 1. 10. 1956

Verzeichnis der Autoren

Das folgende Register verzeichnet alle Stellen, an denen in Band I (Ullstein Buch 37061) und in Band II (Ullstein Buch 37062) Schriftsteller erwähnt werden. Bei kursiv gesetzten Zahlen handelt es sich um längere Beiträge über den betreffenden Autor.

Quellenangabe zur Titelseite:
Links: Friedrich Hölderlin (1770–1843)
Holzstich von A. Neumann, nach Hiemer, um 1870

Mitte: Marie-Luise Kaschnitz (1901–1974)

Rechts: Victor Hugo (1802–1885)
Radierung von Hans Meyerfedt, 1877